포식하는
자본주의

Capitalism: A Conversation in Critical Theory
Copyright ⓒ 2018 by Nancy Fraser & Rahel Jaeggi
All rights reserved.

Korean translation copyright ⓒ 2025 by PSYCHE'S FOREST BOOKS
This edition is published by arrangement with Polity Press Ltd., Cambridge through EYA(Eric Yang Agency)

이 책의 한국어판 저작권은 에릭양 에이전시(EYA)를 통한 Polity Press Ltd.사와의 독점 계약으로 도서출판 프시케의숲에 있습니다. 저작권법에 의해 한국 내에서 보호를 받는 저작물이므로 무단 전재와 복제를 금합니다.

포식하는 자본주의
Capitalism

자기 기반을 먹어치우며 작동하는
자본주의에 관한
두 철학자의 대화

낸시 프레이저
라엘 예기
지음

장석준
옮김

대니얼 자레츠키 비젠Daniel Zaretsky Wiesen
줄리언 자레츠키 비젠Julian Zaretsky Wiesen
야콥 예기Jakob Jaeggi를 위해

우리가 일궈온 역사의 상속자들
더 나은 미래를 향한 희망의 전달자들을 위해

일러두기

1. 외래어 표기는 국립국어원의 표기법을 따르되 관행에 따라 일부 예외를 두었다.
2. 외국어를 음차할 때 가독성을 고려하여 알파벳이 아닌 한글로 표기했다. 단, 약어나 고유 상표, 지칭 등으로 쓰인 경우에는 알파벳으로 표기했다. 예) 팀티칭, 포스트, JFK미국연구소, A국면
3. 논문, 보도자료, 단편 글, 뉴스매체 등은 「 」, 책, 잡지 등은 『 』, 뉴스기사는 " ", 영상, 영화, 그림, 곡 등은 〈 〉로 표기했다. 단, 미주에서 해외 문헌의 경우, 책, 학술지 등은 별도의 기호 없이 이탤릭체로, 논문은 " "로 표기했다.
4. 원서상의 첨언은 소괄호 ( )로, 옮긴이의 첨언은 대괄호 [ ]로 표기했다.

차 례

머리말 "흥미진진한 시대"에 부쳐 11

서론 **자본주의를 주목한다** 17

다시, 자본주의 19 | 변화 이전의 상황 24 |
블랙박스에 갇힌 자본주의론을 넘어서 31

1장 **자본주의를 개념화한다** 39

공통분모를 찾아서 41 | 자본주의의 특징: 정통파적 출발 45 |
자본주의와 시장, 같은 것인가 51 | "그늘에 가려 있던 것" 66 |
생산에서 재생산으로 71 | 인간에서 비인간 자연으로 79 |
경제에서 정치로 82 | 인종, 제국주의 그리고 수탈 86 |
경제와 비경제를 아우르는 관점 98 | 분석과 비판의 통일 117

2장 자본주의를 역사화한다 121

시간 속의 자본주의 123 | 자본주의의 축적 체제들 127 |
체제 변화는 어떻게 일어나는가 130 |
"무슨 일이라도 일어나야 한다" 135 |
변화의 논리 137 | 경제적인 동시에 정치적인 140 |
신자유주의의 대두 150 | 사회적 재생산의 눈으로 보면 157 |
"무정한 세상 속의 안식처" 166 | 자본주의의 역사적 자연들 171 |
축적의 사회생태적 체제 182 | 인종화된 축적의 체제 190 |
포스트자본주의의 전망 201

3장 자본주의를 비판한다 213

비판의 방법들 215 | 기능주의적 비판 217 |
도덕적 비판 224 | 윤리적 비판 236 |
자유 혹은 민주주의의 쇠퇴 241 | 파열되는 과거, 현재, 미래 245 |
소외에 대하여 248 | 세 비판을 통합하는 전략 252 |
내재적 비판과 사회적 모순들 254 |
"굶주릴 뿐만 아니라 격노한다" 259 |
영역 간 모순 262 | 규범적 모순 265 |
폴라니식 이원론에 반대하며 271 | 비판을 위한 내적 자원 273 |
분할, 의존, 책임 회피 278 | 보편적 역사 이론 282 |
봉쇄와 학습 과정 287 | 잠복된 위기와 문제-해결 292

4장

자본주의에 맞서 겨룬다 299

계급투쟁과 경계투쟁 301 | 경계투쟁과 현대 사회운동 314 |
아나키즘 326 | 탈성장운동 333 |
포스트식민·탈식민·선주민운동 336 | 삼중운동 343 |
진보적 신자유주의의 흥망 349 | 앞으로 나아가기 386 |

옮긴이의 말 401
주 413
찾아보기 431

머리말

"흥미진진한 시대"에 부쳐

_낸시 프레이저, 라엘 예기

우리는 격동의 시기에 다소 낯선 방식으로 이 책을 썼다. 이제껏 확실해 보였던 것이 사방에서 무너지고 있었다. 금융·생태 위기가 눈앞에서 급격히 전개됐고, 세계 곳곳에서 공공연한 논쟁의 주제로 떠올랐다. 동시에 지표면 아래 저 깊은 곳에서는 가족, 공동체, 문화와 관련하여 또 다른 사회적 혼란이 끓어오르고 있었다. 이들은 아직 사회적 투쟁의 핵심적인 관심사는 아니지만, 그럼에도 계속 무르익다가 결국은 전방위적 폭발을 낳을 위기에 처한 게 분명하다. 마지막으로, 그간 누적된 동요가 하나로 뭉쳐 2016년에 전면적인 정치 헤게모니의 위기로 모습을 드러냈다. 지구 전역에서 신자유주의에 맞서 집단적으로 들고일어난 유권자들이 신자유주의를 후원하던 정당과 엘리트를 몰아내겠다고 위협하면서 좌·우 포퓰리즘을 대안으로 지지한 것이다. 중국인들이(그리고 에릭 홉스봄Eric Hobsbawm이) "흥미진진한 시대"라 이름 붙인 바로 그 시절이었다.

정말 흥미진진한 시대다. 자본주의 사회에 관한 비판 이론을 발전시키는 데 뜻을 둔 철학자에게는 더욱 그렇다. 이 책을 쓰려고 두 사람이 힘을 합치기 전에 우리는 각자 오랫동안 독자적으로 이런 기획에 열중했다. 이번에 같이 책을 쓰기로 결심한 이유는 우리를 둘러싼 격동이 점점 더 심각해지고 있다는 사실이 바로 *자본주의 사회의 위기*, 아니, 더 정확히 말하면 오늘날 우리가 물려받은 특정한 형태의 자본주의 사회가 봉착한 위기로 해석될 수 있다고 여겼기 때문이다. 우리는 이 시대가 이런 식의 분석을 간절히 바란다고 생각했다. 비판 이론과 서구 마르크스주의라는 두 사람의 공통적인 배경, 서로 열정적으로 정치적·지적 인연을 이어온 이력, 오랫동안 두 사람이 개인적으로 진행한 자본 비판적 철학 연구 등은 이런 분석 작업을 수행하기에 더없이 훌륭한 예비 조건이라 하겠다.

폴리티 출판사의 '대화Conversation' 시리즈 중 한 권을 공저하면 어떻겠냐는 존 톰슨John Thompson의 제안은 좋은 기회였다. 그러나 우리는 본래 염두에 뒀던 목적에 맞게 이 제안을 뜯어고쳤다. 톰슨이 애초에 내놓은 제안은 낸시 프레이저Nancy Fraser의 사유의 궤적을 쭉 따라가는 데 집중하자는 것이었지만, 우리는 둘이 나누는 '대화', 특히 자본주의가 던지는 물음과 이 주제에 관해 두 공저자 모두가 수행했던 작업을 둘러싼 '대화'에 초점을 맞추기로 결정했다.

그 탓에 집필 과정에서 이런저런 우여곡절이 있었다. 도대체 무슨 작업을 하려는지를 둘러싸고 두 가지 구상을 놓고 우왕좌왕했다. 애초의 구상은 주제의 여러 측면에 관해 어떻게 대화를 나눌지 조리 있게 잘 계획하고 대화 결과를 그대로 기록하는 것이었다. 즉, 편하게 이야기를 주고받은 다음 자연스러워 보이는 대화의 느낌을 살리는 방식으로 녹취록을 편집하자고 생각했다. 최종 완성된 몇몇 장에는 이런 구상이 어느 정도 살아 있는데, 특히 서론과 4장이 그렇다. 그러나 다른 장은 이런 구상을 따르는 대신 더 엄격히 편집하고 실질적으로 다시 쓰다시피 했다. 두 사람이 독자적으로 수행한 작업을 집필에 반영하는 방식에도 이런 식의 변화가 있었다. 1장과 2장은 자본주의가 다중 위기 경향을 지닌 '제도화된 사회질서'라고 보는 낸시 프레이저의 '확장된' 자본주의관에 초점을 맞춰 마무리한다. 두 장은 대부분 프레이저에 의해 큰 폭으로 수정되었다. 반면 3장은 자본주의 비판을 구성하는 다양한 장르, 그리고 각 장르의 내적 논리와 상호 관계에 관해 라엘 예기가 그린 지도를 훑는다. 대부분은 예기가 손본 이 장은 자본주의를 '삶의 형태'로 바라보는 예기의 '실천적·이론적' 자본주의관도 제시한다.

이렇듯 공저자가 각자 강조한 것과는 별개로, 이 책은 철두철미하게 공동 작업의 산물이다. 다소 낯설어 보이기는 해도 이 책의 형식은 공저자들이 함께 참여한, 참으로 창조적이었던 과정을 충실히 따른다. 그 과정이란, 베를린, 프랑크푸르트, 파리, 영국 케임브리지, 뉴욕에서, 휴가 중의 버몬트 가족 여행에서, 2016년 봄 학기에 함께 강의를 맡았던 '사회 연구를 위한 뉴스쿨'의 대학원 세미나 '자본주의 비판'에서 한 공개 발표, 사적 대화, 토론 녹취를 가리킨다. 우리는 이 책 전체가 각 부분의 단순한 합보다 훨씬 더 풍성하다고 확신한다. 이 책은 지적 참조 대상과 정치관을 많이 공유하면서도 철학적 접근법은 사뭇 다른 두 공저자가 간헐적이나마 집중적으로 소통하며 깊은 우정을 나누었기에 탄생할 수 있었으며, 동시에 이런 사연을 반영하고 있다. 그 결과, 이 책은 두 저자가 따로 떨어져서는 결코 만들어낼 수 없었을, 풍부하고 깊이 있는 내용을 담고 있다.

이 과정에서 우리는 개인적으로든 공동으로든 수많은 이에게 은혜를 입었다. 낸시 프레이저는 베를린의 아인슈타인재단, 베를린자유대학의 JFK미국연구소, 로자룩셈부르크재단, '유스티티아 암플리피카타Justitia Amplificata' 고등연구센터(프랑크푸르트), 인문학연구소Forschungskolleg Humanwissenschaften(바트홈부르크), 케임브리지대학의 클레어홀컬리지젠더연구센터, 프리드리히실러대학(예나)의 포스트성장사회연구그룹, 지구연구대학College d'etudes mondiales(파리), 사회과학고등연구원Ecole des hautes etudes en sciences sociales(파리), 사회 연구를 위한 뉴스쿨(뉴욕) 등의 연구 지원에 고마움을 표한다. 뉴스쿨의 팀티칭 세미나 과정에서 마르크스주의, 페미니즘, 자본주의에 관해 영감 가득한 대화를 나눈 친지아 아루차Cinzia Arruzza와 요한나 옥살라Johanna Oksala, 자본주의 사회에서 인종 억압이 차지하는 위상에 관해 이론 작업을 펼치도록 강권한 마이클 도슨Michael Dawson, 훌륭한 대화 상대이자 예리한 피드백을 준 로빈 블랙번Robin Blackburn, 하르트무트 로자Hartmut Rosa, 엘리 자레츠키Eli Zaretsky에게도 감사의 인사를 드린다.

라엘 예기는 독일의 호이스 교수직Heuss Professorship 프로그램, 사회 연구를 위한 뉴스쿨, 프리드리히실러대학의 포스트성장사회연구그룹, 베를린 훔볼트대학 등의 연구 지원에 고마움을 표한다. 또한 다양한 단계마다 다양한 방식으로 도움을 준 에바 폰 레데커Eva von Redecker를 비롯한 조교들(레아 프리크스Lea Prix, 이제테 슈마허Isette Schumacher, 루카스 퀴블러Lukas Kubler, 바스티안 롱게Bastian Ronge, 셀라나 치셰Selana Tzschiesche), 토론을 환영하면서 이 책의 주제를 중점적으로 논의하게 해준 하르트무트 로자, 슈테판 레세니히Stefan Lessenich, 클라우스 되레Klaus Dorre, 끊임없이 영감을 준 악셀 호네트Axel Honneth, 프레드 노이하우저Fred Neuhouser, 학문 여정에 꼭 필요한 지적 동반자가 되어준 마르틴 자르Martin Saar, 로빈 첼리카테스Robin Celikates에게도 감사한다.

두 사람 모두 단순히 기술적 수준을 훨씬 넘어서는 최상의 학술적 지원을 아끼지 않은 블레어 테일러Blair Taylor, 댄 보스코브엘런Dan Boscov-Ellen, 최종 작업 단계에서 솜씨 좋게 편집된 초고를 준비해준 브라이언 밀스틴Brian Milstein, 애초에 이 책을 써보라고 제안하고 완성작이 나오기까지 참을성 있게 기다려준 존 톰슨, 윤문을 담당한 리 뮐러Leigh Mueller, 교정 작업을 도와준 빅토리아 해리스Victoria Harris, 미리암 다이치게반트 시비엥테크Miriam Dajczgewand Świętek에게 감사를 표한다.

서론

자본주의를 주목한다

다시, 자본주의

예기 요즘 자본주의 비판이 일종의 '호황기'를 누리고 있어요. 독일식으로 말하면, '제철을 만났다'고나 할까요. 자본주의는 오랫동안 정치적·지적 논쟁에서 사라지다시피 한 신세였죠. 심지어는 선생님과 제가 속한 전통인 '비판 이론'의 주제 목록에서마저 사라졌어요. 하지만 이제는 자본주의를 향한 관심이 높아지고 있어요. 시장경제, 지구화, 현대사회 혹은 분배, 정의에 관한 관심만이 아닌 *자본주의 자체*에 관한 관심 말이에요. 그리고 물론 그럴 만한 이유가 있죠. 2007~2008년 금융위기는 그런 이유 가운데 하나일 뿐이에요. 다들 알고 있듯이, 이 위기는 금융 영역에서 재정 영역, 경제 영역으로, 그리고 다시 정치와 사회로 눈사태처럼 급속히 커졌어요. 정부, 유럽연합, 복지국가 제도 그리고 어떤 면에서는 사회통합을 이루는 뼈대까지 흔들어놓았죠. 제1차 세계대전과 제2차 세계대전 사이의 시기를 겪고 난 후, 서구 국가 시민들은 경제·사회질서의 불안정성과 예측 불가능성에 이토록 무방비하게 노출된 적이 없었어요. 이런 벌거벗은 느낌은 겉으로 민주주의를 내세우는 정부가 보여준 대응에 의해 더욱 확대되고 덧나기만 했죠. 이런 정부의 대응은 말 그대로 무기력하기만 한 상태, 아니면 차가운 무관심 사이의 어딘가에 머물렀거든요.

주목할 만한 것은 자본주의 비판이 아주 빠른 속도로 다시금 유행하기 시작했다는 사실이에요. 불과 얼마 전만 해도, 학계에서든 토론장에서든 '자본주의'라는 말은 형편없이 취급받았죠. 확실히 우리가 경험한 자본주의 비판 가운데 일부는 산만하거나 단순 무식했고 심지어는 뻥튀기에 가깝기도 했어요. 하지만 선생님과 저는 오늘날 필요한 것이 바로 새롭게 재구성된 자본주의 비판이라고 생각해요. 그리고 선생님이나 저 같은 비판 이론가에게 이것은 정말 중요한 문제죠. 그러니 다시 자본주의에 초점을 맞출 수밖에요.

프레이저   정말 그래요. 자본주의를 향한 관심이 돌아온 것은 전 세계적으로도 매우 좋은 소식이고, 저나 예기 선생에게도 그렇죠. 우리 둘 다 이 주제를 둘러싼 관심에 다시 불을 붙이려 독자적으로 작업해왔잖아요. 오늘날에 이르기까지 오랫동안 우리는 정치경제학 비판에서 뽑아낸 핵심 사상을 비판 이론에 재도입하려고 노력했어요. 예기 선생의 경우에는 '소외' 개념을, 제 경우에는 '위기'와 '모순' 개념을 다시 끌어들이려 했죠.[1] 또한 우리 둘 다 자본주의가 뜻하는 게 무엇인지 다시 생각해보려 시도했어요. 예기 선생의 경우에 자본주의란 '삶의 형태 a form of life'였고, 제 경우에는 '제도화된 사회질서 an institutionalized social order'였죠.[2] 하지만 최근까지 우리는 광야에서 외치는 목소리였어요. 이제는 바뀌었죠. 지금은 저나 예기 선생만이 아니라 많은 사람이 자본주의에 관해 말하고 싶어 해요. 자본주의가 (다시금) 문제이며 정치적·지적 주목을 받을 만한 대상이라는 광범위한 합의가 있어요. 예기 선생이 말한 대로, 그럴 수밖에 없죠. 우리가 매우 심각한 위기, 즉 무시무시한 시스템 위기에 처해 있다는 생각이 널리 퍼져 있고, 자본주의가 문제라는 최근의 공감대는 이런 생각을 반영하고 있어요. 달리 말해 우리는 단순히 서로 분리돼 있는 주기적 문제의 조합이 아니라, 우리가 누리는 삶의 형태에서 가장 중심에 단단히 자리한 심층 구조의 기능 장애와 마주하고 있죠.

비록 사람들이 자본주의가 뜻하는 바를 정확히 모르더라도 이 말이 쓰이고 있다는 사실 자체가 고무적이에요. 저는 이런 현상이 주요 시스템 위기의 심층 구조적 근원을 밝혀주는 비판 이론을 갈구한다는 신호라고 읽어요. 의미심장한 일이죠. 그런데도 사실 많은 경우에 '자본주의'라는 말은 주로 수사로만 쓰이고, 실질적인 개념이라기보다는 그런 개념이 필요하다는 제스처 정도로 작동하죠. 이 시대를 사는 비판 이론가인 우리는 명확하게 질문을 제시해야 해요. 오늘날 자본주의를 말할 때 그 의미는 정확히 무엇인가? 그리고 어떻게 하면 이를 가장 훌륭하게 이론화할 수 있는가?

예기 *자본주의*가 복귀하고 있다는 관념이 무엇을 뜻하는지 분명히 해야겠어요. 물론 사회 정의나 경제 정의의 다양한 형태에 관심을 기울이는 사회운동이나 운동 단체는 항상 존재했죠. '분배 정의'라는 주제가 학계에서 전성기를 누리기도 했고요. 또한 발전도상국에서 민족 자립, 불평등, 빈곤이 앞으로 어떻게 전개될지에 관해서나

지구화에 관해 토론할 때마다 경제 문제가 부각되기도 했어요. 그리고 일부 학문 동아리에서는 '자본주의'라는 용어가 '근대성'의 동의어로 여기저기에서 사용되기도 했는데, 이 경우에 '자본주의 비판'은 보드리야르^{J. Baudillard}와 들뢰즈^{G. Deleuze}의 맥락에서 문화 비평을 논하는 것으로 일단락되곤 하죠. 그러나 이런 접근법 가운데 어떤 것도 우리가 지금 이야기하는 의미에서 자본주의를 파악하지는 않아요. 전제조건, 역학, 위기 경향, 근본적 모순과 갈등 따위의 매우 구체적인 조합을 수반하면서 생산양식에 토대를 둔(마르크스라면 이렇게 말했겠죠) 삶의 포괄적 형태라고 바라보지는 않아요.

프레이저   네, 맞아요. 하지만 다행스럽게도 요즘 자본주의에 쏟아지는 관심은 예기 선생이 방금 언급한 사례들과 같은 제한되고 부분적인 접근법을 넘어서죠. 제가 말했듯이, 뿌리 깊은 위기가 곳곳에 만연해 있다는 생각이 널리 퍼져 이런 관심에 날개를 달아주고 있어요. 단지 한 부문만의 위기가 아니라 사회질서의 모든 주요 측면을 포괄하는 위기라는 거죠. 이 점에서 단지 '경제적' 문제만은 아니에요. 불평등이나 실업, 분배 악화'만' 문제가 아니라는 거예요. 물론 이 문제도 심각하지만요. 심지어 1% 대 99%라고 할 수도 없어요. 이런 수사 덕분에 많은 사람이 자본주의에 관해 의문을 던지기 시작했더라도 말이에요. 아니, 문제는 훨씬 더 심층적이에요. 부가 어떻게 '분배'되는가 하는 차원을 넘어서는 훨씬 더 중요한 문제는 일단 무엇을 부로 간주하는가, 그리고 부를 어떻게 생산하는가 하는 것이에요. 마찬가지로 누가 어떤 종류의 노동을 통해 소득을 얼마나 얻는가 하는 문제 이면에는 무엇을 노동으로 간주하는가, 노동이 어떻게 조직되는가, 이런 노동의 조직화가 현재 사람들에게 무엇을 요구하며 무엇을 행하고 있는가 하는 문제가 있죠.

제 생각에는 앞으로 자본주의에 관해 토론하면서 이런 물음을 중심에 놓고 따져봐야 해요. 왜 어떤 이는 더 많이 갖고 어떤 이는 덜 갖는지만이 아니라, 왜 오늘날 이토록 적은 수의 사람만이 안정적 삶을 누리며 행복하다고 생각하는지, 왜 이토록 많은 수의 사람이 불안정한 일자리라도 차지하려고 아웅다웅하고 N잡을 뛰는 곡예를 부리면서도 권리, 보호, 혜택은 줄어들기만 하고 무거운 빚을 지는 신세가 되는지 따져봐야 해요. 하지만 이게 전부가 아니에요. 가족생활에서 더욱 극심해지는 스트레스를 둘러싸고 또 다른 근본적 문제가 있어요. 왜, 그리고 어떻게 유급 노동과 부채의 압박이 자녀양육, 노인 돌봄, 가사노동 분담, 공동체 유대 등의 조건, 간단히 말해 사회적 재생산의 조직 전반을 변화시키는가 하는 문제가 그것이죠. 자원을 착취할 대상으로서만 자연을 바라보는 인간과 자연의 관계가 점점 더 심각한 부작용을 낳고 있다는 사실을 둘러싸고도 역시 심각한 물음이 제기돼요. 자본주의는 자연을 에너지와 원료를 뽑아낼 '수도꼭지'로 보면서 동시에 쓰레기를 처리해줄 '하수구'로도 여기거든요. 마지막으로, 정치적 문제도 잊어서는 안 돼요. 이를테면 시장의 힘은 두 가지 수준에서 민주주의를 빈껍데기로 만들어버리죠. 한편으로는 영토국가 수준에서 정당과 공공기관을 대기업의 수중으로 넘겨주고, 다른 한편으로는 초국적 수준에서 글로벌 금융, 그러니까 어떤 유권자 집단^{demos}에도 책임 지지 않는 세력이 정치적 의사결정 권한을 탈취하죠.

이 모두가 오늘날 자본주의를 논하면서 중심에 둬야 할 점이에요. 이것이 함의하는 것 가운데 하나는 우리가 겪는 위기가 단지 경제적이기만 한 게 아니라는 점이죠. 위기에는 돌봄 결핍, 기후변화, 민주화의 역행도 포함돼요. 하지만 이런 정식화만으로는 부족해요. 더 심층에 자리한 쟁점은 꼬이고 꼬인 모든 난제의 토대가 무엇이냐는 것이죠. 이런 난제가 동시에 출현한 것은 절대로 우연이 아니며, 사회질서에서 아주 근본적으로 무엇인가가 부패하고 있다는 신호라는 생각이 커지고 있어요. 바로 이것이 참으로 많은 사람이 다시 자본주의에 눈길을 줄 수밖에 없는 이유죠.

변화 이전의 상황

예기   이러한 다중 위기 때문에 지금 우리는 자본주의적 사회 편성social formation[사회 구성체]이 좀 더 심층적 차원에서 실패한 것은 아닌지 질문할 수밖에 없죠. 삶의 형태 전반이 기능장애에 빠질 가능성이 높은 상황에서는 더 이상 부작용에만 주목해서는 안 되지 않겠느냐고, 이제 많은 사람이 어렴풋이나마 생각하고 있어요. 자본주의적 사회 편성을 구성하는 다양한 사회적 실천을 더 심층적으로 바라볼 준비가 되었다는 뜻이죠. 선생님이 말씀하셨듯이, 불평등이나 생태 파괴, 지구화만이 아니라 이러한 갈등을 유발하는 시스템을 구성하는 바로 그 실천을, 그리고 빈곤, 노동, 생산, 교환, 시장 등에 관한 이해 방식 자체를 시야에서 놓치지 않으려 하고 있어요.

하지만 자본주의 비판이 다시금 의제로 부상했고 이것이 반가운 변화라는 데 동의한다면, 이런 변화가 일어나기 전의 상황에 관해서도 질문해야 해요. 도대체 무슨 일이 일어나서 자본주의 개념이 그토록 오랫동안 주변화되었는가? 비판 이론에서 자본주의 개념이 사라진 것을 어떻게 이해해야 하는가? 지난 몇십 년 동안은 '블랙박스'식 경제관이 득세했던 것 같아요. 협소하게 '분배' 문제에만 초점을 맞추는 철학적 자유주의와 여타 사상 유파가 바로 여기에 해당하죠. 좌익 롤스주의자나 제럴드 코헨 G. A. Cohen 같은 사회주의자를 떠올려보세요. 이들은 분배 정의 문제에 관해 어쨌든 급진적이고 평등주의적으로 접근하지만, 경제 자체에 관해서는 논하지 않으려는 경향이 있어요.³ 경제적 '블랙박스'에서 무엇이 나오고 이런 성과를 어떻게 분배할지에 관해서는 논의하지만, 그 안에서 무슨 일이 벌어지는지, 어떻게 작동하는지, 이런 행태가 정말로 필요하거나 바람직한지에 관해서는 말하지 않죠.

하지만 이런 경향은 자유주의와 정의 이론에서만 나타나는 게 아니에요. 자본주의는 한때 비판 이론의 핵심 문제였죠. 마르크스에서 루카치 G. Lukacs, 호르크하이머 M. Horkheimer 와 아도르노 T. Adorno 를 거쳐 초기 하버마스 J. Habermas 에 이르기까지 비판 이론 전통에 속한 위대한 사상가들은 대부분 자본주의를 관심의 중심에 놓았어요. 하지만 1990년대 중반의 언제부터인가 자본주의는 그림에서 완전히 사라졌어요. 무슨 일이 벌어진 걸까요? 우리를 자유롭지 못하게 만드는 근본 원인을 비판 이론가조차 잊어버릴 정도로 모든 사람이 이데올로기적으로 '1차원' 상태가 되어버린 걸까요? 이것은 다소 조잡한 설명이겠죠. 제 생각에는, 비판 이론 전통이 이론적으로 발전하는 과정에서 자본주의라는 주제를 다루길 포기한 결과가 아닌가 싶어요.

'생활세계의 식민화'에 관한 논쟁적 명제를 제시한 하버마스의

『의사소통 행위 이론』은 어떤 면에서는 비판 이론을 대규모 사회 이론으로 정초하려는 마지막 시도였죠.[4] 이 이론은 분명히 마르크스, 루카치, 초기 비판 이론의 통찰에서 영감을 얻었고, 이것은 이후 하버마스의 제자 가운데 일부에게서는 사라진 연관 관계죠. 그러나 하버마스는 경제 영역을 비판의 무대에서 사실상 배제할 정도로 기능적 분화에 관한 체계 이론적 사고에 의존해요. 경제를 자율적으로 작동하는 뭔가로, 그러니까 자체 논리로 움직이는 '몰규범적' 영역으로 이해하는 거죠.[5] 이런 사고는 또 다른 종류의 '블랙박스' 접근법으로 나타나고, 이 경우에 우리가 할 수 있는 일이란 경제가 삶의 다른 장소에 침범하지 못하게 막는 것뿐이에요. 자본주의 경제는 정치적 수단이나 그 밖의 수단, 그러니까 어쨌든 경제 외적인 수단을 통해 '길들여야' 할 '야수'가 되고, 우리는 더 이상 경제 자체에 비판적으로 접근할 수 없어지죠.

그렇다고 개혁을 통해 자본주의를 변형할지, 아니면 더욱 급진적인 수단을 통해 자본주의를 극복할지를 둘러싼, 오래된 논쟁을 다시 끄집어내자는 것은 아니에요. '길들인' 자본주의가 어떻게 여전히 자본주의일 수 있으며 실제로 그러한지는 대체로 용어의 의미와 관련된 문제이고, 이 대목에서 이 논란에 빠져들 필요는 없죠. 그럼에도 자본주의의 작태와 위협이 도를 넘어서는 현 상황에 과연 자본주의를 '길들인다'는 생각만으로 여전히 충분한지, 고개를 갸우뚱하지 않을 수 없어요. 오늘날은 "민주주의와 자본주의 사이의 역사적 연관"[6] 이야말로 뜨거운 쟁점이고, 아마도 이 점이 하필이면 이 시점에 경제적 쟁점에 관한 새로운 생각이 발전하기 시작한 이유겠죠.

프레이저 하버마스의 『의사소통 행위 이론』이 비판 이론에서 일종의 전환점이었다는 예기 선생의 지적에 전적으로 동의해요. 방금 이야기한 것처럼 이 이론은 시스템 수준의 거대한 시도로는 마지막이었지만, 그에 상응하는 야심 차고 폭넓은 후속 작업을 만들어내지는 못했어요. 대신에 그 유산이란 게 하버마스 추종자들 사이에 분과적 전문화만 대폭 늘어난 것으로 나타났죠. 이후 몇십 년 동안 비판 이론가라 자처하는 이들은 대개 도덕 이론이나 정치 이론, 법 이론을 파편적으로 연구할 뿐, 대규모 사회 이론은 시도하지 않았어요(최근 예나에 소재한 포스트성장사회연구그룹은 반가운 예외죠). 그 결과, 사회를 총체적으로 파악하려는 학제간學際間 연구라는 비판 이론의 애초 구상은 버려졌죠. 더 이상 규범적 물음을 사회의 societal 경향에 관한 분석이나 시대 진단과 연결하지 않는 바람에 자본주의 자체를 이해하려는 노력은 그냥 멈춰버렸어요. 자본주의의 심층 구조, 작동 메커니즘, 결정적 긴장과 모순 혹은 자본주의에서 나타나는 갈등의 특징적 형태와 해방적 잠재력을 확인하려는 노력을 더는 볼 수 없게 됐죠. 그 결과, 비판 이론의 중심 전장을 포기하게 됐을 뿐만 아니라 비판 이론을 평등주의적 자유주의와 구분시켰던, 한때 명확했던 경계선이 흐릿해졌어요. 오늘날 이 두 진영은 구별하기 힘들 정도로 가까워졌고, 과연 자유주의를 넘어 어디에서 비판 이론이 시작되는지 이야기하기 어려워졌어요. 아마도 가장 정확한 답은 (이른바) 비판 이론이 자유주의의 좌익이 되었다는 것이겠죠. 바로 이것이 제가 오랫동안 비판 이론에서 불편함을 느낀 점이기도 했고요.

예기 사실 악셀 호네트 Axel Honneth 도 오랫동안 자립적 규범주의에 빠지는 이런 경향을 비판했어요. 호네트는 헤겔적 방식으로 사회 이론을 향한 관심을 놓지 않은 채 근대 사회의 제도 영역들을 재구축하려 했고, "필요의 시스템", 시장과 경제 전체라는 장을 새롭게 재검토하기 시작했죠.[7]

프레이저　좋은 지적이에요. 하지만 호네트는 오히려 전반적 법칙의 존재를 부각하는 예외적인 사례죠. 비판 이론가 가운데 압도적 다수는 사회 이론에 별다른 관심을 보이지 않았어요. 이에 더해 최근 자본주의 비판이 상대적으로 부재하는 까닭을 이해하려면, 20세기 후반에 휘황찬란하게 부상한 포스트구조주의 사상도 감안할 필요가 있어요. 적어도 미국 학계에서는 포스트구조주의가 자유주의적 도덕철학·정치철학에 대한 '공식 반대파'가 되었어요. 하지만 표면적으로는 대립하는 듯 보이는 두 진영은 몇몇 차이에도 불구하고 근본적으로 공통점이 있죠. 자유주의와 포스트구조주의 모두 정치경제학의 문제 설정, 사실상 사회의 문제 설정 자체를 회피하는 방식이라 할 수 있어요. 둘은 매우 강하게 수렴했어요. 이렇게 말해도 좋다면, 주먹이 양쪽에서 날아온 셈이었죠.

예기　자유주의적-칸트적 규범주의와 규범성에 관한 포스트구조주의적 비판, 둘 모두에 의해 분석과 비판의 통일이 해체되는 상황이 초래됐다고 말할 수 있을까요? 자본주의를 향한 명확한 관심 외에도 처음부터 비판 이론의 중심을 이뤘던 사상은 사회를 분석하고 비판하는 헤겔-마르크스주의적 틀을 계승하는 것이었죠. 도덕주의에 빠지지 않으면서도 사회 분석에 이미 일정하게 변혁적이고 해방적인 목적이 내포되도록 만든 동력은 바로 이런 특별한 사상에서 나왔어요. 하지만 이제는 정치적 자유주의의 우위와 존 롤스John Rawls의 엄청난 영향을 통해 이러한 통일이 해체돼버렸고, 그래서 경험적 사회 이론과 규범적 정치 이론이라는 양극단만 남은 것 같아요.

프레이저   롤스식 자유주의에 관해서는 예기 선생의 말씀이 전적으로 옳아요. 이에 더해 롤스식 자유주의의 경쟁자였던 포스트구조주의도 마찬가지였다고 말하고 싶군요. 이 두 진영이 합작해 지적 우위를 확보한 탓에 좌파-헤겔주의 프로젝트는 적어도 일정 기간은 사실상 사망 상태였죠. 사회 분석과 규범적 비판의 연계가 끊어지고 말았어요. 규범은 사회라는 영역에서 추출돼 독립적인 것처럼 취급됐어요. 두 진영 중 한쪽(자유주의자)은 규범을 긍정하는 게 목적이었고 다른 쪽(포스트구조주의자)은 이를 부정하는 것이 목적이었던 것과는 상관없이 말이죠.

예기   하지만 자본주의와 경제에 등을 돌린 데는 그럴 만한 이유가 있었죠. 어쩌면 좌파 사상가나 비판 이론가조차 그럴 수밖에 없었던 이유가 있었던 것 같아요. 구식 마르크스주의의 영향을 받은 이론가들은 사회를 과도하게 '경제적' 방식으로 바라보도록 부추기는 경향이 있었고, 우리는 이런 입장과 거리를 둘 필요가 있었죠. 그래서 자본주의가 주목받지 못하긴 했지만, 젠더, 인종, 섹슈얼리티, 정체성 같은 여러 문화적 쟁점을 탐구할 여지가 생기기도 했어요. 게다가 경제학에 종속되지 않는 방식으로 이 주제들을 비판적으로 연구하는 것은 절실히 필요한 작업이기도 했고요. 하지만 이제는 새롭게 균형을 잡아야 할 때라고 말하고 싶어요. 경제주의를 피하는 것만으로는 부족해요. 동시에, 사회생활의 경제적 측면이 중요하다는 점을 잊어버리지 않도록 주의해야 하죠.

프레이저 정치경제학에 등을 돌린 게 단순한 실수만은 아니라는 말에 동의해요. 두 가지 이유에서 그렇죠. 첫 번째는 불인정, 지위 위계, 생태계, 섹슈얼리티 등의 문제를 다룸으로써 얻은 바가 컸다는 점이죠. 이 모든 것은 교조적이고 경직된, 환원론적인 경제주의 패러다임이 관심사에서 배제한 문제들이었어요. 이것들을 다시 불러내고 비판 이론에서 중심적 지위를 차지하게 함으로써 중요한 성취를 이뤄냈죠. 이게 제가 늘 '둘/모두' 접근법, 그러니까 계급과 지위 모두, 재분배와 인정 모두에 주목하자고 주장한 이유예요. 또한 오래전의 표준적 정치경제학 비판으로 돌아가기만 해선 안 되고 오히려 페미니즘, 문화이론, 포스트구조주의, 포스트식민주의, 생태주의 등의 통찰을 받아들임으로써 정치경제학 비판을 보완하고 심화하며 더욱 풍성하게 만들어야 한다고 주장한 이유이기도 하고요.

하지만 정치경제학 비판에 등을 돌린 게 실수만은 아닌 두 번째 이유가 있어요. 이건 차라리 자본주의의 중요한 역사적 성격 변동에 무의식적으로나마 대응한 결과였다고 할 수 있는데요. 지금 문제로 삼는 시기에 자본주의 사회는 엄청난 구조조정과 재편성을 거쳤죠. 이런 변동의 여러 측면 가운데 하나는 '상징적인 것'(디지털, 이미지, 파생상품 거래, 페이스북)의 부각이었죠. 프레더릭 제임슨 Frederic Jameson에서 카를로 베르첼로네 Carlo Vercellone에 이르는 다양한 사상가들이 이를 이론화하려고 노력했어요.[8] 물론 이 변동은 더 일반적으로는, 북반구에서 전개된 제조업의 분산, '지식경제' 혹은 '인지자본주의'의 부상, 금융·IT·상징 노동의 중심성 등과 연관되죠. 아이러니하게 들리겠지만, 사람들이 정치경제학을 버리고 문화, 정체성, 담론 같은 쟁점에 편파적으로 집중하기 시작한 이유는 정치경제학적 서사를 통해 설명돼요. 이 쟁점들은 정치경제학과는 별개의 문제처럼 보였지만, 실은 정치경제학을 빼고는 이해할 수 없었죠. 이 점에서 단순한 실수만은 아니에요. 사회에서 어떤 일이 벌어지고 있는지 보여주는 실마리이기도 해요.

블랙박스에 갇힌 자본주의론을 넘어서

예기   오래전에 호르크하이머가 한 말을 인용하고 싶네요. "경제주의란…… 경제를 지나치게 중요시하는 게 아니라 경제를 너무 협소하게 바라보는 것이다."[9] 달리 말하면, 경제에 등을 돌려서는 안 되며, 경제 자체를, 그리고 경제가 사회에서 맡는 역할을 '더 광범한' 맥락에서 새롭게 사고할 필요가 있다는 거죠. 제 생각에 우리는 아직 경제에 관해 충분히 광범위하게 인식하지 못해요. 그리고 자본주의라는 주제를 포기하는 경향은 부분적으로는 프랑크푸르트학파 초기부터 내면화한 이러한 '경제주의에 대한 공포'에서 비롯된다고 봐요. 그래서 저는 사회적 존재론, 삶의 형태에 상당한 관심을 기울였고, 경제를 '사회적 실천'으로 이해하려고 노력했죠.[10] 이런 실천 지향 접근법에 따르면, 경제와 그 제도는 사회적 실천들의 부분집합을 이루며, 사회적 실천들은 다양한 방식으로 다른 실천들과 서로 관계를 맺고 있어요. 이런 사회적 실천들은 서로 합쳐져 사회의 사회적·문화적 골간의 일부를 형성하죠. 이런 사고방식에는, 제가 쓸모없다고 생각하는 이분법, 즉 '문화적인 것'과 '경제적인 것'의 대립을 피하게 해준다는 장점이 있어요.

이 이분법과 여기에서 비롯되는 경향과 관련해 선생님의 작업은 어떤 위상을 차지하나요? 선생님은 오랫동안 '재분배'와 '인정'을 동시에 다루는 게 선생님의 프로젝트라고 공식화했죠. 자본주의에 관한 선생님의 최근 작업을 '블랙박스'식 접근법, 재분배 중심 사고방식에서 이탈하려는 시도로 규정하나요? 아니면 재분배 대 인정 구도에 관한 선생님의 과거 작업에 이미 자본주의를 향한 관심이 포함돼 있었다는 입장인가요?

프레이저 저는 예기 선생이 '블랙박스'식 접근법이라 일컬은 것에 저항하려고 항상 노력했어요. 그리고 자본주의가 제 사고에서 부재한 적은 없었죠. 제가 수행한 프로젝트에서 대놓고 주목하지는 못했더라도 말이에요. 저는 신좌파 중에서도 민주적 사회주의 조류에서 출발했고, 그래서 사회철학과 정치이론의 배경이 되는 모든 문제에서 자본주의가 핵심 골간이라는 점을 늘 자명한 진실로 여겼어요. 우리 세대에게는 말할 필요도 없는 이야기였죠. 그런 맥락에서 저는 1980년대에 '필요를 둘러싼 투쟁', '가족임금'이나 소위 '복지 의존증' 담론의 남성중심주의에 관해 썼어요. 당시에 '후기 자본주의'라 불렸던 것, 요즘 제가 '국가-관리 자본주의'라 부르는 것의 여러 측면을 해명하려고 노력했죠.[11]

제가 1990년대와 2000년대에 벌인 작업도 계속 비슷한 특징을 보여요. 이 시기에는 자본주의 사회의 정치 문화에서 벌어진 중요한 변동과 씨름했어요. 저는 이것을 '재분배로부터 인정으로'라고 이름 붙였어요.[12] 이 작업은 자립적 도덕철학을 펼치는 것과는 거리가 멀었고, 전후 시기의 '국가-관리'적 변종으로부터 현재의 '금융화'된 자본주의로 나아간, 자본주의의 획기적인 역사적 변천을 파악하려는 초창기 시도였죠. 달리 말하면, 저의 사고에서 '재분배'는 '자본주의'의 완곡한 지칭어나 대체어는 아니었어요. 오히려 자본주의 사회의 구조적 측면, 그러니까 이데올로기적 위장을 통해 예기 선생이 경제적 '블랙박스'라 칭한 것으로 나타나는 그 측면을 분명히 가리키려는 정치적 요청claims-making의 문법에서 나온 용어죠. 그리고 이 측면은 국가-관리 체제에서 사회투쟁과 위기관리의 핵심 쟁점이 돼요. 제 관심사는 자본주의 사회가 왜, 어떻게 이런 종류의 분배라는 경제적 블랙박스를 만들어내는지 밝히는 것이었고, 또한 경제적 블랙박스를 이와 마찬가지로 문제적인 인정이라는 문화적 블랙박스와 왜, 어떻게 분리시키는지 밝히는 것이었어요. 분배에 대한 블랙박스식 관점을 채택하려 한 게 아니라, 그런 관점이 어디에서 연유하고 왜 인정과 대립 관계에 놓이는지 해명하려는 노력이었죠. 저는 두 범주(그리고 둘 간의 상호 대립 관계)의 기원을 자본주의에서 찾았고, 재분배와 인정, 계급과 지위를 이해하기 위해서는 이들을 품은 더 광범위한 총체로서 자본주의를 바라봐야 한다고 생각했죠.

물론 최근의 제 작업이 예전과는 달리 좀 더 선명한 방식으로 자본주의 문제에 주의를 기울인다는 예기 선생의 지적에 동의해요. 오늘날 자본주의 사회는 누가 보더라도 제 이론 작업의 맨 앞자리에 있고 비판 작업의 직접적 대상이에요. 이것은 어느 정도는 심각한 위기를 늘 동반하는 체제라는 점이 금융화된 자본주의의 본성임을 최근 들어 더욱 확신하게 됐기 때문이죠. 하지만 1960년대 이후 처음으로 자본주의 자체가 부서지기 쉽다는 사실을 확인할 수 있었고, 최근에는 이것이 아예 눈에 띄는 균열로 나타나고 있기 때문이기도 해요. 자본주의가 이렇게 부서지기 쉽다는 점을 확인한 이상, 자본주의를 정면으로 직시하고 그 '위기 경향'과 '모순'에 특히 집중하지 않을 수 없었죠.

예기 하지만 이런 종류의 이론 작업으로 돌아가기란 쉽지 않겠죠. 대다수 비판 이론가, 사회 이론가가 오랫동안 방기한 '거대 이론', 즉 거대한 역사적 과정, 시스템 갈등, 깊이 뿌리내린 위기 경향과 모순 등을 다루는 그런 '거대 이론'으로 돌아가자는 토론에서는 더욱 그럴 거고요. 마르크스는 여러 위기 경향 가운데 단 한 종류가 어떻게 전개되는지 주시했지만, 오늘날 우리는 실로 다양한 위기 및 갈등과 부딪히고 있어요. 위기에 처한 자본주의를 검토하기 위해서는 대규모 사회 이론이 꼭 필요할까요?

프레이저 '거대 이론 작업'은 정말 필요하다고 생각해요. 실은 이런 작업은 늘 있었어요. 하지만 예기 선생 말이 맞아요. 우리 시대에 맞는, 자본주의에 관한 대규모 사회 이론을 발전시키기란 결코 쉬운 일이 아니에요. 예기 선생도 말했지만, 그중 한 가지 문제는 경제적·금융적일 뿐만 아니라 생태적·정치적·사회적이기도 한 현 위기의 다차원적 성격이에요. 이 상황은 경제주의적 이론 작업으로는 만족스럽게 파악될 수 없죠. 하지만 최신 유행이 된 '다중성'을 겉으로 시늉만 내는 것 역시 만족스럽지 못해요. 그게 아니라, 다중 위기 경향의 구조적 토대를 하나의 동일한 사회적 총체로서, 즉 자본주의 사회로서 드러낼 필요가 있어요. 이 작업에는 많은 함정이 도사리고 있죠. 표준적인 마르크스 모델을 그대로 견지하거나 반대로 이를 모조리 청산하는 것은 해결책이 되지 못해요. 마르크스주의의 통찰을 페미니즘, 생태주의, 포스트식민주의 등 새로운 패러다임의 통찰과 융합시키면서도 각각의 약점은 피하는, 자본주의에 관한 새로운 이해를 어떻게든 만들어내야 해요.

아무튼 대규모 사회 이론이라 해도 좋을, 제가 요즘 발전시키고 있는 이론은 위기 문제에 초점을 맞추고 있어요. 이건 위험을 자초하는 시도라 할 수 있는데, 어떤 장르의 비판 이론도 '위기이론'만큼 혹독한 비판을 받은 경우는 없기 때문이죠. 이 장르는 본래 성격이 기계적·결정론적·목적론적·기능주의적 등등이라는 이유로 광범위한 거부의 대상이 됐고 심지어는 폐기되기까지 했어요. 하지만 지금 우리는 말 그대로 위기 비판을 간절히 필요로 하는 시대에 살고 있죠. 더 나아가 자본주의가 획기적 위기라는 단말마의 고통에 처한 시대를 살고 있다고까지 말하고 싶고, 그래서 오늘날은 절박하게 위기이론을 재건할 필요가 있다고 주장하고 싶어요. 이것이 바로 제가 요즘 추구하는, 그래서 이 자리에서 예기 선생과 토론하고 싶은 대규모 사회 이론 장르예요.

예기   이 대목에서 우리가 딛고 선 기반이 확실히 많은 부분에서 겹치네요. 제 책 『삶의 형태 비판』에서도 삶의 형태에 관한 일종의 위기 비판을 주창했어요. 제가 염두에 둔 것은 이미 공유된 가치에서 '실증적으로' 출발하는 게 아니라 삶의 형태라는 역학에 내재하는 위기와 그 본래의 모순에서 출발하는 일종의 내재적 비판이죠. 즉, 삶의 형태들이 '실패'할 수 있다는 사실에서 출발하는 비판이에요. 실패 자체가 규범 차원에서 주입되는 경우라 해도 말이죠.[13]

물론 위기와 모순에 초점을 맞추자면 많은 가정을 바탕에 두어야 하죠. 오랫동안 극소수의 비판 이론가만이 마르크스가 아르놀트 루게Arnold Ruge에게 보낸 오래된 문구, 즉 "시대의 투쟁과 염원에 관한 자기 해명"을 염두에 두며 자신의 과제를 규정했어요.[14] 그들은 사회운동과 이런 종류의 투쟁에 참여하는 민중에 초점을 맞춰야 한다는 뜻으로 이 문구를 해석했고, 따라서 비판 이론가의 역할은 사회운동과 민중을 둘러싼 쟁점을 해명하는 것이라 여겼죠. 요즘은 이것이 마르크스가 현시대의 '투쟁과 염원'이라 말하며 염두에 뒀던 역사적 역학에 관한 '가벼운' 해석쯤으로 바뀐 것 같아요. 하지만 무엇보다도 마르크스가 염두에 뒀던 것은 강력한 역사적·물질적 힘이 배후 동력 역할을 하는 투쟁, 즉 계급투쟁이었죠.

선생님도 이 문구를 인용한 적이 있고, 선생님의 작업은 항상 지금 벌어지는 사회투쟁과 운동을 성찰한다는 점에서 탁월했어요. 그런데 요즘 들어서는 선생님의 연구 방향이 상당한 변화를 겪은 것 같아요. 그렇다고 투쟁의 측면에 등을 돌렸다는 말은 아니지만(분명 그렇지는 않죠), 정치적 요청의 언어와 투쟁의 '주관적' 요소를 넘어 모순과 위기의 '객관적'인 차원으로 나아가기 시작했죠. 민중이 투쟁을 통해 실제로 주제로 삼든 아니든, 그것과는 별개로 작동하는 시스템적 요소들의 역학에 더 관심을 기울이기 시작했어요. 여기에는 간과하지 말아야 할 함의가 있고, 또한 주관적 차원에서 객관적 차원으로 중심을 옮기는 데 따르는 여러 가지 새로운 문제도 있죠.

저는 이 두 차원의 균형을 어떻게 맞출지에 관심이 있어요. 한 가지 선택지는 오늘날의 사회적 투쟁이라는 렌즈를 이용해 근원적 모순이라는 질병을 추적하는 것이죠. 또 다른 선택지는 좀 더 근본적인 방식으로, 사회적 통합과 분할의 조건을 살펴보고 이를 발판 삼아 시스템 모순을 검토하는 거예요. 이런 차원의 이론 작업이 겉만 번지르르한 기획에 그치는 경우가 많기는 하지만요.

프레이저 네, 맞아요. 실제로 제 최근 작업에서는 강조점이 변했죠. 마르크스의 영향을 깊이 받은 사람으로서 언제나 자본주의에 객관적 위기 경향이 장착돼 있다고 믿었지만, 과거에는 이를 분석하려고 직접 나서지는 않았어요. 아마도 저를 정치적으로 성장시킨 경험이 1960년대의 사회운동과 투쟁이었기 때문이겠죠. 그래서 자본주의의 위기가 마르크스가 『자본』에서 기술한 형태를 취하지는 않았던 시기[1960년대를 비롯한 20세기 후반]에 벌어진 투쟁과 갈등의 문제에 골몰했어요.

최근 들어서는 생태주의 사상, 특히 자본주의에 관한 생태적 비판의 영향을 받았어요. 자본주의에 관한 생태적 비판은 자본주의 발전에 상당히 실제적인, 그러면서 객관적으로 보이는 한계가 있음을 보여주고, 사회 시스템이 자신을 존재하게 만들어주는 자연 조건을 스스로 소진한다는 모순과 자기 불안정화를 확인하려 하죠. 제 초기 작업에서는 이런 종류의 사고가 중요한 역할을 하지 않았지만, 최근 몇십 년 동안 점차 여기에 초점을 맞췄어요. 생태 패러다임은 마르크스적 패러다임과 마찬가지로 자본주의 위기를 시스템 위기이자 심층 구조 위기로 이해해요. 두 위기 복합체가 평행을 이루는 것처럼 보일 정도로요. 하지만 저는 둘이 서로 평행을 이룬다는 생각만으로는 부족하다고 봐요. 둘이 서로 중첩된다고, 더 나아가 정치적·사회적 위기를 초래하는 또 다른 '객관적' 경향과도 중첩된다고 이해해야 한다고 믿어요. 뒤에 가서 분명 이에 관해 얘기를 나누겠죠.

한데 예기 선생이 위기이론의 '객관적' 지류와 '주관적' 지류의 관계에 관해 언급했잖아요. (어느 시점이 되면, 이 용어법을 문제 삼아야 할 거예요. 예기 선생이 염두에 둔 구별에 더 좋은 이름을 붙일 방안이 있겠죠.) 한편으로 '실제 모순'이나 시스템 위기 경향을 살피면서, 다른 한편으로 이들에 대응하며 발전하는 갈등과 투쟁의 형태도 함께 살펴봐야 한다고 저는 확신해요. 어떤 경우에 투쟁은 '객관적' 차원에 대한 공공연하고 의식적인 '주관적' 대응이죠. 또 다른 경우에는 징후로만 그렇고요. 또 어떤 경우에는 완전히 다른 관계를 보이기도 하죠. 달리 말하면 두 수준, 즉 '객관적' 차원과 '주관적' 차원의 관계는 그 자체로 규명해야 할 문제예요. 마르크스는 자본주의의 시스템 위기와 노동과 자본 사이에서 첨예해지는 계급투쟁을 구별하면서도 둘이 완전히 동기화한다고 생각했지만, 이런 식의 동기화를 상정할 수는 없어요. 어떠한 자동적인 조율도 없기에, 두 극 사이의 관계를 열린 물음이자 이론화할 문제로 다뤄야만 해요. 오늘날 이것은 특히 긴박한 문제죠. 현재 우리는 명백한 구조적 위기와 마주하고 있지만, 해방적 해결을 이룰 수 있을 만한 방식으로 이 위기를 제대로 표출하는, 위기에 부합하는 정치적 갈등은 (어쨌든 아직은) 찾아볼 수 없어요. 따라서 지금부터 전개할 대화에서는 시스템 위기와 사회적 투쟁의 관계가 중요한 논점이 되어야 해요.

1장

자본주의를 개념화한다

공통분모를 찾아서

예기　자본주의란 무엇인가? 이 물음에 답하려면, 어느 정도 근본적인 정의, 그러니까 자본주의 사회를 비자본주의 사회와 구별하는 일련의 핵심 특징들을 반드시 정의할 필요가 있죠. 자본주의는 사회적·경제적·정치적 차원을 지니며 이들은 서로 일종의 상호연결 관계를 맺는 것으로 봐야 한다는 점에서 저나 선생님은 같은 입장이라고 봐요. 하지만 회의적인 논자라면, 자본주의의 핵심 요소를 특정하기 쉽지 않다고 주장할 수도 있어요. 무엇보다도 세계 곳곳의 자본주의가 저마다 다른 모습을 띤다는 '자본주의의 다양성' 토론에서 얻은 교훈이 있지 않나요?[1] 나라마다 자본주의가 다 달라 보인다는 점에서 공통분모 따위는 없다는 게 그 결론 아닌가요? 사실이 그렇다면, 문제가 심각하죠. 어떤 사회 편성을 자본주의라 부르도록 만드는 핵심 요소를 특정할 수 없다면, 어떻게 자본주의의 위기를 논할 수 있겠어요? 이렇게 핵심 요소를 이야기할 수 없다면, 현 위기가 다른 무엇의 위기가 아니라 정말로 자본주의의 위기임을 입증할 방도가 없겠죠. 자본주의를 *비판*하려는 쪽도 사정은 똑같아요. 자본주의의 핵심 요소를 식별하게 해주는 명확하고 일관된 자본주의 개념조차 없다면, 어떻게 우리가 설명하려는 사회적 고통의 사례들이 실제로 *자본주의*와 연관되어 있다고 주장할 수 있겠어요?

프레이저 좋은 지적이에요. 저는 물론 현 위기가 자본주의의 위기로 이해될 수 있다는 가정에서 출발하죠. 그러나 이 가정은 증명되어야 해요. 그리고 자본주의 회의론자에게 답하기 위한 첫 번째 과제는 자본주의의 다양성에도 불구하고 '자본주의' 자체를 실제로 이야기할 수 있음을 보여주는 거예요. 그러려면 우리가 자본주의라는 말을 통해 뜻하는 바를 설명해야 하죠. 즉, '자본주의적'이라 불리는 참으로 다양한 사회에 널리 퍼져 있는 몇 가지 핵심 특징을 바탕으로 자본주의를 규정해야 해요. 하지만 모두 *자본주의*의 변종이기 때문에 공통의 근본 특징 같은 것은 없다고 한다면, 자본주의의 변종들을 논하는 것 자체가 말이 되지 않아요. 따라서 자본주의 사회들이 서로 다를 수 있도록, 그리고 실제로도 그렇게 만드는 참으로 다양한 방식을 획일화하지 않으면서도 자본주의 사회의 종별적인 특징을 이야기하는 것이 우리의 과제예요. 그리고 나서 우리가 확인한 자본주의의 핵심 특징과 시공간에 따라 달리 나타나는 자본주의 형태들의 다양성이 서로 어떤 관계를 맺는지 밝힐 필요가 있겠죠.

예기 이 쟁점에는 적어도 두 가지 차원이 있어요. 수평적 차원과 수직적 차원이죠. *자본주의*들이 동시대에 복수로 존재한다는, 즉 자본주의들이 같은 시대에 서로 다른 사회에 공존한다는 명제와 관련해서만 자본주의의 다양성 문제가 있는 게 아니에요. 이에 더해 서로 다른 자본주의 국면들의 역사적 전개라는 문제도 있죠. 과거 자본주의의 형세배열configurations과 현대 자본주의의 그것 사이에는 엄청난 차이가 있고, 따라서 이 모두를 '자본주의'라 부르는 게 정말 여전히 괜찮은 이론적 태도인지 의문이 들 수 있어요. 어떻게 초기 국면의 산업자본주의를 현대의 신자유주의적인 전지구적 자본주의와 동일시하거나 관련지을 수 있을까요? 19세기의 경쟁자본주의와, 프랑크푸르트학파가 '국가자본주의'라 부른 20세기의 '독점자본주의'를 분석하는 데 동일한 개념적 틀을 사용하는 게 과연 적절할까요? 제 생각에는, 어떤 사회 편성을 자본주의라고 판정하기 위해 반드시 갖춰야 할 핵심 요소들을 확인하는 게 우선 과제예요.

프레이저   역사적 지점이 중요하죠. 도대체 자본주의가 무엇이든 간에, 저는 자본주의가 일단 태생적으로 역사적이라고 보고 싶어요. 자본주의의 속성들은 한꺼번에 주어지는 게 아니라 오랜 시간에 걸쳐 출현하죠. 사실이 그러하다면, 이미 제출된 자본주의에 대한 모든 정의에 의심의 눈길을 던지고, 자본주의가 펼쳐온 궤적에서 자본주의의 정의 역시 거듭 수정될 수밖에 없다고 바라보면서 조심스레 작업을 진행해야 해요. 태동기에 중심적인 듯 보였던 특징이 나중에는 눈에 띄게 쇠퇴하기도 하고, 처음에는 주변적이거나 심지어 존재하지도 않았던 성격이 나중에 아주 중요한 위치를 점할 수도 있어요.

예기 선생이 방금 제시한 대로, 자본 간 경쟁은 19세기에는 자본주의 발전을 추동하는 메커니즘이었지만 20세기에는 적어도 '독점

자본주의'라 널리 알려진 주도적 부문에서는 점차 자리를 내주었죠. 역으로, 금융자본은 포드주의 시기에는 보조적 역할만 하는 것처럼 보였지만, 신자유주의 시기에는 중심 동력이 됐어요. 마지막으로, 자본주의 역사의 모든 단계마다 자본주의를 새로 품어 키우고^{embed} 조직한 거버넌스 체제는 지난 300년의 여정에 걸쳐 중상주의에서 자유방임 자유주의로, 국가 주도 관리경제^{dirigisme}로, 신자유주의 지구화로 매번 변형되었죠.

이러한 사례를 통해 자본주의에 내재한 역사성이 드러나요. 여기에서 쟁점은 단지 서로 다른 '자본주의의 다양성'이 병존할 수 있다는 게 아니라, 경로 의존적인 시계열에서 *역사적 순간들이 서로 이어진다*는 것이에요. 이런 시계열에서 나타나는 모든 변형은 예외 없이, 서로 다른 프로젝트의 주창자들이 벌이는 투쟁에서 비롯되며 정치적으로 추진돼요. 하지만 이 시계열은 특정 방향을 지닌 과정 혹은 변증법적 과정으로 재구축될 수도 있죠. 이런 과정에서, 이전의 자본주의 형태는 난점이나 한계에 직면하고, 후속 형태가 등장해 이를 극복하거나 우회했다가, 다시 궁지에 처해 대체되죠.

이런 점을 고려한다면, 자본주의에 대한 핵심적 정의가 무엇인지 찾아내는 작업은 복잡해지지 않을 수 없어요. 그렇다고 정의 자체가 불가능하다고 생각하지는 않지만, 조심스럽게 작업을 진행해야 한다는 뜻이기는 하죠. 가장 중요한 점은 상대적으로 유동하는 역사적 형태들을 그 근저에 있는, 좀 더 지속적인 논리와 하나로 뭉뚱그려서는 안 된다는 거예요.

자본주의의 특징: 정통파적 출발

예기   이렇게 논의를 시작하면 어떨까요? 자본주의를 규정하는 세 가지 특징을 가정하면서 운을 띄워보죠. ① 생산수단의 사적 소유와, 소유주와 생산자 사이의 계급 분할. ② 자유노동시장이라는 제도. ③ 필요 충족이 아닌 이윤 창출 지향과 함께하며, 소비와 대별되는 자본 확장 지향을 전제로 하는 자본 축적 역학.

프레이저   이것은 마르크스와 아주 가깝군요. 이런 방식으로 시작한다면, 얼핏 보기에는 정통파에 대단히 가까운 자본주의관에 도달하겠죠. 하지만 뒤에 가서 이 핵심 특징들이 다른 특징들과 어떻게 관련되는지, 그리고 실제 역사적 환경에서 이들이 어떻게 스스로를 드러내는지 살펴본다면, 정통 학설에서 벗어날 수 있을 거예요.

  예기 선생이 제시한 첫 번째 지점에서 출발해보죠. 생산수단을 사유재산으로 소유한 이들과 '노동력' 외에는 아무것도 소유하지 못한 이들 사이의 사회적 분할 말이에요. 자본주의 사회에 자본주의를 구성하는 다른 사회적 분할이 장착되어 있지 않다고 시사하려는 것은 아니에요. 조금 뒤에 이와는 상당히 다른 주장을 논할 생각이에요. 하지만 이 특징은 확실히 중심적 위치를 차지해요. 자본주의를 규정하는 특징이자, 이렇게 말해도 좋다면, 자본주의의 역사적 '성취'예요. 이 계급 분할은 이전의 사회 편성의 붕괴를 전제하는데, 이전 사회 편성에서는 비록 상황이야 다양했겠지만 대다수 민중이 노동시장을 겪지 않아도 생계 수단(의식주)과 생산수단(도구, 토지, 일)에 일정하게 접근할 수 있었죠. 자본주의는 이 조건을 파괴했어요. 대다수 민중을 생계 수단, 생산수단과 분리하고 공동의 사회적 자원이었던 것에서 배제한 거예요. 관습적 공동 이용권을 폐지하고 공유 자원을 극소수의 사유재산으로 바꿔버림으로써 커먼즈commons에 울타리를 쳐버렸죠. 소유주와 생산자 사이의 이러한 계급 분할의 결과로 이제 일자리를 얻고 생계 유지와 자녀 양육에 필요한 것을 획득하기 위해 다수는 매우 특이한 난장판(노동시장)을 겪어야 해요. 중요한 점은 바로 이런 상황이 참으로 기괴하고 '자연스럽지 않으며' 이례적이고 별나다는 사실이에요.

예기   네, 이제 두 번째 논점으로 가볼까요? 자본주의는 자유노동시장의 존재에 의존한다는 점이요. 잘 알려져 있듯이, 자본주의 사회는 봉건 사회에 존재하는 것 같은 종류의 자유롭지 않은 노동을 폐지하는 경향이 있죠. 노동자가 자유롭고 평등하다고 전제하면서 자유노동을 제도화해요. 적어도 공식적 설명은 이렇지만, 이것은 실제로는 자본주의가 두 세기 넘게 신대륙 노예제와 공존했다는 사실과 충돌하죠. 하지만 이 문제는 일단 제쳐두고 보면, '자유노동자'의 노동력은 법률적 계약의 한쪽 당사자(노동자)가 소유하고 다른 쪽 당사자(고용주-자본가)에게 판매하는 재화로 취급돼요.

역사적으로 이것은 엄청난 의미를 지닌 참으로 큰 변화라 할 텐데요. 이로 인해 해당 사회의 경제 구조가 바뀌었을 뿐만 아니라 일상생활이 뒤바뀌었죠. 환원주의적 방식으로 사회를 경제적 토대와 이데올로기적 상부구조로 나눠서 바라보지 않더라도, 자유노동시장이 수립되자마자 사회 형태 전체가 바뀌었다고 말할 수 있어요. 게다가 자유노동시장이 자본주의를 구성하는 역할을 한다는 점에서 자유와 평등이라는 규범적 이상이 현실 제도에 자리를 잡아요. 위장용 가면 역할만 하는 게 아니라 실제로 어느 정도는 구체화되고 현존하죠. 자본주의 노동시장은 법률상 자유롭고 독립적인 계약인 없이는 작동하지 못할 거예요. 동시에 이 이상들은 다름 아닌 노동시장에서 이를 통해 부패하지만, 그렇다고 자유와 평등 같은 이상이 완전히 허위라고만 할 수는 없어요. 이로써 우리는 마르크스가 선명하게 제시한 사실과 마주하죠. 자본주의에서 노동은 *이중의 의미에서* 자유롭다는 사실 말이에요.[2] 즉, 노동자는 자유롭게 일하지만, 노동계약을 맺지 못하면 '굶을 자유' 또한 누리지요.

프레이저   그 말 그대로예요. '노동자'라 여겨지는 이들은 우선 법률적 지위라는 의미에서 자유롭죠. 노예나 농노가 아닐 뿐만 아니라 상속인 역시 아니에요. 즉, 정해진 장소나 특정 주인에게 구속되지 않아요. 이동의 자유가 있고, 노동계약을 맺을 수 있어요. 하지만 '노동자'가 자유롭다는 데는 두 번째 의미도 있죠. 앞에서 이야기한 대로, 노동자는 생계 수단과 생산수단(토지와 도구에 대한 관습적 이용권을 포함한)을 획득할 통로에서도 자유롭죠. 달리 말하면, 노동시장에 진출하지 않아도 되게 만들어주는, 그런 자원과 자격에 매여 있지 않아요. 첫 번째 의미의 자유는 두 번째 의미의 자유에 내장된, 강압에 무릎을 꿇을 수밖에 없는 취약성을 수반하죠.

그렇다고 해도 저는 노동자를 자유로운 개인으로 바라봐서는 역사를 온전히 이해할 수 없다는 예기 선생의 지적을 더 강조하고 싶어요. 예기 선생이 말한 대로, 자본주의는 늘 커다란 규모의, 부자유하고 의존적인 노동과 공존했어요. 아니, 공존한 정도가 아니라 의존했다고 말하고 싶군요. 곧 설명하겠지만, 일하거나 생산하는 모든 사람이 노동자로 간주되거나 자유로운 개인의 지위를 허락받지는 못했어요. 그래서 제가 앞에서 굳이 '노동자'라고 인용부호를 단 거예요. 여기에서 요점은 노동자의 이중의 자유를 논할 때, 단지 자본주의 사회 현실의 일부분만 말한다는 거죠. 매우 중요하고 심지어는 결정적인 부분이기는 하지만, 그래도 한 부분일 뿐이에요.

예기 나중에 이 점을 다시 논해야겠어요. 하지만 일단 지금은, 자유라는 관념이 '이중의 의미'를 지닌다고 해서 자본주의에서 자유와 평등이 허위이거나 일종의 입에 발린 말일 뿐이라는 이야기는 아니라는 점을 강조하고 싶어요. 자유와 평등 같은 관념은 심층적인 맥락에서 이데올로기적이고, 아도르노는 이데올로기가 진실이면서 동시에 허위라고 말하면서 이를 일깨워주었죠.[3] 중요한 건 자유와 평등이 자본주의에서 실제로 실현되며, 시스템이 작동하려면 실제로 실현되어야 한다는 점이에요. 하지만 이와 동시에 이 이상들은 실현되지 못하기도 하죠. 자본주의적 노사관계의 현실이 이런 규범들과 충돌하며 이들을 와해시키는 것처럼 보이거든요. 게다가 이것은 결코 우연이 아니에요.

프레이저 저라면, 자본주의가 실현하는 자유와 평등이란 게 자유와 평등을 빈약하게 자유주의적으로 해석하는 데 그친다고 말하고 싶네요. 그러면서 자본주의는 자유와 평등에 대한 더 심층적이고 풍부한 해석은 실현되지 못하게 체계적으로 방해하죠. 자본주의는 이런 해석을 불러들이면서도 냉담하게 거부해요.

예기   이제 세 번째 측면을 이야기해보죠. 자본 축적 역학 말이에요. 이것은 자본주의의 결정적인 성격 가운데 하나로 보여요.

프레이저   네, 분명히 그렇죠. 자기 확장하는 가치라는 또 다른 난장판이 여기에 있어요. 자본주의는 시스템 차원의 객관적 추진력 혹은 방향성을 가진다는 점에서 특이해요. 자본 축적이 그렇죠. 소유주가 하는 모든 일은 자기자본 확장을 목표로 삼는데, 실은 그러지 않을 수 없는 측면이 있죠. 확대하지 않으면 죽거나 경쟁자의 먹잇감이 돼요. 이런 점에서 자본주의 사회는 소유주가 그저 태평하게 삶을 누리는 사회 형태는 아니에요. 생산자와 마찬가지로 소유주도 특유의 강박에 짓눌리죠. 그리고 자기 필요를 충족하려는 만인의 노력은 가장 우선시되는 무엇인가에 결박된 채 간접적으로만 수행돼요. 그 무엇이란 비인격적 시스템에 아로새겨진 최우선적 명령, 즉 끊임없이 자기 확장하려는 자본의 고유한 충동이죠. 이 지점에서 마르크스는 탁월해요. 그에 따르면, 자본주의 사회에서는 자본 자체가 대문자 주체[실질적 주체]가 돼요. 인간은 고작 자본의 졸卒일 뿐이며, 자본의 틈바구니에서 자기에게 필요한 것을 얻어낼 방안을 짜내다 결국은 야수에게 먹이만 대주고 마는 신세로 전락하죠.

예기   막스 베버Max Weber와 베르너 좀바르트Werner Sombart도 이런 삶의 형태가 정말 얼마나 기괴한지 힘주어 이야기했죠. 베버의 경우는 자본주의적 '부의 추구Erwerbsstreben'가 행복은 물론이거니와 필요나 소망의 충족을 지향하는 것도 아니라 그 자체로 목적이 됐다는 유명한 말을 남겼어요.[4] 그리고 근대 자본주의를 다룬 좀바르트의 책은 과거의 향수에 젖은 전근대적 어조에도 불구하고 이 주제에 특별한 관심을 기울였죠. 자본주의의 원동력을 유지하고 계속 활기차게 만든다는 게 얼마나 어려운 일인지 보여주는 삽화들로 가득 차 있거든요. 이를테면 프랑스에서는 소수의 성공한 자본주의 기업가들이 일정한 시기가 되면 거대한 저택을 사들여 여생을 누리기 위해 공장을 팔아치웠죠. 다람쥐들이 벌이는 무의미한 경쟁에서 빠져나오기 위해 쳇바퀴에서 뛰어내린 거예요. 좀바르트는 이 현상을 "자본주의의 퇴행적 살찌우기die Verfettung des Kapitalismus"라 칭했고, 이를 통해 자본주의가 축적을 지속하려는 진취적 기상을 잃는다고 봤어요.[5] 이에 더해, 전자본주의적 삶의 양식에서 자본주의적 삶의 양식으로 이행하는 과정을 다룬 개스켈Elizabeth C. Gaskell의 『북과 남』 같은 여러 소설에도 주목할 수 있어요.[6]

이 사례들에서 얻을 수 있는 교훈은 이러한 태도들과 '자본주의 정신'이 절대 자명하지 않다는 사실이에요. 따라서 자본이 실질적 주체가 됐다는 마르크스의 언명을 논할 때는, 우리가 정말로 순전히 시스템의 자기 영속화와 마주하고 있는지, 혹은 이런 표현 방식이 이윤 추구의 영속화를 뒷받침하는 사회적 태도와 같은 좀 더 미묘한 전제조건들을 오히려 애매하게 만들지는 않는지에 관해 계속 날카롭게 철학적 질문을 던져야 해요. 경제적 실천은 언제나 이미 삶의 형태들에 묻어embedded 있고, 이 점을 고려하다 보면 이런 사실과는 상관없이 구체화될 수 있는 시스템으로서 자본주의를 정의하기란 더욱 어려워지죠. 선생님 자신이 비판한, 순수한 '생활세계' 대對 제멋대로 달리는 경제적 역학의 '체계'라는 이분법을 피하길 바란다면 더욱 그렇죠.[7] 이런 식의 구분은 자본주의가 사람들을 잡아먹을 뿐

절대로 사람들에 의해 가동되지는 않는, 자기 영속화하는 '기계'라고 여겨요. 하지만 무엇이 자본주의를 '먹여 살리는가'라는 문제는 잠깐 뒤로 미뤄둬야겠어요.

자본주의와 시장, 같은 것인가

예기 자본주의에 대한, 여전히 정통파적인 정의의 목록에 이제는 네 번째 특징을 추가해야겠네요. 바로 자본주의 사회에서 시장의 중심성이에요. 노동시장과는 별개로, 좀 더 전반적인 맥락에서 시장은 자본주의 사회에서 물적 공급을 조직하는 주된 제도로 여겨지죠. 자본주의에서 재화가 공급되는 것은 일반적으로 시장 메커니즘을 통해서예요.

하지만 자본주의와 시장의 관계는 복잡해요. 둘은 서로 밀접하게 관련돼 있지만, 결코 동일하지는 않죠. 자본주의는 단순히 '시장사회'만은 아니에요. 시장은 비자본주의 사회나 전자본주의 사회에도 존재했고, 역으로 우리는 시장 메커니즘을 포함한 사회주의 사회를 생각해볼 수 있어요. 따라서 자본주의와 시장의 관계를 철저히 따져보는 게 중요하죠.

프레이저 저도 동의해요. 자본주의와 시장의 관계는 꽤 복잡하다고 생각해요. 그래서 조심스럽게 풀어낼 필요가 있죠. 이번에도 마르크스를 다시 불러내며 시작해볼게요. 마르크스의 경우에 시장은 상품 형태와 밀접히 관련돼 있죠. 그리고 상품 형태는 단지 자본주의를 이론화하는 출발점이지, 그 종착역은 아니에요. 『자본』 1장에서 이는 현상의 영역이자 첫눈에 보이는 사물의 겉모습으로 제시돼요. 부르주아 사회의 상식적 관점, 즉 시장 교환의 시각을 받아들인다면 사물이 이렇게 나타난다는 거죠. 마르크스는 곧바로, 이러한 최초의 시각에서 더 심층적인 또 다른 시각으로 이끄는데, 그것이 생산과 착취의 관점이에요. 여기에서 함의는, 자본주의에는 시장보다 더 근본적인 측면이 있다는 것이죠. 잉여가치를 창출하는 엔진으로서 노동을 착취함으로써 생산을 조직하는 게 그 측면이에요. 적어도 저는, 마르크스가 부르주아 정치경제학이 강조하는 시장 교환 대신 더 심층적이고 비판적인 차원에서 생산을 강조하려 했다고 해석해요. 더러운 비밀, 즉 착취를 통한 축적 과정이 발견되는 것은 바로 좀 더 심층적인 이 수준에서죠. 달리 말하면, 자본은 등가물의 교환이 아니라 그 정반대, 즉 노동자의 노동 시간 중 일부를 보상*하지 않음*을 통해 확장돼요. 이것만으로도 이미 시장 교환 자체는 문제의 핵심이 아님을 확인할 수 있죠.

예기   하지만 방금 확인한 자본주의의 특징 가운데 첫째부터 셋째에 이미 시장화 경향이 내재돼 있다고 생각하지 않나요? 어쨌든 이 세 특징이 하나로 모여 역동적 시스템을 이룬다고 상상해보면 점점 더 많은 사물이 시장에서 판매, 구매, 거래되는 세상이 떠오르는데요.

프레이저   그럴지도 몰라요. 하지만 제 경우에 결정적 물음은 이거예요. 어떤 종류의 시장인가? 예기 선생이 말한 대로, 시장은 많은 비자본주의 사회에도 존재하고 놀랍도록 다양한 형태를 띠어요. 칼 폴라니Karl Polanyi가 중요하게 지적한 내용이죠.[8] 따라서 우리는 이렇게 질문해야 해요. 자본주의 사회에 존재하는 시장에서 특별한 점은 무엇인가?

예기   네, 동의해요. 이 문제가 이데올로기적 신비화로 쉽게 향하게 하기 때문에 더욱 그렇죠. 독일에서는 '자본주의'라는 용어가 영어권보다 더 경멸적인 의미를 지니고 있어서 독일 경제학자들은 자본주의에 관해 언급하지 않으려 한다는 사실을 알고 있나요? 독일 경제학자들의 관점에 따르면, '자본주의'라는 단어를 쓰는 순간 이미 지나치게 비판적이라는 거예요. 교과서는 일반적으로 '시장사회'라는 완곡한 표현을 써요. (선생님 나라에서도) 텍사스주 교육위원회가 역사 교과서에 더 이상 '자본주의'라는 단어가 나와선 안 되며 대신 '자유기업사회'라 해야 한다는 명령을 내리며 비슷한 조치를 취했죠.[9]

이런 어법은 이데올로기적이에요. 특히 다음과 같은 중요한 질문을 모호하게 만든다는 점에서 그래요. 시장과 자본주의는 실제로 어떤 관계를 맺고 있는가? 자본주의 없는 시장이 가능한가? 예컨대 시장사회주의가 주창하는 대로, 시장은 있으면서도 생산수단의 사적 소유는 없는 사회가 가능한가? 또 그 반대는 어떨까요? 일정 규모의 재화가 시장을 통해 교환되지 않게 만드는 고도의 독점화 같은 경제적 특징을 지닌 경제도 여전히 자본주의 사회라 할 수 있는가? 간단히 말해, 시장 없는 자본주의나 자본주의 없는 시장이 가능한가?

프레이저   문제를 정식화하기에 좋은 방법이네요. 이 물음에 답하기 위해 서로 다른 시장의 종류와 시장이 수행하는 서로 다른 역할을 구별하고 싶어요. 우선 소비재 시장을 살펴보죠. 여기에서는 처음에는 임금이나 소득 형태로, 다음에는 상품 형태로 개인에게 생계 수단을 분배해요. 이것이 자본주의에만 특징적으로 나타나는 시장인가요? 저는 그렇게 생각하지 않아요! 시장이 자본주의만의 특징이라는 생각은 확실히, '자유'노동에 관한 지적에서 논리적으로 따라 나온 결론처럼 보여요. 앞에서 짚어본 대로, 무산無産 노동자가 생계 수단을 확보할 직접적인 수단이 없는 것은 자본주의 경제 논리의 특성이에요. 노동자는 노동력을 팔아 임금을 받아야만 음식, 주거 등등의 필수재를 구매하고 생활에 필요한 것을 확보할 수 있죠. 동전의 반대 면에는, 오랜 세월에 걸쳐 생계 수단이 화폐로 구매해야 확보할 수 있는 상품으로 변형된다는 사실이 있죠.

 그럼에도 이 점은 그리 결정적이지 않아요. 여기에서 핵심 문구는 "오랜 세월에 걸쳐"라는 것이고 이 과정은 불균등하기까지 하죠. 한편으로는 생계 수단의 전면적 상품화 과정이 극단적 수준으로까지 진행돼요. 자본주의 중심부의 노동계급에 소비재를 파는 것을 중심으로 하는 전반적 축적 전략이 수립된 20세기 '소비자본주의'가 그 사례 중 하나죠. 하지만 다른 한편으로 주변부의 많은 이는 이런 종류의 소비주의에 완전히 포함되지는 않았고 지금도 여전히 그래요. 그 이유는 우연적인 게 아니라 사실은 구조적이죠. 그리고 소비자가 된 사람들의 경우에도 이 과정은 최소한 부분적으로는 역전될 수 있어요. 요즘은 자본주의 심장부에서조차 신자유주의 위기의 경험을 통해 많은 이가 물물교환, 비공식 호혜, 상호부조 같은 다양한 유형의 현물 거래에 참여하지 않을 수 없는 신세가 되었어요. 오늘

날 아테네나 디트로이트의 상황만 떠올려봐도 알 수 있죠.[10]

예기 하지만 이런 현상을 어떻게 해석해야 하죠? 전자본주의 상황으로 퇴행한 것인가요, 아니면 전자본주의 사회의 유물인가요? 그것도 아니면, 이 현상이 자본주의 자체와 관련된 시스템 차원의 진실을 가리키나요? 총체적 상품화는 가능하지 않다는 명제를 뒷받침하는 진실 말이에요.

프레이저 제 생각에 여기에서 전자본주의와 관련된 것은 전혀 없어요. 이매뉴얼 월러스틴 Immanuel Wallerstein 은 일반적으로 자본주의가 '반+프롤레타리아화'된 가계를 바탕으로 작동한다고 자주 강조하곤 했죠.[11] 이러한 제도배열 arrangements 아래에서 소유주는 노동자에게 지불할 몫을 줄일 수 있어요. 많은 가구가 현금 급여가 아닌 자급자족(텃밭, 바느질 등), 비공식 호혜(상호부조, 현물 거래), 국가를 통한 이전소득(복지수당, 사회 서비스, 공공재) 등의 소득원에서 생계를 상당 부분 충당하거든요. 이런 제도배열 덕분에 활동과 재화의 상당 부분이 시장의 영향권 바깥에 남죠. 이런 활동과 재화는 단순한 전자본주의 시기의 잔재도 아니고, 사라지고 있는 것도 아니에요. 이들은 포드주의의 고유한 요소였어요. 포드주의가 중심부 국가들에서 노동계급의 소비주의를 촉진할 수 있었던 것은 오직 남성의 피고용노동과 여성의 가사노동이 결합된 반프롤레타리아화된 가계를 통해서였어요. 또한 주변부에서 상품 소비 발전을 억누른 덕분이기도 했고요. 그리고 방금 말한 대로, 반프롤레타리아화는 신자유주의에서 더욱 부각됐어요. 수십억 인구를 공식 경제에서 추방해 자본이 가치를 엄청나게 빨아들이는 비공식 회색 지대로 몰아넣음으로써 축적 전략 전체를 새로 구축한 거예요. 이런 종류의 '시초 축적'은 지금도 지속되는 과정이고, 자본은 이것에서 이윤을 얻고 이에 의존해요.

예기   하지만 다시 묻고 싶은데, 이것은 역사적 우연인가요, 아니면 시스템적인 것인가요? 자본주의가 시장화되지 않고 상품화되지 않은 자원에 의지하는 데는 기능적 필요성이 있나요?

프레이저   시스템의 문제라고 생각해요. 시장화는 자본주의 사회 어디에나 편재한 게 아니에요. 그리고 그럴 수밖에 없는 이유는 결코 우연적이지 않아요. 현실에서 삶의 시장화된 측면이나 구역은 시장화되지 않은 측면이나 구역과 공존하죠. 제 생각에 이것은 요행이나 경험적 우연성이 아니라 자본주의의 DNA에 내재된 특징이에요. 사실 '공존'은 자본주의 사회의 시장화된 측면과 시장화되지 않은 측면의 관계를 포착하기에는 지나치게 빈약한 용어죠. 아마도 '기능적 중첩'이 더 어울리는 용어일 테고, 그게 아니면 여전히 더 낫고도 단순한 용어는 '의존'이에요. 칼 폴라니는 그 이유를 이해하는 걸 돕죠. 폴라니는, 사회가 "전면적으로 상품"(폴라니가 아니라 저의 문구인데)이 될 수는 없다고 말해요.[12] 폴라니의 생각은, 시장이 다름 아닌 비시장적 사회관계들에 의존해야만 존립할 수 있으며 이런 사회관계들이야말로 시장을 존재하게 만드는 배경 조건을 제공한다는 거예요. 저는 이 생각이 옳다고 봐요.

예기   이건 놀랍고 중대한 주장이라서, 정말 이야기를 풀어볼 만

하겠어요. 논지를 좀 더 분명히 밀어붙여볼까요? 사회가 전면적으로 상품화"될 수는 없다"는 것은 무슨 뜻이죠? 그럼 "전면적으로 상품화된다면" 어떤 일이 벌어지는 거죠? 이것은 '기능적' 필요성의 문제라 할 수 있어요. 상품화가 전면화되면 사회가 더 이상 제대로 '작동'할 수 없다는 거죠. 말하자면 상품화에는 넘어설 수 없는 일정한 객관적 한계가 있다는 뜻이에요. 하지만 과도한 상품화는 '잘못'이라거나 '나쁘다'고 말함으로써 이 문제를 좀 더 주관적이거나 규범적인 틀에서 바라볼 수도 있죠. 사회가 견지하고 높이 평가해야 마땅할 특정한 '기풍^{ethos}'이 총체적 상품화에 의해 파괴되거나 침식되기 때문에 그저 이 사회의 성원들이 모든 것을 전면적으로 상품으로 만들길 원치 않는다고 말이에요. 이 용어들을 분명히 하고, 사회 비판의 기능주의적 측면과 규범적 측면이 어떻게 밀착해서 서로를 필요로 하는지 해명하는 게 중요해요. 저는, 당면한 위기나 실패, 잘못된 발전을 포착하기 위해 규범적-기능주의적 어휘가 필요하다고 믿어요. 그래도 기능주의적 논법만으로는 비판 작업을 수행할 수 없죠. 전면적 상품화는 '가능'하지 않은 게 아니에요. 그보다는 심각한 내재적 모순을 창출하지 않고는 가능하지 않다고 봐야죠. 이런 모순은 얼마간은 잠재적인 형태에 머물 수 있지만, 진짜로 사회 갈등을 낳을 수도 있죠.[13]

프레이저   우리 생각이 크게 다른지 잘 모르겠군요. "사회가 전면적으로 상품화될 수는 없다"라는 언급을 통해 제가 뜻한 바는 총체적 시장화의 시도가 스스로를 불안정하게 만든다는 것이죠. 이런 시도는 시장을 존립하게 만드는 배경 조건을 위험에 빠뜨려요. 이 배경 조건들은 시장을 뒷받침하면서도 그 자체는 시장화되지 않은 상태죠. 이것은 폴라니가 '허구적 상품화'로 뜻한 바에 대한 해석(제 생각에는 최선의 해석)이에요.[14] 또한 『법철학』에서 헤겔이 사회가 전면적으로 계약적일 수는 없다고 주장한 것과도 비슷하죠. 만약 계약 관계의 영역이 비계약적 사회관계라는 배경을 토대로 삼아야만 존립할 수 있다면, 계약을 보편화하려는 시도는 계약 관계의 의존 대상인 비계약적 토대를 파괴함으로써 계약 관계를 와해시키는 결과를 낳고 만다는 거예요.[15] 이것은 참으로 '객관적인^{objective}' 구조적 논법이지만, 저속한^{objectionable} 형태의 기능주의적 논법은 아니죠. 등식의 반대쪽에 있는 중대한 '주관적' 항, 즉 사회에서 살아가는 이들이 위기의 여파를 어떻게 경험하는가라는 물음에 대해 뭔가 답하는 것처럼 가장하지는 않거든요. 이 점에 관해서라면, 예기 선생에게 동의해요. 우리에게는 다른 식의 분석이 필요하죠. 사회^{social} 행위자들이 사회의^{societal} 탈구 상태를 살아내는 데 수단이 되는 '상식', 즉 규범 의존적 해석 틀에 초점을 맞춘 분석이 필요해요.

예기   이 점을 짚으려면 규범적 차원과 기능적 차원이 더욱 심층적으로 뒤얽혀야 한다는 입장을 견지하고 싶네요. 그렇다고 해서 '규범'은 주관적 측면이고, '기능'은 객관적 측면이라는 게 아니에요. 이 주제에 관해서는 이야기할 게 확실히 더 많지만, 자본주의를 비판하는 최선의 방식을 검토하는 3장에 가서 더 논의하기로 하죠. 일단 지금은 시장이 자본주의 사회에서 실제로 수행하는 역할에 관한 논의를 이어가고 싶어요. 지금까지 우리가 이야기한 것은 자본주의가 소비재 시장을 증식시키는 경향이 있지만 이는 시·공간에 따라 다양하게 실현된다는 거였어요. 또한 비자본주의 사회에도 소비재 시장은 있으며, 이로써 이런 시장이 자본주의에서만 나타나거나 자본주의의 결정적인 특성인 것은 아님을 알 수 있어요. 하지만 개인에 의해 소비되거나 분배되지 않는 생산 투입물 등의 시장은 어떨까요? 이런 종류의 상품을 다루는 시장은 자본주의만의 특유한 것인가요?

프레이저　네, 제가 말하려던 것이 바로 그 점이에요. *분배를 위해 시장을 이용하는 것과 할당을 위해 시장을 이용하는 것을 구별하고 싶어요.* 분배 측면에서 기능하는 시장은 개인 소비를 위해 개별화된 유형(有形) 재화를 배분하죠. 반면에 할당 측면에서 기능하는 시장은 생산, 잉여 축적, 연구개발 그리고/혹은 인프라 투자 같은, 본래 초개인적이거나 집단적인 프로젝트에 사회의 전반적 자원을 어떻게 활용할지 지시해요. 이러한 구별을 바탕으로 시장사회주의가 자본주의 사회와 다른 점을 확인할 수 있어요. 시장사회주의는 소비재 배분을 위해 분배 측면의 시장을 활용하겠지만, 신용, 자본재, '원자재', 사회적 잉여 등을 할당하는 용도로는 비시장적 메커니즘(민주적 계획 같은)을 활용하겠죠. 이미 이야기한 대로, 자본주의 역시 분배 측면의 시장을 활용해요. 하지만 자본주의에서 진짜 특징적인 것은 할당 측면의 시장을 활용하는 방식, 즉 사회가 축적된 부와 집단적 에너지를 어떻게 사용할지 지시하는 방식이에요. 여기에 자본주의 사회에서 시장이 수행하는 특유의 기능이 있다고 생각해요. 자본주의 사회에서 시장은 상품 생산의 주된 투입물을 할당하고 사회적 잉여의 투자 방향을 지시하는 데 이용되죠.

예기   선생님의 주장에 따르면, 자본주의에 특수하게 나타나는 시장의 '할당' 기능은 두 가지로 나뉘겠네요. 생산 투입물의 할당과 잉여의 할당으로요.

프레이저   맞아요. 첫 번째 생각은 피에로 스라파^Piero Sraffa가 남긴 놀라운 문구에 깔끔하게 정리돼 있죠. 자본주의는 "상품을 통해 상품을 생산하는" 시스템이라는 문구 말이에요.[16] 이 시스템은 상품 생산에 직접 투입되는 모든 주요 항목을 시장화하는데, 이런 투입물에는 기계·공장·설비·테크놀로지 등의 자본재, 에너지, 원자재, 부동산, 신용이 포함되죠. 마르크스도 이 점을 중요시해요. 마르크스는 자본주의의 시스템 논리를 설명하면서 자본재 시장에 중요한 위상을 부여해요. 자본주의 생산의 두 주요 '부문' 중 하나(다른 하나는 개인 소비용 재화)를 구성한다는 것이죠.[17] 그리고 폴라니는 자본주의와 마찬가지로 시장이 존재하는 다른 사회 편성들과 자본주의를 구별하는 데에는 노동력 시장뿐만 아니라 '토지'와 '화폐' 시장이 중요하다고 지적했죠.[18] 두 사상가 모두 자본주의가 이런 측면에서 독특하다고 봤어요. 비자본주의 사회가 사치재와 일부 일상 재화만 시장화한 것과 달리 오로지 자본주의만이 인간 노동력과 그 밖의 요소를 포함하는, 중요한 모든 *직접적 생산 투입물*의 시장화를 시도했죠.

예기   두 번째 지점도 마르크스에게 상당히 중요했던 것 같아요. 자본주의가 사회의 잉여를 어떻게 투자할지 결정하는 데 시장 메커니즘을 활용한다는 점 말이에요. 제가 알기로는, 사람들이 어떻게 살길 바라는가를 둘러싼 근본적 물음에 대한 답을 '시장의 힘'에 맡겨두는 사회는 자본주의 말고는 없어요. 이것은 이런 뜻이기도 하죠. 정치적인 것과 경제적인 것 사이의 관계가 변동했다는, 즉 두 측면 모두가 동시에 변형됐다는 뜻이에요.

프레이저 제가 보기에는 이것이야말로 자본주의의 가장 중대하면서도 사악한 특징이에요. 이렇게 인간사의 가장 중요한 문제들을 시장의 힘에 내맡기는 것 말이에요. 이를테면 사람들이 집단적 에너지를 어디에 쏟아부을지, '생산적 일'과 가정 생활·여가·기타 활동 사이의 균형을 어떻게 맞추길 바라는지, 미래 세대에게 무엇을 얼마나 남기길 원하는지 같은 문제들이 시장의 힘에 의해 결정되죠. 집단적인 토의와 의사결정의 사안으로 취급하지 않고, 화폐화된 가치를 평가하는 기구에 맡기는 거예요. 이것은 우리가 다룬, 자본에 내재한 자기 확장 충동이라는 세 번째 요점과도 긴밀히 연관돼요. 자본은 이런 자기 확장 과정을 통해 스스로 역사의 주체가 되며, 자본을 만든 당사자인 인간을 대체해서 오히려 하인으로 전락시키죠. 인간이 결정권을 행사하는 영역에서 근본적 물음을 제거하고 이것들을 비인격적 메커니즘에 맡겨버림으로써 자본의 자기 확장이 극대화될 수 있어요. 이야말로 사악한 점이죠. 그리고 자본주의의 독특한 점이기도 해요. 사회주의의 의미가 무엇이든 그 안에는 반드시 사회적 잉여의 할당에 대한 집단적이고 민주적인 결정이 포함돼야 해요!

예기 전적으로 동의해요. 제가 소외를 자리매김하는 게 바로 이 대목이죠. 이런 맥락에서 소외를 특정한 종류의 무력함과 비자유로 이해해요. 무력함과 비자유는 사물을 창조하고 생명력을 부여한 인간 자신의 이러한 '퇴출^{displacement}'과 종속에서 비롯되죠.

하지만 자본주의 사회에서 시장이 행사하는 '구조화하는 힘'도 따져봐야 해요. 아마도 이게 비자본주의 사회와 구별되는 자본주의만의 또 다른 특징일 거예요. 저는 특히 자본주의하에서 상품 교환 구조가 사회생활에 깊이 주입된다는 주장을 염두에 두고 있어요. 이 주장에는 서로 다른 여러 버전이 있지만, 기본적인 생각은 어떤 사물을 판매하기 위해 생산된 상품으로 다룰 경우에 그 사물과 우리가 맺는 관계 그리고 우리가 자신과 맺는 관계가 변한다는 거예요. 비인격화나 무관심이 그런 사례들인데, 이런 변화는 본래의 가치와 대립되는 도구적 가치의 맥락에서 세상과 관계를 맺도록 몰아가죠. 이런 방식으로 시장은 구조화하는 질적 힘을 행사해요. '세계관', 우리 삶의 '문법'을 조형하는 거죠. 이런 논리에 의해 전적으로 통제되고 결정되는 사회라는 악몽이 전면화하는 것은 당연히 모두들 피하려 하겠지만, 이런 상상을 통해 여전히 중요한 통찰을 얻을 수 있어요.

프레이저　　　전형적인 프랑크푸르트학파식 정리군요! 노동시장(그리고 이를 둘러싼 '자유'노동의 제도 전반)이 자본주의 사회에서 구조화하는 힘으로서 중요하다는 것은 확실히 의미 있는 지적이죠. 노동시장은 사회생활에 상당히 뿌리 깊은 자국을 남겨요. 오랜 시간에 걸쳐(이 대목에서 이 문구는 자본주의에 내재한 역사성을 알려주죠) 노동력 시장은 단순한 할당 기능뿐만 아니라 좀 더 심층적이고 형성적인 기능을 맡아요. 그 시장에서 거래되는 대상의 내적 성격을 바꾸고, 시장의 터전이 되는 삶의 포괄적 형태를 바꾸죠. 마르크스와 폴라니 모두에게 이 점이 중요해요. 시장은 오랫동안 존재했지만, 많은 사회에서 시장은 사회생활의 변방에 갇히고 억제되며 주변적이죠. 삶의 형태를 내부에서부터 구조화하지 못해요. 하지만 자본주의가 들어서면, 그렇게 구조화하는 힘을 행사하기 시작하죠.

예기 이건 폴라니의 주장인가요, 아니면 마르크스의 주장인가요? 왜냐하면 폴라니에게 "자본주의란 무엇인가?"라고 묻는다면 시장의 전면화라고 답할 테니까요. 폴라니는 분명히 시장이 구조적 기능을 지닌다고 언급했어요. 어떤 점에서 이것이 마르크스에게도 해당하는 거죠?

프레이저 일단 노동의 '실질적' 포섭과 '형식적' 포섭을 나눈 마르크스의 설명을 떠올려보자고요. 우선 노동을 놓고 시장이 생기면, 사람들이 본질적으로 전과 동일한 작업을 수행하면서도 이제는 자신의 오두막이 아니라 공장에서 그 일을 하죠. 제품당 단가가 아니라 시간당 임금을 받지만, 늘 그랬듯이 계속 옷을 만들죠. 이게 마르크스가 말한 "노동의 형식적 포섭"이에요. 이 경우에 노동시장의 힘은 아직 '전면적'이지는 않죠. 하지만 곧이어 '자유'노동을 교환하는 시장과 자본에 내재한 자기 확장 충동이 서로 결합해 노동 과정을 내부로부터 재구조화하는 압박을 낳죠. 일은 작은 단위로 분절되고, 서로 다른 노동자에게 배분되며, 노동자는 각자 동일하고 파편적이며 부분적인 동작을 반복적으로 수행해야 해요. 예를 들면 수백 장의 옷깃을 재봉하는 것은 옷 한 벌을 만드는 것과는 전혀 다른 일이죠. 마르크스가 보기에 이는 시장이 할당이나 분배 기능뿐만 아니라 구성하고 구조화하는 힘을 행사하는 한 가지(아니, 극적인) 사례예요.[19]

다른 예들도 많죠. 이 지점에서 마르크스와 폴라니는 가깝다고 봐요.

예기   동의해요. 하지만 저는 여전히, 폴라니가 파편화 자체를 비난거리로만 보지 않을지 묻고 싶네요. 인격의 유기적 통일성을 상당히 와해시킨다는 이유를 들면서 말이죠. 제가 해석하기론 마르크스는 그 정도로 낭만적이지는 않아요. 마르크스 입장에서 부조리한 것은, 우리가 이렇게 능률적 과정을 고안할 수 있으면서도 이런 과정이 끼치는 근본적으로 비합리적인 결과는 방치한다는 점이에요. 파편화 수준에까지 치닫는 분업이라도, 집단적 자기결정 과정을 통해 도달한 결론이고 또한 거기에서 획득된 잉여의 할당이 통제를 받기만 하면 좋은 일일 수도 있다는 이야기죠. 이와 달리 현실에서는 분업이 투명하지 않은 자기 기만적 방식으로 실시되지만요.

아무튼 시장에 관한 논의를 이어가보죠. 우리가 논의한 시장의 기능들(분배, 할당, 형성) 말고도 자본주의 아래에서 시장이 취하는 독특한 형태에도 초점을 맞출 수 있을 것 같아요. 이를테면 폴라니의 용어를 활용하여 [사회에] '묻어 들어 있지 않은' 자본주의 시장의 특성을 식별해낼 수도 있겠죠. 폴라니는 비경제적 제도에 맞물려 있고 비경제적 규범('적정 가격', '공정 임금' 같은)에 종속된 '묻어 들어 있는' 시장과, 경제외적 통제에서 자유롭고 수요와 공급에 의해 내부로부터 관리되는 '묻어 들어 있지 않은' 시장을 구별했어요. 폴라니에 따르면, 묻어 들어 있는 시장이 역사적 규범이죠. 역사에서 대부분의 기간에 시장은 누가, 어떤 조건으로, 무엇을 매매할지 제한하는 외부 통제(정치적·윤리적·종교적)에 종속됐어요. 반대로, 묻어 들어 있지 않은 시장은 역사적 별종이며 자본주의에서만 나타나죠. 적어도 이론상으로는, 묻어 들어 있지 않은 시장은 '자기 조정적'이에요. 시장이 수요와 공급을 통해 시장 거래 대상의 가격을 정하는데, 수요와 공급은 시장에 내재한 메커니즘으로서 외부 규범을 압도하거나 이에 대한 판단을 보류해버리죠.[20]

프레이저 네, 이론상으로는 그렇죠. 하지만 현실은 전혀 달라요. 시장은 진짜로 '자기 조정적'이었던 적이 한 번도 없어요. 폴라니의 관점에 따르면, 앞으로도 그럴 일은 없죠. 마르크스 역시 이런 방식으로, 즉 역사에서 '자기 조정적 시장'은 현실이 아니라는 입장으로 해석될 수 있어요. 예를 들어, 노동일을 둘러싼 투쟁을 다룬 『자본』 1권의 유명한 장에서 마르크스는 임금 수준이 정치적 힘에 달려 있음을, 수요와 공급이 아니라 계급투쟁의 결과에 달려 있음을 보여주죠.[21] 이 지점에서 역사적 현실은 이렇게 경제 이론과 충돌해요.

예기 같은 생각이에요. 제 관점에 따르면, 시장도, 경제적인 사회적 실천의 그 어떤 형태도 자신의 터전이 되는 삶의 형태에 말 그대로 '묻어 들어 있지 않은' 상태가 될 수는 없어요. 사실 저는 더 나아가, 시장이 사회에 '묻어 들어 있다'고 말하는 것 자체도 이미 경제적 실천과 다른 사회적 실천 사이에 일종의 규범적이거나 기능적인 '분리'를 상정한다는 점에서 정도正道에서 벗어났다고 말하고 싶어요. 경제가 사회의 나머지 영역과 따로 떨어져 존재하거나 기능한다고 상정하면서 사회에 '묻어 들어 있다'거나 '묻어 들어 있지 않다'고 하는 것처럼 들리거든요. 그렇다고 경제가 이런 두 유형 중 하나로 '자신을 제시'하거나 이와 유사한 방식으로 제도화될 수 없다는 말은 아니에요. 하지만 경제적 실천과 여타 사회적 실천 사이의 관계는 훨씬 더 역동적이어서, '묻어 들어 있다' 혹은 '묻어 들어 있지 않다'는 표현을 통해서는 이 관계가 모호해질 수 있다고 생각해요.[22]

프레이저   저라면, 경제를 '사회'에서 떼어놓는 제도적 분화가 자본주의의 역설적 성격이라고 강조하겠어요. 이 분화는 현실인 동시에 불가능하죠. 자본주의 사회가 그토록 사악하면서 스스로를 불안정하게 만드는 이유, 주기적 위기에 그렇게 끌려다니는 이유를 이것으로 설명할 수 있어요.

예기   이제껏 시장에 관해 이야기한 내용을 요약해보죠. 우리의 주제는 시장 일반이 아니라 자본주의에서만 나타나는 시장의 특정한 유형이나 용도예요. 쟁점은, 소비재 분배에 시장을 활용하는 것이 아니라 생산에 주요 투입물(노동력과 그 밖의 요소들)을 할당하고 사회적 잉여를 처분하는 데 시장을 활용하는 것이죠.

이제 자본주의 사회를 구별 짓는 네 가지 핵심 특징이 분명해졌어요. ① 소유주와 생산자 간의 계급 분할. ② 임금 노동의 제도화된 시장화와 상품화. ③ 자본 축적 역학. ④ 시장을 통한 생산 투입물과 사회적 잉여의 할당.

"그늘에 가려 있던 것"

예기   그런데 이 정도 내용이라면 그렇게 정통적으로 보이지는 않는데요. 아마 우리가 정통 학설에 머물고 싶어 하지 않아서 그렇지 않은가 싶네요. 우선 선생님과 저 모두 '자본주의'가 단순한 경제 자체나 *직접적으로* 경제적인 사회적 실천이나 제도에 그치지 않는다고 여긴다는 점이 감지돼요. 더구나 과거에 그토록 많은 자본주의 비판에 만연했던 경제주의와 결정론이라는 악습을 진지하게 극복하려 한다면, 자본주의를 경제 시스템으로 환원하면 안 되겠죠. 하지만 이보다 더 중요한 것은, 우리 모두 앞에서 검토한 자본주의의 핵심 특징이 저절로 발생하지는 않았다고 생각한다는 점이에요. 오히려 이 특징들은 다양한 수단을 통해 어렵사리 수립되거나 제도화되었죠. 이러한 삶의 형태가 결코 자연스럽게 발전한 게 아니며 선행하던 삶의 형태를 급진적으로 파괴했다는 점은 앞에서 이미 확인했어요. 또한 경제가 사회의 다른 부분과는 동떨어진 채 기능하는 자립적이고 자기 조정적이며 몰규범적인 영역이라는 관념에 의문을 던졌죠.

달리 말해, 우리에게 필요한 것은 사회의 모든 것을 일면적이고 일차원적 방식으로 결정하는 단 하나의 역학이자 역사적 힘(즉, 경제)으로 자본주의를 한정하지 않는 인식이에요. 오히려 사회의 다중적 권역들(경제는 그중에서도 중요하고 중심적인 권역이지만, 그럼에도 여러 권역 중 단지 하나에 불과하죠)을 포괄하는, 더욱 미묘하고 복잡한 역학의 그물망을 어떻게든 설명해야 하고, 이런 해명을 통해 사회의 각 권역이 서로 관계를 맺으며 작동하는 다양한 방식에 주목할 수 있을 거예요.

프레이저 동의해요. 제 입장에서, 자본주의에 대해 상대적으로 정통적인 정의에서 출발하는 것은 다름 아니라 '탈-정통-화'라는 다음 걸음을 내딛기 위해서죠. 그래서 왜 정통적 정의만으로는 부족한지, 바로 그 이유를 보여주고 싶네요. 이를 위해, 우리가 확인한 네 가지 핵심 특징은 또 다른 것에 의존하며 이 다른 것들이 자본주의를 존립하게 만드는 배경 조건임을 증명하겠어요. 만약 이것들이 없다면, 우리가 지금까지 기술한 자본주의 경제 논리는 상상도 할 수 없죠. 자본주의를 존립하게 하는 배경 조건이 무엇인지 규명해야만 자본주의 경제 논리도 의미를 가져요. 한마디로, 자본주의 사회의 '경제적 전경前景'은 '비경제적 배경'이 없으면 안 돼요.

예기 시스템의 핵심 특징이 존립하려면 자본의 직접적 관할권 이면이나 이 관할권 너머에 도대체 무엇이 있어야 하죠? 상품 생산에 직접 투입되는 노동력 등의 시장 이면에, 생산수단의 사적 소유와 사회적 잉여의 사적 전유 이면에, 자기 확장하는 가치의 역학 이면에 무엇이 있어야만 하나요?

프레이저 이 물음에 답하기 위해 다시 한번 마르크스로 돌아가 보죠. '탈-정통-화'를 하겠다면서 또 마르크스로 돌아가겠다니, 이상해 보일 거예요. 하지만 마르크스는 우리가 알고 있는 것보다는 덜 정통적이었어요. 어쨌든 마르크스는 『자본』 1권 거의 마지막에 있는, 이른바 '시초 축적' 혹은 '본원 축적'을 다룬 장에서 예기 선생이 방금 던진 것과 매우 유사한 질문을 제기했죠. 이 대목에서 마르크스는 질문을 던져요. 도대체 자본은 어디에서 나왔는가? 생산수단은 어떻게 사유재산으로 변형됐는가? 그리고 생산자는 어떻게 생산

수단에서 분리됐는가? 앞선 모든 장에서 마르크스는 자본주의를 존립하게 만드는 배경 조건이 사상된 단순화된 자본주의 경제 논리를 이미 제시했죠. 배경 조건은 당연히 존재하는 것으로, 그저 주어져 있는 것으로 취급됐어요. 하지만 [마지막 장에서] 자본 자체의 출처를 둘러싼 한 보따리의 배경 이야기가 존재한다는 점이 드러나죠. 아주 폭력적인 강도질, 박탈, 수탈의 이야기 말이에요.[23]

여기에서 제 관심을 끄는 것은 착취라는 전경 이야기에서 수탈이라는 배경 이야기로 이동할 때 발생하는 에피스테메[episteme][인식의 무의식적 체계] 차원의 전환이에요. 실제로 『자본』 1권에는 두 번에 걸쳐 이런 수준의 전환이 나타나죠. 첫 번째로 교환의 관점이 생산의 관점으로 바뀌어요. 이 대목에서, 등가물끼리 교환되는 세상은 자본가가 노동자의 노동시간 중 '필수' 부분만 현금으로 지불하고 '잉여'는 자기자본을 늘리기 위해 전유하는 착취의 세상으로 이동해요.[24] 다음에는 두 번째 전환을 검토할 차례예요. 생산에서 시초 축적으로 이동하는 게 그것이죠. 이 대목에서, 마르크스는 착취를 통한 축적(노동계약을 통해 작동하며 이에 의해 신비화되는, 법에 인정받은 갈취)에서 수탈을 통한 축적(대등한 교환인 척 꾸미지도 않는, 노골적인 폭력적 과정)으로 우리의 시선을 이끌어요.[25] 데이비드 하비[David Harvey]가 "박탈[dispossession]"이라 부른 후자의 과정은 계약 형태를 취하는 착취의 이면에 존재하며, 착취가 이뤄지게 만들어주죠.[26]

지금 '시초 축적'을 토론하자는 건 아니에요. 분명히 뒤에서 이 주제를 다루겠지만요. 여기에서 제 관심을 끄는 것은 이 주제 자체가 아니라 마르크스의 방법론이에요. 방금 제가 간략히 소개한 관점 전환을 시도할 때마다 마르크스는 주도면밀하게, 제가 '전경'이라 부른 것과 결합된 관점(처음에는 교환, 다음에는 착취)에서 상대적으로 배경에 가까운 것을 드러내 보여주는 관점(처음에는 착취, 다음에는 수탈)으로 우리의 시선을 이끌어요. 두 경우 모두, 이런 전환의 결과로 이전에는 그늘에 가려 있던 것이 눈에 드러나죠. '그늘에 가려 있던 것'이 우리가 주된 사건으로 (잘못) 이해하던 것의 필수 전제조건으로 갑자기 나타나고, 전경에 자리한 모든 것이 이런 폭로를 통해 전혀 새롭게 보이기 시작해요. 이를테면 시장 교환이 착취라는 추악한 진실에 의존한다는 점이 드러나는 순간, 시장 교환은 천진한 모습을 영영 잃어버리죠. 같은 방식으로, 임금노동의 세련된 강제가 노골적 폭력과 공공연한 강도질이라는 훨씬 더 추악한 비밀에 의존한다는 점이 드러나는 순간, 임금노동의 강제 역시 세련미를 상실해요.『자본』1권을 채우는 자본주의 '가치 논리'의 길고 상세한 설명은 그걸로 끝이 아닌 거죠. 이것은 실은 또 다른 차원의 사회 현실에 의존해요. 감춰진 장소 뒤에 또 다른 장소가 감춰져 있는 셈이에요.

예기 착취를 '가능하게 만드는 조건'을 이야기하면서 선생님은 전경과 배경, 전경 이야기와 배경 이야기라는 은유를 사용하는군요.

프레이저 맞아요. 주어진 사회-역사 복합체를 존립하게 만드는 근본 조건을 해당 복합체의 이면에서 찾아내는 '마르크스식 은유'를 끌어들이는 동시에 마르크스 자신은 충분히 탐색하지 못한 몇 가지 사안을 비롯한 더 많은 주제에 이를 적용하는 것이 제 전략이에요. 마르크스의 자본주의 분석에 함축돼 있지만 그가 발전시키지는 못한, 마찬가지로 중대한 에피스테메 차원의 전환이 몇 가지 더 있다는 사실을 알려주고 싶어요. 감히 말하건대, 21세기 자본주의를 제대로 이해하고 싶다면, 앞으로 이런 주제들을 개념화하고 새로운 『자본』으로 정리해야 해요. 사실 우리의 자본주의 인식을 보완하려면, 수탈로 눈길을 돌리는 이런 관점 전환 말고도 에피스테메 차원의 전환이 세 가지 더 필요하다고 말할 수 있어요.

생산에서 재생산으로

프레이저   첫 번째는 마르크스주의 페미니스트들과 사회주의 페미니스트들이 이론화한, *상품 생산에서 사회 재생산으로 향하는 전환*이에요. 여기에서 쟁점이 되는 것은 사회적 유대를 생산하고 유지하는 필수재 공급, 돌봄 제공, 상호작용의 형태들이에요. 이런 활동은 '돌봄'이나 '정서 노동', '주체화' 등으로 다양하게 불리며 자본주의의 인간 주체들을 형성해요. 한편으로는 육체를 갖춘 자연적 존재로 지속시키고, 다른 한편으로는 이런 주체들이 행동하는 무대가 되는 사회-윤리적 실체(인륜^{Sittlichkeit})와 아비투스^{habitus}를 형성함으로써 이들을 사회적 존재로 구성하기도 하죠. 여기에서 중심이 되는 것은 어린이들을 사회화하고, 공동체를 구축하며, 사회적 협력의 토대를 이루는 공동의 의미, 정서적 성향, 가치의 지평 등을 생산·재생산하는 일이에요. 제가 말하는 사회적 협력에는 상품 생산의 특징을 이루는 협동+지배의 형태도 포함되죠. 자본주의 사회에서는 이런 활동 중 (전부는 아니어도) 상당 부분이 시장 바깥에서 진행돼요. 가정, 지역사회, 시민사회 결사체 그리고 학교, 어린이집, 노인을 위한 데이케어

센터 등의 여러 공공기관에서 말이에요. 또한 이런 활동 중 상당 부분은 임금노동 형태를 띠지 않죠. 하지만 사회적 재생산 활동은 임금노동이 존립하고 잉여가치가 축적되며 자본주의 자체가 작동하려면 반드시 필요해요. 어쨌든 가사노동, 자녀 양육, 학교 교육, 정서적 돌봄, 그 밖에 새로운 노동자 세대를 생산하고 기성세대를 다시 채워 넣으며 사회적 유대와 공동 인식을 유지하는 숱한 활동이 없다면, 임금노동은 존립할 수도 없고 따라서 착취당할 수도 없겠죠. 그래서 사회적 재생산은, '본원 축적'과 마찬가지로, 자본주의적 생산을 존재하게 만드는 필수 배경 조건이에요.

예기   이것은 마르크스주의 페미니즘 이론에서는 친숙한 주제죠. 공장에서 펼쳐지는 임금노동의 재생산은 가정에서 벌어지는 비임금노동에 의존하며 이로부터 보조금을 받는 것이나 마찬가지라는 점 말이에요. 마리아 미즈Maria Mies의 작업이나, 1970년대 이후 발전한 여타 마르크스주의 페미니즘의 접근법은 어떤가요?

프레이저   네, 친숙하죠. 하지만 얼마나 많은 주요 마르크스주의 사상가가 이런 사고를 자기 작업에 체계적으로 흡수하길 꺼리는지 알면, 충격받을걸요. 심지어는 오늘날에도 그렇죠! 이들은 엥겔스로 거슬러 올라가는 위대한 마르크스주의 페미니즘 사상의 전통을 무시해요.[27] 이 전통은 볼셰비키 시기에는 알렉산드라 콜론타이Alexandra Kollontai와 실비아 팽크허스트Sylvia Pankhurst에 의해 계승됐고, 마리아로사 달라 코스타Mariarosa Dalla Costa, 셀마 제임스Selma James, 줄리엣 미첼Juliet Mitchell, 앤절라 데이비스Angela Davis 같은 '[페미니즘의] 두 번째 물결' 사상가들에 의해 풍부하게 확장됐죠.[28] 마르크스주의 페미니즘 이론가 가운데에는 제가 개인적으로 선호하는 리스 보걸Lise Vogel도 있는데, 보걸이 1983년에 낸 뛰어난 저작은 최근에 '사회적 재생산 페미니스트'의 새로운 세대에 의해 재발견됐죠.[29] 지금 이 자리에서 이 전통에 속한 다양한 사상가들과 제가 어떤 점에서 생각이 같고 어떤 점에서 다른지 상세히 논하지는 않겠어요. 하지만 예기 선생이 마리아 미즈를 특별히 언급했으니 이야기해보면, 미즈는 사회적 재생산에 관해 최초로 '세계 체제'적 관점을 발전시켰죠. 유럽의 '주부화'와 제3세계 식민화의 연결에 관한 미즈의 설명은 여전히 중요한 기여이고, 비길 데 없는 통찰이에요.[30] 반면에 저는 미즈가 베로니카 벤홀트톰젠Veronika Bennholdt-Thomsen과 함께 발전시킨 '실체적[자급자족적] 관점'에는 동의하지 않아요. 미즈가 반다나 시바Vandana Shiva와 함께 발전시킨 에코페미니즘의 특정한 버전도 마찬가지예요. 뒤에 설명하겠지만, 두 주장 다 자본주의의 이른바 '바깥'을 낭만화하기 때문이에요.[31]

하지만 제가 이 전통과 어떤 관계를 맺고 있는지에 관해 일반적인 지점 한 가지만 짚을게요. 제가 언급한 사상가들 중 다수는 사회적 재생산을 상당히 협소하게 해석하죠. 이들은 노동력 재생산에만 관심을 기울이는 반면, 저는 더 광범한 관점을 취해요. 저는 사회적 재생산에, 일반적인 맥락에서 인간을 창조하고 사회화하며 주체화하는 것과 관련된 모든 측면을 포함시켜요. 뿐만 아니라 인간의 거처 역할을 하는 다양한 폭의 상호주관성(연대, 사회적 의미, 가치 지평 등이 이에 해당하며, 인간은 이들 안에서, 그리고 이들을 통해 숨 쉬며 살아가요), 문화의 형성과 재형성도 포함하죠. 이에 더해, 저는 자본주의 사회에서 사회적 재생산이 이뤄지는 장소를 넓은 시각에서 바라보고 싶어요.

이런 활동을 오직 가정 내부의 가사 영역하고만 연결하는 마르크스주의 페미니스트들과 달리, 저는 이런 활동이 앞에서 언급한 지역사회, 시민사회 결사체, 국가기관뿐만 아니라 점점 더 빈번하게는 시장화된 영역까지 포함하는 다중적 장에서 벌어진다고 봐요.

예기   선생님은 주체화가 사회적 재생산의 한 요소라고 언급했어요. 그렇다면 페미니즘 시각에 푸코적 문제 설정을 도입하고 싶은 건가요? 이 문제와 관련해 선생님은 아비투스와 인륜이라는 용어도 언급했어요. 이걸 보면, 부르디외적 관심사와 신헤겔주의 사상가들의 '윤리적'·문화적 관심사도 포함시키고 싶어 하는 것 같고요.

프레이저   네, 맞아요. 이 점에서 저는 의도적으로 범위를 넓히려 해요. 이 모든 패러다임의 통찰을 통합할 수 있는 확장된 *자본주의관*을 발전시키는 게 목적이죠. 실제로 저는, '윤리적 삶'에 초점을 맞추는 푸코 Paul-Michel Foucault, 부르디외 Pierre Bourdieu, 신헤겔주의의 통찰이 던지는 의미와 중요성을 제대로 평가하려면, 자본주의라는 사회적 총체를 역사적 맥락에서 정교하게 설명하고 바로 이런 자본주의와 맺는 관계 속에 이 사상들을 자리매김해야 한다고 주장하고 싶어요. 사회적 재생산을 온전히 해명하려면, 마르크스주의 페미니스트와 사회주의 페미니스트의 관심사를 주체화, 아비투스, 문화, 생활세계, '윤리적 삶'의 이론가들의 관심사와 융합해야 하죠.

예기   생산적 노동이 존재하려면 반드시 무급 재생산 노동이 있어야 한다는 마르크스주의 페미니즘의 주장은 상당히 뜨거운 논쟁을 불러일으켰죠. 논쟁의 많은 부분은, 이런 주장만으로 과연 가부장제를 충분히 해명할 수 있는지에 집중됐어요. 물론 이것만으로는 이성애 규범성을 설명하기도 힘들죠. 하지만 자본주의에 이런 배경 조건이 필요하다는 주장에만 초점을 맞춰도 이것 역시 강한 명제예요. 배경 조건을 확대함으로써 논증의 설득력을 강화할 수 있다는 선생님의 생각이 흥미로운데요. 이것은 실제로, 자본주의를 삶의 전반적 형태로 바라보자는 목표를 반쯤은 실현시킨 셈이에요. 하지만 선생님의 경우에도, 비록 재생산을 대다수 설명에 비해 훨씬 더 광범하게 이해하기는 하지만, 역시 이를 상품 생산과 관련지어 바라봐요. 사회적 재생산이 상품 생산의 필수 배경 조건이고 상품 생산이 이뤄지게 하는 전제조건이라고 정리하거든요.

프레이저   네, 저는 분명히 사회적 재생산을 매우 넓게 바라봐요. 하지만 지금 제가 강조하고 싶은 지점은 사회적 재생산이 자본주의 사회에서 *제도화되는* 매우 특별한 방식이에요. 그 전의 사회들과는 달리 자본주의는 사회적 재생산과 상품 생산의 분할을 제도화해요. 둘의 분리는 자본주의에 아주 근본적인 요소죠. 그리고 정말이지, 자본주의가 인위적으로 만들어낸 산물이기도 하고요. 수많은 페미니스트가 강조했듯이, 이 분할은 재생산은 여성과 연결되고 생산은 남성과 연결되는 식으로 철저히 젠더화되어 있어요. 역사에서 '생산적' 임금노동과 '비생산적' 비임금노동의 분할은 여성 종속의 현대 자본주의적 형태의 토대가 되죠. 소유주와 노동자의 분할과 마찬가지로 이 분할 역시 과거에 있었던 통일의 붕괴에 바탕을 둬요. 이 경우에 분쇄 대상이 된 것은, 여성의 일이 남성의 일과 구별되기는 하지만 그래도 가시적이고 공적인 인정을 받으며 사회라는 우주의 필수 부분이던 그런 세상이죠. 반면에 자본주의로 넘어오면, 재생산 노동이 잘게 쪼개지고 개별화된 '사적' 공간으로 추방돼요. 그리고 이런 개별화된 사적 공간에서 재생산 노동은 그 중요성이 가려져요. 게다가 화폐가 권력의 제1매체인 세상에서는, 재생산 노동이 무급 노동이라는 사실이 진실을 봉인하는 역할을 할 수밖에 없어요. 즉, 이런 일을 하는 이들은 임금을 현금으로 받는 이들에게 구조적으로 종속되죠. 그들이 하는 일 역시 임금노동의 필수 전제조건을 제공한다고 할 수 있는데도 말이에요.

예기 이러한 사태 전개를 "과거에 있었던 통일의 붕괴"라고 설명하는 것은 좀 마음에 들지 않네요. 과거에 대한 향수가 조금은 느껴지거든요. 전근대 사회 혹은 봉건 사회에 있었던 미분화 상태가 좀 더 바람직하다는 뉘앙스를 담은 복고주의적 어조를 띠고 있어요. 하지만 이렇게 되면 전근대적 미분화 상태가 붕괴됨으로써 나타난 해방적 효과나, 최소한 긍정적 결과와 부정적 결과를 함께 초래한 그 양면성이 가려지지 않을까요? 또한 이른바 과거의 통일이라는 게 '더 자연스럽다'는 잘못된 암시를 주지 않을까요? 저라면, 이런 '통일'조차 역사적 발전의 결과라고 주장하겠어요. 실제로 과거의 '통일'도, 이후의 '분할'도 자연 상태와는 거리가 멀어요. 둘 다 철저히 역사적이고 사회적이었죠. 이 점에서 선생님의 설명에는 확실히 위험한 요소가 있어요. 마치 돌아가려고 노력해야 할 순수한 과거가 있는 것처럼 주장하는 보수적이거나 회고적인 입장으로 여겨질 수 있거든요. 물론 그런 뜻으로 한 말은 아니겠지만 말이에요!

프레이저 아니죠, 아니고말고요! 그런 주장을 할 생각은 추호도 없어요! 명확하게 정리해보죠. 자본주의가 파괴한 것은 우리가 돌아가려고 노력해야 할 '원초적 통일'이 아니에요. 어떤 경우든 이는 철저히 역사적이고 빈번히 위계적인 형태의 사회였죠. 생산과 재생산을 분리한 사회는 아니었지만 말이에요. 예컨대 봉건제에서는 이런 분할은 찾아볼 수 없었어요. 이를 실현한 것은 오직 자본주의뿐이에요. 그렇다고 해서 전자본주의 사회가 젠더 평등적이라거나 바람직했다는 결론이 뒤따르는 건 아니에요. 오히려 자본주의가 등장한 덕분에 숱한 긍정적·해방적 발전이 나타났고, 마르크스는 이 사실을 자주 강조했죠. 마르크스는 이 점에서 폴라니보다 뛰어났어요. 폴라니는 부정적 영향을 쉴 새 없이 강조하느라 자본주의의 좋은 면을 간과했거든요. 폴라니가 복고적 공동체주의에 기울고 말았다고 비판한 제가 폴라니와 똑같은 주장을 할 리는 없죠.[32] 저는 결단코 전자본주의 사회를 이상화하고 싶지는 않아요!

제 요점은 오히려 생산과 재생산의 분할이 '자연' 상태가 아니라 자본주의의 역사적 가공물이라는 것이에요. 그리고 이것은 한 번에 완성되는 법도 없죠. 오히려 이 분할은 역사적으로 발전하며, 자본주의 발전의 국면마다 다른 형태를 띠어요. 예를 들어 20세기에는 이전에 사유화되어 있던 사회적 재생산의 일부 측면이 공공 서비스와 공공재로 바뀌었죠. 즉, 탈사유화되면서도 상품화되지는 않았어요. 반면 오늘날에는 신자유주의로 인해 이런 서비스의 일부가 (재)사유화 및 (재)상품화되고 있고, 사회적 재생산의 또 다른 측면들은 역사상 최초로 상품화되는 중이에요. 사회적 재생산 활동의 공적 제공을 감축하라고 요구하면서 동시에 여성을 저임금 서비스 일자리에 대거 충원함으로써, 상품 생산과 사회적 재생산을 분리하던 이제까지의 제도적 경계선이 다시 그어지고 있어요. 그 결과, 신자유주의는 자본주의 사회의 젠더 질서의 지형을 바꾸고 있죠. 또 다른 중요한 사실은 사회적 재생산이 우리 시대 자본주의 위기의 중요한 발화점이 되고 있다는 거예요.

사실 제가 주장하려는 것은 모든 자본주의 사회에는 *사회적 재생산의 위기로 나아가는 경향*이 단단히 똬리를 틀고 있다는 점이에요. 이것은 마르크스가 이론화한 경제적 위기로 나아가는 경향과는 구별되는 또 다른 위기 경향이죠. 2장에서 설명하겠지만, 위기의 이런 가닥은 구조적 모순에 바탕을 두고 있어요. 자본주의 사회가 사회를 존립하게 해주는 사회적 재생산 조건에 의존하면서도 동시에 이를 불안정하게 만드는 경향이 있다는 사실이 바로 그 모순이죠.

예기 그 내용은 나중에 다룰 예정이고요. 여기에서는 상품 생산에서 사회적 재생산으로 관심을 이동시키는 페미니즘 이론을 통해, 마르크스가 '시초 축적' 혹은 본원 축적으로 전환한 것만큼이나 심원한 또 다른 에피스테메 전환이 시작된다는 선생님의 논점에서 이탈하지 않았으면 해요. 재생산의 경우에도 착취라는 전경 이야기에서 착취를 가능하게 만드는 배경 이야기로 나아갔어요. 그리고 각각의 경우에 새롭게 제기된 관점은 충분히 상세하게 설명되어야 하고, 자본주의에 관한 우리의 이해에 통합되어야 해요. 한데 선생님은 이런 에피스테메 전환을 세 가지 더 소개하겠다고 했는데요. 그렇다면 다른 두 가지는 무엇인가요?

인간에서 비인간 자연으로

프레이저   두 번째는 생태마르크스주의 사상, 생태사회주의 사상에 의해 시작된 전환으로, 자본주의 경제를 존립하게 만드는 또 다른 조건을 부각시키죠. 마르크스와 마찬가지로, 하비와 (반드시 추가되어야 할 인물인) 로자 룩셈부르크Rosa Luxemburg는 자본주의가 '본원적'인 동시에 현재진행형인 박탈에 의존한다는 배경 이야기를 폭로했어요. 그리고 페미니즘이 사회적 재생산을 수행하는 여성의 비임금 노동에 자본이 의존한다는 배경 이야기를 밝혀낸 것처럼, 이제는 생태 사상가들이 또 다른 배경 이야기를 풀어놓고 있어요. 이번 주제는 자연에 무임승차하는 자본의 행태예요. 이러한 생태마르크스주의 이야기에서 관심사는 자본에 의한 자연의 합병Landsnahme이죠. 자본에게 자연은, '투입물'을 제공하는 '수도꼭지'이기도 하고 생산에서 비롯되는 쓰레기를 빨아들이는 '하수구'이기도 해요. 이 경우에 자연은 자본을 위해 자원을 만들어주지만, 자연의 가치는 전제되면서 동시에 책임 회피의 대상이 되기도 해요. 자본가는 자연을 착취하면서도 보상하거나 보충하지 않고, 회계상 비용이 제로인 것으로 처리해요. 이에 따라 자본가는 자연이 무한하다고 암묵적으로 전제하죠. 실제로 생명을 지탱해주고 스스로를 새롭게 하는 자연의 역량은 상품 생산과 자본 축적이 이뤄질 수 있게 하는 또 다른 필수 배경 조건이에요. 또한 자연이 우리의 모든 등장인물, 즉 소유주, 생산자, 재생산 담당자, 수탈당하거나 식민화된 주체가 지속하는 데 없어서는 안 된다는 것은 말할 필요도 없죠. 이 배역들 가운데 그 누구도 자연 없이는 존재할 수 없을 거예요.

사회적 재생산 관점과 마찬가지로, 이 주제 역시 인상 깊은 일군의 사상가, 즉 제임스 오코너 James O'Connor, 존 벨러미 포스터 John Bellamy Foster, 제이슨 무어 Jason W. Moore, 호안 마르티네스알리에르 Joan Martinez-Alier 그리고 그 밖의 많은 이들에 의해 이론화되었어요.[33] 또한 사회적 재생산 관점과 마찬가지로 이 주제 역시 자본주의에 근본적인 요소인 역사적 분할을 명확히 드러내요. 자본주의는 구조적으로 자연의 왕국과 경제의 왕국을 선명히 분할하는 것을 전제하며, 사실은 이를 창시하죠. 자연의 왕국은 인간에 의해 생산되지 않은 '원료'를 무상으로 공급하며 언제든 수탈될 수 있다고 인식되고, 경제의 왕국은 인간에 의해 인간을 위해 생산되는 가치의 영역이라 인식돼요. 이와 더불어, 이전에도 이미 존재했던 '인간'과 '자연'의 구별이 강화되죠. '인간'은 영적이고 사회문화적이고 역사적인 모습으로 나타나는 반면, '자연'은 물질적이고 객관적으로 주어져 있으며 몰역사적인 성격을 부여받아요. 이런 인간/자연 구별의 강화 역시 과거 세계의 붕괴에 바탕을 두는데, 이전 세계에서는 사회생활의 리듬이 여러 측면에서 비인간 자연의 리듬에 맞춰져 있었어요. 자본주의는 인간을 자연의 리듬에서 난폭하게 떼어내어 화석연료로 가동되는 산업 공정에 징용했고, 화학 비료를 통해 규모를 키운 이윤 주도 농업에 징용했어요. 자본주의는 "신진대사 균열"[34]을 초래함으로써 오늘날 과학자들이 '인류세'라 부르는 시대, 즉 인간 활동이 지구 생태계와 대기에 결정적인 영향을 끼친, 전에 없던 지질 시대를 열었죠. 사실 이 용어는 오해를 불러일으키죠. 왜냐하면 주범은 '인류'가 아니라 자본이거든요.[35] 하지만 결과의 측면에서는 인류세의 의미가 딱 들어맞아요. 자본의 포식은 300년에 걸쳐 계속되다가 최근에 신자유주의가 그나마 남은 생태적 커먼즈에 맹공격을 가함으로써 절정에 이르렀고, 그래서 지금은 축적의 자연적 조건이 자본주의 위기의 중심 지점이 되었죠.

예기 이번에도 좀 낭만적이고 회고적인 주장으로 들릴 수 있겠는데요. 저는 제 삶이 자연의 리듬에 따르지 않아서 오히려 다행이에요. 날이 어두워지면 곧바로 잠자리에 들어야 하는 삶을 원하지는 않거든요. 그리고 자본주의 생태 위기도 나쁘지만, 사람들이 전염병으로 죽거나 기근으로 굶어 죽던 전자본주의의 위기 역시 즐겁지 않기는 마찬가지예요. 인간과 자연의 분할 그리고 이에 따른 자연에 대한 지배를 오히려 좋은 일이었다고 볼 수는 없을까요?

프레이저 그럴지도 모르죠. 하지만 생산/재생산 분리의 경우와 마찬가지로 제 요점은 소위 원초적 통일을 이상화하는 게 아니라 인간과 비인간의 분할을 역사적인 관점에서 보자는 것이고 얻은 것과 잃은 것을 평가해보자는 거예요. 이 분할 역시 자본주의 발전의 서로 다른 국면마다 일련의 구조적 변형을 겪거든요. 현재 신자유주의 국면은 복잡하기 이를 데 없죠. 한편으로는 인클로저의 새로운 순환(예를 들면, 물의 상품화를 떠올려봐요)이 덮치고 있고 이로 인해 '자연의 더 많은 부분'(이렇게 말해도 좋다면)이 공식적인 축적 과정의 전경에 등장하고 있어요. 동시에 신자유주의는 자연/인간 경계선을 모호하게 만들겠다고 공언하는 새로운 테크놀로지가 번성하도록 만들기도 하죠. 새로운 재생산 테크놀로지, 의도적으로 번식이 불가능하게 만든 종자와 같은 생명공학, 도나 해러웨이 Donna Haraway가 저작에서 다뤘던 다양한 '사이보그'를 떠올려봐요.[36] 하지만 이러한 발전은 자연과 '화해'하도록 만들기는커녕 자본주의에 의한 자연의 상품화+합병을 강화하죠. 이것들은 분명 마르크스와 폴라니가 다뤘던 토지 인클로저보다 훨씬 더 침략적이에요. 토지 인클로저 같은 과거의 인클로저 과정이 이미 존재하는 자연 현상을 '단순히' 시장화했다면, 21세기의 그 후속판은 새로운 자연 현상을 만들어내고 있죠. 신자유주의는 자연 '내부에' 깊숙이 침투함으로써 자연의 내적 문법을 바꾸고 있어요. 이것은 앞에서 우리가 논의한 노동의 실질적 포섭과 유사한 또 다른 '실질적 포섭'이라 할 수 있죠. 마지막으로, 지구 생명권圈을 지속시켜야 한다는 공적인 정치적 책임을 지우려는 노력 또한 어설프게나마 나타나고 있어요. 이런 노력이 통하려면, 우리의 생활방식에 심원한 구조적 변혁이 일어나야 하죠. 화석연료에서 재생에너지로 전환해야 해요. 물론 이 모든 국면은 불길한 생태 위기를 배경으로 발생하고 있고, 저는 이를 자본주의 위기의 또 다른 구조적 '계기'라 이해해요. 2장에서 설명하겠지만, 자본주의 사회는 *생태적 모순*을 제도화하죠. 즉, 자본은 자신을 존립하게 만드는 '자연' 조건에 의존하면서도, 동시에 이 조건을 불안정에 빠뜨리는 경향이 있어요.

경제에서 정치로

예기 그러면 세 번째 전환은요? 자본주의는 정치라는 필수조건에 의지하지 않나요? 국가 권력이 자본주의의 전경 이야기에 또 다른 배경 조건이 된다고 말할 수 있을 거예요. 사람들이 자본주의 경제를 그만의 논리가 작동하는 구획된 공간으로 인식하면서 정치권력에 관해 이따금 너무 쉽게 받아들이는 내용과는 달리, 정치권력은 분명히 자본주의 사회와 경제의 틀을 짜죠.

프레이저　　네, 제가 생각하는 게 바로 그 점이에요. 자본주의는 자신을 구성하는 규범을 수립하고 집행하기 위해 공적 권력에 의존해요. 어떤 경우든 사기업과 시장 교환을 뒷받침하는 법률적 틀이 없다면 시장경제는 상상할 수도 없죠. 자본주의의 전경 이야기는, 재산권을 보장하고 계약이 효력을 발휘하게 만들며 분쟁을 심판하고 반자본주의 반란을 진압하기 위해 공적 권력에 결정적으로 의존해요. 자본주의의 혈액 역할을 하는 화폐 공급이 미국 헌법에 적힌 대로 "완전한 신뢰와 신용"을 유지하기 위해서도 그렇고요. 역사에서 문제의 공적 권력은 대개 영토국가를 거처로 삼았고, 이런 영토국가에는 식민 권력을 행사한 국가도 포함되죠. 외관상 탈정치화된 듯 보이는 무대의 외형을 짠 것은 이런 영토국가의 법률 시스템이었어요. 탈정치화된 듯 보이는 무대에서 사적 행위자들은 한편으로 노골적인 '정치적' 간섭 없이, 다른 한편으로는 친족 관계에 바탕을 둔 부양 의무에서 해방된 채 '경제적' 이익을 추구할 수 있었어요. 또한 자본주의적 소유관계의 기원이 되고 그 지속적인 기반이 된 수탈에 맞서 일어난 저항을 진압하기 위해 '정당한 폭력'을 동원한 것 역시 영토국가였죠. 마지막으로, 화폐를 국유화하고 최종 지급 책임을 떠안은 것도 그런 국가였고요. 역사상 국가가 자본주의 '경제'를 구성했다고 할 수 있어요.

　이 대목에서 자본주의 사회를 구성하는 또 다른 중요한 구조적 분할이 대두하죠. *경제와 정치polity의* 분할이 그것이에요. 이 분할을 통해 공적 권력과 사적 권력, 정치적 강제와 경제적 강제, 무장력에 의한 시끌벅적한 강압과 자본의 "조용한 강압"(마르크스의 표현)이 제도적으로 분화하죠. 우리가 토론했던 다른 핵심 분할(소유주와 생산자, 생산자와 재생산 담당자, 인간과 비인간 자연)과 마찬가지로, 이 분할 역시 이전에 존재하던 통일이 붕괴하면서 그 결과로 등장했어요. 이 경우에 해체된 대상은 경제권력과 정치권력이 강력하게 융합됐던 사회적 세계죠. 예를 들어, 봉건 사회에서는 영주와 봉신으로 이뤄진 하나의 제도가 노동, 토지, 군사력을 모두 통제했어요. 반면에 자본주의 사회에서는, 엘렌 메익신스 우드Ellen Meiksins Wood가 멋들어지게 정리한 것처럼, 경제권력과 정치권력이 따로 떨어지죠. 즉, 경제권력과 정치권력에는 각각 그만의 공간과 매체, 작동 방식modus operandi이 할당돼요.[37]

예기 방금 묘사한 그림은 매우 '베스트팔렌'적으로 들리는데요. 지구화는 어떻게 되죠? 국민국가가 방금 기술한 것만큼의 책임을 더 이상 지지 않는 상황에서는 그림이 어떻게 바뀌나요? 그러면 지구화된 경제라는 조건 아래 수립된 정치적 배경 조건은 어떻게 되고요?

프레이저 좋은 논점이네요. 자본주의를 존립하게 만드는 정치적 조건이 오로지 영토국가 수준에서만 있을 수 있다고 상상해서는 안 되죠. 지정학적 수준도 고려해야만 해요. 여기에서 쟁점은 영토국가가 묻어 들어 있는 더 광범한 공간의 조직화예요. 이것은 자본이 그 확장 충동을 전제로 자연스럽게 끌려 들어가는 공간이라 할 수 있어요. 하지만 국경을 가로지르며 작동하는 자본의 능력은 국제법, 강대국 간 밀실 타협, 초국가적 거버넌스 체제 등에 의존하죠. 이런 제도들은 흔히 자연 상태로 상상되곤 하는 영역에 부분적으로나마 (친자본적 방식으로) 평화를 가져와요. 자본주의의 전경 이야기는 자본주의 역사 내내 교대로 전지구적 패권국이 된 국가들의 군사적·조직적 역량에 의존해왔어요. 조반니 아리기^{Giovanni Arrighi}가 주장한 대로, 이런 패권국들은 다국가 시스템의 틀에서 점점 더 확대된 규모로 축적을 촉진하기 위해 노력해왔죠.[38]

여기에서 자본주의 사회를 구성하는 또 다른 구조적 분할을 발견해요. 한편으로는 '국내'와 '국제'의 '베스트팔렌'적 분할이고, 다른 한편으로는 중심부와 주변부의 제국주의적 분할이죠. 그리고 둘 다 '세계 체제'로 조직된 채 점점 더 지구화하는 자본주의 경제와, 영토국가들의 국제적 시스템으로 조직된 정치 세계 사이의 더 근본적인 분할을 전제로 삼죠. 역사상 자본이 국가 수준에서든 지정학적 수준에서든 의지할 대상으로 삼아온 정치적 장치들이 신자유주의에 의해 점차 빈껍데기로 전락하면서 이러한 분할들 역시 최근에 변동을 겪고 있어요. 이렇게 정치적 장치들이 공동화된 결과, 자본주의를 존립하게 해주는 정치적 조건 역시 이제는 자본주의의 위기의 중요한 장이자 발화점이 되었죠.

이 대목에서 제가 앞에서 언급한 위기의 다른 지류들과는 구별되는 *자본주의 사회의 정치적 위기*를 이야기할 수 있죠. 2장에서 설명하겠지만, 위기의 이 가닥은 *자본주의 사회의 특정한 정치적 모순*에 토대를 두고 있어요. 자본주의 경제가 공적 권력에 의존하면서도 이를 불안정에 빠뜨리는 경향이 있다는 사실 말이에요. 다행히 이

지점에 관해서도 뛰어난 저작이 적지 않죠. 자유주의적 자본주의에 관한 폴라니와 한나 아렌트^{Hannah Arendt}의 작업부터 국가-관리 자본주의에 관한 위르겐 하버마스의 작업, 오늘날의 금융화된 자본주의에 관한 웬디 브라운^{Wendy Brown}, 콜린 크라우치^{Colin Crouch}, 스티븐 길^{Stephen Gill}, 볼프강 슈트렉^{Wolfgang Streeck}, 낸시 매클린^{Nancy MacLean}의 작업에 이르기까지 말이죠.[39]

인종, 제국주의 그리고 수탈

예기   선생님은 방금 중심부와 주변부의 구별을 언급했고, 우리가 이야기를 나누면서 노예제와 인종주의가 초기 자본주의와 얽혀 있었다는 사실을 지적하기도 했는데요. 이 문제는 선생님의 설명 중에서 정확히 어느 대목과 맞아떨어지나요? 그리고 선생님이 확인한 다양한 공간, 분할, 경계선과 이 문제는 어떻게 연결되나요? 예를 들어, 선생님은 배경 이야기/전경 이야기의 관계에 관한 설명이 마르크스의 시초 축적론을 모델로 삼았다고 이야기했지만, 시초 축적을 그 자체로 논의하지는 않았죠. 게다가 이 주제가 빈번히 환기하는 식민주의·제국주의 억압 관계와 관련하여 마르크스 자신이 실제로 이 연관성을 강조했잖아요.

프레이저   저는 젠더 지배가 자본주의의 필수 요소인 만큼이나 제국주의와 인종적 억압 또한 자본주의 사회의 필수 요소라고 생각해요. 자본주의를 구성하는 생산과 재생산의 제도적 분리가 젠더 위계제의 구조적 토대임을 확인한 것처럼, 인종적·제국주의적 억압의 제도적 토대가 자본주의에 내장되어 있고 자본주의를 구성하는 요소라는 점 역시 짚어봐야 해요.

예기 그렇다면 인종적 억압을 자본주의에 고정하는 제도적 분할은 어디에 자리하고 있나요? 인종화의 경우에 생산과 재생산의 젠더화된 분할에 해당하는 요소는 무엇인가요?

프레이저 앞의 사례들과 마찬가지로, 제 생각은 자본주의의 전경을 이루는 경제와 자본주의를 존립하게 만드는 배경 조건의 구별에서 출발해요. 하지만 이 경우에는 개념을 새로 만드느라 시간을 허비할 필요가 없죠. 우리는 예기 선생이 방금 언급한 '시초 축적'을 다룬 장에서 마르크스가 놓은 길을 따라가기만 하면 돼요. 이 장에서 마르크스는 착취라는 감춰진 장소 밑을 파고들어가서, 제가 '수탈'이라 불렀던 훨씬 더 당혹스러운 영역을 발굴하죠. 마르크스의 논증에 직접 의거하되 그가 나아간 곳보다 더 멀리 나아가면, 감춰진 장소 이면에 감춰진 또 다른 장소로서 수탈이 눈에 들어와요. 그리고 제대로 이해하기만 한다면, 수탈이라는 배경 이야기는 자본주의 사회에서 제국주의적·인종적 억압이 차지하는 구조적 위상을 분명히 드러내요. 설명해볼게요.

수탈은 [착취와는] 다른 수단에 의한 축적이에요. 착취가 자유로운 계약에 따른 교환으로 위장한 채 자본에 가치를 이전한다면, 수탈은 이런 세련미 따위는 필요 없이 잔혹한 징발을 선호하죠. 노동은 물론이고 토지, 동물, 도구, 광물과 에너지 매장지 그리고 심지어는 인간 자신, 성적 능력 및 재생산 능력과 자녀, 장기臟器에 이르기까지 모두가 징발 대상이 돼요. 착취와 수탈 모두 자본 축적에 없어서는 안 된다는 점에서 경중의 차이가 없어요. 그리고 착취는 수탈에 의존하죠. 즉, 수탈하지 않고는 착취할 수 없어요. 이게 제 논증의 첫 번째 내용이에요. 그다음 내용은 지위 위계에서 어느 부분에 해당하는지에 따라 착취당할지, 아니면 수탈당할지가 구별된다는 거예요. 착취받는 노동자는 노동력을 자유롭게 처분할 수 있고 국가의 보호를 누리며 권리를 지닌 개인과 시민에 해당하죠. 반면에 수탈당하는 처지에 있는 이들은 정치적 보호를 박탈당한 채 무방비 상태에 놓인, 자유롭지 못하고 의존적인 존재예요. 동산動産 노예, 식민지 예속민, '원주민', 채무 노예peons, '불법 체류자', 유죄 판결을 받은 중죄인 등등이 그런 사례죠. (노동자가 이중의 의미에서 자유롭다는 사실을 논한 대목에서 이 점을 이미 암시했던 것을 떠올려보세요.) 세 번째이자 마지막 내용은 이런 지위 차이가 '인종'과 맞아떨어진다는 거예요. 자본주의 사회에서 정치적 보호를 결여한 이들, 그리고 피수탈자의 운명을 타고난 집단을 이루는 이들 중 대다수는 인종화된 인구집단이죠.

예기   수탈은 자본주의에 내장된 특징이고 구조적이면서 현재진행형인 특징이다. 수탈은 인종적 억압과 강력한 상관관계가 있다. 이게 선생님의 주장으로 이해되는데요. 하지만 수탈이 자본주의의 제도적 분할과 어떻게 연관되는지는 아직도 잘 모르겠어요. 자본주의가 제도화된 사회질서라는 선생님의 그림에서 착취와 수탈의 구별은 정확히 어디에, 어떻게 자리하나요? 이 구별이 경제적이기만 한 게 아니라 정치적이기도 하다고, 그러니까 정치적 보호에 접근할 통로와 그 박탈을 통해 자유 및 굴종과 상관관계를 맺는다고 암시하는 것 같은데요. 그렇다면 착취와 수탈을 가르는 선이 정치적 성격을 띤다고 주장하는 것인가요? 즉, 선생님이 자본주의를 구성하는 요소라 여기는 경제/정치 분할에 토대를 둔다는 건가요?

프레이저   네, 바로 그게 제가 말하려는 거예요. 수탈과 착취의 구별은 경제적이면서 동시에 정치적이에요. '경제적'이라 칭할 수 있는 차원에서는 이 용어들이 자본 축적 메커니즘을 가리키죠. 분석상으로는 구별되지만 실제로는 서로 얽혀 있는 가치 확장 방식들 말이에요. 착취의 경우에 자본은 노동자 재생산에 드는 사회적 필요비용을 임금 형태로 지불하면서 동시에 노동이 창출하는 잉여를 전유해요. 반면에 수탈의 경우에는 자본이 재생산 비용을 지불하지 않으면서 노동, 인격, 토지를 말 그대로 강탈하죠. 이것이 경제적 관점에서 이 구별의 골자예요. 하지만 정치적 관점에서 보면, 이것은 위계적 권력관계와 지위 격차의 문제예요. 이런 위계제를 통해 권리를 지닌 개인·시민과, 예속민·자유롭지 못한 동산 노예·하위 집단의 비자립 구성원이 나뉘죠. 마르크스가 주장한 대로, 그리고 우리가 앞에서 짚은 대로, 자본주의 사회에서 피착취 노동자는 자유로운 개인이라는 법률적 지위를 지니며 임금을 대가로 노동력을 판매하도록 인가받아요. 일단 생산수단에서 분리돼 프롤레타리아화하고 나면, 적어도 *이론상으로는* (더 심한) 수탈로부터 보호받는 거죠. 이 점에서 피착취자의 지위는 자본의 이익을 위해 노동, 재산 그리고/또는 인격이 징발될 수 있는 처지에 머물러 있는 이들과는 극명하게 차이가 나요. 피수탈자인 인구집단은 보호라고는 꿈도 꾸지 못하며 무방비 상태예요. 이들은 영원히 수탈을 위한 먹잇감이 되죠.

이런 지위 격차는 정치를 통해 조형돼요. 보호에 나서거나 보호를 거부하는 전형적 기구는 국가예요. 또한 정치적 주체화 작업을 수행하는 것 역시 대개 국가죠. 국가는 시민과 속민, 내국인과 외국인, 노동권을 지닌 노동자와 의존적 피부양자를 가르는 지위 위계제를 성문법으로 제정해요. 모든 범주 구별은 인종화를 초래하죠. 이러한 구별은 시스템이 두 가지 궤도를 동시에 달리면서 축적을 추구하려면 반드시 필요해요. '단지' 착취만 당할 운명인 집단과 잔혹한 수탈을 당해야 할 집단을 구축하고 식별 표식을 다는 거죠. 국가는 이 구별을 성문법으로 제정하고 집행함으로써 자본 축적의 또 다른 필수 전제조건을 제공해요.

예기 국가가 수탈과 착취 중 어느 하나만 허용된 두 주체적 지위를 법률화하는 데 어떻게 개입하는지 알겠어요. 또한 이 지위들이 인종과 연관된다는 것도 알겠어요. 하지만 선생님은 토론하면서, 자본주의의 정치적 질서가 본래 지정학적이라고 내내 주장했어요. 초국적 제도배열 역시 정치적 주체화 그리고 이와 결합한 인종 위계제에 연루되어 있지 않나요?

프레이저 네, 맞아요. 우리의 사고를 한 나라라는 틀에 가둔다면, 인종화의 역학을 이해할 수 없어요. 자본주의 경제가 국경을 가로지르는 가치 흐름을 촉진하기 위해 항상 초국가적 정치권력에 의존한다는 점은 이미 말했죠. 하지만 이러한 권력은 자본 축적에 핵심적 요소인 정치적 지위들을 꾸며내는 데도 관여해요. 주권 영토국가의 '베스트팔렌'적 시스템이 합법 주민과 '불법 외국인'을 가르는 국경 통제를 승인하는 것은 분명한 사실이죠. 이 시스템은 시민[국민]과 비시민[비국민]을 나누는 정치 공동체의 한계선 또한 승인해주죠. 그리고 이런 지위 위계에는 인종이 코드화되어 있어요. 이민과 난민을 둘러싼 최근의 갈등만 봐도 그렇죠. 하지만 이게 전부가 아니에요. 여기에는 자본주의의 또 다른 비공식 지리학, 즉 '중심부'와 '주변부'의 제국주의적 분할도 작용해요. 역사에서 자본주의 중심부는 착취의 상징적 거점으로 대두한 반면, 주변부는 수탈의 대표적인 무대로 여겨졌죠. 그리고 이 지리학은 지위 위계제와 서로 결합하면서 처음부터 노골적으로 인종화됐어요. 식민본국 시민 대 식민지 속민, 자유로운 개인 대 노예, '유럽인' 대 '원주민', '백인' 대 '흑인' 식으로 말이에요. 그래요, 예기 선생 말이 맞아요. 자본주의 인종 편성racial formations의 토대가 되는 지위 분할을 이해하려면, 다음과 같은 세 차원을 동시에 눈여겨봐야 해요. 일국적/국내적 차원, 국제적/'베스트팔렌'적 차원, 식민지적/제국주의적 차원 말이에요.

예기 좋아요. 논점이 명확하네요. 하지만 궁금한 게 있어요. 수탈이 자본주의의 중심 요소라는 선생님의 생각이 시초 축적에 관한 마르크스의 설명과 무슨 관계가 있죠? 마르크스에 따르면, 최초에 자본은 굳이 계약인 척 위선을 떨지도 않는, 자원, 토지, 동물, 노동, 커먼즈 등의 노골적 도둑질을 통해 축장됐어요. 이러한 징발은 자본가 계급의 사유재산을 발생시킨 동시에 노동자를 생산수단에서 분리시켰죠.[40] 그리고 이후의 사상가들이 이 생각을 발전시켰어요. 로자 룩셈부르크의 '합병' 개념과 데이비드 하비의 발상인 '박탈'이 떠오르네요.⁴¹ 수탈에 관한 선생님의 생각은 이런 사상가들과 어떻게 연결되나요?

프레이저 착취는 수탈이라는 훨씬 더 은밀하게 감춰진 장소에 의존한다는 제 생각이 '시초 축적' 혹은 '본원 축적'에 관한 마르크스의 설명에서 영감을 얻었고, 둘이 서로 뚜렷하게 친화성을 지닌다는 것은 이미 이야기했죠. 하지만 제가 주장하는 내용은 두 가지 측면에서 마르크스의 논의와는 달라요. 첫째, 시초 축적은 자본주의 시스템의 태동기에 자본이 처음 축장되던 '유혈이 낭자한' 과정을 보여주죠.⁴² 반면에 수탈은 늘 위기를 불러들이는 이 시스템에서 지속적으로 축적하기 위해 반드시 필요한 현재진행형의 징발 과정을 가리켜요. 이 점에서 저는 룩셈부르크와 하비에 더 가까운 입장이에요. 두 사람 역시 이른바 시초 축적의 지속적인 성격을 강조하죠.

하지만 제 생각이 마르크스와 구별되는 두 번째 측면도 있죠. 마르크스는 무산 노동자와 생산수단의 자본주의적 소유주가 갈린 계급 분할의 역사적 기원을 설명하기 위해 시초 축적을 끌어들여요. 저의 수탈 개념 또한 이 점을 설명하죠. 그와 동시에, 계급 분할만큼이나 깊게 뿌리박고 있고 심대한 영향을 끼치는데도 마르크스가 체계적으로 이론화하지는 못한, 또한 룩셈부르크와 하비도 그렇게 하지는 못한 또 다른 사회적 분할을 가시화하죠. 바로, 자본이 임금노동을 통해 착취하는 '자유노동자'와, 자본이 다른 수단을 통해 동종포식[식인]하는 cannibalizes 자유롭지 못하거나 종속적인 주체 사이의 사회적 분할이 그것이에요. 역사에서 이 분할은 피부색과 상관관계를 맺으며, 이 관계는 느슨하면서도 명백해요. 제 생각에, 인종화된 '타자'의 수탈은 '노동자'를 착취하기 위한 필수 배경 조건이에요. 저는 '인종'이야말로 자유로운 피착취 주체와 종속적인 피수탈 주체를 구별하는 표식이라 말하고 싶어요.

예기 본원 축적과 박탈 혹은 수탈이 자본주의 이야기의 현재진행형 특징이라는 룩셈부르크의 발상(하비가 받아들인, 그리고 방금 선생님도 받아들인)이 역사적 맥락에서 진실을 담고 있다는 데 동의해요. 한데 마르크스가 애초에 내놓은 생각이 이렇게 변화한 데는 더 깊은, 훨씬 더 극적인 함의가 있지 않나요? 마르크스가 애초에 제시한 그림에서 이런 시초 축적 혹은 수탈의 순간은 자본주의의 먼 과거로 규정되죠. 그래서 이런 일이 현재 벌어지더라도 어디까지나 자본주의의 변방에나 해당하고, 자본주의의 지속을 위해 반드시 필요한 요소는 더 이상 아니라고 봐요. 하지만 수탈이 과거의 전제조건만이 아니라 현재진행형의 조건이라면, 끊임없이 수탈할 곳을 찾아 헤매는 것은 자본주의의 현재진행형 지상명령이 되죠. 자본주의는 자본 축적만이 아니라 박탈을 자행할 수 있는 신천지를 찾아다녀야 해요. 이것은 실제로 고전 마르크스주의의 극적인 수정이라 할 만하죠.

프레이저 네, 극적이죠. 제가 앞에서 제시한 다른 배경 이야기들에 비해 더하다고는 할 수 없겠지만요. 지금까지 검토한 모든 내용이 마르크스의 전경 이야기 뒤에 '감춰진 장소'를 가시화하거든요. 그리고 풍요로운 일군의 페미니즘, 생태주의, 정치사상이 여타 배경 이야기들을 발전시키는 밑바탕이 됐던 것처럼, 여기에서는 다름 아닌 '흑인 마르크스주의' 사상의 탁월한 전통이 그런 토대가 되어

줄 수 있어요. 이 전통은 1930년대와 1940년대의 C. L. R. 제임스^{Cyril Lionel Robert James}, W. E. B. 두보이스^{William Edward Burghardt Du Bois}, 에릭 윌리엄스^{Eric Williams}, 올리버 크롬웰^{Oliver Cromwell}로부터 20세기 말과 21세기의 스튜어트 홀^{Stuart Hall}, 월터 로드니^{Walter Rodney}, 세드릭 로빈슨^{Cedric Robinson}, 앤절라 데이비스 등등으로 이어졌어요.[43] 이 사상가들은 정통 마르크스주의의 경제주의적이고 계급-본질주의적이며 피부색에 무감한 관습적 전제를 거부했지만, 원치 않는 것을 없애려다가 중요한 것까지 잃진 않았죠. 이것은 제가 견지하는 입장이기도 해요.

이 빛나는 전통을 바탕으로 저는 다음과 같이 주장해요. 자본주의 사회에서는 수탈이 항상 착취와 얽혀 있다는 것. 심지어는 '성숙한' 자본주의조차 주변부에서든 중심부에서든 특히 인종화된 주체들로부터 역량과 자원을 징발하여 항상 주입하지 않으면 존립할 수 없다는 것. 수탈에 대한 자본주의의 의존은 산발적인 게 아니라 통상적인 자본주의 운영의 정규적인 측면이라는 것. 간단히 말하면, 수탈과 착취의 연결은 역사적인 것만이 아니에요. 자본이 지금도 계속 수탈에 의지할 수밖에 없는 구조적인 이유가 있어요. 그래서 자본주의는 제국주의, 인종적 억압과 끈덕지게 얽히는 거죠.

예기 선생님은 둘의 연결이 구조적이라고 여러 차례 말했어요. 하지만 명확하게 강조하지는 않았죠. 자본이 마르크스적인 착취 이야기 이면에서 수탈이라는 감춰진 장소를 일구도록 내모는 구조적 메커니즘은 정확히 무엇인가요?

프레이저 흠, 이렇게 이야기를 시작해볼게요. 무한 확장과 잉여의 사적 전유에 전념하는 시스템에서는 자본 소유주가 종속적 인구 집단에서 생산수단과 노동을 징발하지 않으면 안 되는 깊은 이해관계가 있죠. 이런 식으로 자본 소유주는 재생산 비용을 (충분히) 지불하지 않으면서 생산 투입물을 획득해요. 다들 알고 있듯이, 착취의 경우에는 자본 소유주가 노동력을 구매하면서 임금의 형태로 자유노동자의 재생산 비용을 지불하도록 되어 있죠. 하지만 자본 소유주가 에너지나 원자재 같은 다른 투입물에도 재생산 비용을 제대로 지불해야 한다면, 생산비가 급등할 거예요. 따라서 이들에게는, 토지와 광물 자원을 강탈하고, 정복당하거나 노예화된 인구집단의 자유롭지 못한 노동을 징용하며, 지표면 아래에서 수십억 년에 걸쳐 형성된 다량의 화석 에너지를 착취할 만한 이유가 충분하죠. 자본이 자연을 원상 복구시키는 책임을 회피하면서 이런 수탈 과정에 공짜로 편승할 수 있으면, 그만큼 이윤율은 상승하죠.

하지만 이게 전부가 아니에요. 수탈은 '자유노동'의 재생산 비용을 낮추기도 해요. 제이슨 W. 무어는 이 점을 인상적인 문구로 정리하죠. "맨체스터 뒤에는 미시시피가 있다."[44] 이 말은, 인종화된 노예제 아래에서 생산된 재화(목화, 설탕, 커피, 담배) 덕분에 산업 노동자의 생활비가 낮아졌고, 그래서 자본이 임금을 조금만 지불함으로써 더 높은 이윤을 거둬들일 수 있었다는 뜻이에요. 폴라니는 19세기에 보호주의적인 영국 곡물법의 폐지와 관련해 비슷한 이야기를 전해주죠.[45] 곡물 자유무역을 개시함으로써 재계가 식료품 비용을 낮출 수 있었고, 이를 통해 잉글랜드 노동자의 임금이 낮은 수준을 유지하게 됐다는 거예요. 달리 말하면, 자유롭지 못한 상태이거나 종속적인 속민에게서 자원과 역량을 징발함으로써 자본가들이 '자유노동자'를 착취하면서 더 많은 이윤을 획득할 수 있다는 이야기예요. 착취와 수탈은 이렇게 서로 얽혀 있죠.

이를 통해, 수탈이 '정상' 시기에 자본에 이롭다는 점이 드러나요. 하지만 자본주의 발전 과정에서 필연적으로, 그리고 주기적으로 발생하는 위기의 시기에는 훨씬 더 그렇죠. 이런 시기에는 자원 징발이 더욱 강화되고, 이것이 이윤을 회복하고 경제 위기를 헤쳐가는 데 일시적이나마 결정적인 역할을 해요. 또한 자본주의의 정치적 위기를 완화하는 데도 도움을 주죠. 자본을 위협하지 못하는 것처럼 보이는 인구집단에서 강탈한 가치를 자본에 위협이 되는 것처럼 보이는 인구집단으로 이전함으로써 정치 위기를 진정시키거나 피하는 경우도 있거든요. 이 두 인구집단의 구별은 '인종'과 관련된 경우가 많죠. 시민과 속민, 내국인과 외국인, 자유로운 개인과 노예, '유럽인'과 '원주민', '백인'과 '흑인', 노동권을 지닌 노동자와 종속적 피부양인을 가르는, 인종이 코드화되어 있는 지위 위계제가 이런 이이제이以夷制夷 전술의 동원 수단이에요.

이 모든 사실이 보여주는 것은 수탈과 착취가 단순히 분리된 병렬적인 두 과정이 아니라는 점이죠. 오히려 수탈과 착취는 체계적으로 중첩돼 있어요. 단일한 자본주의 세계 체제의 두 측면으로서 깊숙이 뒤얽혀 있다는 말이에요. 여기에서 제 결론은, 자본의 수탈 대상이 된 이들의 인종화된 종속이 자본의 착취 대상이 되어 있는 이들의 자유를 가능하게 만드는 감춰진 조건이라는 거예요. 이로부터 인종적 억압이 자본주의 사회와 체계적이고 비우연적인 관계를 맺고 있음을 알 수 있어요. 인종적 억압과 자본주의 사회의 관계가 우발적인 게 아니라 구조적이라는 것이죠.

예기 수탈과 결합한 현상들이 이제는 좀 더 전경에 드러난다는 데 동의해요. 하지만 자본주의가 강도질은 아니라는 마르크스주의의 통찰은 여전히 견지할 필요가 있죠. 이것은 마르크스의 착취 이론이 남긴 가장 중요한 기여 가운데 하나예요. 착취 너머의 모든 것은 순전히 주변적 이야기에 불과하다는 정통 마르크스주의 사상은 정말로 치워버려야 하지만, 자본주의가 탐욕과 강도질 위에 서 있다는 또 다른 단순한 이야기를 반복하는 것도 경계해야 하죠. 제가 보기에 선생님의 독해에서 흥미로운 점은 동전의 양면(임금 계약으로 위장한 착취와 노골적인 수탈 및 강제)이 상호 의존한다는 지적인 것 같아요. 이로 인해 자본주의의 수탈은 봉건제나 고대 노예제 사회에서 있었던 종류의 수탈과 구별되거든요. 봉건제나 노예제 사회의 경우에는, 수탈과 상호 의존관계를 맺으면서 수탈 덕분에 배를 불리는 이런 '포장된' 측면 혹은 '좀 더 합법적인' 측면은 존재하지 않죠.

프레이저 전적으로 동의해요. 자본주의를 단순한 강도질로 뭉뚱그려서는 안 되죠. 이게 바로 제가 수탈을 *징발+징용*을 통한 축적으로 정의 내리는 이유예요. 달리 말하면, 징발된 역량들이 자본의 특징인 가치 확장 과정에 흡수된다는 것이 핵심이에요. 자본주의가 등장하기 훨씬 전부터 존재하던 노략질과는 달리, 수탈은 제가 지금 염두에 둔 의미에서 자본의 축적 회로로 부가 흘러가도록 만들고 이 회로에서 수탈과 착취는 서로 중첩돼요. 이 중첩이 자본주의적 착취의 특이성이죠. 제가 말한 대로, 자본이 '자유노동자'를 착취하여 상당한 이윤을 획득할 수 있는 것은 오로지 자유롭지 못하거나 종속적인 예속민에게서 자원과 역량을 징발한 덕분이에요. 착취라는 공식적 요소는 수탈이라는 감춰진 요소에 의존하죠. 즉, 정치적 보호를 잃고 무방비 상태에 놓인 속민들로 이뤄진 인종화된 '카스트'에 의존해요. 자본이 책임지길 거부하는 이 카스트 덕분에 공식 노동계급은 오히려 권리를 확보할 수 있어요. 여기에서 공식 노동계급이란, 권리를 지닌 개인으로 구축되고 (결국은) 정치적 시민으로 구축되는 '백인' 혹은 '유럽인' 프롤레타리아 계급을 말하죠.

하지만 수탈의 여러 현대적 형태는 합법성의 가면을 쓰고 농간을 부린다는 점 또한 놓쳐선 안 돼요. 영리 기업형 사설 교도소와 약탈적 대부에 따른 압류를 예로 들 수 있죠. 후자에는 미국에서 유색인에게 집중 판매된 서브프라임 모기지도 포함되고요. 새로운 형태의 불안정한 저임금 서비스 일자리, 이른바 맥잡^{McJob}도 그 사례인데, 이런 일자리는 인종화된 소수와 이주민에게 배당되며 이들은 노동자 재생산에 드는 사회적 필요비용보다 적은 임금을 받죠. 이 사례 역시 계약이라는 가면을 쓰고 있지만 수탈의 요소를 포함하고 있어요. 착취와 중첩되면서도 착취와 구별되는 과정을 통해 축적이 이뤄지게 하죠.

경제와 비경제를 아우르는 관점

예기 우리가 시작하면서 제기했던 커다란 물음으로 돌아가보죠. "자본주의란 무엇인가?"라는 질문 말이에요. 지금껏 토론한 내용의 연장선에서 이제 선생님이 어떻게 답할지 알고 싶어요. 전경 이야기와 배경 이야기라는 비유를 사용하면서 선생님이 진짜 염두에 뒀던 것은 무엇인가요? 정말로 탈정통화한 그림을 제시하려면, 토대/상부구조라는 정통 모델과는 다른 것을 내놓아야 하겠죠. 정통 모델에서 확실히 결정론적이었던 요소를 새 모델을 통해 제거해야 할 거예요. 경제적 전경이 배경을 일방적으로 결정한다고 보는 한, 배경이 '기능적 필요성'으로서 경제적 전경과 관련한 제한된 방식으로만 인식되는 한, 오히려 여전히 정통파적 틀에 머물러 있다고 봐야겠죠. 제 의견은, 전경과 배경의 관계를 인식하는 일차원적 방식을 원점에서 다시 개념화해야 한다는 거예요. 분명 일방적인 관계가 아니라 최소한 서로 영향을 주고받는 관계겠죠. 즉, 여러 방향에 걸쳐 다중적 의존관계를 맺는 아주 복잡한 이야기일 거예요. 여기에서 가장 위험한 함정은 이리저리 방황하다가 제자리에서 맴도는 꼴이 되거나 전경과 배경의 구별 자체가 흔들릴지도 모른다는 것이죠. 저는 이 점을 강조하기보다는, 선생님이 과연 두 차원, 즉 배경과 전경이 최소한 서로 중첩되고 상호작용하는 것으로 보는지 묻고 싶어요.

프레이저 글쎄요, 지금까지는 전경과 배경의 상호작용에 관해 이야기한 게 없죠. 대신에 자본주의 사회의 구조를 이루는 핵심적인 지형적 분할 몇 가지, 즉 생산/재생산, 경제/정치, 인간/비인간 등을 확인하는 데 집중했어요. 제 목적은 이 분할을 가로지르는 인과적 흐름을 도식화하는 것이 아니라, 자본주의 사회에서 '경제'가 차지하는 위상을 명확히 찾아내게 해주는 제도적 지도를 작성하는 것이었어요.

하지만 예기 선생의 질문을 피하고 싶지는 않네요. 지금까지 이야기한 생각의 함의는 경제 결정론과는 반대 방향으로 나아가죠. 이런 식으로 '경제'를 자리매김하면, 경제의 범위에 한계선이 설정돼요. 그리고 경제가 사회적 재생산, 생태환경, 공적 권력 같은 비경제적 배경에 의존한다는 사실을 폭로하면, 비경제적 배경의 비중과 사회적 중요도뿐만 아니라 이런 배경이 역사적으로 응결돼온 축적 체제에 영향을 끼치고 더 나아가 불안정에 빠뜨리기까지 할 수 있다는 점이 부각돼요. 하지만 당연히 그 반대도 성립하죠. 자본 축적의 전경적 과정은 그것의 의지처가 되는 바로 그 배경 구조에 영향을 끼치고 많은 경우에는 이 구조를 불안정하게 만들어요. 이런 점에서 경제 결정론이 끼어들 여지는 없죠.

예기 좋아요. 하지만 이런 관점에서 볼 때 자본주의란 정확히 무엇이죠? 자본주의는 단지 경제적 시스템, 즉 더 큰 사회 안의 경제적 공간인가요? 아니면, 선생님의 자본주의 개념에는 경제를 존립하게 하는 배경 조건이라 규정한 공간까지 포함되나요?

프레이저 자본주의는 결코 단순한 경제적 시스템은 아니에요. 확실히, 첫눈에 보기에는 핵심 특징이 '경제적'이라 생각될 수 있죠. 하지만 외양에 속으면 안 돼요. 우리가 이야기를 나누는 과정에서 확인한 것들은 자본주의 경제의 특징이 아니라 자본주의 *사회*의 특징이에요. 자본주의 사회의 특수성은, 자본주의 사회를 규정하고 그 구조를 형성하는 중심적 사회관계가 마치 '경제적'인 것처럼, 그리고 사회의 한 개별적 하위 시스템, 즉 '경제'에 부속된다고 여겨진다는 점이에요. 하지만 이것은 외관일 뿐이죠. 이런 시스템을 존립하게 만드는 '비경제적' 배경 조건에 관해 논해야 한다는 점이 곧바로 드러나요. 그리고 이런 배경 조건이 전체 구도에서 누락되어서는 안 되고, 자본주의 개념의 일부로서 개념화, 이론화되어야 한다는 결론에 이르죠. 즉, 자본주의는 경제보다 큰 무엇이에요.

예기 이렇게 '확장된' 그림을 통해 죄르지 루카치와 결부된 생각으로 돌아가나요? 곳곳에, 즉 사회생활의 모든 영역에 상품 형태를 각인시키는 단일한 총체화 시스템으로 자본주의를 바라보는 입장 말이에요. 루카치는 자본주의가 상품 형태에 바탕을 둔 삶의 문법이라고 규정한 것으로 유명하죠. 루카치의 사상에서는 모든 곳에 편재하는 것으로 상정된 상품 형태가 객체 일반의 원형이 되었고, 이에 따라 모든 주객 관계의 원형이 됐어요. 자본주의 사회의 어떤 것도 이 각인에서 벗어나지 못하고, 여기에는 법률·과학·철학 사상도 포함되죠.[46] 자본주의에 관한 선생님의 생각은 이런 결론으로 나아가나요?

프레이저 아니요, 아니고말고요! 이것은 결코 제가 원하는 결론이 아니에요. 루카치의 자본주의관은 지나치게 총체화해요. 자본주의 사회의 필수 구성 요소이지만 시장 규범에 따라 운영되지는 않는 사회적 상호작용의 중요한 가닥을 눈에 안 보이게 만들어버려요. 상품 생산과 교환에 없어서는 안 될 전제조건을 제공하지만 스스로는 상품 생산·교환과는 다른 토대 위에 조직되는 사회제도들의 특성을 가려버리죠.

전경/배경 시각의 전체적 요점은 상품 형태를 상대화하는 거예요. 상품 형태가 인과적인 측면에서 중대한 영향을 끼치기는 하지만 자본주의 사회의 모든 곳에 편재하지는 않는다는 이야기죠. 확실히, 교환의 견지에서 보면 상품 형태가 가장 먼저 눈에 띄어요. 그리고 마르크스의 다음 차원, 즉 생산의 견지에서도 상품 형태가 중요한 역할을 하죠. 노동력을 매매하는 덕분에 자본이 착취를 통해 '자기 확장'을 할 수 있으니까요. 하지만 상품 형태는 우리가 앞에서 밝힌, 더 심층에 자리한 배경으로 초점을 옮기면 중심에서 멀어지죠. 시초 축적론에서 상품이 전형적 대상이 아니었음을 (그리고 지금도 아님을) 기억해보세요. 사회적 재생산, 생태환경, 정치도 마찬가지예요. 이 무대들 역시 서로 다른 조건에 따라 다양하게 제도화되고, 서로 다른 규범에 맞춰 작동하죠.

예기   그렇다면 자본주의의 상품화된 구역은 비상품화된 구역에 의존하지 않으면 생존 자체가 불가능하겠군요. 하지만 더 나아가 비상품화 구역들(사회적·생태적·정치적 구역들)은 상품 형태를 단순히 반영하는 게 아니라 그와는 다른 논리에 맞춰 작동하죠. 서로 뒤엉켜 있으면서도 동시에 자기만의 논리를 지닌, 매우 다양한 역학과 맞닥뜨리는 거예요. 이들이 어떻게 정보를 주고받는지, 어떻게 서로를 존립하게 만드는지, 심지어 어떻게 상호 전제조건이 되는지, 혹은 가장 느슨한 형태의 선택적 친화성을 통해 서로 관계를 맺는지 추적해볼 수 있겠죠. 그러다 보면 분명히 복잡한 그림에 도달할 거예요. 사회적·경제적 관계의 그물망에 관한 흥미롭고 '두터운' 이해 말이에요.

프레이저   그래요. 그리고 이 점은 충분히 강조할 만하죠. 정말로 저는, 앞에서 확인한 사회적·생태적·정치적 배경이 무엇보다도 먼저 경제라는 전경의 규범을 통해 통합되는 것은 아니라고 주장하는 거예요. 이 점을 더 강하게 제시하고 싶네요. 이런 각 배경 영역에는 그만의 특유한 규범과 존재론적 문법이 있어요. 예를 들어, 재생산을 지향하는 (생산과는 대별되는) 실천은 돌봄, 상호 책임성, 연대라는 이상을 생성하는 경향이 있죠. 이런 실천이 대개 위계적이고 가부장적이라는 사실과는 별개로 말이에요. 또한 비인간 자연의 영역에서 자본주의의 배경 조건과 결부된 실천은 지속 가능성, 생태 보살핌 stewardship[청지기], 자연의 비지배, 세대 간 정의 같은 가치를 고취하는 경향이 있어요. 역시 이런 실천이 낭만적이고 종파적인 색채를 띠는 경우가 많은 것과는 별개로 말이죠. 마지막으로, 경제와 대별되면서 정치에 방향을 맞춘 실천은 민주주의, 평등한 시민권, 공공성의 원칙에 호소하는 경우가 많고요. 이 경우에도 이런 실천은 제한적이거나 배제적인 경우가 많지만 말이에요.

예기 그래도 여전히 전경과 배경의 관계가 정확히 무엇인지 의문이 들어요. 기능적 의존성과 규범적 대비가 동시에 주인공 역할을 하는 건가요? 배경마다 존재하는 특유의 규범적 '문법'은 선생님의 자본주의론에서 어떤 역할을 하죠? 단지 전경과 배경을 구분하여 잘 기술하도록 도움을 주는 건가요, 아니면 더 강한 방식으로 비판을 수행하기 위한 자원이 되는 건가요? 주어진 삶의 형태에 내재한 모순에서 출현하는 서로 갈등하는 규범성을 고려할 수 있겠지만, 세상을 부패시키는 합리성과 근대성에 맞서 되찾아야 할, 좀 더 조화로웠던 과거의 파편으로 이들을 바라볼 수도 있을 거예요. 선생님이 이런 배경 영역들과 결부시키는 규범성은 잔혹한 경제의 세계에 대한 우리의 비판을 분명히 하기 위해 끌어다 쓸 수 있는 '순결한' 무기고인가요?

프레이저   아니죠. 그것은 제가 의도하는 결론이 절대 아니에요. 제 목표는 이런 '비경제적' 규범성을 이상화하는 게 아니라, 자본주의의 전경과 결부된 가치들, 즉 성장, 효율성, 등가 교환, 개인의 선택, 소극적 자유, 능력주의적 성취 등등과 이 규범성이 서로 어긋난다는 사실을 선명히 정리하는 것뿐이에요. 자본주의의 개념화 방식에서 나타나는 차이는 모두 이 엇갈림에서 비롯돼요. 자본주의 사회는 모든 곳에 남김없이 뻗어 있는 사물화의 단일한 논리를 발생시키는 게 아니라, 서로 구별되면서도 상호관계를 맺는 사회적 존재론들의 확고한 다원성을 아우르면서 규범의 측면에서 분화돼요. 이들이 서로 충돌할 때 어떤 일이 벌어지는지는 나중에 설명하겠어요(2장에서). 하지만 이들을 뒷받침하는 구조는 이미 분명해요. 자본주의에 특유한 규범적 지형은 우리가 확인한 전경/배경 관계에서 출현하죠. 이에 관한 비판 이론을 발전시키는 게 목적이라면, 윤리적 생활 양식의 전일적 사물화라는 루카치의 자본주의관을 더 분화되고 구조적인 자본주의관으로 대체해야 해요.

예기   하지만 전경/배경의 서로 다른 '규범성들'과 '사회적 존재론들'을 강조하면서 선생님은 여전히 하버마스의 체계system/생활세계 구별의 특정한 버전을 재활용하는 것처럼 보여요. 과거에, 선생님 스스로 이 구별을 비판했으면서 말이에요. 이 '두 공간' 도식은 사회 이론에서 참으로 막강한 영향력을 행사하고 있지만, 저는 점점 더 이 틀에 회의적인 입장이 됐죠. 저는 이 그림에서 출발하는 것은 잘못이라고 믿어요. 경제가 사회생활의 다른, 더 '순결한' 영역을 침범하거나 '식민화'하는 게 중심 문제라는 생각이 굳어지도록 만들거든요. 이 전략의 문제는, 자본주의 경제를 비판하는 게 목적이면서도 경제 영역 자체는 비판의 사정권에서 사실상 빼버린다는 점이에요. 경제 영역은 자율적이며 자기 추진적이고 몰규범적인 것으로 취급되고, 대체로 주어진 상태 그대로 받아들여야 하는 게 돼버리죠. 그 결과, 비판 이론은 자본주의 경제에 직접적으로 개입하는 대신 자본주의 경제를 일정하게 '길들이고' 이로부터 사회생활을 보호하는 프로젝트로 제한돼요. 이런 식의 틀 때문에 경제 자체의 재검토는 불가능해지고, 그런 노력을 할 필요가 없게 만드는 전략을 찾아내도록 요구받죠.

이것이 삶의 경제적 영역과 다른 영역을 실천으로 설명하는 일원론적 사회 이론을 제가 주창하는 이유죠. 물론, 이는 더 이상 경제를 나머지 영역과 대립하지 못하게 만들죠. 또한 특정 영역들(문화적·사회적·개인적)이 이런 영역들과 분리되어 있다고 상정되는 경제 영역에 의해 오염되지 못하게끔 보호해야 한다고 주장할 수도 없어요. 경제적 실천은 단순히 이것을 에워싸는, 혹은 이것이 가능하도록 만드는 삶의 윤리적 형태에 '묻어 들어' 있지 않죠. 경제적 실천은 오히려 삶의 형태의 일부이고, 사회질서와 그 동력의 일부예요. 이것은 사회적 존재론 차원의 논증이고, 그 목적은 경제 자체에 관한 다른 이해예요. 호르크하이머의 통찰에 따라 경제를 '좀 더 넓은' 의미로 이해하려면, 경제적 실천이 사회의 사회문화적 골간의 일부가 되는 방식으로 경제적 실천이 다른 실천과 관계를 맺는다고 인식해야 하죠. 더 내재적인 형태의 비판이라면 이와 같은 시각을 채택하는 것이 더 잘 어울려요. 주어진 삶의 형태에서 경제적 실천이 차지하는 위치에 내재한 목적 완수의 규범적 조건에 충실하도록 경제적 실천을 몰아붙일 수 있는 비판 말이에요. 그렇다면 쟁점은 더 이상 경제가 사회에 침범하는 것(하버마스의 식민화 명제)일 수 없죠. 경제적 실천 자체의 형상과 내용에 존재하는 결핍이 쟁점이 되어야 해요.[47]

본래 선생님은 체계/생활세계 구별에 매우 비판적이었잖아요. 그래서 선생님이 어떻게 이 패러다임에 대한 이전의 비판을 전경/배경 구별과 조화시킬지 저는 잘 모르겠어요. 두 틀은 몇 가지 점에서 상당히 유사해 보이거든요.

프레이저 저도 예기 선생처럼 체계/생활세계 틀에 회의적이에요. 이에 관해 생각이 전혀 변하지도 않았고요! 한데 지금 제가 간략히 소개한 생각은 하버마스의 틀과는 상당히 달라요. 제 틀의 경우에는, 서로 다른 두 제도 유형에 귀속되는 뚜렷이 구분되는 두 '행위 논리'가 존재한다는 생각을 전제하지 않거든요. 한 행위 논리('체계')가 다른 행위 논리('생활세계')를 식민화한다는 함의를 담고 있지도 않아요. 자본주의 사회의 경제 '체계'가 소통, 협력, 투쟁이 부재한 '규범 중립' 지대라고 가정하지 않는다는 점은 더 말할 것도 없고요. 그렇다고 그 역을 전제하지도 않죠. 예를 들어, 가족이 전략적 계산과 구조적 지배가 부재한 권력 중립 지대 혹은 화폐 중립 지대라고 가정하지도 않아요. 저는 체계/생활세계 틀이 지나치게 이원론적이고 이분법적이라고 봐요. 그렇기에 이 틀은, 예전의 논문 「비판 이론에서 비판해야 할 대목은 무엇인가?What's Critical about Critical Theory?」에서 제

가 비판했던 것과 같은 이데올로기적 신비화로 기울 위험이 너무 크죠.[48]

제가 지금 간략히 설명하는 대안은 자본주의 사회가 다중적(두 가지 이상!) 규범과 존재론적 지향을 제도화한다고 가정해요. 이들 각자는 주어진 제도 공간과 결부되는 경우가 많지만, 이 중 어떤 것도 한 공간에만 단단히 묶여 있지는 않아요. 오히려 문제의 규범은 '잘못' 배치되는 경우(말하자면 '잘못된 공간'에)가 허다하고 성향에 맞지 않게 동원될 수도 있죠. 따라서 엄격하게 규정되고 특정 공간에 한정된 '행위 논리'란 존재하지 않아요. 그게 아니라, 행위와 해석이 퇴적해 패턴이 되고 이런 패턴은 쟁론, 파열 그리고 변형을 피할 수 없어요. 물론 이 모든 것은 훨씬 더 상세하고 명확히 진술될 필요가 있겠죠. 하지만 제 생각은 이렇게 요약할 수 있어요. 자본주의를 인식하는 최선의 방식은, 경제적 시스템도 아니고, 윤리적 삶의 사물화된 형태도 아니며, 오히려 *제도화된 사회질서로* 바라보는 것이라고요. 제도화된 사회질서로 이해된 자본주의는, 굳이 예를 들면, 봉건제와 동등한 위상을 지니죠. 이런 정식화는 자본주의의 구조적 분할과 제도적 분리를 선명히 드러내요. 제 생각에 이 네 가지 분할은 자본주의를 구성하는 요소예요. 첫 번째는 '경제적 생산'과 '사회적 재생산'의 제도적 분리, 즉 남성 지배의 독특한 자본주의적 형태의 토대가 되는 젠더화한 분리죠. 이 분리 덕분에 자본주의적 노동 착취가 이뤄지고, 이 착취는 자본주의의 공인公認 축적 모델에 토대를 제공하죠. 두 번째는 '경제'와 '정치'의 제도적 분리, 즉 '경제적'이라 규정된 사안들을 영토국가의 정치적 의제에서 제외해버리는 분리예요. 동시에 그 덕분에 자본은 주인 없는 초국가적 지대를 마음껏 떠돌아다닐 수 있고, 이렇게 주인 없는 땅에서 자본은 정치적 통제에서 벗어난 채 헤게모니적 명령을 통해 이득을 거둬요. 세 번째는 자본주의의 (비인간) '자연' 배경과 (외관상 비자연인) '인간' 전경의 존재론적 분할인데, 이것은 자본주의 이전에도 존재했지만 자본주의 아래에서 비로소 엄청나게 강화됐죠. 마지막은 착취와 수탈의 제도화된 구별로서, 제국주의적 약탈과 인종적 억압의 독특한 자본주의적 형태에 토대를 두고 있어요.

이 접근법을 예기 선생이 방금 간략히 제시한 실천-이론적 견해와 대조해본다면, 제 틀이 더 구조적이고 제도적이라고 말하고 싶네요. 예기 선생의 견해가 자본주의를 일정하게 연결된 사회적 실천들의 무한 집합이라고 한다면, 제 틀은 한계선이 명확한 사회societal 지형학을 함축해요. 제가 보기엔, 자본주의의 제도화된 분리와 분할은 사회에 특유한 형상을 부여하죠. 자본주의를 제도화된 사회질서로 이해해야 한다고 말하면서 제가 염두에 두는 게 바로 이 점이에요.

예기 "제도화된 사회질서"라는 표현은 선생님의 견해를 요약하는 데 매우 도움이 되는군요. 덕분에 체계와 생활세계 사이의 사회이론적 간극을 이을 수 있어요. 이게 바로 제가 삶의 형태를 분석하면서 하려는 작업이죠. 선생님 말씀대로 제 출발점은 제도적 차원이 아니긴 하지만요. 오히려 저는 우선 이 쟁점을 사회적 존재론의 문제, 삶의 형태를 구성하는 사회적 실천들이 어떻게 제도로 '응축'되는지 이해하는 문제로 접근해요. 그러면 사회적 실천들은 특정한 역학을 취하고, 이를 통해 자기만의 삶을 살아가는 것처럼 보이죠. 제가 보기에, 이런 차원에서 출발하는 것이 중요한 이유 중 하나는 방법론적 차원에서 경제와 같은 실천의 철저히 규범적인 토대를 시야에서 놓치지 않게 만들어주기 때문이에요. 경제의 자본주의적 조직이 '[사회에] 묻어 들어 있지 않'고 '규범 중립적'인 무엇으로 자신을 드러내더라도 말이에요. 일단 몰규범적인 사회적 실천은 있을 수 없음을 확인하면, 경제와 결부된 실천과 같은 사회적 실천들이 '규범 중립적'인 외관에 크게 의존하는 듯 보인다는 사실은 지금 뭔가 문제가 있음을 알려주죠. 이 경우에도 체계/생활세계 분할로는 이런 비판의 방향을 열지 못하죠.

자본주의를 제도화된 사회질서로 정식화하는 선생님의 분석 역시, 배경에 속한 것들을 생산에 의해 결정되는 상부구조로 바라보지 않는다는 점에서 정통파적 설명에서 벗어나요. 정반대로, 생산이 오히려 배경에 속한 것에 의존한다고 설명하죠. 그렇지만 이러한 기능적 의존성 때문에 선생님의 견해가 여전히 매우 정통파에 가깝다고 생각할 수도 있어요. 실천에 대해 총체적인 사회적 존재론을 가정하는 '삶의 형태'론과는 달리, 선생님은 사회를 다양한 공간들로 분할해요. 이 영역들 간의 '기능적' 관계에 너무 많은 힘을 쏟는다면, '규범 중립'적인 현학적 용어를 다른 수단을 통해 재도입할 위험이 있어요. 다른 건 몰라도, 기능적 의존관계를 통해 너무 많은 것을 설명하는 바람에 사회생활의 특정한 측면에 관한 규범적 탐구를 성급하게 끝내리라는 우려는 있죠. 그래서 선생님의 접근법을 좀 순화하면 좋겠다 싶어요.

선생님이 방금 언급한 제도적 분할의 지위를 분명히 함으로써 선생님이 어떤 사회적 존재론을 전제하는지 따져볼 기회를 가질 수 있겠죠. 이 분할들은 서로 삼투하나요, 아니면 경계가 명확한가요?

고정되어 있나요, 아니면 변화할 수밖에 없나요? 이런 제도적 분할이 자본주의에 결정적 요소라는 견해와, 맨 처음에 선생님이 표현한 견해, 즉 자본주의가 태생적으로 역사적이며 시간의 흐름에 따라 전개된다는 견해를 일반적으로 어떻게 화합시키나요?

프레이저 이 문제에 관한 제 견해가 기능주의적이라고는 생각하지 않아요. 그 이유를 설명하자면, 중요한 논점 하나를 덧붙여야 하죠. 저는 이 분할들이 자본주의를 구성하는 역할을 한다고 보지만, 한꺼번에 다 갖춰지는 것은 아니라고 생각해요. 오히려 자본주의 사회가 생산과 재생산, 경제와 정치, 인간과 비인간 자연, 착취와 수탈을 가르는 선을 어디에 긋는지는 역사에서 다양한 축적 체제에 따라 다르게 나타났다고 주장하겠어요. 실제로 이 변동 덕분에 이런 축적 체제의 유형론이 구축될 토대가 마련될 수 있죠. 지금 제가 다듬고 있는 견해에 따르면, 축적 체제들은 자본주의의 전경과 배경을 분화시키면서 둘을 서로 연관시키는 방식에 따라 구별돼요. 이에 따라, 경제와 정치, 생산과 재생산, 인간과 비인간 자연, 착취와 수탈 사이에 경계선을 긋는 역사적으로 특수한 방식으로서 중상주의적 자본주의, 경쟁적인 자유주의적 자본주의, 국가-관리 독점 자본주의, 지구화·금융화된 자본주의를 개념화할 수 있죠.

또한, 어떤 시공간에서든 자본주의 질서의 세밀한 형세배열은 정치에 의존하며, 사회 안의 힘의 균형에 의존하고, 사회적 투쟁의 결과에 의존한다고 주장하고 싶어요. 자본주의의 제도적 분할은 단순히 주어지는 게 아니라, 갈등의 장소이자 쟁취의 대상이 되는 경우가 많아요. 이런 갈등 속에서, 행위자들은 경제와 정치, 생산과 재생산, 인간 사회와 비인간 자연, 착취와 수탈을 분리하는 기존 경계선에 도전하거나 이를 방어하기 위해 동원되죠. 서로 경합하는 경로를 자본주의의 제도적 지도 위에 새롭게 자리매김하려는 것이 목적인 한, 자본주의의 주체들은 제가 확인한 다양한 구역과 결부된 규범적 관점에 의존해요. 제도적 경계선을 재설정하려는 이들의 노력은 필연적으로 이에 맞서는 반대편의 노력을 촉발하죠. 그리고 제가 *경계투쟁* boundary struggles이라 부르는 투쟁은 결정적으로 자본주의 사회의 구조를 조형해요. 경계투쟁은 자본주의 갈등의 근본적 유형이에요. 마르크스주의자들이 특권화한, 상품 생산과 잉여 분배의 통제를 둘러싼 계급투쟁만큼이나 근본적이죠. 뒤에서(4장) 이에 관해 더 자세히 말하고 싶어요. 일단 지금 요점은 이거예요. 특정한 시공간을 배경으로 확립된 제도적 분할은 이전 국면에서 벌어진 투쟁의 결과를 잠정적으로 안정화한 것이라고 봐야 가장 잘 이해된다는 거예요. 모든 축적 체제가 과거 투쟁의 결과물인 것처럼 말이에요.

예기 그렇다면 선생님의 견해가 기능주의적이라는 우려는 미리 막을 수 있겠네요. 어쨌든 선생님은 재생산, 생태환경, 정치권력, 수탈이 자본주의의 경제적 전경 이야기의 필수 배경 조건이라고 강조하면서 논의를 시작했고, 이들이 상품 생산, 노동 착취, 자본 축적을 위해 기능한다는 점을 선명히 드러냈죠. 하지만 이제는 이런 기능주의적 측면이 자본주의의 전경/배경 관계에서 드러나는 복잡성을 온전히 포착하지 못하는 듯 보이네요. 오히려 또 다른, 더욱 정치적인 '계기moment'와 공존하는 듯해요. 이런 계기는 사회적 투쟁의 맥락에서 경제, 사회, 정치, 자연이 자본주의 사회에서 맺는 관계를 규정하고요.

프레이저 네, 맞아요. 제가 지금껏 간략히 소개한 견해는 기능주의적이지 않아요. 하지만 사회에 관한 두 차원의 이론을 융합하죠. 한편으로는 전경인 경제가 사회의 '비경제적' 배경에 의존한다는 점을 강조하는 구조적 시각을 포함하고, 다른 한편으로는 사회적 행위자들의 자기 이해와 기획을 부각하는 행위 이론적 시각을 받아들여요. 하버마스의 이론 전체를 따르지 않고도 그 용어를 차용할 수 있고, 행위 이론적 시각이 '체계' 통합과 대별되는 '사회' 통합의 차원에 속한다고 말할 수 있어요. 이것이야말로 자본주의 사회에 내재한 갈등 가능성에 접근하게 해주는 시각이에요. 자본주의 사회에 내재한 사회적 투쟁의 가능성을 드러낸다는 점에서 이 시각은 자본주의를 내부에서 비판하는 방법을 분명히 밝혀주죠.

예기 저는 사회 통합 대 체계 통합이나, 행위 차원 대 체계 차원 같은 용어를 끌어다 쓰는 데는 여전히 회의적이에요. 적어도 사회생활에 두 영역이 있다는 존재론을 불러온다는 점에서 그래요. 이런 존재론에 따르면, 사회생활의 두 영역은 몇 가지 점에서 근본적으로 서로 대립하거나 소외되어 있죠. 경제에 관한 체계 이론적 관점이, "참여자들의 의도를 고려하여 행위들을 조정할 필요 없이, 객관적으로 '[참여자들의] 등…… 뒤에서' 작동하는" "사회 통합 메커니즘"을 파악하게 하는 장점을 가진 것처럼 보인다는 점은 인정하겠어요.[49] 말하자면 시장의 "보이지 않는 손"은 이런 조절 유형의 전형적 사례죠.

그럼에도 경제를 행위 이론으로 접근할 것이냐, 아니면 체계 이론으로 접근할 것이냐는 양자택일을 실천 이론적 접근법을 통해 의미 있게 극복할 수 있다고 믿어요. 경제를 사회적 실천으로서 인식하는 동시에 사회적 실천의 맥락에서 인식한다고 해서, 행위와 의도나 이런 것들의 결과가 부각되는 것은 아니에요. 실천은 오직 부분적으로만 의도적이고, 부분적으로만 속내가 드러나며, 부분적으로만 사람들의 의지와 행위의 산물이죠. 실천은 사전에 계획되지 않고, 차라리 출현emerge[창발]해요. 말하자면 제도가 마치 고유의 역학을 갖춘 것처럼 보이게 만드는 방식으로 실천이 제도에 응결되죠. 이 과정은 참여 당사자는 쉽게 알아차릴 수 없어요. 그래서 '체계'와 '두 번째 자연'으로 보이는 거죠. 하지만 이런 외관상 '체계적'인 현상을 실천 이론적 틀과 제도 이론적 틀로 재인식하는 쪽이 생산적일 거예요. 그렇게 되면 이런 외양에 속아 넘어가 경제를 몰규범적 공간으로 이해하는 의도하지 않은 부작용을 피하게 되거든요.

이것이 바로 옌스 베케르트Jens Beckert의 표현을 빌려, 경제를 사회 질서의 '타자'가 아니라 '사회질서의 일부'로 이해하려는 노력이라 부르는 것이에요.[50] 이것은 규범 중립적이지 않을 뿐만 아니라 별도의 체계도 아니죠. 그게 아니라, 다른 경제적 실천·비경제적 실천 및 제도(제도는 실천들이 밀집된 상태라 볼 수 있겠죠)와 연관되는 사회적 실천들의 응집이에요. 실천은 앙상블 속의 앙상블이죠. 이런 생각의 더 심층적인 함의는, 다름 아닌 경제와 그 '전제조건'의 구별이, 그리고 심지어는 경제의 안에 있는 것과 바깥에 있는 것을 구별하는 방식 또한 지금껏 상정했던 것과 달리 우리에게 시사하고 도움을 주는 바가 많지 않다는 것이죠.

프레이저　　요점은 잘 알겠는데, 예기 선생의 기본 전제, 그러니까 구조적-체계적 시각과 사회적-행위적 시각의 구별을 극복하는 게 바람직하다는 견해는 납득이 안 되네요. 이 구별이 수반하는 문제는 존재론의 성격을 띨 때만 나타나요. 존재론적으로 별개인 상호작용의 두 유형('목적-합리적' 혹은 '전략적' 행위 대 '규범적으로 조절된' 혹은 '소통적' 행위)과 상관관계를 맺는, 실질적으로 별개인 두 사회societal 영역을 표시하는 것으로 취급될 때 말이에요. 이것이 바로 하버마스가 『의사소통 행위 이론』에서 한 작업이고, 이 작업은 문제의 이 구별에 오명을 안겨줬죠. 하지만 구조적-체계적 시각과 사회적-행위적 시각을 구별하되 이 구별이 탈존재론화한 형태를 띠게 만드는 것이 충분히 가능할 뿐만 아니라 바람직하기까지 하다고 믿어요. 이 경우에 이 구별은 존재론적인 게 아니라 방법론적인 것으로 다뤄지겠죠. 이것은 비판 이론가가 사회 현실의 어떤 영역이든, 사회적 상호작용의 어떤 유형이든 이해하려 할 때 착용할 수 있는 다른 두 렌즈예요. 이런 점에서, 경제적 상호작용을 이해하기 위해 '사회적' 분석을 사용하고 가족 내부의 상호작용을 해명하기 위해 '구조적' 분석을 사용하는 것은 전적으로 타당하다고 생각해요. 실제로 이렇게 직관을 거스르는 지향을 통해 많은 것이 드러나죠. 주류적 시각의 관찰자라면 여전히 이해할 수 없었을 과정들을 밝혀줘요. 따라서 예기 선생과는 달리 저는 방법론적 구별을 극복하려고 애쓰지는 않아요. 오히려 이를 기꺼이 수용하려 하죠. 정말로 저는, 구조적-체계적 시각과 사회적-행위적 시각을 결합하거나 접합해야만 자본주의 사회에 관한 이론이 *비판적*일 수 있다고 말하고 싶어요. 달리 말하면, 전 여전히 제가 한때 '관점적 이원론'이라 불렀던 생각을 지지해요.[51] 뒤에서(3장)

이 쟁점을 깊이 있게 토론해보죠.

예기 네, 그러죠. 하지만 또 다른 각도에서 한 번 더 이야기해볼 게요. 선생님의 설명은 전경과 배경의 긴장에 의존해요. 자본주의 '안'에 있는 무엇과, 자본주의에 필수적이라고 여겨지지만 '바깥'에 자리매김한 배경 사이의 긴장 말이에요. 그런데도 제가 느끼기에는, 선생님은 자본주의 사회의 '안/바깥'이라는 도식에도 저항하고 싶어 해요. 그렇지요?

프레이저 맞아요. 저는 정말 자본주의의 안/바깥 도식에 저항하고 싶어요. 그 이유를 말해볼게요. 지금까지 제가 이야기한 모든 것은, 사회, 정치, 자연이 자본주의 '바깥'에 있다고, 본질적으로 자본주의와 대별된다고 낭만적으로 해석하는 것은 잘못이라는 함의를 담고 있어요. 오늘날 문화 페미니스트, 심층 생태주의자, 신아나키스트 같은 상당히 많은 수의 좌익 사상가와 운동가가 이런 낭만적인 생각을 광범하게 견지하고, '다원', '포스트성장', '연대', '대중' 경제의 일부 주창자들도 그래요. 이런 흐름은 '돌봄', '자연', '직접행동', '커머닝commoning' 등을 태생적으로 반자본주의적인 것으로 여기는 경우가 너무 많죠. 그 결과, 이들이 가장 선호하는 실천이 비판의 자원일 뿐만 아니라 자본주의 질서에 없어서는 안 될 부분이라는 사실을 간과해요.

재생산, 정치, 자연이 경제의 '타자'로서 경제와 동시에 대두한다고 앞에서 말했던 것을 떠올려보자고요. 이들이 특정한 성격을 획득한 것은 오직 경제와 대비됨을 통해서예요. 재생산과 생산은 쌍을 이루죠. 각 항은 반대편 항을 통해 공동으로 규정돼요. 상대편이 없으면 아무 의미도 없죠. 정치/경제와 자연/사회의 경우도 마찬가지예요. 세 분할과 구별 모두 자본주의 질서의 본질적 부분이죠. '비경제적' 영역 중 어느 것도 절대적으로 순수하고 완전히 급진적인 형태의 비판을 최종적으로 책임질 수 있는, 전적으로 외부적인 입장을 취할 여지는 없어요. 오히려 자본주의 바깥에 존재한다고 상상하는 것에 호소하는 정치적 프로젝트는 자본주의적 고정관념을 반복하는 결과를 낳죠. 여성적 보살핌과 남성적 공격성을 대립시키고, 자생적인 사회적 협력과 경제적 계산을 대립시키며, 유기적이고 전체적인 자연의 성격과 인간 중심적 개인주의를 대립시키는 식으로요. 이런 이분법적 대립은 역사적으로 부정확하고 개념상 문제적이며 그야말로 이데올로기적임이 분명해졌죠. 이런 이분법을 투쟁의 전제로 삼는다면, 자본주의 사회의 제도화된 사회질서에 도전하는 게 아니라 무의식적으로 이를 따라 하고 말죠.

예기　　사회 이론 차원에서는 전경과 배경의 연계가 이제 깔끔하게 정리됐다고 생각해요. 이를 어떻게 규범적 차원으로 해석할지는 여전히 수수께끼이지만요. 선생님은 자본주의의 '바깥'이 존재해서 급진적 비판과 실천의 가능성을 보장한다는 생각을 거부하는데요. 하지만 동시에, 자본주의의 배경에 자리하는 규범성이 자본주의의 '안'에 존재하면서도 일정한 비판의 잠재력을 허용한다고 주장하죠. 어쩌면 '자본주의-내적'이면서도 '경제-외적'이라고 할 수 있겠죠. 이건 상당히 복잡한 견해이고, 정말로 어떤 안/바깥 대립 관계도 뒤죽박죽으로 만들어버릴 만해요!

프레이저 이것은 정말로 복잡하고, 또 복잡할 수밖에 없어요. 자본주의의 전경/배경 관계에 관한 적절한 설명은 서로 다른 세 가지 생각을 한데 모아야 하거든요. 첫째, 자본주의의 '비경제' 영역은 자본주의 경제를 존립하게 만드는 배경 조건의 역할을 해요. 자본주의 경제는 '비경제' 영역들에서 연유하는 가치와 투입물에 의존하지 않으면 존속할 수 없죠. 둘째로, 하지만 자본주의의 '비경제' 영역들은 그만의 비중과 특성을 지니며, 특정한 환경에서는 반자본주의 투쟁의 자원을 제공할 수 있어요. 셋째로, 그렇지만 이 영역들은 자본주의 사회의 본질적인 부분으로서 역사적으로 자본주의 경제와 동시에 공동으로 구성되며, 자본주의 경제와 공생하는 데서 비롯된 표식이 찍혀 있어요. 자본주의 사회를 구성하는 전경/배경 관계를 제대로 개념화하려면, 이 세 가지 생각이 모두 필요하죠. 어느 하나만으로는 부족해요. 자본주의를 특정하게 제도화된 사회질서로 보는 '확장된' 자본주의관 안에서 이 모두를 함께 사고해야만 해요.

분석과 비판의 통일

예기 마지막 질문이 있는데요. 선생님이 서론에서 사회에 관한 비판 이론과 자립적 규범 이론의 차이에 관해 이야기한 것을 들으며 떠올린 질문이에요. 선생님과 저는, 분석과 비판의 통일이 비판 이론만의 특징이라는 데 동의해요. 그렇다면 분석 측면에서 사회생활에 어떤 일이 벌어지고 있는지 파악하려는 노력, 예를 들어 자본주의적 사회통합의 구조와 그 역사적 변형을 이해하려는 노력이 자본주의를 비판하는 작업에서 결정적인 부분을 이뤄요. 분석이 비판의 일부를, 비판이 분석의 일부를 이루는 거죠. 분석이 진행되는 과정에서 비판 역시 전개돼요. 물론 이 모두는 분석이 과연 특정한 사회 편성에 내재한 모순, 갈등, 해방적 가능성을 선명히 제시하는지에 달려 있어요. 하지만 삶의 형태에 내재한 뿌리 깊은 구조적 기능장애를 겨냥한다면, 현대 비판 이론의 방법론에서 나타난 새로운 전환이 부각될지도 몰라요. 정의에 대한 요청과 숙의에 관한 '칸트-롤스주의'적 관심사에서 시대의 '객관적 경향'에 관한 좌파-헤겔주의적 성찰로 돌아가는 전환 말이에요. 이렇게 위기에 집중한다고 해서 사회적 행위자와 운동에 관한 관심이 사라지는 것은 아니며, 사회적 투쟁에 관한 집중을 보완하는 역할을 하겠죠.

프레이저   글쎄요, 제 목표는 분명히 비판 이론을 발전시키는 거예요. 그리고 제가 지금 자립적 규범 이론을 펼쳤다고 오해할 사람은 없겠죠. 저는 확장된 자본주의관을 제안하면서 동시에 우리가 지금 살아가는 사회를 분석할 틀을 구축했어요. 이 틀은 이 사회의 구조를 이루는 제도적 분할로 우리의 눈길이 향하도록 만들죠. 이 제도적 분할은 지금 겪고 있는 전환을 향해, 이런 분할에 도전하거나 이를 수호하려고 시도하는 다양한 행위자의 프로젝트를 향해 시선이 이동하게 만들어요. 그러면서 다음과 같이 묻도록 유도하죠. 자본주의의 현재적 형태(금융화·지구화된 신자유주의적 자본주의)는 상품 생산과 사회적 재생산, 사적 권력과 공적 권력, 인류와 나머지 자연, 착취와 수탈을 가르는 경계선을 어떻게 재설정하고 있는가? 사회에서 나타나는 지배, 불의, 고통의 특징적 형태에 담긴 함의는 무엇인가? 확장된 자본주의관에서는 이런 특징적 형태들이 계급 지배와 노동 착취뿐만 아니라, 젠더·성적 지배, 생태 파괴, 제국주의적 약탈과 인종적 억압, 공적 권력의 조직화와 정치 공간의 분할에 바탕을 둔 배제와 주변화와도 집중적으로 관련되죠.

이 틀은 다음 같은 물음도 유도해요. 자본주의에 내재한 '위기 경향'은 오늘날 어떻게 표출되는가? 확장된 자본주의관에 따를 경우, 자본주의는 마르크스가 확인한 수준(자본주의 경제의 내적 '모순'이라 인식된)을 넘어서는 자기 불안화 성향을 장착하는가? 또한 자본주의는 체계적으로 깊게 뿌리내린 경제적 전경과 비경제적 배경 간의 긴장, 즉 경제와 사회, 경제와 정치, 경제와 자연의 긴장도 장착하는가? 그렇다면 이러한 '자본주의의 모순들'은 지금 어떻게 작동하는가?

마지막으로, 이러한 시각 덕분에 우리는 감히 이렇게 물을 수 있어요. 우리 시대 자본주의의 특징을 이루는 사회적 투쟁의 형태는 무엇인가? '경계투쟁' 관념은 이 시대의 사회적 행위자들의 정치적 프로젝트에 도움이 되는가? 또한 이 관념은 이런 정치적 프로젝트의 해방 잠재력을 실현하는 토대 역할을 할 여지가 있는가? 무엇보다도, 자본주의에 관한 이런 이해는 해방적인 사회 변혁의 전망에 어떤 빛을 던져주는가?

우리는 앞으로 전개할 토론에서 이 질문들을 다뤄야 해요. 어떻게 답하든, 이 물음들에 대한 답이 모여 '시대 진단'을 이룰 테고, 그 안에서 분석과 비판이 화합하겠죠. 그리고 이 화합이 성공적일수록 시대 진단은 더욱 큰 실천적 타당성을 얻을 거예요. 물론 이런 시대 진단이 행동을 위한 청사진까지 제공하지는 못하겠죠. 하지만 맥락을 분명히 밝혀줌으로써 행동의 방향을 이끌어줄 여지는 있어요.

'우리 시대의 투쟁과 염원'이 어디에 위치하는지 알려주고, 그래서 이 투쟁과 염원을 더 잘 이해하게 만들어주는 지도는 될 수 있을 거예요.

2장

자본주의를 역사화한다

시간 속의 자본주의

예기   앞 장에서 자본주의를 제도화된 사회질서로 개념화했고, 자본주의의 배경 조건과 전경 조건에 관해 이야기했어요. 이 장에서 묻고 싶은 것은 자본주의를 제도화된 사회질서만이 아니라 역사적 질서로도 인식하는 방법이에요. 이 역사적 질서는 오랜 시간에 걸쳐 변화하고, 상황이 역사적으로 진화함에 따라 그 성격도 의미심장한 변화를 겪죠. 그래서 첫 질문은 이거예요. 자본주의를 역사화한다는 것은 실제로 어떤 의미인가요? 그리고 우리는 왜 자본주의를 역사화해야 하나요? 자본주의가 제도화된 사회질서라는 생각에서 어떻게 자본주의 안의 역사성이라는 생각이 도출되나요?

프레이저   예기 선생의 물음은, 자본주의는 전적으로 경제적 시스템이라는 생각을 거부해야 할 또 다른 이유를 보여주네요. 이런 생각은 마치 시간의 바깥에 존재하는 것 같은 외양을 띠는 '시스템 논리'에 집중한다는 점에서 몰역사적이에요. '자본의 논리'가 현실 사회에 어떻게 끼워 넣어져 있는지도 말해주지 않으며, '시스템'과 역사를 어떻게 연결할지도 이야기하지 않아요. 그래서 제가 제안하는 접근법, 즉 이 연결을 전면에 부각하기 위해 고안한 접근법과 극명히 대비되죠. 자본주의를 제도화된 사회질서로 재규정함으로써 저는 경제적 논리가 더 큰 틀에 '묻어 들어 있다'(폴라니의 용어)고 가정했어요. 이 틀에는 공적 권력, 사회적 재생산, 자연 등의 비경제적 배경 조건이 포함되죠. 그리고 이런 생각은 곧장 역사로 이어져요. 공식 경제가 공적 권력, 사회적 재생산, 자연과 관련하여 자리매김되는 방식은 역사를 통해 변화하고, 이것들이 조직되는 방식 역시 마찬가지죠.

하지만 앞 장에서 우리가 검토한 내용을 둘러싸고 뭔가 '시간에서 벗어난' 부분이 존재하는 것도 사실이에요. 우리는 자본주의 사회질서의 전반적 특징에 초점을 맞추었지만, 이 질서가 역사 속에서, 역사의 전개에 따라 발전하는 방식에 관해서는 약간의 언급만 했죠. 따라서 이제는 우리의 시선을 시간 안으로 들이밀어야 해요. 역사적으로 특수한 축적 체제들의 시계열을 그리면서 시간의 한계 내에서 발전하는 것으로서 자본주의 사회를 개념화해야 하죠. 이런 축적 체제들에서 국가-경제 관계는 역사적으로 특수한 다양한 형태를 띠고, 생산과 사회적 재생산의 관계, 사회와 자연의 관계 역시 마찬가지예요.

예기   역사와 이론의 관계 혹은 자본주의의 논리와 자본주의의 역사 사이의 관계를 잠깐만 짚어보죠. 여기에서 실제로 바뀌는 것은 무엇이죠? 배경, 즉 자본주의가 묻어 들어 있는 '자리^{bed}'인가요? 아니면 경제 영역에서 그런 것처럼 다른 각 영역에도 저마다 역학이 있다고 생각하나요? 아니면 이들 사이의 관계야말로 변화하는 것인가요? 선생님이 염두에 둔 역사적 역학을 실제로 생산하는 것은 무엇인가요?

프레이저 제가 제안하는 모델에서는, 자본주의라는 제도화된 사회질서의 각 구성 요소가 서로 관계를 맺으면서 공동으로 구성돼요. '정치'와 대조하지 않고는 '경제'를 생각할 수조차 없고, '재생산'과 대조하지 않고는 '생산'을, (인간) '사회'와 대조하지 않고는 (비인간) '자연'을 생각할 수 없어요. 물론 이 '공간들' 간의 경계선은 역사 속에서 변동하죠. 하지만 이 변동은 단순히 경제·생산·사회가 끝나는 지점, 정치·재생산·자연이 시작하는 지점이 바뀌는 데만 한정되지 않아요. 서로가 맺는 관계에서 각각의 본성이 질적으로 변화하기도 하죠. 이 점에서, 맞아요, 자리가 변화하죠. 하지만 그 자리에 놓여 있는 것 역시 변화해요. 이런 사고에 따르면, 이 관계 속의 어떤 것도 다른 것이 함께 변화하지 않고는 변화할 수 없어요. 늘 상호작용을 통해 자본주의 사회를 공동으로 구성하기 때문이죠.

예기 그렇다면 자본주의의 논리와 자본주의 역사를 구별하는 게 여전히 의미가 있을까요? 아니면, 자본주의를 철두철미하게 역사화함으로써 자본주의의 논리 자체를 역사화해야 한다고 주장하고 싶은 건가요?

프레이저   가장 일반적인 수준에서는, '자본주의'라 불릴 만한 모든 사회에서 이런저런 형태로 작동하는 역동적인 추동력으로서 잉여가치를 끊임없이 축적하려는 지향(이른바 '가치법칙')을 이야기하는 게 정말로 의미 있죠. 하지만 이런 힘이 표현되는 방식, 이것을 작동하게 만드는 실천, 이것이 대결해야 할 제약과 한계, 이런 한계를 우회하여 이윤을 획득하기 위해 자본이 발전시키는 전략 등, 이 모든 것은 역사적으로 특수해요. 그럼에도, 맞아요, 지속적인 면이 있어요. 하지만 이것은 매우 추상적이에요. 너무 추상적이라, 이러한 분석 수준에만 맴돌다가는 앞으로 더 나아가지 못하죠.

예기   그렇다면 특수한 제도화된 사회질서가 여전히 자본주의인지, 혹은 자본주의라 하기에 이미 충분한지 어떻게 알아채죠? 예를 들어, 상업자본주의는 오늘날의 자본주의와 그리 닮지 않았어요. 비자본주의 사회질서 등등과 비교할 때보다도 현대 자본주의와 비교할 때 더 많은 차이를 느끼게 하는 일련의 개념적 구별을 쉽게 떠올릴 수 있을 정도예요. 만약 선생님이 자본주의의 불변의 논리라는 식의 생각에 비판적이라면, 역사의 측면에서나 지리의 측면에서나 참으로 다양한 자본주의가 존재하는 상황에서 자본주의라는 제도화된 사회질서를 식별하기 위해 어떤 종류의 개념적 표준을 사용하나요?

프레이저   여기에는 두 가지 서로 다른 문제가 있죠. 지금까지 저는 자본주의를 말하면서, 역사 속에서 통시적으로 전개되는 축적 체제들의 경로 의존적 시계열을 염두에 뒀어요. 지금 예기 선생은 같은 시대에 서로 다른 자본주의들이 공존하는, 자본주의의 공시적 다양성이라는 문제를 제기했죠. 둘은 사뭇 다른 사안이에요. 일단 지금은 공시성 문제는 제쳐두고 통시성 문제에 집중했으면 좋겠네요. 이 경우에 1장에서 논의한 내용으로 돌아감으로써, 현 체제가 여전히 자본주의인 줄 어떻게 아는가라는 질문에 답할 수 있어요. 저는 1장에서, 공식 경제와 그 배경 조건을 모두 아우르는 확장된 자본주의관을 상정하는 분석을 지지했어요. 전경과 배경의 위상배열 constellation 은 자본주의 사회를 비자본주의 사회와 구별해주는 전반적인 개념 역할을 해요. 자본주의 사회와 달리 비자본주의 사회는 경제와 정치의 분리, 생산과 재생산의 분리를 제도화하지 않죠. 그리고 자연/사회 분할도 그렇게까지 첨예하지 않아요. 제 생각에는 이러한 분리들이 자본주의의 특수성을 구성해요. 이런 분리야말로 '가치법칙'의 방향에 따르는 '경제'의 필수 전제조건이거든요. 이것들이 없다면, '가치법칙'에 종속된 '경제'는 있을 수 없죠. 이게 제가 발전시킨 생각이에요. 하지만 이제는 이 생각을 역사화하고 싶어요. 서로 다른 축적 체제에서 이것이 구체적으로 어떻게 나타나는지 검토하는 작업을 통해서 말이죠.

자본주의의 축적 체제들

예기   1장에서 자본주의의 네 가지 기본 특성을 확인했는데, 이제는 이런 각 계기가 역사적으로 나타난 형태가 변화했다는 점을 이야기함으로써 자본주의의 기본 특성을 역사화할 차례군요. 역사적으로 나타난 형태는 달라도, 이 형태는 여전히 자본주의의 기본 특성이 구체적으로 드러난 것이죠.

그런데 우리는 자본주의의 역사를 이야기하면서 나소 명확히 규정된 단계들을 떠올리는 경향이 있죠. 세부 내용에 관해서는 학자들 사이에 이견이 있더라도 말이에요.

프레이저 여기에서 제가 제안하려는 단계들은 꽤 익숙한 거예요. 자본주의를 다룬 많은 역사가가 재구성한 것과 동일한 내용이죠. 처음은 중상주의적, 혹은 상업적 자본주의이고, 다음은 이른바 '자유주의적'(경쟁적) 자본주의, 다음은 국가-관리(혹은 사회민주적) 자본주의, 그리고 마지막은 금융화된 자본주의예요. 이 수준에서는 제가 주류 논의에 독창적으로 더한 내용이 전혀 없죠. 반면에 새로운 내용이 있다면, 그것은 제가 제안하는 이 체제들의 구별법이에요. 대다수 학자는 국가와 시장이 서로 관계 맺는 구체적인 방식에 초점을 맞추지만, 생산과 재생산의 관계, (비인간) 자연과 (인간) 사회의 관계는 무시하죠. 하지만 이 두 관계는 국가와 시장의 관계와 마찬가지로 자본주의 사회에 결정적이고 중대한 의미가 있어요. 그래서 두 관계 역시 우리의 자본주의 분석에서 중심에 놓이죠. 자본주의의 각 국면에서 사회적 재생산과 자연이 어떻게 조직되는지에 초점을 맞추는 작업을 통해 자본주의 역사에 대한 이해에 크게 기여할 수 있어요. 정치권력이 어떻게 조직되는지 살펴보는 것 역시 마찬가지고요. 특정한 시대에 '돌봄 활동'과 '자연'이 어느 정도나, 그리고 어떤 형태로 상품화되어 있는가? 어느 정도나, 그리고 어떤 방식으로 정치 그리고/혹은 기업의 관리 대상이 되었는가? 어느 정도나, 그리고 어떤 방식으로 그 책임이 가정 그리고/혹은 지역사회, 기초 공동체 그리고/혹은 시민사회에 떠넘겨지는가? 저는 자본주의의 낯익은 국면을 모든 전경/배경 관계의 역사적으로 특수한 위상배열로서 하나하나 다시 기술함으로써 자본주의 역사에 관한 토론에 뭔가 새롭게 기여하고 싶어요.

예기 좋아요, 그러면 자본주의의 네 단계에 관해 더 이야기를 나눠보죠. 하지만 우선 이걸 묻고 싶어요. 단계^{stage} 혹은 국면^{phase}이라고 할 때 선생님이 염두에 둔 것은 무엇이죠?

프레이저 국면이라는 말은 축적 *체제*$^{a\ regime\ of\ accumulation}$를 뜻해요. 그리고 상대적으로 안정화된 제도적 모형^{母型}을 뜻하죠. 이 모형에서 배경 조건의 특수한 조직화를 통해 축적 역학이 형상을 갖추고 일정한 방향으로 흘러요. 이런 형상은 우선 일국 수준과 지정학적 수준에서 공적 권력의 특수한 조직화를 통해 만들어지죠. 여기에는 정치적 구성원 자격, 시민권, 정치적 주체화의 위계제, 중심부/주변부 관계 등이 포함돼요. 두 번째로는 가족 형태와 젠더 질서 같은 사회적 재생산의 특수한 조직화가 있고, 마지막으로는 에너지 발생, 자원 착취, 쓰레기 처리 등의 특정한 방식과 같은 특수한 생태 조직화가 있어요. 이것들이 모두 한데 결합해 축적 역학이 일정한 방향으로 흐르도록 만들죠. 축적 역학은 제도화된 사회질서에 끼워 넣어지는 덕분에 결정적 형상과 일정한 상대적 안정성을 갖추는데, 만약 그렇게 끼워 넣어지지 못하면 광란의 무질서가 지배해요.

물론 완벽한 안정성이란 있을 수 없죠. 게다가 자본주의는 한시도 쉬지 않고 변해요. 그럼에도 기본 조건들이 상대적으로 고정돼 있는 특정한 질서에서 변화가 전개되는 '정상적' 역사 발전 국면과, 체제가 풀어 헤쳐지는 '비정상적' 순간은 차이가 있죠. '정상적' 국면과 달리 '비정상적' 국면에서는 기본 조건들이 어떤 방향으로든 재조정될 수 있어요. (토머스 쿤Thomas Kuhn과 리처드 로티Richard Rorty의 영향 아래에서 '정상적', '비정상적'이라는 용어를 사용하고 있다는 점을 분명히 밝히겠어요.[1])

체제 변화는 어떻게 일어나는가

예기 그러면 추상적 수준에서(조금 뒤에, 더 구체적인 수준에서 이야기하겠지만), 제도화된 사회질서가 이렇게 다소 안정화됐던 상황이 어느 정도 불안정해지기 시작한 때 자본주의가 과거의 단계에서 새 단계로 나아가도록 만드는 것은 무엇인가요? 마르크스는 이 힘에 관해 매우 특별한 생각을 갖고 있었는데요. 지금 다루는 사회적 변형과 변화의 양식에 관해 좀 더 이야기를 들어봤으면 좋겠어요.

프레이저 이 대목에서 '시스템[체계]' 차원의 설명과 '사회' 차원의 설명을 구별하고 싶네요. '시스템' 차원에서 설명하는 사례로는, 오랜 기간 지속된 '생산관계'가 '생산력' 발전의 '족쇄' 역할을 하기 시작한다는 마르크스의 생각이 있죠. 오랜 시간에 걸쳐 이런 상황이 계속되다 보면, '생산력'이 '생산관계'를 허물어뜨려 기존 체제가 해체되고 새로운 체제가 들어설 길이 열린다는 거예요. 저는 이렇게 설명하고 싶지는 않아요. 너무 기술에 편향되고 결정론적이며 단일

원인에 집착하거든요. 하지만 저는 이처럼 시스템 차원에서 작동하는 설명을 발전시키고 싶어요. 역사적 이행 과정에서 시스템 모순이 맡는 역할을 분명히 밝히는 설명 말이에요.

제가 염두에 둔 대안은 이런 거죠. 첫째로, 저는 각각의 축적 체제가 자본주의 사회에 내재한 일정한 긴장, 즉 경제적 생산과 사회적 재생산, 경제와 정치, 사회와 자연 간의 긴장을 다루는 잠정적 방식이라고 가정해요. 둘째로는, 이런 긴장들이 마르크스가 이론화한 위기 경향에 더해 또 다른 '위기 경향'을 구성해요. 마르크스의 위기 경향이 자본주의 경제 안에 자리한다면, 제가 제시하는 위기 경향들은 경제와, 경제를 존립하게 만들어주는 조건을 가르는 *경계선들*에서 생겨나죠. 이들을 '마르크스적' 위기 경향에 대별되는 '폴라니적' 위기 경향이라 부를 수 있을 거예요. 주어진 축적 체제의 구조를 이루는 기존의 제도적 한계선을 따라 발생하기 때문이죠. 이런 점에서 저는 자본주의 사회가 항상, 잠재적으로 파괴적인 위기 경향의 다원성(정치 위기, 생태 위기, 사회 재생산 위기) 위에 서 있다고 말하고 싶어요. 하지만 그렇다고 마르크스적 모순 역시 존재한다는 사실을 지워버리지는 않죠. 저는, 자본주의 사회가 경제에 내재한 위기 경향 역시 장착하며, 이윤율 하락, 경기 순환, 대량 실업, 자본의 생산 철수와 금융 편중 같은 특별히 경제적인 방식으로 위기가 표출된다고 가정해요. 실제로 어떤 시기에는 위기 경향의 두 유형이 하나로 수렴하죠. 이런 시기에는 자본주의의 마르크스적 긴장과 폴라니적 긴장이 첨예해지면서 서로 결합해 '시스템 위기'를 낳고, 이 위기는 '정상적 시기'의 어려움을 훨씬 능가해요. 이 위기는 주기적으로 극심해져 민중의 대응을 일으키기에 이르고, 바로 이 대목이 *사회* 차원의 설명으로 넘어가는 지점이죠.

예기 다른 차원을 다루기 시작하기 전에 잠깐 마르크스 이야기를 다시 해도 될까요? 마르크스에게는, 혹은 최소한 정통 마르크스주의의 일부 버전에는 오직 한 가지 역학만 있죠. 생산력 발전에서 비롯된 역학 말이에요. 마르크스가 『독일 이데올로기』에 남긴 유명한 말처럼, 이데올로기에는 역사가 없죠.[2] 그래서 마르크스는 선생님이 염두에 둔 모든 다른 사회적 역학이 역사를 갖지 못한다고 생각했는지도 몰라요. 경제의 왕국에서 비롯된 역학을 단지 반영할 뿐이라고 여겼을 수 있어요. 물론 이것은 매우 정통파적인 마르크스주의지만, 이 정통적 버전에서는 만물이 생산력을 중심으로 돌죠. 그 결과, 생산관계가 생산력의 '족쇄'라는 강력한 사상이 우리에게 남았어요. 이로부터 이런 후렴구가 나오죠. 즉, 소위 '지배적 역학'에 비하면 다른 모든 것은 부차적이며 '지배적 역학'에 종속되어 있다.

물론 마르크스의 경우라고 해도 세상은 이렇게 단순하지는 않아요. 오히려 다차원적 그림을 그리려 노력해야 하고, 그 안에서 각 공간, 즉 제도화된 사회질서(혹은 삶의 형태)의 각 부분이 그만의 역학을 지니며 이 힘들이 일정하게 상호작용한다고 봐야 한다고 저는 생각해요. 그럼에도 저는 족쇄라는 생각, 혹은 이 공간들의 역학이 서로 어긋남으로써 변화와 위기가 생겨난다는 생각을 선호하죠. 때로는 사회생활의 다른 차원들을 불안정에 빠뜨리는 기술 변화 역시 가능하다고 생각하고요. 따라서 어떤 힘에 족쇄가 채워질 수 있다는 생각, 혹은 이렇게 사회적인 다양한 공간이 서로 맞물리거나 어긋날 수 있다는 생각도 전혀 거부하지 않아요. 하지만 저라면 더 복잡한 그림을 시도해보겠어요. 제가 짐작하기에는, 선생님 역시 위기와 변형의 역학과 관련해서 더 복잡한 그림을 향해 나아갈 것 같은데요.

프레이저   물론이죠. 예기 선생이 방금 제시한 정식에 말 그대로 동의해요. 앞 장에서 우리가 발전시킨 그림에는, 자본주의 질서의 서로 다른 요소가 그만의 규범성과 사회적 존재론을 지닌다는 생각이 포함돼요. 그리고 이는 경제 발전이나 기술 발전의 단순한 '반영'만은 아닌 '상대적으로 자율적인' 발전이 있을 수 있음을 시사하죠. 다른 발전이 경제나 기술의 발전에서 영향을 받고, 그 역 또한 진실이지만요! 예를 들어, 초기 근대에 수많은 유럽 국가에서 가족의 규모가 급격히 감소했다는 사실을 살펴보자고요. 확대 친족 주거라는 제도배열에서 부부 중심 가정으로 전환하는 과정은 산업자본주의의 출현보다 훨씬 앞서서 전개됐고, 산업자본주의의 발전을 촉진한 것처럼 보이죠. 그래서 가장 정치한 유물론적·마르크스적 가족사 연구자들은 공식적 생산 영역에 대비해 친족 관계 영역의 상대적 자율성을 상정해요. 예란 테르보른Göran Therborn의 책 『성과 권력 사이Between Sex and Power』가 그 예죠.[3] 맞아요, 그래서 자본주의를 제도화된 사회질서로 보는 생각은 토대/상부구조 모델을 거부해야만 해요. 삶의 서로 다른 측면들이 서로 다른 속도로 펼쳐지는 어긋남에 관한 예기 선생의 생각도 마음에 들어요. 이런 사고를 통해 상호 방해와 간섭의 가능성이 드러나죠. 이 경우에도 저라면 '경계선 긴장'이라 부르는 편이 낫다고 생각하지만요. 이것은 앞 장에서 우리가 토론한 모순적인 배경/전경 관계에서 비롯되죠. 즉, 자본주의 경제가 자신을 존립하게 만드는 '비경제적' 조건을 필요로 하면서 동시에 불안정에 빠뜨린다는 사실에서 비롯돼요. 이러한 '폴라니적' 모순이 격렬해지면, 사람들은 사회라는 지형에서 길을 찾아가는 데 애를 먹죠. 그래요, 그러니까 우리는 이 점에서 같은 입장인 거예요.

예기 묻어 들어 있다는 비유로 돌아가보면, 묻어 들어갈 그 '자리'가 안정적인 것도 아니고 경제만이 그 역학인 것도 아니네요. 역학은 다중적이군요.

프레이저 맞아요. 폴라니의 이론에서 잘못된 점이 무엇인지 잘 말해줬어요. 폴라니는 정말로, 안정된 자리('사회')가 존재하며, 여기에 나쁜 경제적 힘이 등장해 사회를 망친다고 상정했어요. 반면에 내가 주장하는 것은 베버와 하버마스에 더 가까워요. 베버와 하버마스는 자본주의 사회가 '가치 영역'의 다원성을 포괄하며 각 영역은 해당 영역의 발전을 규정하는 그만의 '내적 논리'가 있다는 입장이었죠.[4] 제 생각은 이런 구상과 유사하지만, 결정적으로 한 가지가 달라요. 제가 보기엔 문제의 '영역들'은 천부적이라기보다는 자본주의가 인위적으로 만들어낸 산물이에요. 각 영역은 독특한 성질(그만의 규범성, 그만의 사회적 존재론)을 갖는데, 이것은 더 큰 제도적 구조에서 해당 영역이 차지하는 위상에서 연유하죠. 그리고 자본주의 경제를 포함한 이 구조의 다른 구성적 요소들과 각 영역이 분리됨과 동시에 대조를 이루는 방식에서 연유해요. 따라서 제 생각은 하버마스의 사고에 비하면 더 역사주의적이고 반反본질주의적이에요.

"무슨 일이라도 일어나야 한다"

예기   좋아요, 이렇게 시스템 측면에 관해 이야기를 나눴는데요. 선생님은 여전히 시스템 이론 측면과 행위 이론 측면을 나눠 논하려는 편이니, 이제는 비시스템 측면을 어떻게 이해하고 있는지 이야기해야 할 것 같네요. 행위와 사회적 투쟁의 공간에 관해 말할 차례가 맞지요?

프레이저   말한 대로예요. 우선 논평 하나만 하자면요. 저는 '시스템 이론'과 '행위 이론'이라는 용어를 즐겨 사용하는 편은 아니에요. 예기 선생처럼, 저도 이게 왜 문제인지 잘 알고 있어요. 자본주의의 '체제 변동'을 제대로 설명하려면 (최소한) 두 가지의 서로 다른 차원을 망라해야 한다는 점을 강조하기 위해 몇몇 문구를 인용하는 경우에만 이 용어들을 사용하죠. 하지만 이 두 차원을 가리키기 위해 즐겨 사용하는 다른 용어가 있어요. 가령 구조적-제도적 차원과 사회적-행위적(혹은 상호주관적 행위성agency의) 차원이 그것이죠.

어쨌든, 이제 사회적 차원, 즉 경험과 사회적 행위의 차원을 다룰 차례예요. 브라이언 밀스틴Brian Milstein이 주장한 것처럼, 어떤 것도 그 자체로 경험되기 전까지는 온전히 위기로 파악되지 않죠.[5] 외부 관찰자에게 위기로 보이더라도 이는 그 사회 내부의 참여자가 위기로 여기기 전까지는 역사에서 실제 위기로 발현하지 않아요. 오직 결정적인 다수 대중이 더 이상 과거와 동일한 방식으로 버틸 수 없다고, 무슨 일이라도 일어나야 한다고 결론 내릴 때에만 기존 사회질서의 한계를 넘어서고 중요한 제도 변화의 가능성을 여는 사회적 행위가 등장해요.

역사적 변화에 관한 사회 차원의 설명이 무슨 의미인지 분명히 밝히기 위해 이번에도 마르크스로 돌아가보자고요. 마르크스는 생산양식이 '객관적'인 시스템 난국에 처하면 계급투쟁이 점차 격렬해지며 확산하다가 마침내 혁명적 형태를 띠고 기존 질서를 변혁한다고 생각했어요. 또한 이런 시기가 되면 기존의 지배계급이 자신감을 잃고 신흥 계급이 주도권을 쥐며, 결국에는 혁명적 투쟁을 통해 사회질서를 다시 만든다고 생각했죠. 물론 이것은 결정론적인 데다 지나치게 단일한 서사로 들려요. 서로 다른 행위자, 서로 다른 투쟁 형태, 그리고 이들이 새로운 헤게모니 블록으로 수렴하는 (혹은 수렴하는 데 실패하는) 다양한 과정 등 중요한 구별을 얼버무리고 넘어가죠. 게다가 지금 이야기하는 주제는 물론, 봉건제에서 자본주의로 넘어가는 전환도, 자본주의에서 사회주의로 넘어가는 전환도 아니고 오히려 자본주의 역사 안에서 벌어지는 중대한 전환이잖아요. 이런 점에서 이행의 사회적-행위적 역학을 다른 각도에서 사고해야 하죠. 하지만 이런 차원의 설명이 필요하다는 점만큼은 분명해요.

저는 계급투쟁, 즉 이윤율과 잉여가치의 분배를 둘러싼 노동과 자본 간 투쟁이 그야말로 자본주의의 특성임을 확인하면서 논의를 시작하자고 제안하겠어요. 계급투쟁은 자본주의 발전의 대부분의 국면마다 이런저런 형태로 나타나요. 하지만 이런 마르크스적 유형의 갈등은 자본주의 사회를 결정하는 요소 역할을 하는 유일한 갈등 유형이 아니에요. 계급투쟁과 마찬가지로 자본주의에 특유한 것은 제가 '경계투쟁'이라 부른 갈등이에요. 이는 자본주의를 구성하는 제도적 분할의 장소들에서 분출하죠. 경제가 정치와 만나는 곳, 사회가 자연과 만나는 곳, 생산이 재생산과 만나는 곳 말이에요. 이런 경계선들에서는 자본주의 사회의 제도적 지형에 도전하거나 이를 방어하기 위해 사회적 행위자들이 주기적으로 행동에 나서죠. 때로는 경계선을 다시 긋는 데 성공하기도 해요. 따라서 저는, 자본주의 사회가 두 가지 유형의 투쟁, 즉 마르크스적 맥락의 계급투쟁과 폴라니를 떠올리게 하는 맥락의 경계투쟁을 일으키는 고유한 성향이 있다고 생각해요. 핵심 질문은 이 두 투쟁 유형이 어떻게 서로 관련을 맺는가 하는 거예요. 무엇보다도 한 축적 체제가 또 다른 축적 체제에 자리를 내주는 역사적 변형의 순간에 어떻게 관련을 맺는가 하는 거죠. 이런 변형을 이해하려면, 자본주의의 내적 모순(경제적·사회적·정치적·생태적) 가운데 한두 가지가 아니라 그 모두(혹은 대다수)가 서로 뒤엉키며 격화되는 '전반적 위기'라는 발상이 필요해요. 그렇다고 계급투쟁과 경계투쟁이 하나로 수렴·결합하면서 새로운 대항 헤게모니를 생산하는 과정이 오직 '객관적'이기만 한 것은 아니며, 상호주관적이기도 하죠. 이것이 제가 '체제 변동'의 '사회적-행위적' 측면을 이해하는 방식이에요.

변화의 논리

예기   이 두 차원을 시야에 담고 자본주의의 한 단계가 어떻게 다음 단계로 넘어가느냐는 문제로 돌아가보죠. 이미 객관적 차원과 주관적 차원에서 위기 관념을 이리저리 살펴봤는데요. 마르크스는 사회 변혁과 혁명이 수동적 계기와 능동적 계기 모두에 의존한다고 지적했죠. 능동적 계기는 계급투쟁과 경계투쟁의 계기로 정의할 수 있겠고, 수동적 계기는 위기와 모순의 더욱 '객관적'인 계기로 정의할 수 있을 거예요. 선생님이 시스템 차원에서 기술한 수동적 계기의 측면에서는 특정한 실천과 제도가 기능장애에 빠진다고 한다면, 계급투쟁과 경계투쟁은 폭력이나 격분과 관련이 있죠. 하지만 계급투쟁의 측면에서조차, 그러니까 주관적, 아니, 선생님의 용어로는 사회 차원에서조차 폭력과 격분만 있는 것은 아니고, 결코 의지주의적인 혁명적 열의에만 기대는 것도 아니에요. 마르크스는 두 측면을 결합했어요. 마르크스의 통찰은, 위기로 인해 이런 운동이 출현할 특정한 잠재력이 생겨난다는 것, 해방적 운동이 자라나려면 객관적인 사회적 조건이 갖춰져야 한다는 것이었어요.

위기에 관한 선생님의 논의로 돌아가 이를 적용해보죠. 선생님이 염두에 둔 모델은 무엇인가요? 이러한 각 축적 체제는 시스템 차원에서 모종의 문제에 빠져들고 그런 다음에는 사회 차원에서 태동하는 변혁에 의해 해결되어야 하나요? 이 경우에는, 앞에서 언급한 네 가지 축적 체제를 다루면서 과연 어떤 지점에서 더 이상 작동하지 않는 구석이 드러나는지 역시 명확히 논해야 해요. 어떤 지점에서 실천과 제도가 허물어지며, 불안정해지고 정당성을 잃어 더는 생존할 수 없게 되고, 그래서 새로운 해법과 새로운 제도 조합이 생산되어야 하는지를 명확히 해야 하죠. 하지만 그다음에는 이런 종류의 변형을 어떻게 인식해야 하는가라는 또 다른 쟁점이 기다리고 있어요. 일부 푸코주의자가 주장하듯이 이는 우발성과 불연속성으로만 설명하면 되는 사안인가요? 예를 들어, 제 작업에서 변형의 역학에 관해 더 강한 개념(약간은 헤겔적이고, 약간은 변증법적인)을 주장했는데요. 제가 제시한 역학은 일정하게 누적적이에요. 그리고 이 역학에서 두드러진 점은, 새 체제는 옛 체제의 위기에 대응하며 그러자면 위기에서 문제가 제기되는 수준과 이런 문제에 대응하는 수준이 일치해야 한다는 사실이에요.[6] 설령 한 단계에서 다음 단계로 넘어가는 과정이 필연적이지 않더라도, 그리고 '역사의 논리'가 하나 이상이더라도, 일정한 합리성은 작동하고 있다는 거죠.

프레이저   분명히 단순한 우발성만으로는 설명할 수 없는 대목이 있죠. 푸코가 반면교사라는 데 동의해요. 푸코는 사회 변혁을 이렇게 사고해선 안 된다는 것을 보여주는 사례죠. 푸코가 역사 결정론과 목적론을 거부한 건 옳았어요. 하지만 도를 지나치는 바람에 세상만사가 갑자기 별 이유 없이 변화한다는, 여전히 문제 많은 결론에 도달하고 말았어요. 푸코의 급진적인 비연속적 역사관에서는 오랫동안 지속되던 에피스테메나 권력/지식 체제가 돌연 중단되는데, 막상 그 이유를 알지 못하죠. 그러다 새로운 에피스테메가 도무지 이유 모를 방식과 형태로 갑자기 대두해요. 마치 늘 어떤 일이든 일어날 수 있는 것처럼요! 이것은 제가 제시하려는 생각과는 너무 달라요. 이와 달리 제 경우에는, 새로운 잠재력의 조합이 각기 구체적인 문제 상황에 토대를 두고 있어요. 이런 문제 상황에서, 기존의 제도배열은 객관적인 차원에서 어려움에 봉착하고, 주관적인 차원에서 문제로 느껴져요. 이런 종류의 상황에서 사회적 행위자는 어떻게 사회의 조직화 방식을 구체적으로 바꿀 것인가라는 절박한 문제에 직면해요. 이들은, 낡은 체제가 잉태했지만 그 체제에 의해서는 해결되지 못할 역사적으로 특수한 문제를 만족스럽게 처리할 수 있는 제도배열을 찾아 나서죠. 이 점에서 변형 과정은 "모든 규정은 부정"이라는 헤겔의 생각과 흡사해요. 하지만 한 가지 다른 점은, 제 주장에서는 모든 구체적 위기 상황이 잠재적 경로의 다원성을 품고 있으며, 헤겔이 상정한 것처럼 보이는 단 하나의 경로만 품은 것은 아니라는 사실이에요. 하지만 다른 한편으로 현실에서 가능한 선택지의 수는 상대적으로 적으며, 어떤 선택지들은 말 그대로 불가능하죠. 전 지구적 금융자본주의가 돌연 중세 스페인으로 돌아갈 수는 없어요. 생각도 못 할 시계열이고, 참으로 불가능한 역사의 경로예요.

더 나아가 이런 생각에 따르면, 자본주의 사회의 역사를 거슬러 올라가 이를 서로 다른 체제의 경로 의존적 시계열로 재구성할 수 있어요. 각 체제는 이전 체제의 특수한 위기 상황에서 출현하며, 옛 체제의 궁지에서 벗어나려 애쓰죠. 하지만 각 체제는 그만의 새로운 문제를 불러들이며, 이 문제를 해결하지 못하기에 각 체제는 다시 새 체제로 대체돼요. 적어도 지금까지는 이런 패턴에서 벗어난 적이 없었고, 제 생각에는 미래에도 그럴 가능성이 높아요. 이런 시각에서 본다면, 지금까지 전개된 시계열이 설명되고, 이 시계열에 방향성이 있는 것처럼 느껴져요.

경제적인 동시에 정치적인

예기   이제부터 이러한 축적 체제들을 더 자세하게 살펴보죠. 경제와 정치의 관계 변화를 논하면, 이 네 단계에 얽힌 이야기를 풀어내는 흥미로운 방식이 되지 않을까 싶어요. 자본주의는 경제와 정치, 경제와 국가가 분리된 제도적 질서로 여겨지는 경우가 매우 많죠. 자본주의 경제가 사회의 나머지에 대해 독립적이라는 것은 상투어구가 되다시피 했어요. 하지만 이것은 역시 진실이 아니죠. 경제가 국가로부터 자율적이라는 생각은 분명히 이데올로기의 산물이에요. 그래서 이 대목에서 저는 자립만큼이나 의존, 분리만큼이나 연결에 관심이 가요. 자본주의의 서로 다른 단계와 체제에서 이것은 어떻게 확인되나요? 이와 같은 역사화된 그림에서 이 관계들은 어떻게 진화하죠? 이 문제는, 처음에는 통일이 있었고 다음에 분리가 따랐다는 식으로 단순하지는 않아 보이거든요.

프레이저 방금 예기 선생이 윤곽을 그린 전반적인 생각은 제 생각과 아주 잘 들어맞아요. 제 생각에, 자본주의 경제는 그 배경 조건과 맺는 복잡한 관계에서 진퇴양난이에요. 한편으로 자본주의 경제는 제가 처음에 강조했듯이 배경 조건과 제도적으로 분리되어 있죠. 하지만 동시에 이는 사람들을 비롯한 다양한 '투입물' 때문에 배경 조건에 의존하죠. 또한 자본주의 경제가 상품 생산과 판매를 통해 이윤을 획득하며, 노동을 확보해 착취하고, 지속적이면서 현재진행형인 토대 위에서 잉여가치를 축적하고 전유하기 위해 없어서는 안 될 다양한 형태의 정치·사회 조직 때문에도 배경 조건에 의존하고요. 이 점에서, 맞아요, 분리되면서 동시에 의존하죠.

하지만 이게 전부가 아니에요. 자본주의 경제는 그 배경 조건에 대해 맺는 *부인*denial의 관계에서도 진퇴양난이죠. 자본주의 경제는 자연, 사회적 재생산, 공적 권력을 '무상의 선물'로 다룸으로써 배경 조건에 의존하면서도 그에 대한 책임을 회피해요. 이런 배경 조건이 무궁무진하고, 어떤 (화폐화된) 가치도 지니지 않으며, 보충할 것을 고민하지 않고도 무한히 전유할 수 있는 것인 양 다루죠. 그 결과, 이 관계는 잠재적으로 모순적이며 위기를 초래하는 경향이 있어요. 무한 확장되는 축적을 향한 쉼 없는 충동은 전경의 역학이 의존하는 그 배경 조건을 불안정하게 만들거든요. 종합하여 말한다면, 이것은 분할 division - 의존 dependency - 책임 회피 disavowal의 관계죠. 그리고 이것은 자본주의에 내장된 잠재적 불안정의 원천이자 주기적으로 위기를 낳는 원인이에요(3장 참고).

하지만 제가 자본주의의 전경/배경 관계를 기술하면서 경제/정치만이 아니라 생산/재생산과 사회/자연도 염두에 두고 있었다는 점을 잊지 말아주세요. 그리고 궁극적으로, 이 세 축을 통합하는 방식으로 자본주의를 역사화하기 위해 이 인식 틀을 사용하고 싶어요. 일단 지금은 이들을 따로 떼어 논해야 할지도 모르겠지만, 이게 이상적인 설명 방식은 아니라는 단서는 달았으면 해요. 또한 앞에서 말했던 바를 반복하고 싶은데요. 조절학파를 포함한 대다수의 설명은 외곬으로 국가/경제 관계에만 집중해요.[7] 물론 이것은 이야기의 중요한 한 단락이기는 하지만, 일부분일 뿐이죠. 게다가 국가/경제 관계는 생산/재생산 관계와 사회/자연 관계와 관련된, 마찬가지로 중요한 다른 가닥들과 얽혀야만 해요. 자본주의를 제도화된 사회 질서로 볼 경우에 이런 관계들은 자본주의에 근본적인 요소죠. 이들을 무시하는 시대 구분은 잘못된 결론에 이를 뿐이에요. 확장된 자본주의관에 따른다면, 자본주의를 역사화하는 작업에서 생태환경과 사회적 재생산은 정치 질서와 마찬가지로 중심 요소가 되어야 하죠. 제 프로젝트의 중요한 목표는 경시되던 이런 측면들을 그림에 포함시키는 것, 자본주의 역사의 전경과 중앙에 배치하는 것이에요.

예기   좋아요. 이 작업은 정말 만만치 않은 프로젝트가 되겠는데요? 영역들이 서로 다른 시기에 서로 다른 방식으로 어떻게 상호작용하는지를 총체적으로 표현할 어휘를 찾아내야 할 테니까요. 역사화 작업을 철저히 수행할 경우에, 바로 이 영역들에 대한 정의 역시 역사화 작업의 영향을 받는다는 사실 때문에 일이 복잡해질 수밖에 없어요. 그런데도 선생님은 각 영역에서 자율적인 역학 역시 작동한다는 데 동의했어요. 다른 경우는 몰라도, 우리가 가장 관심을 가지는 사안인 이행 문제, 자본주의와 관련된 이 문제에 초점을 맞추면서 확실히 그렇게 말했죠. 그러면, 그림의 모든 조각을 다 끼워 맞춰야 한다는 점을 유념하면서 경제/정치 분리를 중심에 둔 논의를 다시 시작해보죠. 각 축적 체제 아래에서 경제와 정치의 관계는 어떤 모양새를 띠나요? 그리고 네 가지 축적 체제가 이어지면서 이것은 어떻게 변화했나요?

프레이저   자본주의의 최초 국면, 중상주의 국면에서 시작할게요. 이 국면은 대략 16세기부터 18세기까지 200년간 지배했죠. 이 국면에서 자본주의는 부분적으로만 국가와 분리됐어요. 토지도, 노동도 진짜 상품은 아니었죠. 유럽 중심부의 크고 작은 도시에서조차 대부분의 일상적 상호작용은 여전히 도덕경제 규범에 의해 운영됐어요. 절대주의 통치자는 자기 영토에서 국내 상업을 규제하기 위해 권력을 행사하면서, 동시에 해외 약탈과 원거리 무역에서 이익을 뽑아내기도 했어요. 원거리 무역은 사치품을 거래하는 세계 시장의 확장을 통해 자본주의적으로 조직되었죠. 말하자면 국내/국외로 분할되었어요. 자국 영토에서는 상업이 규제되었고, 그 바깥에서는 '가치 법칙'이 작동했죠. 이 분할은 일정 기간 지속됐지만, 국제적 차원에서 작동하는 가치 논리가 유럽 국가들의 국내 공간으로 침투하기 시작하자 결국 파기됐어요. 이를 통해 지주와 그 예속민의 사회적 관계가 바뀌었고, 도시화된 중심지에서는 새로운 직업과 사업 환경이 육성됐어요. 이런 환경은 자유주의 사상, 더 나아가 혁명 사상의 온상이 되었죠. 이와 마찬가지로 기존 체제를 잠식하고 심대한 영향을 끼친 것은 통치자의 부채가 늘었다는 사실이에요. 새로운 세입이 필요해지자 일부 통치자는 원시적 의회 기구를 소집하지 않을 수 없었는데, 결국은 이를 통제하는 데 실패하고 말죠. 그리고 몇몇 경우에는 혁명으로 이어졌어요.

예기 또한 새로운 축적 체제로요?

프레이저 맞아요. 이렇게 경제적 잠식과 정치적 동요가 결합하는 바람에 중상주의적 자본주의는 19세기에 흔히 '자유주의적 자본주의'라 불린 새 체제로 대체됐죠. 이 국면이 되면, 주도적인 유럽 자본주의 국가들은 더 이상 공적 권력을 직접 사용해 국내 상업을 규제하지 않아요. 오히려 생산과 교환이 노골적인 정치적 통제에서 벗어난 채 '수요와 공급'이라는 '순전히 경제적인' 메커니즘을 통해 자율적으로 작동하는 것으로 나타나는 '경제'를 구축했죠. 이런 '경제'의 구축을 뒷받침해준 것은 새로운 법적 질서인데요. 이 질서는 계약, 사유재산, 가격 결정 시장의 우선권을 신성시하며, 이와 결부된

'자유로운 개인들'(효용을 극대화하는, 독립적이고 대등한 거래자로 간주되는)의 주체적 권리를 신줏단지처럼 모시죠. 그 결과, 일국 차원에서 국가의 공적 권력과 자본의 사적 권력이 외관상으로 확연히 분할되도록 제도화됐어요. 하지만 물론 국가는 이런 분할에 아랑곳없이 농촌 인구를 '이중으로 자유로운' 프롤레타리아 계급으로 바꿔놓은 토지 수탈에 날개를 달아주기 위해 억압적 권력을 행사했죠. 이런 식으로 국가는 임금노동의 대규모 착취를 위한 계급적 전제조건을 확립했고, 일단 여기에 화석 에너지가 더해지자 공업의 거대한 비상이 시작됐어요. 같은 시기에 주변부에서는 유럽 식민 강대국들이 정치적 자제라는 온갖 가면을 벗어던져버렸죠. 식민 강대국들은 주둔군에게 예속민에 대한 대대적 약탈이라는 백지수표를 발급하여, 대영제국 헤게모니 아래에서 '자유무역 제국주의'에 토대를 둔 식민 통치를 굳건히 다졌어요. 이 모든 진실은 '자유주의적 자본주의'라는 표현을 의심하게 만들죠. 게다가 이 체제는 사실상 첫 출발부터 경제적 불안정과 정치적 불안정으로 고통받았어요. 경제/정치 분리를 제도화하는 자유주의적 자본주의의 방식 탓에 한편으로 주기적 불황, 붕괴, 공황이 발생했고, 다른 한편으로 격렬한 계급 갈등, 경계투쟁, 혁명이 벌어졌죠. 동시에 이 모든 것이 국제적 금융 혼란, 반식민주의 봉기, 제국주의끼리의 전쟁에 기름을 부었고요. 20세기가 되자 '자유주의적 자본주의'의 다중적 모순은 장기화된 전반적 위기로 전이됐고, 이 위기는 결국 제2차 세계대전 직후에 새 축적 체제가 출범함으로써 해소됐죠.

예기   새 축적 체제란 국가-관리 자본주의겠죠. 이 사회 편성을 통해 경제와 정치의 관계는 어떻게 개조됐나요?

프레이저 글쎄요. 이 체제에서는 중심부 국가들이 국내에서 위기를 미연에 방지하거나 완화하기 위해 공적 권력을 더 적극적으로 행사하기 시작했어요. 미국 헤게모니 아래에서 수립된 브레턴우즈 체제의 자본 통제를 통해 힘을 얻은 이 국가들은 인프라에 투자했고, 사회적 재생산 비용을 일부 떠안았으며, 완전고용과 노동계급 소비주의를 장려했고, 노사정 협상에서 노동조합을 파트너로 받아들였으며, 경제 발전을 능동적으로 지휘했고, '시장 실패'를 메워주었으며, 자본 자체의 이익을 위해 자본을 전반적으로 규율했죠. 이 모든 노력의 목적은 사적 자본의 축적을 지탱할 조건을 보장하고 혁명을 예방하는 거예요. 국가-관리 자본주의는 수십 년 동안 상황을 안정시키기는 했지만 역시 그만의 모순에 맞부딪쳐야 했고, 이 모순은 경제적인 동시에 정치적이었죠. 임금 상승과 전반적인 생산성 증대는 중심부 제조업의 이윤율을 떨어뜨렸고, 자본 편에서는 이에 자극받아 시장의 힘을 정치적 규제의 족쇄에서 풀어주려는 새로운 시도가 시작됐어요. 게다가 지구 곳곳에서 신좌파가 들고 일어나, 국가-관리 자본주의 체제가 기대고 있던 억압, 배제, 약탈에 도전했어요. 이런 사태가 전개된 결과, 국가-관리 자본주의 체제는 다시 오늘날의 축적 체제로 대체됐죠.

예기 그리고 그 체제는 금융화된 자본주의고요.

프레이저 맞아요. 현 축적 체제는 경제/정치 관계를 다시 한번 재형성했어요. 이전 체제가 사기업의 단기 이익을 축적 지속이라는 장기 목표에 종속시키기 위해 국가에 권한을 부여한 데 반해, 현 체제는 사적 투자자의 즉각적 이익에 따라 국가와 공중을 규율할 권한을 금융자본에 부여했어요. 미국이 유발한 브레턴우즈 체제의 해체로 길이 열렸죠. 이전 시기의 자본 통제가 사라진 상황에서, 국가는 자국 통화를 통제하고 적자 재정을 통해 경제를 지휘할 능력을 잃어버렸어요. 이제 국가는 국제 대부기관과 신용평가기관의 처분에 맡겨졌어요. 아이러니하게도 이 체제에서 국가 역량은 초국적 거버넌스 구조를 구축하는 데 이용되었고, 이 구조를 통해 자본은 시민과 공중을 규율했죠. 시민과 공중은 본래 공적 권력이 책임져야 마땅한데도 말이에요! 이제는 국제통화기금^{IMF}, 세계무역기구^{WTO}, 무역 관련 지적재산권 협정^{TRIPs} 같은 조직들이 규칙의 상당 부분을 제정하며, 자본의 이익에 따라 세계 경제를 지구화하고 자유화해요. 더 나아가 부채가 금융화된 자본주의의 거버넌스에서 중대한 역할을 하죠. 이 축적 체제에서는 주로 부채를 통해 자본이 중심부와 주변부의 주민을 수탈해요. 또한 시민들이 선거로 표출하는 정책 선호도와는 상관없이 긴축이 강요되는 것도 부채를 통해서죠. 그런데 이 체제 역시 아주 불안정해요. 금융화된 자본주의는 축적의 의지처가 되는 공적 권력을 게걸스럽게 먹어치운 탓에 이제는 위기의 순간에 도달했어요. 2007~2008년에 글로벌 금융 질서가 무너진 사태와 함께 시작된 경제 시스템 위기만이 아니라, 브렉시트, 트럼프 등등으로 나타나는 정치-헤게모니 위기에도 빠져 있죠.

자, 이게 경제/정치 결합체의 핵심적 변천을 간략히 정리한 내용이에요. 이를 통해 우리는 제도화된 사회질서로서 자본주의의 일반적 형태가 역사의 전개에 따라 잇단 변형을 겪는다는 점을 확인하죠. 각각의 국면마다 자본주의 경제의 정치적 조건은 국내 수준에서든 지정학적 수준에서든 서로 다른 제도적 형태를 띠었죠. 각각의 사례마다 자본주의 사회의 정치적 모순은 서로 다른 외양을 띠었고, 위기 현상의 서로 다른 조합을 통해 표출됐어요. 마지막으로, 각각의 체제마다 자본주의의 정치적 모순은 서로 다른 형태의 사회적 투쟁을 촉발했죠.

예기   또 다른 논점은 경제/정치 관계가 각각의 국가와 그 경제의 문제만이 아니라, 국제 정치 질서 전반이 어떻게 전지구적 자본주의 경제와 관계를 맺으며 조직되는지에 관한 문제이기도 하다는 것이죠.

프레이저   바로 그 점이에요. 이런 변형을 묘사하면서 저는 국경 안의 정치 과정에 더해 지정학적 제도배열도 조명하려고 노력했어요. 제 생각에, 국제적 수준이 중요한 이유는 자본이 본래 확장적이어서 국경을 뛰어넘으려는 성향이 있기 때문이죠. 그렇기 때문에, 본질적으로 초국경적인 자본의 경제 논리는 영토를 지향하는 근대적인 정치적 통치의 지배적 논리와 잠재적 충돌에 내몰려요. 각 축적 체제는 이 모순을 어떻게든 관리해야 해요. 그 방법은 헤게모니 국가의 역량을 키워서 일국적 정치 공간을 서로 잇거나 이를 뛰어넘는 정치 공간을 구축하게 만드는 거예요. 말이 나온 김에 덧붙이자면, 제가 국가-시장 관계보다는 차라리 자본의 *사적 권력*과 *공적 권력*의 관계에 관해 언급하길 선호하는 이유가 바로 여기에 있어요. 이런 정식화가 더 나은 이유는 여기에는 국가뿐만 아니라, 역사 전반에 걸쳐 줄곧 자본주의 발전을 조형해온 지정학적 헤게모니와 초국가적 거버넌스 구조가 포함되기 때문이죠. 예를 들어, 자유주의적 자본주의에서 국가-조직화 자본주의로 전환하는 과정에는 영국에서 미국으로 헤게모니가 옮겨 간 것이 포함된다는 점을 주목해야 해요. 19세기와 20세기 초의 금본위제·자유무역 제국주의에서 제2차 세계대전 이후의 브레턴우즈 자본 통제로 전환한 것 또한 포함되고요. 한편 최근에 금융화된 자본주의로 전환하는 과정에서는 적어도 지금까지는 미국 헤게모니가 유지되는 것처럼 보여요. 비록 도덕적 권위를 상당히 상실해 약화된 상태이기는 하지만요.

초국적 수준의 거버넌스는 현 축적 체제에서 특히 중요해요. 금융화된 자본주의는 단순히 탈규제와만 관련된 게 아니에요. 오히려 국가 수준보다 상위에 거버넌스의 새로운 층을 수립하는 것이 그 내용에 포함되죠. 이 거버넌스는 주로, 앞에서 언급한 IMF, 세계은행World Bank, WTO, TRIPs 같은 글로벌 금융기관들로 구성돼요. 여기에 각국의 중앙은행과 신용평가기관도 포함해야 하죠. 이 기관들 가운데 어떤 것도 정치적으로 책임을 지지 않아요. 하지만 이 모든 기관이 전지구적 차원에서 권위를 지닌 규칙의 제정에 관여하죠. 이들이 만든 규칙은 사유재산과 자유무역에 관한 신자유주의 특유의 해석이 확고히 자리 잡게 만들며, 현재 지구 곳곳에서 이런 규칙이 사회적 상호작용의 광대한 부분을 다스리고 있어요. 이 규칙은 국내법보다 우월한 지위, 더 나아가서는 국내법을 간단히 무시해버릴 수 있는 지위를 차지한 채, 노동권과 환경보호 같은 사안과 관련해 국가가 무엇을 할 수 있고 할 수 없는지를 놓고 한계를 설정하죠. 일국 수준의 정치 행위로는 이런 규칙을 바꿀 수 없어요. 스티븐 길이 '신헌정주의'를 논한 이유가 바로 여기에 있죠.[8] 권역 수준에서도 이와 유사한 탈민주화 논리가 작동하는데, 유럽연합이 그 전형적인 사례예요. 유럽위원회[EC]와 유럽중앙은행[ECB]에서 나오는 명령은, 그리스 사례에서 봤듯이, 트집 잡을 수 없는 '헌법' 조항과 같은 수준의 권위와 무게를 갖죠. 다 아는 사실이지만, 2015년 그리스인들은 긴축 거부를 약속하는 정부를 선출하고도 초국적 기관들이 강요하는 명령 앞에서 이 약속이 휴짓조각이 되는 꼴을 봐야 했어요. 이런 초국적 기관은 정치적 책임성으로부터 면제되어 있고, 정치적 의지 형성의 공식적 실천을 쉽게 무효화시킬 수 있어요. 한마디로, 이것이 금융화된 자본주의의 새로운 경제/정치 관계예요.

신자유주의의 대두

예기   그러니까 정치가 부재한 게 아니라 정치가 새로운 형태를 취한 것이라는 뜻이군요. 많은 사람이 신자유주의가 국가의 최종적 제거, 모든 정치적 영향의 제거를 뜻한다고 주장하곤 하는데요. 이것은 분명히 진실이 아니죠.

프레이저   맞아요. 무엇보다도, 이 질서를 구축한 것은 국가예요. 어쨌든 강력한 국가이고, 특히 미국이 그렇죠. 이 질서의 상당 부분은 국가 간 조약이라는 메커니즘을 통해 수립됐어요. 일부 국가는 이로부터 엄청난 이익을 거둬요. 하지만 손해 보는 쪽에 선 국가조차 국내에 틈새 지대를 수립하는 전략을 고안하는 데 꽤 적극적이죠. 일부 주변부 국가는 수동적 희생양 역할을 하기는커녕 수출자유지역을 설치해 해외 직접투자를 유치하고, 또 다른 주변부 국가는 송금을 통해 외화를 벌어들이려고 노동 이민을 장려해요. 금융화된 자본주의에서는 모든 국가가 대등한 힘을 갖지는 않지만, 언제 안 그랬던 적이 있나요? 자본주의 역사의 어떤 국면에서든, 다른 국가에 행패를 부릴 수 있는 국가와 늘 당하기만 하는 국가를 분간해야 해요.

이 점에서 예기 선생에게 동의해요. 금융화된 자본주의는 자본주의 경제의 정치적 조절 없이는 존속할 수 없고, 단지 그 형태를 바꿀 뿐이에요. 금융화된 자본주의는 새로운 국제적 정치/금융 건축물을 세웠고, 이는 과거에 브레턴우즈 체제가 했던 것과는 다른 방식으로 국가 활동을 제약하고 그 방향을 결정하죠. 일반적으로 국가가 할 수 있는 일과 할 수 없는 일은 늘 일정하게는, 기존 국제 질서에 따라 정해졌어요. 이매뉴얼 월러스틴이 오랫동안 주장했듯이, 세계 국가가 부재한 상황에서 자본주의가 발전했다는 점이 결정적으로 중요해요. 이런 상황에서 *세계 경제 시스템이 국제 국가 시스템과 결합했죠*.[9] 국제 국가 시스템은 항상 다양한 영토국가들로 구성되었고, 이들은 잇달아 역사에 등장한 헤게모니 국가에 의해 다소 느슨하게 조직됐어요. 각 패권국은 역사적으로 특수한 힘의 균형(과 불균형!)이라는 맥락에서 식민지와 속국을 다뤄야 했을 뿐만 아니라, 경쟁국과 동맹국도 다뤄야 했죠. 또한 패권국은 자본 축적의 확장을 촉진할 수 있는 방식으로 지정학적 공간을 조직하는 과업 역시 주도했어요. 여기에서 데이비드 하비가 강조한 논점과 마주치죠. 자본주의의 정치 논리는 자본주의의 경제 논리와 다르다는 것 말이에요.[10] 자본주의의 경제 논리는 다른 요소의 개입이 없다면 마치 국경 따위가 어디에 있느냐는 듯 태연히 국경을 무시하고 뛰어넘어 어디에든 도달하고 말죠. 하지만 국경은 정말로 존재하고, 자본의 운동이 벌어지는 초국적 공간은 정치적 구축 과정을 거쳐야만 해요.

예기 세 번째 단계에서 네 번째 단계로, 그러니까 국가-관리 자본주의에서 금융화된 자본주의로 이행한 과정에 관해 하나만 더 물어볼게요. 국가자본주의에서 해결되지 못한 문제는 무엇이었죠? 어떤 위기였나요? 어떤 점에서 신자유주의적인 금융화된 자본주의가 국가-관리 자본주의에서 연유한 문제에 대한 대응, 더 나아가 일종의 해법이 된 거죠?

프레이저 국가-관리 자본주의의 사회 편성은 1970년대에 위기에 진입했고, 조금씩, 그리고 눈에 띄지 않게 신자유주의적인 전지구적 금융자본주의로 대체됐어요. 이것은 이전의 축적 체제의 변형 과정과는 판이하게 대조를 이루죠. 앞에서 봤듯이, 중상주의적 자본주의에서 자유주의적 자본주의로 나아가는 전환은 영국혁명, 프랑스혁명 같은 극적 사건을 통해 발생했어요. 그리고 자유주의적 자본주의에서 국가-관리 자본주의로 나아가는 전환 역시 두 차례의 세계 전쟁, 공산주의 혁명, 파시즘의 부상, 새로운 형태의 민주적 자본주의를 창출하려는 전 세계적 투쟁 등을 수반하면서 극적인 양상을 보였죠. 반면에 우리 시대의 전환은 밀실에서 전개됐어요. 물론 경제 불황이 있었고 최근에는 2007~2008년 금융위기가 있었죠. 또한 영국과 미국에서 대처와 레이건에게 권력을 준 극적인 표심 이동이 있었고요. 하지만 그럼에도 구조 변화의 상당 부분이 감시망을 피해 사람들 눈에 띄지 않게 제도화됐어요. 낸시 매클린 덕분에, 공공선택이론을 주창한 '버지니아 학파'가 잘 알려지진 않았지만 아주 중대한 역할을 했다는 사실을 이제는 알죠. 제임스 뷰캐넌^{James Buchanan}이 이끌고 코크^{Koch} 형제가 돈을 대준 이 학파는 경제학 논리를 생각해내고 퍼뜨리며 미국 정부 기관들의 중심에 이를 심어놓았고, 이 모든 활동의 목적은 민주적 감시와 통제를 불구 상태로 만드는 것이었어요.[11] 콜린 크라우치는 영국에서 벌어진, 비슷하게 은밀한 변형 과정을 폭로했고요.[12]

이러한 이행에 관한 우리의 이해는 파편적이에요. 그야말로 앞으로 더 진전되어야 할 작업이죠. 가장 널리 회자된 설명은 경제학적이고, 따라서 우리가 지금까지 토론을 통해 윤곽을 그려온 시각에 비춰보면 불충분해요. 이런 설명은 수익성 위기, 이윤율 저하 위기에 관심을 환기시키고, 그중 일부는 이를 자본주의 중심부의 노동비용 상승 탓으로 돌리죠. 또한 자본의 과잉 축적, 포화 상태에 이른 중심부 시장, 세계 곳곳의 새로운 시장과 투자 배출구 탐색 등에 관해 말해요. 이런 종류의 설명은 제조업이 중심부에서 반#주변부로 재배치된 이유를 밝히는 데 목적이 있죠. 물론 이 모두는 의미가 있지만, 여전히 부분적 설명에 그쳐요. 정치와 사회적 행위로부터 분리된 채 시스템 차원에서 이해되는 경제적 관심사에만 배타적으로 집중하거든요.

예기 『시간 벌기』에서 슈트렉이 제시한 명제는 국가-주도 자본주의 국면이 본질적으로 불안정했으며 그 이유는 바로 처음 태동할 때부터 대체 불가능한 자원을 빌려 썼기 때문이라고 시사하죠.[13]

프레이저 슈트렉의 접근법은 매우 흥미로워요. 민주주의와 자본주의가 일종의 선택적 친화성에 의해 쌍을 이뤄 함께 간다는 표준적인 생각을 거부하니까요. 오히려 슈트렉은 민주주의와 자본주의가 본질적으로 긴장 관계에 놓여 있다고 보죠. 민주주의와 자본주의는 제2차 세계대전 뒤의 예외적인 시기에만 잠시 조화를 이루는 것처럼 보였어요. 이런 외양은, 국가자본주의 축적 체제가 그 내적 모순을 은폐하는 데 성공하는 한에만 유지될 수 있었죠. 국가자본주의의 모순이란 서로 본질적으로 화합할 수 없는 두 가지 분배 원칙, 즉 '시장 정의'와 '사회 정의'가 빚는 모순이에요. 슈트렉은 이 긴장이 드러나는 것은 시간문제일 뿐이었다고 보죠. 슈트렉은 이를 감추려 한, 1960년대에 시작된 일련의 정책 해법 전반을 재검토해요. 예를 들면, 임금 주도 인플레이션, 국가 부채, '민간 케인스주의'(즉, 소비자 부채의 장려) 말이에요. 그러나 각각의 해법은 새롭고 더 곤란한 문제를 일으킬 뿐이었고, 결국 축적 체제 전체가 명백한 위기에 빠져 산산조각이 난 뒤에 금융화된 자본주의로 대체됐죠.

이 접근법에서 제가 감탄해 마지않는 대목은 경제적 측면과 정치적 측면을 단일한 틀에 결합한다는 점이에요. 이것은 문제의 원인을 '경제'에서만 찾는 통상적인 경제학적 설명에 비하면 한발 전진한 셈이죠. 하지만 저는, 슈트렉이 국가-관리 자본주의 위기의 특별히 정치적인 지류를 설명하려고 발전시킨 분석에서 한 걸음 더 나아갈 수 있고, 그래야만 한다고 믿어요. 저라면 정책 딜레마만 강조하지 않고, 적어도 1960년대부터 국가-관리 자본주의 체제에 심각하고 격렬하게 도전한 사회운동들의 투쟁 역시 강조하겠어요. 제가 염두에 둔 것은 신좌파, 탈식민화와 '인종 평등'을 위한 투쟁, 여성 해방을 위한 운동이에요. 이 모두는 기대와 열망을 접합해 사회민주주의적 합의의 한계선에 파열구를 냈죠. 오랜 시간에 걸쳐 이런 도전은 수렴됐는데, 이것들만 수렴한 것이 아니라 국가 통제에서 '시장의 힘'을 해방시키고 자본주의 경제를 지구화하기로 결의한 신흥 '신자유주의' 당파와도 수렴되고 말았어요. 사회민주주의의 헤게모니를 파괴하고 그 결과 국가자본주의 체제를 파괴하고 만 것은 이러한 해방적 사회운동+신자유주의의 연타 공격이었죠.

예기 이러한 변형의 한 요인으로, 복지국가에 대한 좌익의 비판도 포함시킬 수 있을 거예요. 규율사회에 대한 비판, 행정 권력에 대한 비판은 늘 복지국가의 규범화 경향, 관료화 등등에 초점을 맞추었죠. '사법화juridification'와 '생활세계의 식민화'에 관한 하버마스의 설명도 이런 종류의 비판을 담고 있어요.[14] 그렇다면 좌익의 비판과 신자유주의는 특정한 시점에 이르러 합작하거나 수렴한 것 아닌가요? 녹색당, 보충성subsidiary 원리, 심지어는 시민사회론까지, 어떤 점에서는 복지국가를 탈정당화하는 과정의 일부를 이뤘다고 할 수 있어요. "사회운동으로 조직하자, 우리만의 쟁점에 집중하자"라고 외치면서 말이죠. 이러한 운동이 벌어지고 20년이 지난 지금은 이것의 어두운 측면, 방금 논란이 된 국가 비판의 어두운 측면도 확인할 수 있어요.

프레이저 네, 동의해요. 이런 식의 사태 전개는 정말로 복지국가의 정당성을 실추시키는 데 일정한 역할을 했죠. 그 최종적 결과는 공적 권력의 행사와 조직을 부정적으로 바라보게 만든 거예요. 예기 선생이 언급한 인물들 중 다수가 *사적* 권력 문제에는 상대적으로 침묵했기 때문에 더욱 그랬죠. 이들은 국가만 집중적으로 공격해서 자본 권력과 대기업 권력을 곤경에서 빠져나오게 했어요. 그리고 신자유주의자들은 재빨리 틈을 찾아내 이를 활용했죠.

하지만 제가 흥미를 느끼는 것은 이 과정의 사회학적 차원이에요. 마르크스를 인용해, 사회민주주의가 자신을 무덤에 묻을 이를 낳았다고, 사회민주주의를 역사적으로 지지했던 바로 그 사회 세력을 해체하는 결과를 낳았다고 말하고 싶네요. 제대군인원호법[GI Bill]을 통해 참전용사, 최소한 그중 '백인'의 주거 소유를 지원함으로써 전후 교외화 물결을 촉진한 미국에서는 확실히 이런 일이 벌어졌죠. 그 결과, 뉴딜 지지 거점이었던 이민자 출신 노동계급의 지역사회가 해체되고 말았어요. 도심의 '백인종'이 교외의 핵가족 주택으로 이사하면서 이들의 삶에서 소비주의는 점점 더 강화되고 연대는 점점 더 약화됐죠. 다수는 나중에 '레이건 지지 민주당원'이 됐어요. 이는 미국을 배경으로 복지국가가 어떻게 자기 지지 기반을 파괴하는 데 일조했는지 보여주는 한 가지 사례일 뿐이죠. 이것 말고도 사례는 많아요.

하지만 사회민주주의적 정치 환경의 한계를 뚫고 새로운 정치적 주체가 대두한 것 역시 고려해야 해요. 예를 들어, 대학의 극적인 확장과 냉전 자본주의에서 과학기술이 새롭게 차지한 중요성 덕택에 역사상 최초로 '청년'이 정치적 주체로 부상했죠. 제2차 세계대전이 끝나면서 짐크로법[Jim Crow]에 맞선 투쟁도 다시 일어났고요. 대담해진 흑인 참전용사와 (특히) 대학생이, 오랫동안 부정되고 국가-관리 자본주의 역시 해결하지 못한 시민적·정치적 권리를 요구하며 새로운 형태의 전투적인 직접행동을 앞장서서 펼쳐나갔죠. 또한 대학 교육을 받은 여성들이 한편으로는 교외의 주부로 고립되는 데 맞서고, 다른 한편으로는 '운동' 내부에서 남성에게 부차적인 존재로 취급받는 데 맞서 궐기했어요. 이는 모두 새로운 대중문화 그리고 대항문화(TV, 로큰롤, 저항음악)와 긴밀히 연관되었고, 현대인이 된다는 것이 어떤 의미인지에 관한 새로운 이해를 불러왔어요. 그리고 이는 정치 세계를 휘저어놓았죠. 임금과 일의 문제에 집중하는 사회민주주의의 정치적 상상력은 더 이상 이런 새로운 에너지와 정서 구조를 끌어안을 수 없었어요. 나중에 이 중 상당 부분은 '인정'이라는, 새로 등장한 상상력 안에 자리를 잡아요. 결국 인정의 정치는 관료적 온정주의에 대한 신좌파의 비판이 남긴 유산, 그리고 막 대두하던 신자유주의의 과보호 국가 nanny state 비판과 이종 교배했죠.

예기   역사의 간지奸智를 보여주는 전형적 사례로군요.

프레이저   네, 게다가 이런 맥락에서 생각하다 보면, 행위 측면과 구조 측면을 한데 결합하는 설명을 구성해낼 수 있을 거예요.

사회적 재생산의 눈으로 보면

예기   서로 다른 영역과 관련하여 자본주의를 역사화한다는 우리의 중심 과제로 돌아가죠. 네 가지 축적 체제를 거치며 사회적 재생산 영역에서 벌어진 변화를 선생님은 어떻게 바라보나요?

프레이저 이 영역에서 벌어진 역사적 변천을 추적하고 싶다면, 자본주의를 구성하는 제도적 분리와 관련하여 사회적 재생산 활동을 어떻게 자리매김하는지 따져야 해요. 이 활동은 사회의 어떤 제도적 무대에 위치하는가? 다른 어떤 곳보다 먼저 가정이나 마을 혹은 확대 친족 네트워크에 자리하는가? 국가에 의해 상품화되는가, 아니면 국가에 의해 조직되거나 규제되는가? 그리고 사회적 재생산 활동에 참여하는 사람들은 어떤 위상을 갖는가? 가족 구성원인가, 사적 가정에서 일하는 유급 하인인가, 영리기업의 피고용인인가, 공동체 운동가 혹은 시민사회 결사체의 '자원봉사자'인가, 아니면 유급 공무원인가? 이런 물음에 대한 답은 자본주의의 국면마다 서로 다르고, 사회적 재생산과 생산을 가르는 경계선 역시 서로 다르게 설정되죠. 이로 인해 자본주의 사회의 사회적 모순은 각각의 국면마다 서로 다른 형태를 취하며, 이를 둘러싼 투쟁 역시 마찬가지예요.

우리가 다루는 네 가지 주요 역사적 축적 체제를 다시 살펴보면서, 앞에서 그러했듯 중심부와 주변부의 발전을 주의 깊게 구별하면, 중심부와 주변부의 차이를 확인할 수 있어요. 간단하게 말하면, 이래요. 자본주의 중심부에서 중상주의적 자본주의는 사회적 유대를 창조하고 유지하는 일을 상당한 정도로, 과거에 하던 그대로 뒀죠. 즉, 마을, 가정, 확대 친족 네트워크에서 이뤄지게 했고, 관습과 교회를 통해 지방 차원에서 규제했으며, 국민국가의 개입에서 격리했고, 가치법칙의 영향을 상대적으로 덜 받게 했어요. 하지만 그러면서도 이 축적 체제는 주변부의 전자본주의적인 사회적 유대를 폭력적으로 뒤엎었죠. 농민을 약탈했고, 아프리카인들을 노예로 삼았으며, 선주민의 자산을 박탈했고, 가족, 공동체, 친족의 내밀한 관계를 냉혹하게 무시하면서 이 모든 일을 저질렀어요.

주변부 사회들을 유지시켜주던 사회성^{sociality}에 대한 대규모 공세는 유럽 국가들이 식민 통치를 공고히 하는 가운데 자유주의적 자본주의 아래에서도 지속됐죠. 하지만 식민 본국에서는 상황이 극적으로 변했어요. 중심부에서는 '경제적 생산'이 '사회적 재생산'에서 분리돼 이제는 공간적으로 격리된 독자적 '장소들'을 구성했죠. '공장' 대 '가정'으로 말이에요. 이 분리로 인해, 그리고 상품 생산에서 가능한 한 최대한 잉여를 착취하려는 전면적인 공세로 인해 자본주의에 내재한 사회적 재생산의 모순이 특별히 첨예한 형태를 띠었고, 위기의 발화점이자 투쟁의 관심사가 됐어요. 이 과정은 초기 제조업 중심지에서 전형적 형태를 띠었죠. 엥겔스가 고발한 맨체스터를 떠올려봐요. 그런 곳에서는 기업가들이 여성과 아동을 포함한, 새롭게 도시로 유입되고 프롤레타리아화된 사람들을 쥐꼬리 같은 임금에 일은 고될 뿐만 아니라 안전하지도 않은 공장과 광산으로 몰아넣었죠. 이런 형태의 자본은 심각하게 오염된 구역에 들어선, 냄새나고 콩나물시루 같은 싸구려 공동주택에 노동자들을 수용해서 악명이 높았어요. 이 모든 요소가 결합해, 가족을 지탱하고 노동을 보충할 사회적 조건을 엉망진창으로 만들어버렸죠. 게다가 국가는 방관자처럼 지켜보기만 했고 어떤 도움도 주지 않았어요. 그러자 고통받던 노동계급 대중이 이에 맞서 들고일어나 스스로 조직하기 시작했죠. 하지만 이 위기의 해결을 주도한 것은 주로 중간계급 개혁가였고, 이들은 이 위기가 '가족'을 파괴하며 프롤레타리아 여성을 '중성화'한다고 이해했어요. 빅토리아 시대 사람들은 '보호 입법'을 주창했는데, 이는 유급 노동을 통해 여성과 아동이 당하는 착취를 제한했지만 임금이 줄어드는 만큼 물질적 도움을 주거나 보상을 제공하지는 않았죠.[15] 사회적 재생산 위기에 대한 실질적 대안은 아니었던 거예요! 그렇지만 이런 형태의 자본주의는 문화적 영향을 크게 남겼죠. 자유주의적 축적 체제는 사회적 재생산을 더 넓은 공동체적 생활 형태에서 떼어내 사적 가족 안의 여성 전담 관할로 개조함으로써, 젠더 차이의 강화와 '분리된 장소'라는 새 이상을 중심에 두는 새로운 부르주아적 상상력의 세계를 발명했어요. 하지만 이 체제는 이런 이상을 실현하는 데 필요한 조건들을 압도적 다수의 사람에게서 빼앗았죠!

모든 면에서, 자유주의적 축적 체제는 자본주의의 사회적 모순을 매우 첨예한 형태로 구현했어요. 생산이라는 경제적 지상명령과 재생산이라는 사회적 필요조건을 정면으로 충돌시킨 거예요. 이 제도배열은 안정을 보장하기는커녕 사회적 재생산을 둘러싼 지속적인 투쟁을 촉발했어요. 이것은 제가 앞에서 설명한 경계투쟁이었지만, 계급투쟁이면서 동시에 젠더투쟁으로 가지를 뻗어나갔고, 결국에는 모두 생산과 정치권력을 둘러싼 투쟁으로 수렴했죠. 최종 결과는 전반적인 위기였고, 이로 인해 처음에는 자유주의적 축적 체제가 마비되더니 얼마 안 돼 와해돼버렸어요.

예기   그리고 그 결과로 국가-관리 자본주의가 들어섰다는 거죠.

프레이저   네, 그리고 이 새 축적 체제는 과거와는 다른 방식, 즉 재생산 측면에 국가의 힘을 동원하는 방식으로 생산-재생산 모순을 처리했죠. 국가-관리 자본주의는 대량생산과 대량소비, 즉 포드주의적 조립라인+모델 T에 바탕을 둔다는 게 널리 퍼진 생각이에요. 하지만 이 체제에는 국가와 대기업이 제공하는 '사회복지', 즉 노령연금+가족수당을 통해 부분적으로 사회화된 재생산이라는 요소도 있었죠. 중심부 나라들에서 국가가 이제 노동을 보충하고 가족생활을 지탱하는 책임을 일부 떠안았다는 점에서 이것은 중대한 전환이었어요. 실제로 이는 이제까지 자본주의 사회의 공식 관리 범위 바깥에 방치돼 있던 사회적 기능들을 내부화했죠. '복지국가'는 많은 경우에 노동계급 중 조직된 계층이 앞장선, 광범한 기반의 민주적 투쟁이 이뤄낸 역사적 성취였어요. 하지만 동시에 공공이 재생산을 책임지는 것은 축적을 촉진하고 자본주의의 정당성을 강화하는 데도 기여했죠. 한편 젠더를 둘러싼 상상력 역시 바뀌었어요. 이제 '분리된 장소'라는 자유주의적 자본주의의 이상은 골동품 취급을 당했고, '가족임금'이라는 좀 더 '현대적'이고 '민주적'인 새 규범에 곧바로 자리를 내줬죠. 노동운동과 대다수 노동계급 여성에게서 강한 지지를 받은 이 이상에 따르면, 공장에서 일하는 남성에게 가족 전체를 부양하기에 충분한 급여를 지급함으로써 아내가 아이를 키우고 살림하는 데 시간을 쏟아부을 수 있게 해줘야 해요. 이번에도 이 이상에 도달할 수 있었던 것은 상대적으로 특권을 누린 소수뿐이었지만, 더 많은 이들이 이런 삶을 열망했죠. 적어도 자본주의 중심부의 부유한 북대서양 국가들에서는 그랬어요. 물론 주변부 대중은 남반구의 지속적 수탈에 의존하던 이런 제도배열에서 배제됐죠. 게다가 미국 등지에서는 가사 노동자와 농업 노동자가 사회보장과 기타 공적 복지에서 배제되는 가운데 인종적 비대칭성이 뿌리를 내렸어요. 결국 가족임금은 어쩔 수 없이 여성의 종속과 이성애 규범성을 제도화했죠. 이런 점에서 국가-관리 자본주의는 결코 황금시대가 아니었어요. 적어도 일부에 한해서는 자본주의에 내재한 생산과 재생산의 긴장을 잠시나마 완화하는 데 성공했지만 말이에요.

예기 이 단계에서 주변부에 벌어진 일에 관해 더 이야기해봤으면 좋겠는데요. 자본주의 중심부에서 일국적 복지국가가 시민에게 제공하던 혜택을 주변부 민중이 누리지 못한 것은 분명한 사실이죠. 하지만 주변부 민중의 재생산은 사회적으로 어떻게 조직됐나요? 그리고 식민지가 독립을 쟁취했을 때 사회적 재생산은 어떤 영향을 받았나요? 탈식민 국가 역시 사회적 재생산을 공공 그리고/혹은 대기업이 책임지는 형태로 내부화했나요? 그리고 식민지 독립 이전과 이후에 제국주의의 사회적 재생산은 어떤 영향을 받았나요?

프레이저 좋은 질문이에요. 앞에서 이미 이야기한 것처럼, 국가-관리 자본주의는 탈식민화의 시대이기도 했어요. 그리고 독립운동의 목표는 주변부 사회를 철저히 변혁하는 것이었죠. 하지만 결과적으로 탈식민 국가는 그들의 제한된 자원을 재생산보다는 생산에 훨씬 더 많이 쏟아부었어요. 냉전의 십자포화에 갇힌 신세였던 탈식민 국가는 주로 '발전'에 집중했고, 대규모 프로젝트를 통해 달성해야 하는 수입 대체 산업화를 발전과 동일시했어요. 이런 프로젝트는 이전의 식민 사업과 마찬가지로 '외부에서' 생산된 노동을 활용했는데, 여기에서 '외부'란 전통적 친족 관계의 제도배열이 끈덕지게 남아 있던 시골을 뜻하죠. 이에 따라 대부분의 경우에 사회적 재생산은 국가가 개입하는 범위 밖에 방치됐어요. 즉, 농촌 인구는 여전히 스스로 알아서 버텨나가야 했죠. 도시는 달랐어요. 일부 체제는 가족 구조와 젠더 질서의 현대화에 착수했고, 다른 체제는 식민화 이전의 전통적 질서를 복구하자고 외쳤죠. 전통의 복원이란 대개 젠더 차이와 남성 지배의 강화를 뜻했고요. 폴 긴스버그Paul Ginsborg의 매력적인 저작 『가족 정치Family Politics』가 이 점을 멋지게 설명하죠.[16]

예기 알겠어요. 그러고 나서 국가-관리 축적 체제는 어쨌든 와해됐죠. 이 위기에서 사회적 재생산은 어떤 역할을 했나요?

프레이저 네, 그랬어요. 이 체제는 중심부에서 수십 년 동안 자본주의의 위기 경향을 진정시키는 데 성공했지만, 이 위기 경향을 결정적으로 제압할 수는 없었어요. 1960년대부터 '생산성 위기', '국가의 재정 위기', 전방위적인 정당성 위기 등의 형태로 이 건축물에 균열이 나타나기 시작했죠. 중간계급 여성을 비롯한 새로운 정치적 주체의 등장에 관해 앞에서 이미 짚었는데요. 이들에게 가족임금은 시대에 뒤처진 것으로 보였고, 고용은 자기실현의 길로 다가왔죠. 게다가 슈트렉이 논한 것처럼 소비주의적 개인주의라는 새로운 풍조를 통해 공적 복지의 민낯이 드러났어요.[17] 투박하고 규격화되어 있으며 순응주의적인 측면 말이에요. 볼탕스키Luc Boltanski와 시아펠로Ève Chiapello가 이름 붙인 대로, '미학적 비판'이라는 가면을 뒤집어쓰고 자본 또한 반란을 일으켰어요.[18] 복지국가에 재정을 대는 데 도움을 주던 법인세와 자본 이득 과세에 맞서서 말이죠. 방금 설명한 것처럼,

결국 여러 세력 사이에 상식을 거스르는 수렴이 나타났어요. 한편에는 청년, 여성, 유색인, 주변부 민중, 이주민이 참여한, 전지구적 신좌파에서 비롯한 운동이 있었죠. 이들은 모두 해방을 추구했어요. 인종주의, 제국주의, 성차별주의뿐만 아니라 소비주의, 가족주의, 관료적 온정주의에서도 해방되려 했죠. 반면 다른 한편에서는 정부의 '관료적 형식주의'라는 족쇄로부터 시장의 힘을 풀어주고 기업가적 창의성을 해방시키며 자본주의 경제를 지구화하려는 의지에 불타는 자유시장주의자들의 '신자유주의' 당이 떠오르고 있었어요. 예상 밖의 두 불륜 상대가 해방의 깃발 아래 모였고, 그 결과로 시장화와 사회 보호 사이의 사회민주주의적 동맹이 산산이 부서졌죠. 이를 대신해 대두한 것은 제가 '진보적 신자유주의'라 부르는 새로운 동맹이었어요. 이 동맹에서 시장화의 주창자들은 겹겹의 수비를 뚫고 해방을 위한 운동의 지배적 경향이라는 지위를 되찾았고, 마침내 사회 보호의 지지자들보다 우위에 서기에 이르렀죠.[19]

예기   그리고 그 결과가 금융화된 자본주의로군요······. 이 축적 체제에서 젠더 질서는 어떻게 바뀌었죠? 그리고 이런 변화는 어떤 종류의 위기에 대응하는 해법으로 제시됐나요?

프레이저   금융화된 자본주의의 젠더 질서는 역사적 중심부에서 가족임금의 폐허 위에 구축됐어요. 가족임금을 중심에 둔 제도배열은 이중의 불행에 무릎을 꿇었죠. 첫째는 노동조합이 조직돼 있던 제조업 일자리가 맥잡으로 바뀐 데 따른 실질 임금의 가파른 하락이었어요. 그래서 특권적 소수를 제외하고는 사실상 한 사람의 봉급만으로 부양할 수 있는 가족은 없어졌죠. 둘째는 여성이 남성 가장에 종속되는 현실이 정당하지 못하다고 비판한 페미니즘의 위세였어요. 이를 대신해 등장한 것은 또 다른, 더욱 현대적인 이상, 즉 '맞벌이 가족'이었죠. 매력적으로 들리지 않나요? 하지만 가족임금이라는 이상과 마찬가지로 이 역시 신기루였죠. 이것의 당혹스러운 결과는 가계를 유지하기 위해 필요한 유급 노동시간이 이제는 급격히 늘어났다는 사실이에요. 이것은 잠재적 임금소득자가 단 한 명인 가족에게는 당연히 문제가 많죠. 하지만 다른 대다수 가족도 빛 좋은 개살구이기는 마찬가지예요. 맞벌이 부부가 이상형으로 대두한 것과 같은 시기에 공적 복지가 축소된 탓에 어린이나 노인, 환자나 장애인을 구성원으로 포함하는 가족은 한 가지 일자리에서 나오는 급여로는 버틸 수 없었죠. 거의 모든 가구가 전에 재생산에 쏟았던 시간과 에너지를 '생산적'(즉, 유급) 노동에 쓰지 않을 수 없었어요. 금융화된 자본주의 축적 체제는 노동시간 증가와 공공 서비스 삭감을 통해 사회적 재생산을 한계점까지 쥐어짰어요.

이렇게 쥐어짠 결과는 돌봄 활동을 타인에게 전가하는 것을 목적으로 하는 복잡다단한 전략의 종합 세트에서 확인돼요. 광범하게 논의되고 있는 '전지구적 돌봄 사슬'이 그런 사례죠. 이 사슬을 통해, 중심부에서 고군분투하는 노동자는 재생산 활동을 가난한 대륙에서 온 이주민(많은 경우, 인종화된 여성)에게 떠넘기고, 이 이주 노동자는 더 가난한 다른 여성에게 가족의 돌봄을 맡기며, 이 여성은 다시 똑같은 선택을 하고, 이게 반복, 또 반복돼요.[20] 이런 제도배열은 '돌봄 위기'를 해결하기는커녕 이를 북반구에서 남반구(이전 공산주의 국가들을 포함하는)로 이전할 따름이죠. 그리고 이를 통해 돌봄 활동은 이원적으로 조직돼요. 비용을 지불할 수 있는 이들의 경우에는 돌봄 활동이 상품화되고, 그렇지 못하면 돌봄 활동이 사유화되죠. 두 번째 범주에 속한 이들 가운데 일부는 첫 번째 범주에 속한 이들을 위해 재생산 노동을 수행하고는 그 보상으로 (낮은) 임금을 받고요. 미국에서 시간 빈곤에 시달리는 여성들이 널리 활용하는 또 다른 대응 메커니즘으로는 냉동 난자(육군과 IT 부문 대기업이 급여 외 혜택으로 제공하는)와 모유를 짜내는 자동 유축기(일부 고용주 지원 건강보험과 건강보험개혁법Affordable Care Act[오바마케어법]이 무료로 제공하는)가 있죠.[21] 이것은, 여성의 경제 활동 참여율은 매우 높지만 법정 유급 출산휴가나 육아휴가는 없고 테크놀로지와 사랑에 빠진 나라에서 사람들이 선택한 '해결책'이에요. 생산/재생산 분할이 지속 가능한 방식으로 제도화되지 못한 상황에서 미국 여성들은 자본이 축적의 제물로 희생돼야 한다고 주장하는 생명들의 틈새와 균열에 사회적 재생산의 책임을 그저 쑤셔 넣을 뿐이에요.

"무정한 세상 속의 안식처"

예기   좋아요. 방금 선생님은 자본주의 역사에 나타난 사회적 재생산-경제적 생산의 네 가지 질서, 즉 중상주의적 자본주의하의 확대 친족 질서, 자유주의적 경쟁 자본주의하의 '분리된 장소' 질서, 국가-관리 자본주의하의 '가족임금' 질서, 그리고 현재의 신자유주의적 자본주의 혹은 금융화된 자본주의하의 '맞벌이 가족'을 간략히 설명했는데요. 명확하군요. 하지만 다른 주제로 넘어가기 전에 '남성 생계부양자 가계'의 역할, 아니, 차라리 여성이 집에 머물러 있는 가족이 좋은 가족이라는 중간계급의 이상이 맡은 역할에 관해 좀 더 분명히 하고 싶네요. 제 생각에 이 이상은 자유주의적 자본주의와 국가-관리 자본주의에서 서로 다른 형태를 띠기는 하지만, 두 축적 체제 모두의 토대 역할을 하는 것 같아요. 그리고 맞벌이 가족의 확산에도 불구하고 현재의 신자유주의 아래에서도 중간계급의 이상이 여전히 공감을 얻고 있지 않나 생각해요. 만약 그렇다면, 자본주의의 역사가 장기 지속하는 내내 남성-생계부양자/여성-전업주부라는 이상이 끈덕지게 이어져온 것을 어떻게 이해해야 할까요? 가족이 '무정한 세상 속의 안식처'라는 생각은 자본주의에서 어떤 역할을 하나요? 그리고 중간계급 가족 이데올로기와 노동계급 삶의 실제 현실 사이의 관계는 무엇인가요? 선생님은 가족 이데올로기가 자본주의의 발전에 기능적 역할을 한다고 보나요? 이 이데올로기가 자본주의 사회를 안정시키고 정당화하는 데 기여했나요? 아니면 비판의 지점을 제공했나요?

프레이저 글쎄요, 저는 남성-생계부양자/여성-전업주부라는 이상이 예기 선생의 언급처럼 오래 지속된 것으로 확인됐다고는 보지 않아요. 물론 자본주의의 다양한 역사에 걸쳐 있는 일정한 연속성은 *실제*로 존재해요. 자본주의가 장기 지속하는 내내 가구 규모를 줄이고 핵가족화하며, 가족을 사회적 재생산을 전담하는 단위로 구축하고, 젠더 차이를 강조하며, 재생산을 여성의 일로 낙인찍는 추세가 지속됐죠. 이 모두가 자본주의의 생산-재생산 분리에서 비롯됐어요. 자본주의는, 노동을 보충함으로써 축적이 이뤄질 수 있게 만드는 여성 중심의 감춰진 장소로서 사회적 재생산을 구성하며, 그런 한에서 자본주의는 '시장'을 보완하는 반대 항으로서 '가족'을 탄생시키죠.

하지만 이런 전반적 틀은 상대적으로 느슨한 기준만을 요구하고, 그래서 현격한 차이도 일부 나타날 수 있어요. 중심부에서는 자본주의의 발전이 마리아 미즈가 '주부화'라 부른 과정과 함께 진행됐죠.[22] 본래 부르주아의 발명품으로서 계급 구별 전략의 수단이었던 '분리된 장소'라는 이상은 곧바로 중간계급에 스며들었을 뿐만 아니라 자본주의 중심부의 노동계급 대중에게도 매력을 발산했어요. 하지만 노동계급은 이를 그냥 통째로 삼키지는 않았죠. 오히려 노동계급은 이를 자기 목적에 맞게 활용했어요. 고임금을 요구하는 근거나 정치적 통합과 민주화의 전략으로 말이죠. 이들은 빅토리아 시대의 부르주아 규범이었던 '분리된 장소'를 사회민주주의적인 이상인 '가족임금'으로 창조적으로 변형했어요. 미국에서는 아프리카계 미국인들이 젠더에 대한 대안적 상상력을 공들여 다듬었고, 이를 통해 임금노동을 무급 가사·공동체 활동과 결합하려는 흑인 여성들의 실천이 정당성을 확보했죠. 이와 마찬가지로 중요한 것은, 미즈가 주장했고 저도 앞에서 지적했듯이, 주변부의 발전은 중심부의 발전과 급격히 갈라졌다는 사실이에요. 남반구에서는 자본주의의 출현을 통해 주부가 탄생하기는커녕 일부 여성들이 유모나 막노동꾼으로 노예화됐고, 또 다른 여성들은 도회지의 임금노동에 고용된 남편과 따로 떨어져 살아야 하는 시골 농부가 됐죠. 그런가 하면 또 다른 여성들은 여전히 확대 친족을 바탕으로 하는 공동체에 남겨졌고요. 게다가 오늘날은 여성의 종속에 대한 페미니즘의 비판과 노동시장의 신자유주의적 변형이 서로 결합한 덕분에 중심부의 중간계급과 노동계급에서조차 '주부화'가 중단됐어요. 현재도 '주부화'를 지지하는 사람이 있다면, 그것은 역사를 되돌리고자 하는 향수의 표현이거나, 재생산에 여전히 책임감을 느끼지만 이를 수행하는 데 필요한 시간, 에너지, 자원은 부족한 여성들에게 쌓인 죄책감의 앙금일 뿐이죠.

예기 하지만 제가 물었던 것은, '주부화'가 하나의 현실이자 이상으로서 자본주의에 정말 기능적인 역할을 했는가, 그렇다면 지금도 여전히 그러한가 하는 문제였는데요.

프레이저 맞아요, 알겠어요. 제 답은 '네'이면서 '아니요'예요. '네'의 측면에서 보면, 가족임금 형태를 띤 주부화는 자본주의에 내장된 사회적 재생산 위기 경향에 대한 대응으로 출현했죠. 주부화의 부르주아적 선례와는 달리 주부화 이상의 노동계급판은 무한히 축적하라는 구조적 지상명령의 잔인한 불안정화 효과를 완화하거나 극복하려는 진지한 선구적 노력이었어요. 이런 노력이 없었다면, 사람들은 축적 과정에서 으깨지고 버려지기만 했겠죠. 그리고 이런 맥락에서 주부화는 가족을 지탱하고 노동을 보충함으로써 축적이 지속되게끔 만들었어요. 아니, 더 나아가 축적이 확장될 수 있게 만들었어요. 하지만 '아니요'의 측면에서 보면, 주부화의 중간계급판과 노동계급판 모두 '규범적 잉여'를 내장한 '경제-외적' 가치를 공들여 다듬었고, 적절한 환경에서는 비판을 위한 힘을 제공할 수도 있었죠. 하지만 이런 측면에는 세심한 자격 심사가 필요해요. 연대와 돌봄이라는 사회적 재생산 규범에 바탕을 둔 비판은 양날의 칼이거든요. 잠재적으로 변혁적이기도 하지만, 쉽게 젠더 본질주의적 고정관

넘으로 회귀하기도 하죠. 가정 영역의 보호라는 이상은 최선의 경우에는 비시장적 가치의 단호한 주장이고, 자본의 이윤 극대화 요구에 맞서는 반격이에요. 하지만 이 이상은 반대편의 용어로 규정되기도 하죠. '자유'시장 합리성이라는 동전의 뒷면이나, 여성 종속의 논리적 근거로 말이에요. 이 이상에 담긴 비판의 힘은 결국에는 시스템을 변혁하기보다는 시스템에 순응하는 경우가 더 많아요.

예기 네, 동전의 뒷면이지만, 일정한 모순적 태도와 정서적 필요를 잠재적으로 창출한다고 볼 수도 있지 않을까요? 그리고 오늘날 바로 이런 일이 벌어지고 있는 것은 아닌가요?

프레이저 재생산 규범은 확실히 모순적이고, 이런 규범과 연계된 경험 역시 마찬가지죠. 이 규범과 경험 모두, 재생산 위기로 나아가는 자본주의의 뿌리 깊은 경향의 표현이에요. 따라서 참으로 당연하게도, 이런 규범과 경험은 생산/재생산 모순의 모든 긴장과 이율배반을 구현해요. 문제는 이것이죠. 어떤 조건 아래에서 이 규범과 경험의 비판적–변혁적 측면이 전면에 드러나는가? 우리 시대를 놓고 본다면, 긍정적 전망과 부정적 전망이 뒤섞여 있다고 말하고 싶네요. 긍정적 측면에서 보면, 페미니즘 사상이 그리 광범하게 지지받지 못했던 과거와는 달리 오늘날에는 연대와 돌봄의 가치를 가정 영역과 집에 갇혀 있는 어머니라는 젠더화된 이상으로부터 떼어내는 게 가능할지 몰라요. 원리상으로는, 새로운 유형의 페미니즘적 반자본주의를 통해 우리는 연대와 돌봄의 가치가 옳다고 옹호하면서도 이제껏 이런 가치를 체화했던 제도화된 형태, 즉 남성 지배와 얽혀 있던 형태를 거부할 수 있죠. 이런 전망은, 생산/재생산 결합체의 새로운 발명을 통해 이런 가치를 대안적으로 제도화하는 방식을 상상하는 데 영감을 줘요. 하지만 이 가능성이 반드시 실현되라는 법은 없죠. 오늘날 사회적 재생산이 겪는 심각한 긴장 탓에 사람들이 최악의 상황에 빠질 가능성도 있어요. 많은 사람이 잔뜩 웅크린 채 정서적·물리적 장벽을 쌓는 식으로 대응할 수 있죠. 연대의 고리가 오그라들고 '우리'를 '저들'과 분리하는 선이 굳어질 수 있어요. 이것은 적어도, 반동적 포퓰리즘의 현재적 형태 이면에 도사린 충동이에요. 현재까지는 이런 반동적 포퓰리즘이 진보적 신자유주의에 맞서는 주된 대안이죠. 분명히 우리가 바라거나 필요로 하는 대안은 아니에요. 여기에서 제가 발전시키고자 하는 분석은 다른 방향, 즉 진보적 포퓰리즘을 향하죠. 이는 적어도 이행 과정에서는, 민주적 사회주의로 나아가는 길의 중간 정차역이 될 거예요.

예기   금융화된 자본주의에서 현재 나타나는 정치적 균열선에 관한 흥미로운 진단이네요. 하지만 제 생각에 이에 관한 토론은 '자본주의에 맞서 겨루기'를 논의하는 4장으로 미뤄야겠어요.

자본주의의 역사적 자연들

예기   이제는, 지금까지 짚어본 주제들과는 대비되는 '자연'을 다뤄야겠네요. 이 세 번째 '감춰진 장소'와 우리가 방금 검토한 내용 사이에는 몇 가지 흥미로운 유사성이 있는 것 같아요. 페미니즘의 시각에서 사회적 재생산을 논한 덕분에 우리는 사회적 재생산이 역사적·사회적 측면에서 성격이 변형될 수 있다는 점을 명쾌히 알아차렸어요. 마르크스주의자들과 마르크스는 재생산 노동의 시스템적 역할에 시야가 한정돼 있었고, 스스로 성차별적이었던 탓에 계급투쟁이 단지 한 가지 주요 모순을 중심으로 완결된다는 식의 지극히 편협한 생각을 받아들이고 말았어요. 하지만 어떤 면에서는 마르크스주의 방법론 혹은 역사유물론 방법론이 페미니즘 방법론과 대단히 유사한 반(反)본질주의적 문제의식을 먼저 보여줬다고도 말할 수 있죠. 『독일 이데올로기』를 예로 들면, 인간은 삶의 조건을 생산하는 동물이에요.[23] 우리가 누구인지, 우리가 지닌 기술이 무엇인지와 관련된 모든 것은 과거의 노동이 물질화된 거죠. 우리가 거주하는 환경 역시 마찬가지예요. 이 역시 물질화된 노동이고, 따라서 역사가 있죠. 즉, 마르크스주의 방법론은 자연조차 탈자연화하는 입장에 가깝다고 할 수 있어요. 마르크스의 저작에서 자연이 공짜 수확물 역할을 한다는 생각에 의문을 제기하는 대목을 찾지 못하겠다는 점을 제외하면 말이죠. 이에 대해 벤야민(Walter Benjamin)은 자연이 '공짜로 존재한다'는 생각이 '노동에 대한 타락한 인식'을 보조하는 역할을 한다는 위대한 문구를 남겼어요.[24] 1장에서 선생님은 자연이 공짜임을 당연시하는 태도를 어떻게 바라보는지에 관해, 자연은 자본주의의 필수 배경 조건이라는 서술로 답했는데요. 한데 선생님은 이 관계 역시 역사화하고자 하나요? 아니면 이것은 역사와 상관없이 한결같은 것인가요?

프레이저   두말할 것 없이 우리는 '자연을 탈자연화'해야죠. 그리고 예기 선생 말이 맞아요. 이 대목에서 마르크스주의의 역사화 지향은 우리에게 도움이 되죠. 생태마르크스주의의 새로운 세대가 최근에 등장하고 나서야 이 역사화 지향을 자연에 대해 체계적으로 적용하기 시작했지만요. 하지만 마르크스가 자연을 무한히 이용할 수 있는 자원으로 여겨서 어떤 보상도 고려하지 않고 공짜로 써먹을 수 있다고 생각했다는 고발에 관해서라면, 마르크스를 변호하고 싶네요. 존 벨러미 포스터의 연구 덕분에 이제는 마르크스가 실제로 인간 노동을 부의 유일한 원천으로 여기지는 않았다는 게 널리 알려져 있어요. 오히려 마르크스는 자연과 노동이 함께 창조한 수확의 일반적 형태로 이해되는 '부'와, 자본주의에서 부가 취하는 제한되고 역사적으로 왜곡된 형태를 칭하기 위해 따로 남겨둔 용어인 '가치'를 구별했죠. 달리 말하면, '노동가치(부가 아니라!) 이론'을 제도화하고 이를 통해 자연의 기여가 눈에 띄지 않게 만든 것은 마르크스가 아니라 자본주의 사회예요. 또한 역시 포스터 덕분에, 생태적 약탈이 자본주의의 강력한 성향임을 마르크스가 비판적으로 파악했다는 사실이 널리 알려졌죠. 마르크스 시대에는 자본주의의 이러한 강력한 성향이 독일 화학자 유스투스 폰 리비히 Justus von Liebig가 이론화한 토양-영양소 순환 파괴를 통해 분명히 드러났어요. 마르크스는 리비히의 저작을 면밀히 연구했고, 토양 고갈의 화학에 관한 이 과학자의 설명을 산업자본주의에 관한 자신의 사회역사적 분석과 연결했죠. 이 시스템은 도시 프롤레타리아 대중에게 식량을 대기 위해 지속 불가능한 이윤 주도 영농을 도입했지만, 토양에서 약탈한 영양분을 토양에 되돌려주는 대신 도시 수로에 유기성 폐기물을 배출했어요. 그래서 농지의 지력을 소진하면서 동시에 도시도 오염시켰죠.[25]

마르크스는 19세기에 농촌과 도시 사이에 벌어진 '물질대사 균열'의 이러한 중대한 결과를 분명히 지적했죠. 마르크스는 생태적 측면에서 무감각하기는커녕 세상이 자본주의의 환경적 모순을 알아차리기 전에 벌써 이 문제와 씨름했어요.

예기 정말 그러네요. 마르크스가 이 두 가지 점에 관한 의문을 통해 성과를 남겼다는 사실을 인정할게요. 그럼에도 불구하고 선생님이 지적한 대로, 마르크스는 선생님이 1장에서 다듬은 것과 같은 의미에서 자본주의의 '생태적 모순'에 관한 체계적 비판을 발전시키지는 않았죠. 자, 그러면 이 물음에 답해주세요. 선생님의 시각에서는 이 모순을 어떻게 역사화하나요? 그리고 선생님의 접근법에는 자연 자체의 역사화가 꼭 필요한가요?

프레이저 네, 자연의 역사화가 반드시 필요하죠. 앞에서, 때 묻지 않은 원시의 자연을 자본주의가 손상했다고 낭만적으로 생각하는 것 아니냐며 예기 선생이 저한테 우려를 표했던 대목을 기억하나요? 그리고 제가 답하면서 자본주의의 생태적 모순에 관한 역사적 해석을 제시했던 것도 기억나나요? 저는, *주어진 시기에 주어진 지역에서 자본주의를 존립하게 하는 배경 조건을 제공하는 자연의 역사적으로 특수한 형태*에 자본이 무임승차한다고 말했죠. 또한 자연의 이 특수한 형태를 보충하지 않기 때문에 자연을 불안정에 빠뜨리며, 해당 시공간에 자본주의를 존립하게 해주는 바로 그 조건을 잠재적으로 위협한다고도 말했어요. 제 요점은 자본주의의 생태적 모순이 항상 역사적으로 표출된다는 거예요. 즉, 주어진 경제적 체제와 이와 결부된 자연의 역사적 형태 사이의 긴장의 특수한 조합으로 나타나죠. 이 점에서 저는, 대문자 N으로 시작하는 자연^{Nature}이 아니라 차라리 소문자로 시작하는, 복수의 '역사적 자연들^{natures}'을 말해야 한다고 주장하는 제이슨 W. 무어 같은 사상가에게 동의해요.

예기   '역사적 자연'의 각 형태에는 이미 이전의 인간 활동이 각인돼 있고, 각 형태에 특정한 역사적 형상을 부여한 것은 이런 인간 활동이라는 생각인 것 같은데요. 하지만 여기에서 이어지는 결론은 무엇이죠? 만약 대문자 '자연' 같은 것이 존재하지 않는다면, 모든 게 결국에는 '사회'나 '인간 역사'로 환원된다는 말씀인가요?

프레이저   아니요, 꼭 그렇지는 않아요. 제가 옹호하고 싶은 존재론은 좀 더 복잡하죠. 이 존재론은, 예기 선생의 물음에 함축된 형이상학적 이원론, 즉 대문자 '자연'(타성적이고 객체적이며 몰역사적이라 여겨지는)을 대문자 '인류'(역동적이며 '정신적'이고 역사적이라 여겨지는)와 대립시키는 이원론과는 거리를 둬요. 이런 이분법은 자본주의의 인위적 산물로서, 17세기 과학혁명과 선택적 친화성의 관계를 맺으며 발전했죠. 기계적 자연관은 그리스 철학과 그리스도교에서 물려받은 자연-인간 구별을 강화했고, 사회와 자연의 거리가 그리 멀지 않다는 이전의 가정 대신 둘 사이에 넓은 존재론적 간극을 만들어놓았어요. 그 결과, 대문자 '인간 주체와 사회성'의 우주에서 대문자 '자연'을 추방했고, 그러면서 동시에 '인간 주체와 사회성'을 자연의 완전한 대립물로 구축했어요. 이로부터 비롯된 세계관은 자연을 *외부화*했고, 때로는 '강간' 면허라도 받은 것처럼 보였죠.[26] 하지만 문제는 자연/사회 이분법이 가혹한 자원 착취를 조장했다는 것만이 아니에요. 또한 두 가지 점에서 잘못된 인식을 낳기도 하죠. 인간이 자연의 일부라는 사실과, 비인간 자연에 역사성이 있다는 사실을 제대로 인식하지 못하게 해요. 비인간 자연은 인간과 비인간 동물의 사회적 생활-과정과 철저히 중첩되어 있거든요.

예기 하지만 그렇게 이야기한다면, 인간과 자연의 구별을 무너뜨릴 위험은 없을까요? 게다가 그렇다면, 선생님의 주장도 자연/인간 이분법과 마찬가지로 의심스러운 또 다른 형이상학으로 끝나지는 않나요? 그리고 그것은 선생님이 반대하는 입장만큼이나 정치적으로 문제가 있는 건 아닌가요? 자연/인간 이분법이 자원 착취에 면허장을 준다면, 선생님의 주장은 하이데거$^{\text{Martin Heidegger}}$가 "내맡기고 있음^{Gelassenheit}"이라 부른 것, 즉 질병이 인간 집단을 황폐하게 만드는데도 수동적으로 지켜만 보는 태도를 정당화할 수 있어요.

프레이저 아니요, 그건 제 생각과는 달라요. 대문자 자연/인간 이분법을 거부한다고 해서 인간과 비인간 동물의 구별을 무너뜨리는 것은 아니에요. 인간 사회를 자신의 한 부분으로 품고 있는 생태계에 인간 사회를 용해해버리는 것도 아니고요. 인간 사회와 비인간 자연 모두 역사적이죠. 그리고 두 용어는 내적으로 연관되어 있어요. 오랜 시간에 걸쳐 인간 사회와 비인간 자연은 서로 적응하고 구속하며 조형하고 불안정에 빠뜨리죠. 저는 '사회생태적 관계'라는 문구를 좋아해요. 자연/사회가 얼마나 깊이 얽혀 있는지 보여주면서도 여전히 자연과 사회를 맥락에 따라 구별하게 해주거든요.

윌리엄 크로넌(William Cronon)의 저작을 참고해서 논점을 제시해볼게요. 크로넌은 '외적 자연'을 '인간 역사'와 의도적으로 분리시킨다고 알려진 존재론적 간극을 훌륭하게 해체했죠. 『자연의 메트로폴리스(Nature's Metropolis)』에서 크로넌은 19세기 초에 유럽인과 아메리카 선주민이 섞여 사는 자그마한 촌락이었던 시카고가 어떻게 몇십 년 만에 목재·곡물·축산물 교역을 위한 미국 내 단일 최대 화물 집결지로 뒤바뀌었는지, 이 도시가 동부의 주 공급처가 되면서 어떻게 서부의 전체 지형을 *자신의* 배후지로 재구축했는지, 시장의 흡인력을 통해 어떻게 생물 다양성이 넘치던 대평원을 단일 재배 농장과 목초지로 뒤바꾸었는지, 생산물이 어떻게 선물先物 거래를 통해 규격화되고 추상화됐는지, 어떻게 행운과 불운이 만들어졌는지, 도시/농촌 관계·정치권력·계급관계·지역 생태계가 어떻게 서로 통합된 공생 관계를 통해 함께 변형됐는지 보여줘요.[27] 크로넌의 설명에 따르면, '자연'과 '사회'는 서로 밀접하게 얽혀 있죠. 하지만 어느 쪽도 상대방으로 환원되지 않아요. 오히려 우리가 마주하는 것은, 19세기 미국 자본주의의 사회생태계에 관한 정밀하고 변증법적이며 철저히 역사적인 설명이죠. 제가 느끼기에는, 이것이 자본주의 사회에 대한 생태비판 이론의 올바른 존재론적 출발점이에요.

예기 자본주의에 생태 위기 경향이 내재해 있다는 선생님의 생각에 이 존재론을 어떻게 적용하려는 거죠? 달리 말해, 자본주의 사회의 사회/자연 분할을 어떻게 역사화하려 하나요?

프레이저 이 주제에 관한 저의 사유는 제임스 오코너에게서 크게 영향을 받았죠. 오코너는 우리의 대화에서 제가 발전시킨 유사 폴라니적 접근법을 선구적으로 개척했어요. 오코너는 '자본주의의 두 번째 모순'을 이론화한 것으로 유명한데, 이는 자본주의가 자신의 '자연적 생산 조건'을 허물어뜨리는 경향이 있음을 의미하죠. 자본주의는 특히 자원을 고갈시키고 폐기물을 배출함으로써 현재 진행되는 생산의 수익성을 위협한다는 거예요.[28] 제 접근법은 이런 발상에 기반을 두지만, 오코너와 달리 저는 자본에 끼치는 손해에만 집중하지 않아요. 점진적으로 고갈되는 '천연자원'의 고정된 총량을 가정하지도 않죠. 이 점과 관련하여 제 생각은 제이슨 W. 무어가 내놓은 좀 더 최근의 생태 위기이론과 친화성이 있어요. 무어는 '값싼 자연들'을 향한 자본의 요구가 자본이 확보할 수 있는 '값싼 자연들'을 추월하며 빠르게 상승한다는 사실에 모순의 핵심이 있다고 보죠.[29] '값싼 자연들'이란 말로 무어가 뜻하는 것은 자본이 재생산 비용을 지불하지 않는 '원자재'예요. 이런 발상은 사회적 재생산과 인종화된 수탈에 무임승차하는 자본에 관해 제가 말한 내용과 유사하죠. 자본이 무임승차한다는 것은 '자연'에도 들어맞아요. 실은 가장 잘 들어맞죠. 자본은 자신의 활동으로 발생시키는 생태적 재생산 비용을 온전히 지불하지 않거든요. 하지만 무어는 좀 더 특별한 내용을 염두에 두고 있죠. 무어는 무엇보다, 아직 '자본화'되지 않았고 공짜로 혹은 실제 비용보다 턱없이 낮은 가격에 '전유'될 수 있는 역사적 자연들에 주목해요. 이런 '새로운' 자연들을 얼마나 징발하여 생산에 집중적으로 투입하는지에 따라 자본은 임금노동에서 착취한 잉여 말고 '생태적 잉여'에서도 이익을 뽑아내죠. 여기에서 비롯되는 횡재를 좇아 자본은 해당 역사 국면에 주어진 '외곽 경계선' 바깥에서 새로운 자연들의 위치를 찾아내고 그 지도를 그리며 이를 전유해야 한다는 유혹을 받아요. 이 '외곽 경계선'은 이미 자본화한 자연들과, 전유의 대상이 될 수 있는 여전히 무법이 판치는 영토를 분리하죠. 하지만 여기에 함정이 있어요. 일단 상당한 규모의 '값싼 자연들'이 전유되고 나면, 이는 자본화된 구역에 들어와 상품이 되고 가치법칙에 종속되며 머지않아 더는 값싸지 않은 상태가 되죠.[30] 이것은 자본주의 생산에서 기술 혁신이 겪는 운명과 비슷해요. 기술 혁신은 처음에는 초과 이윤을 발생시키지만, 해당 산업 전체로 확산되어 이 산업을 운영하는 데 드는 통상적 비용의 일부가 되고, 그러면 이윤율이 하락하기 시작하죠. 그러다 결국은 위기가 발발해 새로운 축적 체제와 새로운 혁신 분출로 나아갈 길을 열어줘요.

무어는 자본주의의 생태적 모순이 띠는 역사성을 이론화하는 데 이런 낯익은 마르크스적 시나리오를 적용해요. 무어 역시 자본주의의 역사가 역사적으로 특수한 축적 체제들이 교대하며 이어진 과정이라고 이해하며, 각 축적 체제가 이전 체제의 위기를 해결하더라도 다시 그 자체의 모순에 휘둘린다고 봐요. 하지만 무어는 버밍엄학파 출신이기 때문에 이매뉴얼 월러스틴과 조반니 아리기를 따라서, 확장·상승 중인 A국면과 정체·쇠퇴 중인 B국면으로 각 체제를 나누죠. A국면에서는 새로운 값싼 자연들의 위치를 찾아내고 전유함으로써 생태적 잉여를 확장해요. 자본이 생태적 잉여를 활용할수록 생산성이 증대하고 이윤이 상승하고요. 하지만 B국면에서는 전유된 자연들이 자본화되어 자본주의 경제의 공식적이고 화폐된 영역 안으로 유입되며 사실상 정상화되죠. 생태적 잉여는 점차 줄어들고 결국에는 소진돼요. 이 과정은, 여전히 축적 체제의 토대 노릇을 하지만 더 이상 값싸지는 않은 자연들의 물질적 고갈과 동시에 진행될 수 있죠. 그렇다고 반드시 동시에 진행되는 것은 아니지만요. 각각의 경우마다 이 과정은 축적 체제의 위기를 몰고 와요. 그러면 새로운 값싼 자연들을 바탕으로 새로운 축적 체제가 출현할 무대가 열리죠.

예기 이 이야기는 여전히 경제주의적으로 들리는데요. 선생님의 설명에 따르면, 모든 게 자본의 수익성 문제에 의존하는 것처럼 보여요. 기능주의적 설명, 아니면 선생님의 용어로 '시스템-이론적' 위기관이에요. 이 설명이 헤게모니 위기나 사회적 투쟁에 어떤 의미를 지니는지 모르겠어요. 행위-이론적 차원은 도대체 어디에 있죠?

프레이저 네, 예기 선생이 무어 이론의 중요한 약점을 건드렸네요. 제 틀은 이 약점을 피하는 방향으로 고안됐죠. 자본화되지 않은 자연과 자본화된 자연을 분리하는 무어의 *외곽 경계선*^{frontier} 개념을 *자연/사회 경계선*^{boundary}이라는 제 생각과 대조하는 방식으로 제 전략을 설명해볼게요. 두 개념 모두 자본주의 사회를 구성하는 제도화된 분할을 가정해요. 위기 경향을 장착하며 역사적 변동에 따라 바뀌는 이러한 분할을 가정하죠. 하지만 비슷한 점은 여기까지만이에요. 예기 선생 말대로, 무어의 발상은 시스템 차원하고만 관련을 맺어요. 외곽 경계선이 정확히 어디에 자리하며 언제 이동하는지는 사회적 행동이 아니라 가치법칙에 의해 좌우되죠. 도덕적이거나 문화적인 문제로 이해되지도 않아요. 반면에 제 경우에는 자본주의의 생태적 경계선이 시스템 위기의 교차점일 뿐만 아니라 의미와 가치가 위상배열을 이루는 무대이기도 하죠. 이런 의미와 가치는 상호작용을 통해 경험되고 논란이 벌어져요. '자연'이 어떻게, 그리고 언제 '경제'에서 분리되거나 '경제'에 통합되는지는 이윤율을 둘러싼 갈등만큼이나 상식을 놓고 벌어지는 갈등과도 관련되죠. 자본주의의 다른 경계선들과 마찬가지로 자연과 사회라는 두 왕국을 가르는 경계선 역시 *사회적 투쟁*의 쟁점이고 쟁취 대상이에요. 경계선을 보존하거나 폐지하거나 재설정하려는 다양한 목표를 위해 행동에 나선 다수의 행위자가 경합을 벌이죠. 물론 축적의 경로 의존적 논리가 기준을 설정하며, 이 기준에 따라 기업들이 원자재와 에너지원에 투자하고 이를 개발·획득·사용하는 전략을 고안한다는 점을 부인하지는 않겠어요. 하지만 기업들은 또한, 공동체의 터전을 지키거나 지구 온난화를 중지시키는 것과 같은 전혀 다른 동기에 따라 행동하는 이들과 겨루어야만 해요. 이런 행위자들은, 굴착·채광·기업형 농업·산업형 어업에 반대하는 사회운동에서 기후변화에 관한 정부 간 협의체[IPCC]를 구성하는 과학자들 같은 시민사회 결사체, 기업 로비스트와 여론의 십자포화에 대응해 에너지·환경 정책을 정하는 정부, 마지막으로는 자산과 불로소득의 새로운 형태를 발생시키는 탄소거래제도와 특허법을 통해 탄소 배출과 생명공학을 규제하겠다고 하는 국제기관에 이르기까지, 정말 다양한 영역을 포괄해요. 이런 행위자들이 자본과 대치할 때, 자연/사회 경계선은 자본주의 사회에서 투쟁의 주된 무대이자 쟁취 대상이 되죠. 특히, 시스템의 궁지를 해결하기 어려워 보이고 기존 헤게모니가 이완되는 위기의 시기에 이 경계선은 난관에 처해요. 사회적 생존의 어떤 기본적 경로도 실현할 수 있을 것처럼 보이는 이런 시기에 환경 투쟁은 정치·재생산 투쟁과 하나로 모일 수 있고, 이 모든 투쟁이 계급, 인종, 젠더에 의해 굴절되는 과정을 거치며 결국 자연/사회 경계선을 다시 그을 수 있죠. 만약 이런 상황을 명확히 밝히길 바란다면, 비판 이론가들은 이 경계선이 두 차원에서 동시에 작동한다는 사실을 인식해야 해요. 무어가 파악한 것처럼 시스템 차원에서만 작동하는 게 아니라, 사회적 행위 차원에서도 작동한다는 거죠.

축적의 사회생태적 체제

예기 개념적 쟁점을 명확히 하는 데 도움이 되는군요. 하지만 생태-사회적 체제의 역사적 계열과, 이런 체제들 사이의 이행기를 구성하는 시스템적·사회적 위기에 관해, 여전히 선생님의 설명을 듣고 싶어요. 우리가 다루는 네 국면(중상주의적 자본주의, 자유주의적 자본주의, 국가-관리 자본주의, 금융화된 자본주의)마다 이것들이 어떻게 나타나는지 말해줄 수 있나요?

프레이저 그래야죠. 이번에도 중상주의적 자본주의로 시작해볼게요. 그리고 에너지 문제도요. 이 시대에는 농업과 제조업이 아직도 동물의 근력, 그러니까 인간 아니면 소, 말 등의 근력에 전적으로 의존했죠. 즉, J. R. 맥닐 John Robert McNeill이 '육체somatic' [에너지] 체제라 부른 것인데요. *살아 있는 존재가 생물자원에서 비롯된 먹이를 소화하면 그 신체에서 화학 에너지가 기계 에너지로 변환되는 체제였죠.*[31] 그래서 자본주의 초기에는, 그 이전 시기와 마찬가지로, 가용 에너지를 늘리는 길은 오직 정복뿐이었어요. 중상주의-자본주의 열강은 토지를 병합하고 징용을 통해 추가 노동 공급을 확보해야만 자국의 생산력을 증대시킬 수 있었죠. 그리고 앞에서 이미 확인한 대로, 열강이 다양하게 구사한 이런 방법들은 '구세계'에서 오랜 시험을 거친 뒤에 규모를 대폭 확장해 '신세계'에까지 적용된 것이었어요. 중상주의-자본주의 열강은 포토시의 은광에서부터 생도맹그의 노예제 플랜테이션 농장에 이르기까지 곳곳에서 토지와 노동을 혹독하게 부려먹어 녹초로 만들면서도, 이렇게 소진시킨 것에 대한 보충은 나 몰라라 했죠.[32] 한편 잉글랜드에서는 다른 수단을 통해 자본이 규모를 늘렸어요. 강제적인 토지 인클로저를 통해 농지가 양 방목지로 바뀌도록 재촉함으로써, 아직 기계가 도입되기 전에 벌써 직물 매뉴팩처[공장제 수공업]가 확대될 수 있게 한 거였죠. 앞에서 제가 언급했듯이, 자연을 인간 사회와는 근본적으로 다르고 외부적인 것으로 바라보는 새로운 기계적 사고가 과학혁명을 통해 배양된 것도 중상주의 시대의 일이었고요. 후대의 시점에서 돌아보면, 이 시기에 자본은 에피스테메적·생물적 역량을 축적하고 있었고, 이것의 더 큰 생산적 잠재력은 나중에 축적의 새로운 사회생태적 체제가 도래하고 나서야 분명히 드러났다고 할 수 있죠.

이 새 체제는 화석 에너지로 나아가는 세계사적 전환을 선도한 19세기 초 잉글랜드에서 꼴을 갖추기 시작했어요. 와트가 발명한, 석탄으로 가동되는 증기기관이 세계에서 최초로 '탈육체' 체제로 나아가는 길을 열었죠. 처음으로, 지표면 아래에서 탄소화된 태양 에너지를 채취해 이를 살아 있는 *신체* 바깥에서 기계 에너지로 전환했어요. 이 체제는 간접적으로만 생물자원과 연결되었기 때문에, 토지와 노동의 속박에서 생산력을 해방한 것처럼 보였죠. 동시에 이를 통해 새로운 역사적 자연이 탄생했어요. 과거에는 오직 몇몇 지역에서만 난방 재료로 사용되던 석탄이 이제는 국제적으로 거래되는 상품이 됐죠. 징발된 토지에서 석탄이 착취돼 대량으로 원격 수송되자, 수십억 년에 걸쳐 형성된 화석 에너지층이 기계화된 산업의 동력원으로서 눈 깜짝할 새 소모됐어요. 보충이나 오염은 걱정하지도 않았죠. 이와 마찬가지로 중요한 사실은 화석 에너지가 생산관계를 자신들에게 유리하게 뜯어고치려는 자본가들의 수단이 되었다는 점이에요. 1820년대와 1830년대에 파업으로 휘청거리던 영국의 방직산업 공장주들은 작업 과정에서 사용하는 동력의 대부분을 장소에 구속되는 수력에서 이동이 쉬운 증기력으로 전환했죠. 이것은 곧 시골에서 도시로 이동했다는 뜻이기도 해요. 덕분에 공장주들은 프롤레타리아화된 노동을 마음껏 공급받을 수 있었죠. 반면 노동자들은 공장이 농촌에 있을 때에 비해, 생계 수단에 접근할 통로는 줄어들고 공장 규율을 받아들이는 인내심은 더욱 늘어났어요.[33] 누가 보더라도, 착취 강화로 얻는 이득이 석탄에 드는 비용(수자원과 달리 석탄은 돈을 주고 구입해야 했거든요)을 압도했죠.

    자본주의 중심부에서 등장한, 화석연료에 바탕을 둔 생산은 자유주의적 자본주의 시기 내내 확장됐어요. 하지만 토지와 동물 근력에서 해방된 것처럼 보이던 외양은 실은 환상이었죠. 유럽과 북미의 탈육체적 산업화는 육체 에너지에 바탕을 둔 주변부의 자원 착취라는 감춰진 장소에 의존했어요. 맨체스터의 공장들이 시끄럽게 돌아가도록 만든 것은 자유롭지 못하고 종속적인 다량의 노동을 통해 식민화된 토지에서 짜낸 '값싼 자연들'의 대규모 수입이었죠. 값싼 면화를 공장에 공급했고, 값싼 설탕, 담배, 차로 공장을 움직이는 '일손

들'의 기운을 북돋웠어요. 말하자면, 겉으로는 노동과 토지를 절약하는 듯 보이던 것은 실은 '환경 부담 이전'의 한 형태였죠. 즉, 생물자원에 대한 수요의 방향을 중심부에서 주변부로 옮긴 셈이었어요.[34] 식민 열강은 식민지에서 제조업을 쓸어버리는 고의적인 조치를 통해 이 과정을 가속화했죠. 영국은 이집트와 인도에서 직물 생산을 파괴하고는 이집트와 인도를 영국 내 공장들을 위한 면화 공급지, 영국 면직물의 전속 시장으로 전락시켰어요. 생태제국주의를 다루는 비판가·역사가들은 이제야 이러한 비용 전가의 전체 규모를 추산하고 있죠.[35] 이들은 또한 반식민주의와 원시 환경주의 사이의 긴밀한 연관성을 밝혀내고 있어요. 식민 약탈에 맞선 농촌 투쟁은 '가난한 이들의 환경주의'이자, '환경 정의'라는 말이 등장하기도 전에 벌어진 '환경 정의' 투쟁이기도 했죠.[36] 또한 자연의 의미와 가치를 놓고 벌인 투쟁이기도 했고요. 낯선 '과학적' 인식에 따라 교육받은 유럽 제국주의자들이 자연과 문화를 확연히 구별하지 않는 공동체들을 무릎 꿇리려 하자 이런 투쟁이 등장했죠. 사실 '자유주의적' 자본주의는 다량의 새로운 역사적 자연들을 불러낸 다음에 이를 전유함으로써 주기적으로 자연과 문화의 경계선을 다시 그었어요. 그 결과, 중상주의 체제가 에피스테메 차원에서 대문자 인류의 타자로 외부화한 대문자 '자연'은 이제는 실제적 차원에서 주기적으로 내부화됐죠. 즉, 상품화되어 자본주의 경제 '내부'로 유입됐어요.

또 다른 부류의 내부화 조짐은 다음 시기인 국가-관리 자본주의에서 나타났죠. 이번에는, 자연을 정치적인 것의 관할권 '내부'로 들여옴으로써 국가 규제 대상으로 만드는 것이 기본 구상이었어요. 이를 주도한 것은 다름 아니라, 오늘날 환경문제 대응에 가장 미적대는 나라이자 기후변화 부정 국가인 미국이었죠. 영국 대신 글로벌 패권국이 된 미국은 포드주의를 선도함으로써, 정제 석유를 동력원으로 삼는 내연기관을 중심에 둔 새로운 탈육체-에너지-산업 복합체를 탄생시켰어요. 그 결과, 자동차 시대가 열렸죠. 자동차는 소비주의적 자유의 상징, 고속도로 건설의 촉매, 교외화를 가능하게 만든 원동력, 탄소 배출의 원흉, 지정학 변동의 원인이었죠. 이에 따라 석탄을 연료로 삼았던 '탄소 민주주의'[37]는 석유를 연료로 삼는 독특한 미국판 '탄소 민주주의'에 자리를 물려줬어요.

동시에 미국은 강력한 환경운동을 야기했어요. 미국에서 환경운동은 처음에는 자연 보호(부자들의 환경주의)에 집중하다가 나중에는 공해와 유독물질 투기에 초점을 맞추었죠(자본주의 산업에 대한 국가 규제의 환경주의). 사회적 재생산을 지원한 뉴딜 기관들과 상당히 유사한 기관으로서 환경보호청EPA이 국가-관리 자본주의 체제의 말기인 1970년에 설립됐는데, 이것은 '외부 효과'를 국가 규제 대상으로 삼음으로써 시스템 위기를 완화하려는 마지막 주요 시도였어요. EPA에서 백미는 자본으로부터 푼돈을 걷어 유독 폐기물로 오염된 곳을 정화하는 임무를 맡은 슈퍼펀드Super Fund였죠. 이 펀드는 석유·화학산업에 과세해 재정을 충당했고, 오늘날의 탄소 거래와 같은 시장 중심 제도가 아니라 자본주의 국가의 강제적 기관을 통해 '오염자 부담' 원칙을 실현했어요. 하지만 국가-관리 자본주의의 자연 규제는 이런 점에서는 진보적이었지만, (사회적 재생산의 경우와 마찬가지로) 썩 훌륭하지 않은 감춰진 장소에 일정하게 발을 딛고 있었죠. 중심부의 환경 인종주의(생태적 '외부 효과'는 다른 이들보다 주로 가난한 유색인 공동체에 떠넘겨졌어요.)와, 주변부의 지속적인 육체적 착취주의와 환경 부담 이전이 바로 그 감춰진 장소예요. 이 체제에서 빼놓을 수 없는 또 다른 요소는 미국이 후원한 라틴아메리카와 페르시아만의 숱한 쿠데타죠. 이런 쿠데타의 목적은 농산물 대기업과 석유 대기업의 이윤과 입지를 보호하는 것이었어요. 석유를 연료로 삼은 국내 사회민주주의가 해외의 군부 과두제 우두머리들에게 의존했다는 것은 틀림없는 사실이죠.[38] 게다가 마지막으로 말하지만, 결코 무시할 수 없는 사실은 국가-관리 체제가 이후에 기하급수적으로 증가할 탄소 배출을 꾸준히 지속했다는 점이에요.

이 모든 '비재화^{bads}'는 금융화된 자본주의 시대인 오늘날까지도 약물이라도 복용한 듯 기운차게 계속되고 있어요. 다만 그 토대가 바뀌었죠. 제조업이 남반구로 이전함으로써 이전의 에너지 지리학이 뒤죽박죽됐어요. 이제는 육체적 에너지 편성$^{energy\ formation}$과 탈육체적 에너지 편성이 아시아, 라틴아메리카 전역에서, 그리고 아프리카 남부 일부 지역에서 서로 밀접한 관계를 맺으며 공존하죠. 한편 북반구는 점차 IT, 서비스, 금융이라는 '탈물질화' 3대 산업에 특화돼요. 요컨대 구글, 아마존, 골드만삭스 말이에요. 하지만 이번에도 자연에서 해방된 것 같은 외양은 사실과 다르죠. 북반구의 '탈물질주의'는 남반구의 물질주의(채굴, 농경, 제조업)에 의존해요. 또한 북반구의 소비는 에너지 집약적이고, 여전히 석탄과 석유를 주 연료로 삼다가 이제는 수압파쇄로 얻은 석유와 천연가스로 이를 보완하죠. 이런 와중에 여기저기에서 재생에너지를 추가하고 있지만, 탄소 발자국 총량은 줄이지 못하고 있어요. 전반적인 결과는 남반구에 지구환경 부담을 다른 곳보다 여전히 더 많이 전가하는 것으로 나타나고 있죠. 도시의 극단적 오염, 시골의 엄청난 자원 착취, 해수면 상승과 극단적 기후처럼 점점 치명적인 지구 온난화의 충격에 대한 취약성 등등 말이에요. 이 중에서 지구 온난화의 여파는 전지구적 규모로 기후로 인한 이민과 환경 난민을 낳고 있어요.

남반구와 북반구의 이런 비대칭은 자연에 대한 새로운 신자유주의적 상상력을 전제하는 금융화된 새 규제 양식에 의해 더욱 심해지고 있죠. 공적 권력이 정당성을 인정받지 못하자 시장 스스로 효과적인 거버넌스의 주된 메커니즘 역할을 할 수 있다는 새로운/오래된 생각이 대두했고, 이제는 시장이 탄소 배출 감축을 통해 행성을 구제하는 임무까지 떠맡고 있어요. 탄소 거래를 봐요! 하지만 현실에서 이런 기획은 지구 경제를 탈탄소화하고 그 에너지 기반을 전환하는 데 필요한 대규모 공동 투자 같은 것에 자본이 거리를 두게 할 뿐이에요. 대신에 화폐는 '탄소 배출권', '생태계 서비스', '탄소 상쇄', '환경 파생상품' 같은 투기 거래로 흘러 들어가죠.[39] 자연에 대한 새로운 존재론 덕분에 이런 '규제'가 가능해지고, 또한 이런 '규제'를 통해 새로운 존재론이 더욱 성장해요. 금융화된 자본주의는 자연을 직접적으로 상품화하지 않는 경우에도 자연을 경제화하죠. 이곳에서 탄소를 내뿜는 공장이 다른 곳의 나무 심기를 통해 '상쇄'될 수 있다는 생각은 대체 가능하고 통약 가능한[공통 척도로 측정될 수 있는] 단위로 구성된 '자연'을 가정해요. 이런 자연관에서는 장소에 따른 특성, 질적 특징, 의미의 경험 따위는 그리 중요하지 않으며, 무시될 수 있죠.[40] 환경 경제학자들이 사랑하는 가설적 경매 시나리오도 마찬가지예요. 다양한 행위자들이 '자연 자산'에 대한 경쟁적 '선호'를 실현하기 위해 어느 정도나 지불할 용의가 있는지에 따라 해당 '자연 자산'에 가치를 부여한다는 게 이 이론의 요지죠. 선주민 공동체가 지역 어획량을 고갈시킬 위험이 있는 다국적 대기업 선단을 경매에서 이겨서 삶의 터전을 지킬 만큼 '투자를 받는다'고요? 이게 불가능하다면, '자산'의 합리적 사용이란 이를 상업적으로 착취하게 허용하는 것을 의미할 뿐이죠.[41] 이러한 '녹색 자본주의' 시나리오는 자연을 내부화하는 또 다른 방식이에요. 에피스테메적 추상화에 의해 만들어진 금융화된 자연은 동시에 수탈의 도구이기도 해요.

이런 조건 아래에서 환경 투쟁의 문법 또한 바뀌고 있어요. 이전 시기의 국가 지향적 흐름은 시장의 위세와 초국적 거버넌스의 유행 탓에 영향력의 전부는 아니어도 상당 부분을 잃었죠. 동시에 좀 더 오래된 자연 보호 흐름은 '녹색 자본주의'로 쏠린 분파와, '환경 정의'를 지향하는 분파로 분열됐어요. 남반구의 '가난한 이들의 환경주의'도 나름대로 초국화하고 있죠. 남반구 운동끼리 연계할 뿐만 아니라 '환경 인종주의'를 공격하는 북반구 흐름과도 연계하고 있어요. 이런 운동가들 가운데 일부는 대기업과 금융자본에, 그리고 이들의 명령에 따르는 국가에 대립하는 입장을 취해요. 그런가 하면 또 다른 이들은 '노동'과 싸우려 들죠. 이를테면 노동계급 중에서 생계를 꾸려나가기 위해 '발전'에 의존하는 계층에 맞서려 해요. 하지만 어떤 경우든 '자연'을 놓고 벌어지는 오늘날의 투쟁은 두 차원에서 동시에 진행되죠. 즉, '자연'의 의미를 놓고 펼치는 경합이면서 또한 삶의 물질적 토대를 놓고 벌이는 갈등이에요.

인종화된 축적의 체제

예기   네, 자본주의의 역사에서 사회생태적 체제가 교대하며 이어진 과정에 관한 아주 흥미로운 요약이네요. 하지만 이제 마지막으로 수탈이라는 감춰진 장소로 돌아가보죠. 앞 장에서 선생님은 착취라는 자본주의의 전경이 책임 회피 대상인 수탈이라는 배경 이야기에 의존한다고 주장했어요. 또한 수탈과 착취의 구조적 분할이 자본주의가 존속 기간 내내 끈덕지게 제국주의, 인종적 억압과 뒤엉킨 근본 원인이라고도 주장했죠. 아무래도 선생님은 이 뒤엉킴 역시 서로 다른 국면마다 서로 다른 형태를 취한다고 생각할 것 같은데요. 자, 이제는 착취와 수탈의 관계를 역사화해보고 싶지 않나요? 그렇다면 과연 어떤 방식으로 이 작업을 수행할 수 있을까요? 우리가 짚은 네 가지 축적 체제마다 이 관계가 취한 서로 다른 형태를 어떻게 기술할 수 있을까요?

프레이저   당연히 저는 이 관계를 역사화하고 싶어요. 자본주의의 어떤 국면에서는 수탈과 착취가 지리학과 인구학의 측면에서 명확히 분리됐죠. 착취는 유럽 중심부에서 주로 벌어졌고 (백인 남성) '노동귀족'의 몫이었던 반면에, 수탈은 주로 주변부를 무대로 삼았고 유색인에게 강요됐어요. 하지만 최근에는 이 분할이 모호해졌죠. 일부 예속민은 수탈에서 착취로 나아간 것처럼 보이지만, 수탈이 사라지지는 않았어요. 한편 과거에 착취'만' 당하는 지위를 누렸던 자유로운 개인들이 점점 수탈당하는 신세가 되었죠. 오늘날 우리가 마주한 상황을 저는 그렇게 봐요.

이러한 변이를 이해하려면 자본주의의 역사를 *인종화된 축적의 체제들*이 교대하며 이어진 과정으로 재서술해야 하죠. 즉, 우리가 다룬 각각의 네 가지 국면에서 수탈과 착취가 맺은 역사적으로 특수한 관계를 부각해야 해요. 체제마다 수탈과 착취의 지리학과 인구학을 구체화해야 하죠. 수탈과 착취는 얼마만큼 분리되어 있는가? 즉, 서로 다른 지역에 자리하고, 뚜렷이 구별되는 인구집단에 배당되었는가? 이들은 어느 정도나 말 그대로 상호 중첩되어 있으며, 전체적인 형세배열에서 각각의 상대적 비중은 어떠한가? 각 국면의 특징을 이룬 정치적 주체화의 형태는 무엇인가? 그리고 지위 위계제가 다른 특징과 상호작용하여 축적 체제마다 특수한 인종화 역학을 발생시키는 방식은 어떠했는가?

예기 좋아요, 중상주의적 자본주의를 시작으로 다시 한번 축적 체제들이 교대하며 이어진 과정을 훑어보죠.

프레이저 중상주의적 자본주의는 마르크스가 '시초 축적'이라는 말을 새로 만들면서 염두에 뒀던 시대죠. 제 생각에 마르크스가 이 신조어로 뜻하고자 한 바는, 자본주의의 이 국면에서 축적의 주된 동인이 착취가 아니라 수탈이었다는 사실이에요. 중심부에서 토지 인클로저로 나타나고 동시에 주변부 곳곳에서 정복, 약탈, "검은 피부를 지닌 사람들에 대한 상업적 사냥"으로 나타난 이 게임의 이름은 징발이었죠.[42] 이 모든 일이 근대 산업의 등장보다 훨씬 전에 벌어졌어요. 공장 노동자에 대한 대규모 착취가 대두하기 전에 유럽과 아시아, 특히 아프리카와 '신세계'에서 신체, 노동, 토지, 광물자원에 대한 대량 수탈이 출현했죠. 상업자본주의에서는 수탈이 착취를 말 그대로 압도했어요. 그리고 이 점은 지위 위계제에 엄청난 함의를 갖죠. 한편으로 이 체제는 인종화된 주체화의 전조를 낳으며, 이는 후대에 중대한 의미를 지니죠. '유럽인' 대 '선주민', 자유로운 개인 대 동산 노예, '백인' 대 '흑인'의 구별 말이에요. 다른 한편으로, 재산이 없는 모든 사람이 권리를 보유한 시민이 아니라 신민/속민의 지위였던 이 시대에는 이러한 구별이 그다지 첨예하지는 않았죠. 이런 상황에서는 모든 사람이 수탈을 막아줄 정치적 보호 없이 살아갔고, 대다수는 자유가 아니라 종속의 상태였어요. 그 결과, 지위는 특별한 낙인을 수반하지 않았어요. 이런 낙인은 다음에 올 자본주의 국면에야 새겨지는데, 이 시기에 중심부의 다수 민족에 속한 남성 노동자들은 정치 투쟁을 통해 자유권을 쟁취했죠. 그리고 나서야 식민 본국의 (부분적) 민주화, 공장에 바탕을 둔 *자유로운* 임금노동의 대규모 착취의 출현과 동시에 '자유 인종'과 '종속 인종'의 대비가 뚜렷해졌고, 근대 자본주의의 전형적인 인종 질서가 등장했어요.

 19세기에 중상주의적 자본주의에서 자유주의적 자본주의로 전환하자 새로운 형세배열이 나타났죠. 수탈과 착취가 좀 더 균형을 맞추고 연결됐어요. 우리가 봤듯이, 토지와 노동의 징발이 서로 보조를 맞추며 계속됐어요. 유럽 국가들이 식민 통치를 굳건히 다졌고, 미국은 처음에는 인종화된 노예제를 확대함으로써, 그러다 노예제 폐지 이후에는 물납 소작제를 통해 자유인을 채무 노예로 전락시킴으로써 '내부 식민지'를 영속시켰거든요. 하지만 이제는 주변부의 꾸준한 수탈이 높은 이윤을 거두는 중심부의 착취와 뒤얽혔죠. 새로 등장한 요소는, 마르크스가 머릿속에 그렸던 프롤레타리아트를 단

런시키고 전통적인 삶의 형태를 전복시키며 계급 갈등을 촉발한 대규모 공장 기반 제조업이었어요. 결국 식민 본국을 민주화하려는 투쟁은 피착취 (남성) 노동자에게 시스템에 순응하는 형태의 시민권이 부여되는 것으로 귀결됐죠. 하지만 이와 동시에 반식민 투쟁에 대한 잔혹한 진압을 통해 주변부에서는 종속이 안정적으로 지속됐어요. 이에 따라 종속과 자유의 대비가 뚜렷해졌고, 점차 인종화됐죠. 예를 들어, 미국에서는 시민-노동자 지위가 동산 노예와 아메리카 선주민의 종속적이고 품격 낮은 처지와 대조를 이루면서 자유의 후광을 획득했어요. 동산 노예와 선주민을 대상으로는 인격과 토지를 반복적으로 징발해도 형사 처벌을 받지 않았죠.[43] 그 결과, *자유로운 피착취 시민-노동자*와 종속적인 *피수탈 예속민*이라는 두 지위가 서로를 구성하게 됐어요. 즉, 이 두 지위는 서로를 공동으로 규정했죠.

자유주의적 자본주의에서는 수탈과 착취가 뚜렷이 분할됨으로써 인종화가 더욱 강화됐어요. 이 체제에서는 수탈과 착취가 서로 다른 지역을 무대로 삼고 서로 다른 인구집단에(수탈은 식민지 대중에게, 착취는 '자유로운' 대중에게) 배당됐죠. 하지만 사실 이 분할은 그렇게 깔끔하지는 않았어요. 일부 자원 착취적 산업은 식민지 예속민을 임금노동자로 고용했고, 자본주의 중심부의 피착취 노동자 중 소수만이 꾸준히 진행 중이던 수탈에서 완전히 벗어나는 데 성공했거든요. 게다가 외관상으로는 분리된 것처럼 보였지만, 축적의 두 메커니즘은 체계적으로 상호 중첩돼 *착취-수탈 결합체*를 구성했죠. 우리가 앞에서 살펴본 대로, 이 결합체에서는 다름 아닌 주변부(중심부 내부에 자리한 주변부를 포함하는) 인구집단의 수탈을 통해 값싼 식료품, 의류, 광물, 에너지가 공급됐어요. 이런 식의 공급이 없었다면, 식민 본국에서 산업 노동자를 착취해도 이윤이 크지 않았겠죠. 이런 점에서 자유주의 시대에 수탈과 착취는 단일한 세계자본주의 시스템에서 서로 구별되면서도 한 목적을 위해 조정된 축적 엔진들이었어요.

이리하여 국가-관리 자본주의로 넘어가죠. 이 단계에서 수탈/착취 분할은 폐지까지는 아니어도 어쨌든 완화됐어요. 그리고 수탈/착취 분할의 완화로 인해 새로운 요소가 등장했죠. 이제는 수탈과 착취가 서로를 배제하는 게 아니라 직접적으로 결합할 수 있는 것으로 밝혀졌어요. 제가 염두에 둔 것은 자본주의 중심부의 분절화된 노동시장이에요. 이런 분절화된 노동시장을 배경으로 자본은 인종화된 임금노동자에게 '백인'보다 적은 급여, 더 나아가 재생산에 드는 사회적 필요비용보다 더 적은 급여를 지불함으로써 약탈적인 초과 이익을 뽑아냈죠. 이 경우에 수탈은 착취와 직접적으로 접합됨으로써 임금노동의 내부 구성에 포함됐어요. 이것이 20세기 미국 상황이었죠. 미국에서는 농업 기계화로 인해 아프리카계 미국인들이 북부 도시에 모여들었고, 그곳에서 산업 프롤레타리아트로 많이들 합류했지만, 주로 이등급 노동자로서 '백인'보다 적은 급여를 받으며 가장 지저분하고 천대받는 일자리에 배정됐어요. 이 시기에 아프리카계 미국인의 착취에는 수탈이 덧씌워졌죠. 자본이 재생산 비용을 충분히 지급하지 않았거든요. 게다가 이런 상태는 짐크로법을 통한 지속적인 정치적 종속으로 더욱 강화됐죠. 국가-관리 자본주의 시기 내내 아프리카계 미국인은 정치적 보호를 받지 못했어요. 인종 간 분리, 참정권 박탈, 그 밖의 무수한 제도화된 능멸을 통해 시민권을 온전히 인정받지 못한 거예요. 공장에 고용되어 있을 때조차 이들은 여전히, 권리를 보유한 자유로운 개인이 아니었죠. 착취와 수탈을 동시에 당하는 존재였어요.

예기 아프리카계 미국인이 하층 지위와 관련돼 있다는 점은 인정해요. 하지만 이것을 좀 더 극단적인 형태의 착취가 아니라, 이와 대비되는 수탈로 분류해야 하는 이유를 선생님이 과연 명쾌히 제시할 수 있을지는 잘 모르겠어요. 이것은 인종 분리 체제의 결과, 그러니까 아프리카계 미국인에게 시민적·정치적 권리를 체계적으로 거부한 사실에서 비롯된 결과 아닌가요? 아니면 노예제의 역사에서 비롯된, 지속적이고 경로 의존적인 영향과 관련 있지 않나요? 선생님의 명제에 반대하지는 않지만, 박탈이나 수탈 개념이 수반하는 한 가지 위험은 폭이 지나치게 넓어질 수 있다는 점임을 잊어선 안 되죠. 예를 들어, 하비는 개념을 너무 확대해, 자신이 '박탈'이라 기술한 모든 것이 도대체 어떻게 하나로 분류될 수 있는지, 아니, 공동의 특징이 있기나 한지 알기 힘든 지경에 빠뜨리고 말아요. 질문을 달리해볼게요. 선생님은 착취가 수탈이 되는 지점을 어떻게 정확히 판정하나요?

프레이저 제가 보기에 수탈과 착취는 두 가지 점에서 구별돼요. 한 가지는 '경제적'이고, 다른 한 가지는 '정치적'이죠. 첫째로 '경제적'인 지점은, 착취의 경우에 자본은 생산에 고용된 노동을 보충하는 비용을 떠맡지만, 수탈은 그렇지 않다는 거예요. 둘째로 '정치적'인 차이는, 피착취 노동자는 국가 보호를 누릴 수 있는 자유로운 개인이고 권리를 보유한 시민이지만, 피수탈 예속민은 공적 권력에 약탈과 폭력에 맞서 지켜달라고 요청할 수 없는 종속적인 존재라는 점이죠. 아프리카계 미국인의 상황에서 유별난 점은 다음 두 가지 측면에서 양쪽에 걸쳐졌다는 거예요. 첫째, 국가-관리 자본주의에서 인종화된 노동은 임금을 받았지만, 급여 수준이 재생산에 드는 평균적인 사회적 필요비용보다 낮았어요. 둘째로, 이 축적 체제에서 아프리카계 미국인은 자유로운 개인과 미국 시민이라는 형식적 지위를 가졌지만, 공적 권력에 이 권리를 지켜달라고 요구할 수 없었죠. 오히려 폭력에서 이들을 보호해야 하는 공적 권력이 폭력의 가해자인 경우가 많았어요. 이렇게 두 가지 점에서 미국 흑인 노동계급의 상황에는 수탈의 요소와 착취의 요소가 결합돼 있었죠. '초착취'라는 아주 친숙한 개념보다는 이렇게 수탈과 착취의 혼합물 혹은 혼종으로 봐야 미국 흑인 노동계급의 처지를 더 잘 이해할 수 있어요.[44] '초착취'라는 용어는 풍부한 시사점을 담고 있기는 하지만, 인종 간 임금 격차의 경제학에만 집중하고 지위 차이는 무시하죠. 반면에 제 접근법의 목적은 *경제적 약탈과 정치적 종속*이 서로 얽혀 있음을 드러내는 데 있어요. 이를 통해, 주어진 인종화된 축적 체제의 구조적 특징뿐만 아니라 이런 구조적 특징을 이전 체제와 연결하는 경로 의존성 또한 파악하려 해요.

예기 지금까지 중심부와 주변부에 관해 이야기하면서, 이 관계가 최초의 두 축적 체제 아래에서 선생님이 박탈과 수탈에 관해 기술한 내용의 커다란 부분을 차지했다는 사실을 살펴봤는데요. 물론 우리가 국가-관리 자본주의라 부르는 시기에는 식민지 해방 투쟁의 거대한 물결이 쇄도하기도 했죠. 그렇다고 주변부에서 서구 제국주의가 끝난 것은 분명히 아니었어요. 이런 포스트식민 상황을 방금 말한 용어로, 그러니까 착취에 수탈의 그늘이 드리운 일종의 '혼종'으로 표현할 수 있을까요?

프레이저   네, 그렇게 표현할 수 있겠네요. 예기 선생이 말했듯, 국가-관리 자본주의 시기 내내 탈식민화 투쟁이 폭발했고, 제2차 세계대전 직후에 특히 집중적으로 전개됐죠. 정치적 독립을 쟁취하고 나서 몇몇 포스트식민 사회는 피수탈 예속민의 지위를 피착취 시민-노동자의 지위로 격상시키는 데 성공했어요. 하지만 피착취-시민 노동자라고 해도 그 조건이 불안정하고 열등했죠. '불균등교환'을 전제하는 전지구적 경제에서 포스트식민 사회의 시민-노동자에 대한 착취에도 수탈이 덧씌워졌어요. 식민 통치는 전복됐지만, 포스트식민 사회에 불리한 쪽으로 편향된 무역 체제가 주변부에서 가치를 빨아들여 중심부로 이동시켰거든요. 물론 이런 제한된 진보조차 만인에게 해당되지는 않았죠. 더 많은 주변부 예속민이 임금 결합체 바깥에 머물렀고, 노골적인 징발의 대상이 됐어요. 하지만 이제는 외국 정부와 초국적 기업만 수탈을 자행한 게 아니었죠. 포스트식민 국가도 수탈에 나섰어요. 주로 수입 대체 산업화에 주력한 포스트식민 국가의 '발전' 전략은 '자국' 토착 인구집단에 대한 수탈을 수반하는 경우가 많았거든요. 게다가 농민과 노동자의 처지를 개선하려고 진지한 노력을 펼친 발전국가 역시 제대로 성공할 수 없었어요. 제한된 국가 자원, 신제국주의적인 투자·무역 체제, 현재진행형 토지박탈 등이 한데 뭉친 결과로 포스트식민 사회에서는 수탈과 착취를 가르는 선이 여전히 모호했죠.

그리고 이것이 제가 이 대목에서 강조하고 싶은 점이에요. 국가-

관리 자본주의에서 착취는 더 이상 수탈과 분리된 게 아님이 드러났죠. 오히려 이 축적 체제에서는 축적의 두 메커니즘이 각국 내부에서 접합됐어요. 한편으로는 인종화된 노동으로 접합됐고, 다른 한편으로는 포스트식민 국가의 하자투성이 시민권으로 접합됐죠. 그러고도 수탈/착취의 구별은 사라지지 않았고, 각각의 '순수한' 버전이 중심부와 주변부에서 끈덕지게 지속됐어요. 여전히 상당수 인구 집단이 순전히 수탈만 당했는데, 이들은 예외 없이 유색인이었죠. 또 다른 이들은 '오직' 착취만 당했는데, 압도적으로 유럽인·'백인'이었고요. 하지만 새로운 점은, 수탈과 착취를 동시에 당하는 일부 대중의 혼종적 사례가 출현했다는 거예요. 이런 사람들은 국가-관리 자본주의 아래에서는 아직 소수였지만, 다가올 세상을 알리는 전령이었죠. 현 국면으로 시선을 돌리면, 수탈/착취 혼종의 엄청난 확장을 목격하거든요.

예기   그러면 선생님의 주장은 수탈과 착취의 구별이 점점 무너지고 있다는 것이군요. 국가-관리 자본주의 아래에서 처음 무너지기 시작했고, 오늘날은 더욱 심해졌고요. 현재의 금융화된 자본주의 체제에서 이것은 얼마나 중요한 의미를 갖나요? 어떤 점 때문에 현 축적 체제가 여전히 인종주의와 인종 관계에 의존한다고 보는 건가요?

프레이저   금융화된 자본주의는 새로운 수탈/착취 결합체에 의존하는데, 이 결합체의 독특함은 두 가지 중요한 특징에 있어요. 첫째는 수탈/착취의 지리학과 인구학에서 극적인 전환이 일어났다는 거예요. 아주 큰 규모의 산업적 착취가 이제는 역사적 중심부 바깥에서, 반# 주변부의 브릭스BRICS 국가들에서 발생해요. 그리고 이게 두 번째 특징인데, 동시에 수탈이 증가하고 있어요. 너무 많이 증가해서 실제로 자본 축적의 동인이자 가치의 원천이라는 측면에서 다시 한 번 착취를 추월하기 일보직전이죠. 이 두 측면은 긴밀히 연결돼 있어요. 수탈이 보편화되고 있고, 전통적 예속민뿐만 아니라 이전에 시민-노동자 지위를 통해 보호받던 이들까지 괴롭히고 있죠. 역사적 중심부에서는 저임금 불안정 서비스 일자리가 노동조합이 조직된 산업 노동을 대체하고 있고, 정부가 투자자의 명령에 따라 공공재와 사회서비스를 감축하고 있어요. 그래서 이제는 자본이 다수의 노동자에게 재생산에 드는 사회적 필요비용보다 적은 급여를 주는 게 예사죠. 그 결과, 이 노동자들은 먹고살기 위해 소비자 부채에 의지하지 않을 수 없고, 이것은 곧 수탈을 도저히 피할 수 없다는 뜻이에요. 금융 부문은 아찔할 만큼 많은 대출 상품을 통해 투자자를 살찌우고, 피부색을 가리지 않고 모든 시민-노동자를 수탈하죠. 하지만 이런 금융 부문의 힘은 다른 누구보다 인종화된 채무자에게 상처를 입히고 있어요. 인종화된 채무자는 초수탈적인 '서브프라임' 주택담보대출과 고금리 단기 사채payday loans를 이용하도록 유혹당하거든요.

한편 산업 공정이 브릭스로 이전함에 따라 이 나라들에서 착취가 강화됐죠. 여기에는 특별 지정된 '수출자유지대'도 포함돼요. 하지만 이렇게 심화된 착취는 수탈과 결합하죠. 자본이 공식 경제 바깥에서 형성된 새로운 노동 공급원을 동원하고, 이런 노동자에게는 재생산 비용을 제대로 지불하지 않거든요. 동시에 IMF 같은 글로벌 금융기관들은 외채에 허덕이는 포스트식민 국가들에 긴축을 실시하게끔 강요하죠. 이 기관들은 공공 서비스를 감축하고 공공 자산을 사유화하며 해외 경쟁에 시장을 개방할 것을 요구해요. 부를 취약 인구집단에서 국제적 대기업 자본과 글로벌 금융으로 이전하는 정책을 구제금융 조건으로 내세우는 거죠. 이 역시 수탈을 통한 축적이라 할 수 있고, 농민에 대한 집중적인 자산 박탈과 대기업의 땅 뺏기 land grabs 역시 마찬가지예요. 부채는 참으로, 금융화된 자본주의에서 수탈을 통한 축적의 주된 동인動因이에요.

이에 따라, 금융화된 자본주의에서는 착취와 수탈이 새롭게 얽히죠. 이와 함께 정치적 주체화의 새로운 역학도 나타나요. 수탈을 강요받는 이들과 착취'만' 당하는 이들의 선명한 분할 대신에, 이제는 둘을 잇는 연속선이 나타나죠. 한쪽 끝에서는 방어 수단이 없는 한 무리의 피수탈 예속민이 늘어나고 있고, 다른 쪽 끝에서는 보호받던 피착취 시민-노동자층이 줄어들며, 중간에는 형식적으로 자유롭되 극히 취약한 처지에 있는 새로운 혼종적 인간상, 즉 피수탈 겸 피착취 시민-노동자가 자리하죠. 좀 전에 봤듯이, 이 혼종적 인간상은 이전의 축적 체제에서도 잠깐 등장했어요. 하지만 이제는 표준이 됐죠. 하지만 수탈/착취 연속선은 여전히 인종화되어 있으며, 아직도 유색인이 다른 인구집단보다 더 연속선의 수탈 쪽 부분에서도 끝에 쏠려 있어요. 세계 곳곳에서 유색인은 여전히 빈민, 실업자, 노숙자, 굶주리는 자, 병자일 가능성이 다른 이들보다 더 높고, 범죄와 약탈적 대출에 희생될 가능성 또한 높으며, 경찰에 의해 학대당하고 살해당할 가능성 역시 높고, 감금되고 사형 판결을 받을 가능성도 더 높으며, 총알받이나 성노예로 이용당하고 난민이나 끝없는 전쟁의 '부수적 피해'로 전락할 가능성도 더 높죠.

포스트자본주의의 전망

예기   선생님의 확장된 자본주의관은 인상적인 방식으로 다수의 지배·억압 구조를 아우르지만, 일정한 위험도 수반하는데요. 생각나는 위험 중 한 가지는 서로 다른 지배 형태에 서열을 매기려는 유혹이에요. '이중 체계 이론'을 둘러싼 과거 페미니스트들과 마르크스주의자들의 논쟁을 떠올려볼 수 있죠. 일부 마르크스주의자들은 자본주의와 자본주의적 계급투쟁이 항상 '1차적 모순'이며 젠더 지배는 2차적 모순이라 주장했어요. 자본주의의 모순을 해결하기만 하면 이 모든 2차적 모순 역시 해결될 것이라는 생각이었죠. 페미니스트들은 이런 종류의 주장에 맞서 치열하게 싸웠고요.

이 점에서, 선생님이 제시한 그림이 이런 종류의 위계적인 이론화 방식과 너무 유사해지는 것 아닌가, 우려할 수 있죠. 또한 서로 다른 지배 형태들 사이의 의존관계에 관해 설득력 있는 기능주의적 설명을 제공하지 못하는 것 아닌가 하는 우려도 있을 수 있고요. 예를 들어, 젠더 지배가 자본주의에 더 이상 기능적 필수 요소가 아니므로(한때 그랬다 하더라도) 자본주의를 극복하지 않고도 젠더 지배를 극복할 수 있다고 주장할 수 있겠죠. 더 중요한 것은 그 역을 주장할 수도 있다는 점이에요. 젠더 지배는 자본주의가 사라진다고 해서 함께 사라지지는 않을 것이라고 주장할 수도 있죠. 페미니즘 내부에서는 이런 맥락에서 유리 천장 깨기 캠페인이 벌어지고 있고, '유나이티드 컬러스 오브 베네통United Colors of Benetton'처럼 페미니즘을 광고에 이용하는 발상이 유행하고 있어요. 고용주들이 인종주의나 젠더 지배를 인종이나 젠더를 이유로 재능을 무시해버리는 인적 자본 낭비로 간주할 수 있다는 거예요. 말하자면 인종주의와 성차별주의를 효율성과 자본주의적 축적의 장애물로 바라보는 방식도 존재하는 것처럼 보여요. 이주 노동의 필요성을 예로 들어볼게요. 고숙련 노동이 부족한 독일은 최근 인도에서 IT 전문 인력을 유치하려고 노력했죠. 이에 대한 반응으로 "인도인 대신 아이를!"이라고 외치는 우익 캠페인이 등장했어요. 외국인을 받아들이느니, 독일인이 더 많은 자녀를 낳아야 한다는 거죠. 이것은 문화에 묻어 들어 있는 유형의 뿌리 깊은 인종주의가 실제로 자본주의적 축적의 장애물이 된 사례예요. 이는, 성차별주의와 인종주의가 자본주의의 지상명령과 충돌하는 환경이 대두할 수 있음을 시사해요.

그래서 이렇게 묻고 싶어요. 이런 지배와 억압의 사례들은 어떻게 함께 작동하나요? 교차성의 도식과 대립하는 1차적/2차적 모순 도식의 재생이 선생님의 입장과 어느 정도나 비슷하다고 생각하나요?

프레이저   지금 여러 가지 중요한 쟁점이 제기됐네요. 첫째로 제가 1차적/2차적 모순이라는 생각을 단호하게 거부한다는 점부터 말할게요. 마르크스가 초점을 맞춘 '감춰진 장소' 한 곳을 넘어 더 많은 '감춰진 장소들'을 밝히겠다는 제 생각의 전반적 요점은 이런 '감춰진 장소들'에 장착된 억압의 형태들(젠더·인종에 따른 종속, 제국주의와 정치적 지배, 생태계 약탈)이 자본주의 사회에 내장된 구조적 특징이라는 사실을 보여주는 거예요. 이것들은 착취와 계급 지배만큼이나 깊게 뿌리내린 구조적 특징이죠. 제 주장이 전반적으로 노리는 바는 오로지 계급만이 구조적이라는 생각을 논박하는 거예요. 그리고 계급 말고 또 다른 단일한 사례에 '1차적 모순' 같은 특권적 위상을 설정하려 하는 이들이 있다면, 저는 이 역시 반박하겠어요.

그럼에도 불구하고, 두 번째 논점은 이중(혹은 삼중) 체계 이론 같은 다원주의적 혹은 추가 일변도의 접근법 역시 거부한다는 거예요. 저는 자본주의, 가부장제, 백인 우월주의가 각각 독자적인 '시스템'이며 다소 신비로운 방식으로 접합한다고 생각하지는 않아요. 제가 제안하는 것은, 세 가지 억압 양식(젠더, '인종', 계급) 모두 단일한 사회 편성, 즉 제도화된 사회질서로 더 폭넓게 인식된 자본주의에 구조적 토대를 두고 있다고 보는 통합 이론이죠. 그리고 현존하는 주체 위치들이 서로 가로지르는 방식에 초점을 맞추면서 묘사에 치중하는 교차성 이론과 달리, 제 이론은 설명에 주력해요. 이런 주체 위치들 이면에서 이들을 발생시키는 사회질서를 살펴봄으로써, 어떤 제도적 메커니즘을 통해 자본주의가 지배를 가로지르는 축으로서 젠더, 인종, 계급을 생산하는지 확인하죠.

세 번째 논점도 있어요. 예기 선생이 방금 말한 것과는 반대로 저는 이 지배 양식들이 자본 축적에 '기능적'이기만 하다는 생각을 거부해요. 제 틀에서는 이 모두가 모순적 위치를 점하고 있죠. 한편으로는 모두가 축적이 이뤄질 수 있게 하는 조건이지만, 다른 한편으로는 모순, 잠재적 위기, 사회적 투쟁, '비경제적' 규범성의 무대예요. 이 점은 마르크스가 주장한 것처럼 계급의 경우에 진실일 뿐만 아니라, 젠더, 인종, 제국주의의 경우에도 진실이에요. 물론 민주주의와 생태계의 경우에도 그렇죠.

마지막으로, 제가 말한 것 중에 자본(의 일부 분파)이 인종주의 그리고/혹은 성차별주의(의 통용되는 특정한 형태)를 (주어진 정세적 국면에서) 축적 전략(역사적으로 특수한)의 장애물로 여길 가능성을 배제하는 내용은 전혀 없어요. 하지만 제가 방금 이 생각을 타당한 방식으로 진술하기 위해 얼마나 많은 한정 어구를 덧붙였는지 한번 봐요. 요점은 예기 선생의 물음을 *역사적*으로 다뤄야 한다는 거예요. 모든 것은 현존하는 축적 체제에 달려 있어요. 축적 체제를 구성하는 경계선들이 어디에 어떻게 그어져 있는지에, 축적 체제의 기반이 어느 정도나 와해되었으며 대안들이 어느 정도나 탐색됐는지에 달려 있죠. 네, 그래서 저는, 적어도 자본의 일부 분파에는 해당 축적 체제의 인종 혹은 젠더 질서가 확실히 해로운 것으로 여겨질 수 있다는 예기 선생의 이야기에 동의해요. 기성의 축적 전략이 소진된 듯 보이고 대안적 형세배열의 탐색이 진행되고 있는 위기의 순간에는 더욱 그렇죠. 예기 선생이 암시했듯이, 오늘날 바로 이와 같은 일이 벌어지는 것처럼 보이기도 해요. 하지만 이것은, 자본주의가 원리의 차원에서 젠더 위계제나 인종 위계제가 *전혀* 없는 상태로도 작동할 수 있다는 일반적인 단언적 주장과는 완전히 다른 이야기죠.

예기 방금 이야기를 들으니 이 토론 내내 제 머릿속을 맴돈 질문이 떠오르네요. 이 장의 토론 주제는 자본주의를 어떻게 역사화할 것인가죠. 하지만 선생님이 가다듬은 핵심 틀은 그 자체만으로는 자본주의를 역사화한 것처럼 보이지 않아요. 이 틀은 여러 역사적 시기에 걸쳐 계속 안정된 모습을 보이거든요. 과연 어떤 점에서 자본주의가 '역사적'이며, 또 어떤 점에서 '불변의' 논리를 따른다는 거죠? 선생님의 핵심 틀에 존재하는 역사적 측면과 불변의 측면이 서로 맺는 관계는 또 어떻게 해석하나요?

예를 들어, 선생님은 자본주의에 항상 착취의 주체와 수탈의 주체가 있어야 한다고 했는데요. 그렇다면 일부 사회학자가 제시하는 '기능적 등가물' 개념을 논할 수도 있는 것 아닌가요? 달리 말하면, 선생님이 방금 언급했듯이, 늘 똑같은 집단이 피착취자이거나 피수탈자여야 하는 것은 아니에요. 반드시 젠더 경계선이나 인종 경계선에 따라 규정되어야 할 이유는 없죠. 만약 이게 맞다면, 자본주의의 역사화 시도를 좀 더 급진적으로 밀어붙일 수도 있을 거예요. 젠더 질서와 인종 질서는 단순히, 수탈과 착취가 조직되는 구체적 방식을 묘사하는 것일 뿐이라고요.

프레이저   제 생각은 자본주의의 모든 형태는 생산과 재생산, 착취와 수탈을 분할한다는 거예요. 이 분할은 역사적 측면에서 우발적이지 않아요. 자본주의 사회를 구성하는 요소거든요. 하지만 다음과 같은 예기 선생의 물음은 타당해요. 그렇다면 젠더 지배와 인종 지배 역시 자본주의를 구성하는 요소인가? 아니면 역사적 측면에서 우발적이라 할 수 있는가? 젠더 말고 다른 토대 위에서 생산과 재생산을 분할하는 형태의 자본주의 사회도 존재할 수 있는가? 수탈과 착취의 구별이 인종 말고 다른 기반 위에서 조직되는 자본주의의 역사적 형태도 있을 수 있는가?

이 물음들은 깊이 있고 중요하지만, 기만적이기도 해요. 만약 사회적 과정과 권력관계와 상관없이 그저 사실의 차원에서 사람들이 인종과 젠더로 분할되어 있다고 가정하면서 이야기를 풀어간다면, 그래서 이렇게 이미 젠더와 인종으로 분할돼 있는 사람들을 생산이나 재생산, 착취나 수탈에 배정하지 않을 수도 있지 않느냐고 묻는다면, 제 생각에 이것은 잘못된 논의예요. 이런 가정은 문제를 거꾸로 뒤집은 셈이죠. 젠더와 인종 '차이'는 단순히 사실의 차원에서 주어지는 것이 아니라, 자본주의 사회에서 구조적 위치에 개인을 배정하는 권력 역학의 산물이에요. 젠더 분할은 자본주의보다 오래됐을지 모르지만, 자본주의의 생산/재생산 분리에 있어서만, 그리고 이를 통해서만, 젠더 분할이 근대적인 남성 우월주의적 형태를 띠죠. 인종의 경우에도 유사한 점이 있어요. '인종 차이'에 대한 현재 우리의 이해는 피부색 편견의 초기적 형태와 일정하게 친화성이 있을 수 있지만, 자본주의의 착취/수탈 분리에 있어서만, 그리고 이를 통해서만, 인종 차이는 근대적인 제국주의적 백인 우월주의적 외관을 띠죠. 이 두 분할과 이에 수반되는 주체화가 없었다면, 인종 지배도, 젠더 지배도 현재와 같은 형태로는 절대 존재하지 않았을 거예요.

하지만 같은 이유에서, 사회적 제도배열에 따라 생산, 착취가 재생산, 수탈과 분리되며 재생산과 수탈이라는 두 감춰진 장소에 대한 책임을 특별히 지정된 인구집단에 배당하는 곳이라면 어디든 젠더 지배와 인종 지배가 존재하지 않을 수 없죠. 재생산 그리고/혹은 수탈에 배정된 이들 가운데 생물학적 여성 그리고/혹은 아프리카 혈통이 지나치게 많은 비중을 차지하지는 않는다고 해도 이 점에는 변함이 없어요. 어떤 정체성을 지닌 집단이든 일단 이런 역할을 배정받은 이들은 여성화 그리고/혹은 인종화되어 젠더 지배 그리고/혹은 인종 지배에 종속될 거예요. 그리고 이런 시각은 문제를 다른 각도에서 보게 만들죠. 젠더와 인종이 거꾸로 뒤집히지 않은 상태로, 프래그머티즘적이고 탈실체화된 방식으로 이해된다면, 그러니까 주어져 있는 게 아니라 결과물로서 이해된다면, 다음과 같은 결론을 피할 수 없어 보여요. 자본주의가 생산과 착취를 각각 재생산과 수탈에서 분리해야 한다면, 그리고 재생산과 수탈의 기능을 명백히 이 목적을 위해 지정된, 분리되고 구별된 계급 집단에 배정해야 한다면, 자본주의는 젠더 억압, 인종 억압과 뗄 수 없는 관계에 있다는 결론 말이에요.

예기 선생님의 답변은 흥미로운 사회 이론적 논점을 제기하는군요. 선생님은 자본주의가 본성상 착취와 상품 생산이라는 전경 이야기를 수탈과 사회적 재생산이라는 배경 이야기에서 분리한다고 주장해요. 또한 배경 이야기에 해당하는 기능을 특별히 지정된 인구집단에 배당하는 한, 인종주의와 성차별주의가 자본주의에 내재하며 재생산과 수탈에 배정된 이들은 그 결과 인종화·여성화된다고도 주장하죠. 하지만 선생님은 한 가지 가능성을 열어놓아요. 만약 두 번째 조건이 자본주의에 필요하지 않다면? 만약 모든 사람을 수탈하고 '재생산에 배정'한다면, 자본을 소유하지 못한 인구집단 전체를 임금노동을 통한 착취에 더해 이런 감춰진 장소에서 일하게 해야 한다면? 이게 가능한 시나리오인가요? 만약 그렇다면, 그 결과로 비인종주의적, 비성차별주의적 자본주의가 등장하는 건가요? 마지막으로, 선생님이 이야기한, 현대의 금융화된 자본주의에서 수탈이 보편화하는 현상을 감안한다면, 혹시 오늘날 우리가 이 방향으로 나아가는 것은 아닌가요?

프레이저 네, 예기 선생이 확실히 문제의 핵심으로 곧바로 나아갔네요! 그렇다면 저도 핵심으로 바로 가보겠어요. 예기 선생이 방금 간략히 논한 시나리오는 물론 논리적으로는 가능해요. 하지만 저는 이런 일이 일어날 가능성을 사실상 배제해도 좋다고 믿어요. 그 이유를 확인하기 위해 현 정세를 다시 살펴볼게요. 예기 선생 말마따나 오늘날의 금융화된 자본주의는 정말로 보편화된 수탈의 체제예요. 인종화된 인구집단만이 아니라 대다수 '백인'도 이제는 재생산 비용을 모두 충당할 만큼 임금을 받지 못하죠. 더 이상 공적 복지, 파산 보호, 노동조합의 협상력, 노동권에 의한 보호를 받지 못하는 대다수 '백인' 역시 '긴축', 약탈적 대출, 불안정 고용에 휘둘려야 하는 신세예요. 같은 이유에서 착취 역시 보편화하고 있죠. 남성뿐만 아니라 대다수 여성도 가족을 부양하기 위해 전일근무로 노동력을 팔아야 해요. 관대한 '어머니 연금'을 받을 수도 없고 '가장 임금'을 청구할 수도 없는 처지에 있는 대다수 여성 역시 긴 시간을 임금노동에 쏟아부어야 하고, 노동시간은 한때 표준이었던 주 40시간을 넘는 경우가 많죠. 하지만 현대 자본주의는 결코 포스트인종주의적이지도 않고 포스트성차별주의적이지도 않아요. 제가 말한 대로, 수탈의 무거운 짐은 여전히 유색인에게 너무 많이 쏠려 있고, 그래서 유색인은 아직도 빈곤, 노숙, 질병, 폭력, 감금, 자본과 국가에 의한 약탈에 다른 이들보다 훨씬 더 많이 휘둘리죠. 이와 마찬가지로 재생산 노동의 막중한 부담은 여전히 압도적으로 여성의 몫이고, 그래서 여성은 아직도 1차적인 돌봄 책임을 지닌 미혼인 가족 부양자일 가능성이 남성보다 훨씬 더 높아요. 심지어, 남성 배우자가 있어도 '주야 맞교대'로 일하며 임금노동에 많은 시간을 보내고 집에 돌아와서 요리하고 청소하고 빨래하고 자녀와 부모를 돌봐야 할 가능성이 높고요.

따라서 일반적으로 인종과 젠더에 바탕을 둔 지배는 착취/수탈,

생산/재생산의 경계선이 흐릿해진 현 축적 체제에서도 끈덕지게 지속되죠. 현실에서는 인종 간 적개심과 젠더 원한을 심하게 가중시키는 새로운 형세배열이 등장할 수 있어요. 착취하면서 동시에 수탈할 예속민을 게걸스럽게 찾아 헤매는 금융자본이 수백 년간 이어진 낙인·폭력과 만난 결과로 불안과 편집증이 강화되고, 안정을 희구하는 절망적인 쟁탈전이 한층 치열해지며, 결국 인종주의와 성차별주의가 더 악화될 수 있어요. 확실히, 이전에 약탈을 상당히 막아주는 방패막이 있었던 이들일수록 오늘날 짐을 함께 짊어지려는 의지가 약해요. 단지 이들이 인종주의자이거나 성차별주의자라서 그런 것은 아니죠. 일부가 실제로는 그렇다고 해도 말이에요. 또 다른 이유는, 이들 역시 여기저기에서 터져 나오는 정당성에 대한 불만을 공유하기 때문이죠. 물론, 그럴 만도 하고요. 수탈을 보편적으로 강요하면서 동시에 사회적 재생산을 놓고 제 살 깎아먹는^{cannibalize} 짓을 하는 사회 시스템을 폐지하려는, 인종과 젠더를 넘나드는 운동이 부재한 상황에서, 이들의 불만은 점점 더 커져가는 우익 권위주의적 포퓰리즘의 행진을 통해 표출되고 있죠. 자본주의의 역사적 중심부에 속한 거의 모든 나라에서 번창하고 있는 우익 포퓰리즘 운동은 우리 시대에 헤게모니를 쥐고 있던 '진보적 신자유주의'에 대한 대응이고, 출현을 충분히 예상할 수 있었던 현상이에요. 진보적 신자유주의는 '공정함'에 대한 열망을 제 입맛에 맞게 이용해먹으면서 수탈을 확대하고 사회적 재생산에 대한 공적 지원을 게걸스레 삼켜버리거든요. 실제로 진보적 신자유주의는, 한때 남성, '백인' 그리고/혹은 '유럽인'이라는 지위 덕분에 최악의 상황을 막아주는 보호를 누리던 이들에게 유리한 지위를 포기하고 점증하는 불안정을 받아들이며 폭력에 무릎을 꿇으라고 요구하죠. 심지어는 이들의 자산을 사적 투자자들에게 몰아주고는 막상 이들에게는 도덕적 호의 말고 어떤 보상도 제공하지 않아요. 금융화된 자본주의라는 동족상잔의 세상에서 비인종적이고 비성차별주의적인 자본주의로 나아가는 '민주적' 길은 사실상 상상하기 힘들죠.

예기 하지만 비인종주의적이고 비성차별주의적이면서 포스트자본주의적인 사회질서로 나아가는 길을 상상하는 것은 더 어렵지 않나요?

프레이저 네, 물론 그렇죠. 하지만 이 프로젝트의 핵심은 분명해요. 사회주의에 관한 전통적 이해와는 정반대되는 내용인데요. 착취와 생산에만 집중해서는, 피부색과 젠더를 막론하고 노동 대중을 해방시킬 수 없다는 거예요. 수탈과 재생산도 공략해야만 하죠. 착취와 생산은 어떻게든 수탈, 재생산과 연결되어 있거든요. 같은 이유에서 자유주의적 페미니즘·반인종주의에도 맞서야겠죠. 차별, 이데올로기, 법률에만 집중하는 것은 인종주의나 성차별주의를 극복하는 왕도가 아니에요. 자본주의의 강고한 수탈/착취, 재생산/생산 결합체에도 도전해야 하죠. 인종주의에 반대하는 프로젝트든, 성차별주의에 반대하는 프로젝트든, 모두 더 심층적인 급진주의를 요구해요. 사회라는 모체 전체의 구조적 변형을 추구하는 급진주의 말이에요. 이를테면 수탈/착취, 생산/재생산의 공생을 낳는 더 큰 시스템을 폐지함으로써 자본주의의 수탈/착취 분할, 생산/재생산 분할을 극복해야 해요.

예기   대담하고 감동적인 입장이네요. 하지만 이 주장이 정말로 설득력이 있는지는 더 따져봐야겠어요. 우리 토론의 마지막 장인 '자본주의에 맞서 겨룬다'에서 이 주제로, 선생님의 시대 진단으로 돌아갈 거예요. 하지만 우선은, 우리의 대화에 계속 그늘을 드리웠지만 차마 입 밖으로 꺼내지는 못했던 또 다른 문제를 다뤄야 해요. 자본주의를 개념화하고 역사화했다면, 어떻게 자본주의 비판에 착수해야 할까요?

3장

자본주의를 비판한다

비판의 방법들

예기   이제 *자본주의의 문제*가 무엇인지 물어볼 차례네요. 이에 따라 *자본주의 비판*이라는 주제도 따져봐야 하고요. 자본주의를 비판하게 하는 근거는 무엇이죠? 그리고 어떤 종류의 비판이 우리가 자본주의라 부르는 제도화된 사회질서에 적합하죠?

    자본주의가 존속하는 동안 다양한 자본주의 비판이 있었어요. 하지만 모든 비판이 똑같이 통찰력이 있지는 않고, 모든 비판이 지지할 만한 내용인 것도 아니죠. 일부는 자본주의를 겨냥한다고 하면서도 실은 근대 사회를 비판하고, 일부는 세상에서 잘못되었다 싶은 것은 모조리 자본주의로 어설프게 설명하려 들며, 일부는 사실상 모든 형태의 사회 조직에서 나타나는 문제를 자본주의 탓으로 돌려요. 또 일부는 지나치게 회고적인 경향이 있거나 보수적 성향을 띠고, 일부는 산만하거나 지나치게 단순하며, 이 모두는 '해방적'이라 부를 만한 목표를 추구하지 않아요. 일부는 완전히 퇴행적이거나 파시즘적이죠.

따라서 비판의 기준을 구체화하고, 더 나아가 자본주의에 관한 사유와 조응하는 방식으로 이런 작업을 수행하는 것이 중요해요. 전 지구적 자본주의 질서에서 바람직하지 못한 것은 무엇인지에 관한 관점을 정립하면서 우리가 *정확히 무엇을* 비판하려 하는지 생각해봐야만 하죠. 자본주의와 우리 사회의 조직화 방식에 뭔가 문제가 있다는 데는 동의할 수 있지만, 세상에 존재하는 특정한 병폐를 과연 특별히 자본주의 탓으로 돌릴 수 있는지가 항상 분명하기만 한 것은 아니거든요.

프레이저 동의해요. 생각할 수 있는 모든 사회악의 원인을 '자본주의'라 불리는, 뭔가 전능하면서도 구체적이지 못한 것에서 찾고 싶지는 않아요. 그러면 자본주의 개념을 온갖 잡동사니를 다 품은, 이를테면 또 다른 '블랙박스'로 만들어버리고 말죠. 또한 이른바 순박한 전(前)자본주의적 생활방식으로 돌아가는 게 답이라고 암시하고 싶지도 않고요. 하지만 비판을 발전시킬 수 있는 여러 길은 여전히 열려 있어요. 예기 선생은 정확히 어떤 방식으로 토론을 전개하고 싶은 건가요?

예기 저는 늘, 필리프 판 파레이스^Philippe Van Parijs가 1980년대에 이 문제를 정식화한 방식을 좋아했어요. 자본주의에 어쨌든 문제가 있다면, *본래적으로 잘못된 것은 무엇인가?*[1] 단지 부작용이나 우연한 특징만이 아니라 자본주의와 함께 체계적으로 발생하는 근본 문제는 무엇인가? 만약 우리가 살펴보는 문제(우리가 비판하는 대상)가 생각할 수 있는 모든 사회에서 벌어지는 일이거나 자본주의 사회에서 우연히 발생하는 일이라면, 이것은 실은 자본주의 비판이 아니라는 거죠. 우리가 검토하는 사회 시스템 안의 현상이 잘못되었거나 문제라면, 실제로 *자본주의*가 원흉인가, 아니면 다른 무엇 때문인가?

논증의 세 가지 모델 혹은 세 가지 비판 전략을 구별하는 것으로 논의를 시작하고 싶어요. *기능주의적 비판, 도덕적 비판, 윤리적 비판*이 그 모델 혹은 전략이죠. 기능주의적 논증 전략은 자본주의가 태생적으로 기능장애 상태이고 위기를 낳는 성향이 있다고 주장해요. 도덕적 혹은 정의 지향적 논증 양식은 자본주의가 도덕적으로 잘못됐거나 불의하거나 착취에 바탕을 둔다고 강조하고요. 마지막으로, 윤리적 비판은 자본주의가 삶을 퇴락시키거나 무의미하게 만들거나 소외시키거나 나쁘게 만든다고 역설하죠.

프레이저 좋네요. 비판의 이 세 장르를 검토하는 것으로 대화를 시작해보죠. 선택지가 이게 전부는 아니라고 드러날 수도 있겠지만요.

예기 그리고 장르마다 해결하지 못하는 문제가 있다는 점을 발견하더라도 말이죠.

기능주의적 비판

예기 간단히 말하면, 기능주의적 논증 전략이란 자본주의가 사회·경제 시스템으로서 기능하지 못한다는 거예요. 태생적으로 기능장애 상태이며, 필연적으로 위기를 낳는 성향이 있다는 것이죠. 이런 종류의 비판 가운데 이론적으로 가장 단순한 버전은 궁핍화 이론이죠. 이 이론은, 자본주의가 결국 사람들이 생존할 만큼 생산하지 않아서 시스템 붕괴에 이른다고 진단해요. 이런 생각을 좀 더 복잡하게 전개한 버전도 있는데, 시스템 중심으로 시장과 생산의 위기를 설명하는 이론들이 있고, 그 가운데 가장 정교한 것은 아마도 이윤율의 경향적 저하라는 마르크스주의의 정리일 거예요. 이에 따르면, 기계류[죽은 노동]에 대한 살아 있는 노동의 비율 혹은 마르크스의 표현에 따르면 "자본의 유기성 구성"이 변화함으로써 자본주의의 역학이 스스로를 허물어뜨리죠.[2]

기능주의적인 비판 양식이 경제 시스템 *내부의* 기능장애에 갇혀 있지 않다는 점을 눈여겨봐야 해요. 경제와 다른 사회 영역들·자원들의 관계에 초점을 맞추는 기능주의적 자본주의 비판도 있죠. 일부는 이른바 '자본주의의 문화'와, 이에 동기를 부여하는 자원들에 좀 더 초점을 맞추고요. 대니얼 벨Daniel Bell은, 자본주의가 자신의 발전과 보존에 필수적인 심리적·인지적 성향을 체계적으로 잠식한다는 점을 지적했어요.[3] 조지프 슘페터Joseph Schumpeter도 비슷한 주장을 했죠.[4]

그런데 이런 종류의 전략에는 눈에 띄는 장점이 있죠. 가장 중요한 점은 비판의 틀로서 이 전략에는 독자적인 정당화 기준이 필요하지 않은 것처럼 보인다는 거예요. 덕분에 여러 가지 복잡한 철학적 난제에 얽혀들지 않아도 되죠. 비판 대상은 그저 결과를 내지 못할 뿐이거든요. 작동하지 않는 거죠. 비판 대상은 자신이 딛고 선 기반 위에서 기능하는 자기 역량을 스스로 잠식하고, 그래서 자기 자신을 완전하게, 그리고 명백하게 논파해요. 기능주의적 비판의 일부 버전은 이런 본래의 기능장애 상태를 근거로 삼아, 문제가 장기적으로 저절로 해결되며 종식돼버린다는 명제를 제시하죠.

하지만 이런 전략에는 눈에 띄는 단점도 있어요. 기능주의적 비판 양식은 생각보다는 자립적이지 않죠. 뭔가가 기능하는지, 혹은 제대로 기능하는지 여부는 그것의 기능이 무엇인지, 그리고 기능의 성공적 수행이란 게 어떤 의미인지를 어떻게 정의 내리는지에 따라 달라지거든요. 예를 들어, 칼이 기능하는지(아니면 기능하지 않는지)는 자르기와 연관 지어 말할 수 있겠죠. 여러 말 할 것 없이 이 기능을 칼에 적용하는 것이 대체로 안전하니까요. 하지만 자본주의 같은 사회 편성의 '기능'이 무엇인지는 이것만큼 명쾌하지는 않아요. '기능'과 '기능성'은 사회적 사실과 맺는 관계에서 더 논의할 여지가 없는 자명한 것이 아니거든요. 해석이 필요하죠. 과연 자본주의의 목적, 목표 혹은 적절한 기능이 무엇인지 분명하다고 할 수 있나요? 어떤 환경에서 우리가 자본주의의 목적, 목표 혹은 적절한 기능이 달성되지 못했다고 할 수 있는지는 말할 것도 없고요. 심지어는 자본주의에 특수한 기능이 있다고 과연 말할 수 있나요? 자본주의가 체계적으로 빈곤, 황폐화, 생태적 재난을 초래하는 경우, 도대체 어떤 의미에서 자본주의가 기능장애라 말할 수 있죠? 입장을 분명히 하자면, 저는 이런 의문에 동의하지는 않아요. 하지만 순전히 기능주의적 토대 위에서 비판적 논증을 전개할 수 있는지는 물어야겠네요. 다음과 같이 질문을 던져야겠어요. 무엇과 관련하여 기능장애라는 것인가? 그리고 이 대목에서 우리는 서로 의견이 다를 수도 있다는 점을 이미 확인했어요.

프레이저   좋아요. 만약 자본주의를 경제적 조직화의 한 형태로 취급한다면, 그리고 경제가 무엇이며 무엇을 '위한' 것인지 이미 안다고 가정한다면, '경제적 기능'이 경제를 평가하는 자명한 기준이라고 여겨도 별문제 없다고 생각할 수 있을 거예요. 하지만 자본이 '경제' 그 이상이라는 사실을 논외로 하더라도, 이런 태도는 자기기만이겠죠.

문제는, '경제'라는 바로 그 개념 자체가 자본주의의 인위적 산물이며, 자본주의에서 분리하기가 거의 불가능하다는 점이에요. 경제를 평가하기 위해 그 평가 기준을 자본주의의 '바깥'에서 끌어올 수 있다는 생각은 중립적이지 않죠. 자본주의의 역사와, 이를 둘러싼 갈등에 의해 윤색된 의견 다툼에 이미 항상 휩쓸려 있다는 현실을 무시하면서 경제가 무엇'이고' 무엇을 '위한' 것인지 말하기란 불가능해요. 즉, 예를 들자면 어떤 사람들은 경제 시스템의 기능이 인간의 필요를 충족하는 것이라고 말하겠죠. 다른 이들은 성장을 이루는 게 더 근본적인 목적이라 할 테고요. 또 어떤 이들은 생산력을 발전시키는 것이 경제를 움직이는 심층적 힘이라 하겠죠. 이런 다양한 주장은 우리가 자본주의를 어떻게 평가해야 하는지를 둘러싼, 중요한 정치적 갈등을 표출해요. 이런 갈등을 뛰어넘어 자본주의의 '고유한 기능'에 관한 '진정한', 비이데올로기적 견해에 도달하는 방법 같은 것은 없어요. 게다가 우리는 오늘날 자본주의가 '작동'하는지 아닌지에 관한 견해 가운데 어떤 것이 바람직한지 아직은 결론 내려선 안 돼요. 오히려 자본주의가 작동하는지 아닌지에 관한 질문을 받을 때 질문자의 폭넓은 맥락을 살펴봐야 해요. 이렇게 질문해야 하죠. 평가의 근거는 무엇인가? 누구의 시각을 표현하고 있는가? 어떤 기대를 품고 있는가? 자본주의가 작동한다는 것의 의미를 어떻게 상정하고 있는가?

예기   바로 그 점이에요! 그리고 이것이 제가 규범성이 무대에 등장한다고 말한 그 지점이죠. 어떤 종류의 기능을 이 시스템의 속성으로 봐야 하는지의 문제가 그 자체로 정치적·사회적 투쟁의 대상이라고 한다면, 훨씬 더 명확해져요. 자본주의가 누구에게는 부를 창출하고 누구에게는 빈곤을 낳는다면, 자본주의가 누구를 위해 무엇을 창출해야 하는지에 관해 일련의 가정을 세워야만 자본주의가 '실패'했다고 말할 수 있어요. 생태적 고갈과 관련해서도 이게 어떤 점에서 문제인지 물을 수 있죠. 자본주의가 자신을 존재하게 하는, 천연자원이나 사회적 유대 같은 필수조건을 파괴한다고 주장한다면, 사회가 어떠한 모습이어야 하는지, 혹은 경제 시스템이 어떠한 모습이어야 하는지에 관해 이미 암묵적으로 전제한 셈이에요. 제도는 영원하지 않아요. 그리고 어떤 의미에서 삶의 방식이 지속 가능해야 하는가, 혹은 후세대에 대해 어떤 관심을 기울여야 하는가는 규범적 질문이죠. 부, 빈곤, 고갈, 지속 가능성 등등, 이 모든 것은 우리가 사회 시스템과 그 효과에 부여하는 속성이고, 이것이 과연 성공과 실패의 척도인지, 그렇다면 어떤 의미에서 그러한지를 판단하는 것 역시 우리 자신이에요. 사회적 세계에서는 '기능적'인 것이 항상 규범적 구성 요소들과 얽혀 있죠. 규범적 기대와 이미 얽혀 있지 않은, 심지어는 규범적 기대를 통해 구성되지 않은 '순수한 기능' 같은 것은 존재하지 않아요.

프레이저 규범적 구성 요소가 필요하다는 것은 명백하죠. 고장 난 기계라는 순수한 기능주의적 이미지는 인간 사회를 논할 때는 적용되지 않아요. 그렇지만 문제를 그저 방치하는 것은 잘못이에요. 자본주의를 비판하는 기능주의적 전략을 일축하고 만다면, 애초 의도와 반대되는 불모의 회의주의에 빠질 위험이 있죠. 물론 회의론자는 언제나 이렇게 말할 수 있을 거예요. "지구에서 삶을 지속할 수 없다고 해서 그게 무슨 문제인가? 사람들이 곳곳에서 굶어 죽는다고 그게 무슨 문제란 말인가? 그렇다고 자본주의가 '작동'하지 않는 것은 아니다!" 하지만 이것은 외재적 비판이겠죠. 현실에서는, 자본주의에 살면서 이런 미래 전망이 끔찍하다고 생각하지 않을 사람은 없을 거예요. 비판 이론은, 무엇이 '작동'하고 무엇이 그렇지 않은지에 관한 사람들의 직관을 무시해버리는 급진적인 외재적 회의주의의 입장을 취해서는 안 돼요. 오히려 이런 직관에 더욱 명확한 형태를 부여하려고 노력해야 해요. 그러려면 자본주의를 살아가는 주체들의 경험을 민감하게 받아들이는 입장에서 이론을 전개해야 하고, 여기에는 이미 사회적 해석과 규범적 평가가 담겨 있죠. 우리는 이런 해석과 평가의 자원을 이해하길 원해요. 해석과 평가가 정당화될 수 있는지, 될 수 있다면 어떻게 가능한지, 해석과 평가를 둘러싼 의견 불일치를 어떻게 이해해야 하는지 알길 원하죠. 게다가 예기 선생이 앞에서 지적했듯이, 자본주의에서 서로 다른 상황에 처한 주체들이 시스템이 '작동'하는지 아닌지에 관해 어떻게 서로 다른, 때로는 양립할 수 없는 판단에 도달하는지 이해하길 원하고요. 사회적 투쟁을 통해 이런 의견 불일치에 직접적으로 맞부딪혔을 때 어떤 일이 벌어지는지도 이해하길 원해요. 어쩌면 투쟁 자체를 기능주의적 비판의 좋은 분석 대상으로 다룰 수도 있을 거예요. 이 경우에는, 시스템이 과연 정당성 위기에 빠져들었는지 묻겠죠. 여기에서 정당성 위기란 '기능'의 지속이 대중의 충분한 지지(그리고/혹은 수동적인 수용)를 받지 못하는 상황을 뜻해요. 달리 말하면, 자본주의 사회가 잘 기능하는지에 관한 사람들의 믿음 자체가 자본주의 사회가 잘 '기능'하는지를 결정하는 역할을 한다는 거예요.

말하자면 일반적 차원에서 저는 자본주의 비판을 위한 기능주의적 전략의 전면적 거부에 반대해요. 오히려 이 전략을 재인식함으로써, 자본주의의 주체들이 실제로 살아가는 무대인, 해석되고 규범을 품은 사회적 세계와 이 전략을 연결하는 쪽을 선호하죠. 한마디로, 외재주의-회의주의를 바탕으로 기능주의적 비판 기획을 청산하는 것은 오류임을 강조하고 싶네요. 우리의 모든 총탄을 기능주의적 비판의 매우 취약한 버전(말 그대로, 허수아비)을 향해 쏟아붓고는 정작 기능주의적 비판의 좀 더 미묘하고 훌륭한 버전에는 눈감는 격이죠.

예기 네, 정말 그래요. 그 점에는 생각이 같네요. 기능주의적 평가는 확실히 비판 전략의 일부를 이루지만, 제대로 된 자본주의 비판은 기능주의적 측면과 규범적 측면 모두를 어느 정도는 갖춰야 하겠죠.[5] 비판 대상이 기능의 차원에서 실패하는 만큼, 특별한 목적과 이에 결부된 가치-판단 혹은 규범의 차원에서도 실패해요. 비기능성에는 이미 항상 규범의 측면이 각인돼 있죠. 헤겔의 『법철학』이 그 좋은 사례예요. 빈곤과 번영의 대립은 시민사회에 특별한 조건이 성립될 때, 즉 규범의 측면에서 고발당하는 방식을 통해 수치스러운 일로 해석될 때만 하나의 모순으로 대두하죠. 따라서 "시민사회 안의 가혹한 빈곤 문제"에 관한 헤겔의 설명에서, 부르주아 경제 역학이 낳는 '하층계급'은 단순히 궁핍화하기만 하는 게 아니에요. 격분하죠. 그리고 사회의 결속을 잠재적으로 위협하는 것은 이런 격앙과 그 중대한 영향이에요.[6] 이 대목에서 규범적인 것과 기능적인 것이 뒤얽히는 방식을 확인하기 위해서는 여전히 '객관적' 기능과 사람들의 주관적 태도 사이의 연결을 단순히 지적하는 것 이상의 작업이 필요할지 모르겠네요. 민중이 격노하지 않는 경우조차 자본주의에 일정한 문제가 있을 수 있음을 보여줘야만 하거든요.

도덕적 비판

예기 그런데 순수한 기능주의적 비판의 결점에 대한 한 가지 간명한 대응은 이와 관련된 규범적인 물음으로 즉시 선회하는 거예요. 이를 통해 우리는 비판의 두 번째 양식과 마주쳐요. 이 비판 양식은, 순전히 도덕성이나 정의의 관점에서 자본주의가 도덕적으로 변명의 여지가 없는 결과를 낳기 때문에 문제라고 주장하죠. 이런 종류의 논증에는 서로 다른 여러 측면이 있어요. 한 가지 흐름은 자본주의가 도덕적 관점에 어긋나는 방식으로 민중의 삶을 파괴하거나 생계 수단을 망가뜨린다고 말해요. 자본주의는 착취에 바탕을 둔다고 할 수 있죠. 자본주의는 불공정하거나 불의한 방식으로 민중이 노동의 결실을 누리지 못하게 가로막고, 이런저런 수단을 써서 민중의 정당한 몫을 갈취하는 시스템에 민중이 복종하지 않을 수 없게 만들어요. 간단히 말하면, 자본주의는 불공정한 사회 구조에 바탕을 두고 있기 때문에, 혹은 도덕적으로 용인될 수 없는 온갖 종류의 결과를 낳는 구조를 생산하기 때문에 잘못이라는 것이죠.

하지만 제가 우려하는 것은, 단순히 특정한 도덕적 잘못을 지적하기만 해서는 우리가 바라는 종류의 비판으로는 충분하지 않다는 점이에요. 우리의 질문이 자본주의에서 어떤 그릇된 일이 벌어지는가 하는 것만이 아니라 자본주의에서 특별히 잘못된 게 무엇인가라면, 이런 논증 양식으로는 더 앞으로 나아가지 못해요. '분배'에 초점을 맞추는 도덕적, 혹은 정의론적 비판은 대상에 대해 일정한 관계를 맺는데, 이 관계는 처음부터 일종의 '블랙박스' 접근법으로 치닫죠. 이런 비판은 시스템이나 사회 구조의 효과로 방향을 잡지만, 이러한 효과를 발생시키는 경제적·사회적 제도의 독특한 역학·구성과는 직접적인 관계를 맺지 않아요. 이런 효과가 자본주의의 본래적 일부인지, 아니면 단순히 우연한 현상인지에 관해서는 말해주지 않죠. 특정한 종류의 불의를 일으킨다는 점에서 자본주의가 독특한 것인지, 아니면 이런 불의는 어떤 유형의 사회에든 나타날 수 있는 불의의 한 형태일 뿐인지에 관해서도 말해주지 않고요. 앞에서 간략히 제시한 규범적 척도가 정당성이 있다고 인정하더라도 이 접근법은 '도덕적 당위의 무기력함'에 대한 유명한 헤겔적 고발에 여전히 취약하죠.

사실 마르크스는 이런 종류의 도덕적 논증을 구사하지 않았어요. 적어도 직접적인 방식으로는 구사하지 않았죠. 그리고 마르크스주의자들 사이에서는 마르크스주의가 규범적 기준을 함축하는지 여부를 둘러싸고 오랫동안 논쟁이 계속됐고요. 하지만 정말로 흥미로운 점은 마르크스의 비판이 규범의 측면을 담고 있는가, 아니면 순수하게 기술적인가가 아니라, 마르크스의 규범적 논증이 작동하는 방식이에요. 마르크스는 도덕적 잘못을 1차적 이유로 삼아 자본주의를 비판하지 않을 만한 근거가 있었죠. 하지만 이렇게 명백히 비도덕적인 측면이야말로 대다수 민중을 사회운동과 사회적 투쟁에 참여하게 만든 동기였던 것 같기도 해요. 우리가 아는 폭동, 반란, 갈등 가운데 적지 않은 사례가 도덕적 분노에서 촉발된 것처럼 보이거든요.

프레이저 자립적인 도덕적 비판이 비판 이론이라는 기획에 적합하지 않다는 말은 맞아요. 하지만 방글라데시에서 불량 건축으로 인해 공장이 무너져 수백 명에 이르는 노동자가 사망한 사건을 접했을 때 사회적 행위자들(우리 둘을 포함하는!)이 도덕적 의분을 표하는 것은 충분히 이해할 만하고 적절한 대응이죠. 우리(그리고 다른 이들)가 그렇게 반응하는 것은 전혀 문제가 되지 않아요. 하지만 사회적 행위자들이 발전시키는 *도덕적 비판*과 *비판 이론*이 발전시키는 전망은 구별해야 하죠. 도덕적 반응 자체는 아무 문제도 없어요. 하지만 이게 최종적인 답은 아니에요. 잘 알겠지만, 민중은 난처한 방식으로도 분노를 일으킬 수 있어요. 예를 들어, 이민자를 받으면 안 된다고 생각하여 이민 반대 운동에 동원될 수도 있죠. 이것은 우리가 지지하고 싶은 형태의 도덕적 반응은 아닐 거예요. 따라서 받아들일 만한 도덕적 반응과 그렇지 않은 도덕적 반응을 구별할 일정한 토대가 있어야 해요.

예기 선생이 지적했듯이, 대다수 철학자는 이런 토대를 제공하는 자립적인 도덕 이론을 바라지만, 비판 이론은 이런 태도만으로는 충분하지 않죠. 문제는 도덕철학이 너무 빈약하다는 점이에요. 분배 정의 이론은 자본주의에서 최종적 분배가 공정하지 못하다는 사실을 보여줄 수 있어요. 어떤 이들은 터무니없이 사치스러운 생활방식을 누리지만, 다른 이들은 영양결핍으로 죽는 현실 말이에요. 하지만 비판 이론은 이런 결과의 차원을 넘어 이를 낳는 과정을 문제 삼아야 하죠. 평등주의적 자유주의가 선호하는 자립적인 도덕적 비판을 뒷받침하는 '블랙박스'식 접근법을 피해야 해요. 우리의 관심사는 분배 불평등만이 아니라, 더 근본적으로, 이런 불평등을 불러오는 구조적 메커니즘과 제도적 배열이거든요. 달리 말하면, 우리의 목적은 비판의 규범적 측면을 사회 이론적 측면과 연결하는 거예요. 이것이 비판 이론만의 특장점이죠.

예기 자립적인 도덕적 비판은 현실에서 확인되는 불의를 *자본주의* 탓으로 돌릴 능력이 전혀 없다고 주장할 수도 있겠죠. 물론 자본주의는 착취적이고 불공정해요. 하지만 고대 노예제도 그랬고, 봉건제도 그랬죠. 자본주의가 착취적이고 불공정해지는 구체적인 방식에 관해 더 이야기하지 않는 한, 우리가 정말로 자본주의에 관해 주장하고 있는지 확신할 수 없어요. 정말로 자본주의 비판이 맞는지 알 수 없죠.

이것이 자립적인 도덕적 비판으로는 부족한 한 가지 이유이지만, 아마 다른 이유도 있을 거예요. 자본주의적 착취의 도덕적 잘못과 다른 사회의 도덕적 잘못을 구별하는 게 중요하다고 생각하는 이유는 무엇이죠? 우발적 잘못과 본래적 잘못을 구별하는 중요한 이유는 무엇인가요?

프레이저 예기 선생이 방금 말했고 제가 완전히 확신하는 개념적 이유에 더해, 좀 실천적인 이유를 제시해볼게요. 비판의 '행위-지침적' 성격에서 연유하는 이유 말이에요. 실천적 입장에서 보면, 평등주의적 자유주의가 비난하는 불평등이 우발적인지, 아니면 체계적인지에 따라 중대한 차이가 생겨요. 만약 우발적인 것이라면, 자본주의 사회의 기본 틀을 바꾸지 않는 개혁을 추구함으로써 이를 교정하려고 시도하는 것이 의미가 있죠. 하지만 체계적인 것이라면, 구조 변화가 필요해요. 이와 마찬가지로, 문제의 불의가 사회 조직화의 모든 근대적 형태에 내재한 것인지, 아니면 자본주의에서 특별히 나타나는 것인지 따지는 데는 분명히 실천적 근거가 있죠. 만약 앞의 경우라면, 자본주의를 극복하더라도 효과가 없을 거예요. 반면 자본주의만의 특별한 현상이라면, 자본주의 극복이 해법이 된다고 생각해볼 수 있죠. 두 논점을 합친다면, 자본주의 사회에 관한 비판 이론은 자본주의 사회의 심층 구조에서 체계적·비우발적으로 발생하며 이 점에서 자본주의 사회에 특별히 나타나는 일련의 '악'을 식별해야 한다고 할 수 있어요. 이것은 비판 이론을 평등주의적 자유주의와 구별하는 훌륭한 기준 중 하나죠.

예기 철학적 자유주의에서 부족한 내용을 좀 더 분명히 했으면 좋겠네요. 자유주의 전통 안에서 저술하지만, 자본주의가 제도 차원에서 어떻게 작동하는지 어느 정도 이해하기도 하는 정치철학자를 떠올려보죠. 이런 철학자 역시 매우 구체적인 몇 가지 제도적 제안을 내놓는다고 가정해봐요. 이 경우에 자유주의 정치철학가와 비판 이론가 사이의 진정한 차이는 무엇이죠? 우리가 가정하는 자유주의

자도 여전히 '공허한 당위'에 의존하고 있나요? 좀 더 제도적인 어조를 띠면서도 여전히 '블랙박스'식 접근법을 취하는 건가요?

프레이저   예기 선생의 질문 덕분에, 우리가 지금까지 이야기한 내용에 다른 요소를 추가해야 한다는 점을 깨달았어요. 우리는 비판 이론에 규범적 차원이 있어야 한다고 말했죠. 그리고 자본주의 사회에서 시스템 차원의 불의를 낳는 구조·과정과 이런 규범적 차원을 연결해야 한다고도 말했어요. 그런데 예기 선생이 묘사한 것처럼, 방금 가정한 평등주의적 자유주의 철학자는 두 토대를 모두 다루죠. 이 철학자가 과연 이를 적절히 다루는지는 더 따져봐야겠지만, 이 철학자는 정의의 개념을 이해하기도 하고 국제금융 질서와 국가 간 시스템이 어떻게 체계적으로 이런 정의를 침해하면서 작동하는지 설명하기도 해요. 하지만 비판 이론의 한 가지 핵심 구성 요소는 빠져 있죠. 시스템을 변혁하려는 사회적 투쟁의 잠재적 참여자인 특정한 상태의 행위자에게 관심을 갖고 이에 접근할 길을 찾지는 않아요. 사회 변혁의 전망을 분명히 하는 데 결정적인 이런 설명 대신에 이 철학자는 사회적 투쟁의 무대를 바깥에서, 그리고 위에서 바라보며 정책 처방을 제시하죠. 이 철학자는 도덕적 균열선(이를테면 가진 자와 가지지 못한 자 사이의 균열선)을 확인하기는 하지만, 사회적·정치적 균열선의 지도를 그리지는 못해요. 여기에서 누락돼 있는 것은, 특정한 상태에 있는 행위자가 스스로를 어떻게 달리 이해하는지, 자기 몫을 어떻게 파악하는지, 고용주와 통치자에게는 무엇을 기대하는지, 이들이 정치적 행동에 나서도록 자극하는 것은 무엇인지에 관한 설명이에요. 이것은 비판 이론이 사회적 투쟁의 문법과 사회 변혁의 전망을 분명히 밝힌다는 과제를 수행하기 위해 설명해야 하는 내용이죠. 그렇다고 사회적 행위자의 분노를 무비판적으로 수용해야 한다는 뜻은 아니에요. 저라면, 비판 이론은 사회적 투쟁의 참여자에게 마지막 결론last word이 아니라 맨 처음의 도입구first word가 되어야 한다는 토머스 매카시Thomas McCarthy의 문구를 지지하겠어요.7 제 생각에 이 점은 비판 이론에 절대적으로 중요해요.

예기 동의해요. 비판 이론은 구체적 맥락을 지닌 해방적 사회 변혁의 잠재력과 관련해 자신의 이론적 분석을 역사에 자리매김해야 하죠. 호르크하이머는 비판 이론을 해방의 "지적 측면"이라 불렀어요.8 하지만 1937년에 쓴 글에서는 여전히 '해방'을 프롤레타리아트의 승리와 동일시했죠. 말하자면 호르크하이머는 어떤 역사적 주체에게 내기를 걸어야 하는지, 매우 분명한 역사유물론적 기준을 갖고 있었던 거예요. 게다가 호르크하이머가 염두에 뒀던 구체적인 "해방의 역사적 주체"는 이미 자신의 규범적 정당화를 동반한 상태였죠. "역사가 가야 할 길"을 실현하고 있다는 게 그 정당화 논리였어요. 물론 일단 사회운동의 다양성과 마주하면, 더 나아가 적지 않은 수의 사회운동이 퇴행적이고 문제가 있다는 사실까지 밝혀지면, 이들은 와해되고 말아요. 특히 퇴행적이고 문제적인 사회운동을 통해 이런 운동의 규범적 요구를 어떻게 평가해야 하는가, 혹은 우리 자신의 규범적 요구를 어떻게 평가해야 하는가 하는 문제로 돌아오죠. 이런 점에서 사회운동과 행위자를 참고 대상으로 삼는 것은 중요하지만, 이것은 생각했던 것만큼 풍부한 내용을 말해주지는 못해요.

저는, 마르크스 자신이 남긴 도덕성에 관한 비판과, 그런데도 마르크스가 자본주의를 규범적 차원에서 꽤 상세하게 비판한 내용을 검토하는 게 도움이 된다고 생각해요. 마르크스는 강력한 규범적 용어인 '착취'를 사용했지만, 마르크스의 자본주의 비판은 궁극적으로 도덕적이지 않죠. 오히려 더 넓은 의미에서 규범적이고, 이는 '윤리적 삶' 혹은 인륜성이라는 헤겔적 관념과 연관이 있어요. 착취와 관련돼서는 어떠한 불의도 없다는 마르크스의 충격적인 주장만 봐도 그래요. 마르크스는, 노동이 상품이며 일단 매매되면 잉여를 생산한다는 사실이 자본가에게는 그저 '행운'일 뿐이라고 말했죠.[9] 「고타강령 비판 Critique of the Gotha Program」에서는, 자신의 자본주의 비판이 노동자의 노동에서 잉여를 훔친다는 이야기가 아님을 아주 분명히 밝혔어요.[10] 이러한 잉여의 이전은 노골적인 불법 행위는 아니에요. 이것을 저는, 시스템 내부에서 볼 때 전혀 잘못이 없으며(어쨌든 계약상의 합의와 임금을 통한 보상이 있다면), 따라서 좁은 의미로는 착취와 관련해서 불의는 없다는 의미로 해석해요. 하지만 그렇다고 더 넓은 의미에서도 불의가 없다는 뜻은 아니죠. 마르크스는 시민사회의 계약 관계라는 가면 뒤에서 계속 진행 중인 지배와 착취의 관계를 설명하려 했어요. 만약 자유롭게 계약을 체결할 수 있다는 사실에 바탕을 둔 자유노동시장의 존재와, 등가성(노동력은 이와 등가인, 임금 형태의 보상과 교환된다)이라는 생각이야말로 자본주의 경제의 '진정한' 제도적 혁신이라면, 도대체 어떤 점에서 이 관계가 착취적인지 얼핏 봐서는 알기 힘들죠. 그리고 이것이야말로 마르크스가 규명하려 한 내용이에요. 이 경우에도 이는 현대의 대다수 분배 정의 이론가가 끌어들이는 의미에서는 불공정하지 않아요. 이는 여전히 불의지만, 더 넓은 의미에서만 그렇죠.

저라면, 마르크스주의적 비판을 도덕적 혹은 정의 이론적 비판이 아니라 윤리적 영감에 따른 비판으로 이해해야만 마르크스주의 착취 이론의 규범적-비판적 성격 그리고 겉으로는 도덕적 함의를 무시하는 것처럼 보이는 이유를 파악할 수 있다고 말하겠어요. 윤리적 영감에 바탕을 둔 비판을 적용한다면, 자본주의는 전반적으로 윤리적 삶(인륜성)의 왜곡된 양식, 혹은 제 용어로는 삶의 한 형태죠. 이런 비판은 감정 없는 지배와 보이지 않는 강제(이런 지배와 강제가 착취라는 상당히 특별한 양식을 촉진하지요)의 원흉이 되는 관계 형태들을 검토하는 데 이 렌즈를 사용해요. 따라서 문제는 자본주의 생산양식이 저절로 착취를 발생시킨다는 것이 아니에요. 이는 단지 생산양식이 작동하는 방식이고, 시스템의 합리성에서 본질적인 부분이며, 정의에 대한 그 자체의 내적 기준에 따른다면 난공불락이죠. 하지만 이런 방식으로 기능한다는 그 점은 어쨌든 하나의 문제예요. 자본주의 생산양식 그 자체가 하나의 문제니까요. 그리고 이것은, 도덕이나 정의 이론에만 매몰된 비판이 자본주의 비판으로는 충분하지 않은, 더 심층적인 이유죠.

게오르크 로만$^{\text{Georg Lohmann}}$은 마르크스에게 두 가지 정의 개념이 있다고 말하면서, 제가 보기에는 비슷한 논점을 제시했어요. 마르크스의 사상에는 분배 정의에 포함되는 쟁점이 존재하지만, 삶의 종합적 형태의 기반, 혹은 로만이 '원형적 가치$^{\text{proto values}}$'라 부른 것과 관련 있는, 더 종합적인 정의 개념도 존재하죠.[11] 여기에서는, 임금이 등가적인지 아닌지만이 문제가 아니라, 자유시장에서 노동이 추상노동으로 교환될 때 드러나는, *세계와 맺는 관계와 자기와 맺는 관계가 질적으로 부적합하다는 점* 또한 문제예요.[12] 이 점에서, 자본주의가 끼치는 악의 도덕적 차원이 '자립적'이지 않으며, 인륜성 혹은 점점 더 확장되는 자본주의의 난제들의 '윤리적' 차원에 자리매김되어야 한다는 주장이 의미를 갖죠. 헤겔의 법철학에서 '권리' 논의가 종합적인 것과 같은 의미에서 자본주의의 불의는 '종합적'이에요. 헤겔의 법철학에서 '권리'는 사회질서의 바람직한 상태와 합리성을 전반적으로 종합하거든요.

    달리 말하면, 문제는 노동 계약, 즉 임금노동의 매매와 생산성 제고가 정의롭지 못하다거나 공정하지 못하다는 게 아니에요. 이런 불의나 불공정은 두말할 것도 없이 빈번히 벌어지고 있죠. 하지만 임금, 노동 조건, 노동일의 길이를 둘러싼 분쟁은 '게임의 일부'일 뿐이에요. 해당 사업의 이윤에 대한 관심에 의해 증폭되는 입장과는 다른 입장을 실행하는 것은 애당초 게임에 포함되지 않죠. 이 대목에서 뭔가 비판하고 싶다면, '게임 자체'를 비판해야 해요. 하지만 그렇게 되면, 지금 여기에서 우리가 일반적으로 고용주와 교섭하며 노동력을 상품으로 다룬다는 사실이 우리의 비판 대상이 되죠. 이 경우에 우리는 정의 이론적 비판이나 도덕적 비판의 편협한 한계를 초월해야만 해요.

프레이저   마르크스의 사상이 정의에 관한 생각을 담고 있으며 이 정의관이 평등주의적 자유주의의 분배적 정의관보다 깊이가 있다는 데 동의해요. 하지만 마르크스적 정의관을 윤리적이라거나 도덕적이라 불러야 할지는 잘 모르겠네요. 「고타 강령 비판」으로 돌아가보죠. 이 문헌에서 마르크스가 자본주의 사회에서 노동자의 임금이 노동자가 생산하는 가치 전체에 해당하지는 않지만, 이것이 최소한 일상적 의미의 단순한 도둑질은 아니라고 주장한 데 대해서는 이견이 없어요. 도둑질이 아닌 이유는, 노동자 자신의 개별 노동으로 생산된 사회적 잉여의 일부를 보상받을 '권리'가 노동자에게 있지는 않기 때문이죠. (그리고 사회주의에서도 어쨌든 노동자에게 이를 보상할 일은 없어요.) 그런데도 자본주의가 사회적 잉여를 처리하는 방식이 정말로 불의한 이유는, 또 다른 개인(자본가)이 노동자의 잉여노동을 전유하기 때문이에요. 어쨌든 노동자에게 그럴 '자격'이 없다면, 자본가에게도 없는 게 당연하죠. 그렇지만 자본가가 이를 전유한다면 정의롭지 못해요. 도덕적으로 잘못이죠. 그 이유는, 노동자가 정당한 자기 몫을 도둑질당해서가 아니라 집단적으로 생산된 사회의 부를 자본가가 자신의 사유재산으로 취하기 때문이에요. 그리고 저는 이것이 절도의 한 형태라고 말하겠어요. 일반적으로 말하는 절도와는 다른 수준에서 그렇다는 이야기지만요. 개인에게서 훔치는 게 아니라 사회 자체에서 훔치는 거죠.

예기 하지만 마르크스의 입장에서 이게 일종의 도덕적 불의라고 지적하는 것이 여전히 의미 있지 않나요?

프레이저 네, 의미가 있다고 봐요. 마르크스가 때로 자신과 관계 없다고 부정한다는 사실에도 불구하고 마르크스의 비판에는 제거될 수 없는 '도덕적' 저류가 존재하죠. 그리고 저는 '정의'라는 용어가 이를 잘 포착한다고 생각해요. 하지만 이렇게 말하면서 정의의 의미를 재해석하는 셈이죠. 자유주의적 도덕철학자가 이를 협소한 분배적 맥락에서 정의 내릴 수 있게 놔두느니, 이를 되찾아서 좀 더 확장적인 의미를 부여하자고 제안하겠어요. 이것은 바로 사회운동이 전 세계에서 수백 년 동안 해온 일이죠.

그렇지만 도덕적 시각(어떻게 규정되든)이 그 자체로 비판 이론에 적합하다거나 충분하다는 입장에는 따를 수 없어요. 이런 시각이 급진적 사회운동에 적합하다는 입장도 마찬가지죠. 하지만 도덕적 판단과 직관이 사회운동의 출발점이 된다는 점을 부정할 수는 없어요. 은행가는 수백만 달러의 상여금을 받는데 자기는 일을 네 개나 하면서도 집을 빼앗기는 현실에 직면한 이들이라면, 무엇이 불의인지 정확히 가려내기 마련이죠.

예기 흥미로운 논점이네요. 자신을 이런 종류의 비판에 가둬서도 안 되지만, 다른 한편으로 많은 급진 좌파처럼 이를 비웃어서도 안 된다는 말이니까요.

프레이저 네, '너무 현학적'이 되진 말자고요! 많은 사람이 분노를 느낄 때 저도 똑같은 분노를 느끼죠. 그리고 이런 반응을 '교정'한답시고, '객관적'이고 격정에 좌우되지 않는 지적 분석으로 용해해버리고 싶지는 않아요. 오히려 세상이 왜 이렇게 돌아가는지, 그리고 이에 대해 우리가 무엇을 할 수 있는지에 관한 더 깊이 있는 이해로 이어주고 싶어요. 불의에 관한 직관을 부정하기보다는 계속 담아두고 싶고요. 그리고 제 생각에는 비판 이론 또한 이렇게 해야 해요.

예기 물론이죠. 마르크스도 똑같이 말했어요. 민중은 투쟁하고 있고, 자신의 역할은 이 투쟁을 더 깊고 폭넓은 구도 안에 끌어들이는 것이라고요. 따라서 마르크스는 어쩌면 도덕적 충동감이 존재한 다는 사실을 부정하지 않을 거예요. 선생님이 이 쟁점을 논하는 방식이 참 마음에 드네요. 비판 이론으로 나아가는 두 층위의 접근법이 사회운동 행위자의 기준과는 다른 기준을 가져야 한다는 말씀 말이에요.

윤리적 비판

예기 자본주의가 처음 시작될 때부터 곳곳에서 등장했고 지금도 널리 퍼져 있는 또 다른 비판 양식도 있죠. 자본주의에 대한 '윤리적' 비판인데, 저는 이것을 방금 검토한 도덕적 비판과 구별하고 싶어요. 이 비판은 자본주의가 우리 삶의 방식에 끼친 극적인 변화를 주로 언급하죠. 이런 논증 노선에는 여러 변종이 있지만, 기본적인 주장은 자본주의하에서는 삶이 '나빠지거나' 소외된다는 거예요. 삶은 쇠퇴하고 무의미해지죠. 자본주의는 좋은 삶의 핵심적 구성 요소들을 파괴해요. 이런 비판은, 자본주의가 우리의 일상생활을 바꾸고 우리 앞에서 사물이 표하는 가치를 바꾸는 방식을 겨냥함과 동시에 우리가 사물과 관계를 맺고 세계와 관계 맺으며 더 나아가 자신과 관계 맺는 방식을 겨냥하죠. 오늘날 많은 이들이 공허감에 관해 말하고, 인간적 연결의 상실을 빈번히 언급해요. 이런 윤리적 비판은 자본주의가 존속하는 내내 곳곳에서 나타났지만, 모두 반드시 진보적이거나 해방적 내용을 정식화한 것은 아니고, 일부는 상당히 보수적·회고적이거나 심지어는 반동적이죠.

많은 사람이 화폐가 동반하는 사회관계의 대상화와 질적 쇠퇴 혹은 사회적 무관심을 지적해요. 하지만 저는 또한, 근대 자본주의에 관한 짐멜Georg Simmel과 좀바르트의 설명이 둘 다 전자본주의의 인격적 관계를 자본주의의 계산적 관계와 대립시킨다고 생각해요.[13] 때로는 상품화와 시장화에서 문제의 뿌리를 찾지만, 또 어떤 경우에는 합리화에 관한 막스 베버의 설명과 마찬가지로 다른 곳에서 기원을 찾죠.[14] 사회적 가속화에 관한 하르트무트 로자의 비판 역시 어느 정도는 윤리적 비판 양식을 취한다고 할 수 있어요.[15] 저는 마르크스의 비판을 다르게 해석하지만, 로자는 소외된 노동, 노동의 추상화, 세계가 분열하거나 특정한 종류의 의미를 상실하는 상황과 같은 마르크스의 비판에 담긴 함의를 논하면서 이런 윤리적 비판의 특징을 언급하기도 하죠.[16]

그렇다면 이런 종류의 비판에 관해 뭐라고 해야 하죠? 올바른 비판인가요, 아닌가요? 기능주의적 비판 전략과 도덕적 비판 전략에 관해서라면, 각각에 결점이 있더라도 전적으로 거부하고 싶어 하지는 않을 수 있어요. 저는 윤리적 시각이 분명히 사색을 자극하며 풍부한 내용을 담고 있다고 말하겠어요. 문화적으로 가장 보수적이고 회고적인 변종이라고 해도, 자본주의가 삶의 형태에 자국을 남기며 우리가 사물과 자신을 다루는 방식, 이런 관계를 인식하는 방식이 중립적이지 않다는 점에 관해 설득력 있는 주장을 펼치곤 하죠. 우리가 사물, 기술, 관계를 '상품'으로 개념화한다는 사실은 세계와 매우 독특한 관계를 맺음을 알려줘요. 즉, 윤리적 비판이 제기하는 특별한 윤리적 요청과 대안적 비전에 관해 어떻게 평가하든, 이 비판은 겉으로는 자명한 것처럼 보이는 삶의 자본주의적 형태에서 중립성의 가면을 설득력 있게 벗겨내죠.

하지만 자본주의를 비판하는 이런 방식과 결부된 몇 가지 심각한 철학적 문제가 여전히 존재해요. 첫째, 윤리적 비판이 끄집어낸 증상이 실제로 자본주의의 특별한 산물인지는 항상 분명하지만은 않아요. 정말 자본주의와 관련이 있는가, 아니면 근대성 전반의 특징으로 파악하는 게 더 나은가? 둘째, 정당한 근거를 갖춘 윤리적 기준을 설정하기가 매우 어려워요. 이런 비판 가운데 일부는 전자본주의의 미덕이라는, 의심스러운 내용에 의존하죠. 삶이 더 풍성했다고 하는 몇몇 과거 시대를 회고하고, 이렇게 더욱 '의미 있었다'던 관계가 그 시대 나름의 억압과 결핍을 뒷받침했다는 사실을 자주 무시하곤 해요. 화폐, 상품화, 시장화가 수반하는 무관심과 비인격성이 어떤 경우에는 일종의 자유로도 해석될 수 있다는 사실을 외면하는 경향도 있고요. 윤리적 대의를 공유하지 않으면서도 돈만 주면 필요한 것을 구할 수 있다는 사실에는, 우리가 쉽게 내버릴 수 없는 해방의 측면이 있거든요.

선생님이 윤리적 비판에 대한 이런 평가 중 많은 부분에 공감한다는 사실을 알고 있어요. 하지만 자본주의가 삶의 형태, 사고 양식, 자신과 관계 맺는 방식에 분명히 깊은 영향을 끼친다면, 여전히 이런 종류의 윤리적 논증을 진지하게 대해야 하지 않나요? 이를 자본주의 비판 이론에 포함할 수 있어야 하지 않나요? 만약 그렇다면, 그 방법은 무엇이죠?

프레이저 적절한 윤리적 기준을 잡는 것은 정말로 어려운 일인 게 분명해요. 게다가 전자본주의 사회로부터 지배를 지워버리는 낭만적 공동체주의 사고에 빠져들기는 너무나 쉽죠. 이 대목에서 저는 자본주의가 실제로 커다란 해방적 효과를 지닌다는 마르크스의 통찰을 지지하겠어요. 자본주의는 밀도가 너무 높은 윤리적 관계를 맺어야 하는 상황으로부터, 그리고 적어도 지배의 몇몇 전통적 형태로부터 벗어나 자유를 누리게 해주죠. 물론 이는 '소극적' 자유이고, 자본주의는 여전히 '적극적' 자유를 누릴 충분한 수단을 확보하지 못하게 가로막는다고 할 수 있어요. 그렇다고 해도, 자본주의의 해방적 계기를 인정하지 않는 윤리적 비판은 심각한 흠결이 있죠.

한편, 윤리적 비판의 '해방적' 형태조차 난제를 제기해요. 마르크스의 소외 비판은 윤리적 비판의 한 종류로 읽을 수 있죠. 여기에서, 소외된 노동은 나쁜 삶을 초래하는데, 사람들이 자기 자신으로부터, 자연으로부터, 동료 생산자로부터, 자기 노동의 산물로부터 분리되기 때문이에요.[17] 하지만 예기 선생도 잘 알겠지만, 『1844년의 초고』의 이러한 흔한 독해는 '표현주의적 expressivist'[도덕 판단은 판단자의 정서적 반응과 태도의 표현이라는 입장]이라는 비판을 받았죠. 이 비판이 옳다면, 마르크스의 '청년기적' 소외 논법을 윤리적 비판의 '좋은' 사례로 들어선 안 돼요. 어쩌면 『정치경제학 비판 요강』과 『자본』에서 이와는 다른 종류의, '성숙한' 마르크스의 소외 비판을 발견할 수 있다는 사실을 떠올림으로써 이 상황을 좀 더 면밀히 고찰할 수 있을 거예요. 여기에서 핵심 사상은, 생산자가 자신의 자유를 강탈해가는 바로 그 힘을 실제로 창조한다는 것이죠. 제가 1장에서 강조했듯이, 자본이 주체가 되고 생산자는 그 종복이 돼요. 자본을 창조한 장본인이 자신인데도 말이에요. 그런데 이것은 윤리적 비판인가요? 분명히 회고적이거나 공동체주의적이지는 않죠. 그러면서도 자본주의가 주체를 대상으로 만들고 대상을 주체로 만든다는 점에서 자본주의 사회에 뭔가 사악한 점이 있다고 분명히 주장해요.

예기 이게 제가 제안하는 마르크스 독해 방식이에요. 그리고 이는 이미 초기 미출간 원고들에서 핵심 논점으로 제시된다고 생각해요. 우리는 공동의 존재로서 생산하지만, 서로를 공동의 존재로 여기지는 않는다는 것이죠. 이는 이미 일종의 집단적인 자기결정과 자유를 시사해요. 그리고 마르크스가 소외 문제를 제기한 최초의 인물이 아니라는 사실을 잊어선 안 되죠. 그 무렵 이미 비슷한 진단이 '근대성의 불쾌감'에 대한 대응으로 널리 퍼져 있었어요. 마르크스가 특별히 한 일은, 구조적이고 체계적으로 소외를 발생시키는 자본주의의 특징을 폭로함으로써 이런 불평을 자본주의와 연결한 것이었죠.

프레이저 비본질주의적인 윤리적 비판이 어떠해야 하는지 구체화하는 데 도움이 되는 이야기네요. 이런 윤리적 비판은 자본주의가 발생시키는 '악'과, 자본주의를 구성하는 제도적 분할(생산과 사회적 재생산의 분리, 경제와 정치의 분리, 사회와 자연의 분리)을 연결해야 해요. 이런 분할들에 도덕적 불의가 내장되어 있다는 점은 이미 보여줬죠. 하지만 이 분할들이 그 자체로 규범 측면에서 그릇된 '윤리적 측면'을 장착하고 있다고 말할 수도 있어요. 이 분할들이 '일'과 가정, '경제'와 '정치', 인간과 비인간 자연의 뚜렷한 분할과 같은 삶의 자본주의적 형태의 구조를 이루죠. 이런 종류의, 삶의 분할된 형태가 우리에게 좋은 삶을 허용하는지, 그리고 덜 분할된 다른 방식을 통해 우리가 더 나은 삶을 살 수 있는지 묻는 것은 분명 가치 있는 일이에요. 하지만 이 물음에 뭐라 답하든 또 다른 문제도 있죠. 자본주의의 제도적 구조는 삶의 형태에 일정한 근본적 윤곽을 미리 정해요. 그러는 가운데, 바람직한 생활양식을 설계할 집단적 역량을 우리에게서 빼앗아가죠. 따라서 이 점에서, 그리고 더 충만한 방식으로 살아갈 기회를 가로막는다는 점에서 당연히 자본주의의 제도적 구조를 비판해야 해요. 그렇다 해도 이런 종류의 비판을 정말 '윤리적'이라 불러야 하는지는 잘 모르겠네요. 하지만 그렇게 불러야 한다면, 이를테면 윤리를 실체화하는 방식의 비판에 맞서 *구조적-윤리적 비판*이라 부르자고 제안하고 싶어요.

자유 혹은 민주주의의 쇠퇴

예기 자, 이제 자본주의 비판을 정당화하는 몇 가지 방식이 일목요연하게 정리됐네요. 그리고 자본주의 비판이라는 과업이 얼마나 다루기 어려운지 처음으로 확인하기도 했고요. 그러면 어떤 비판 전략을 지지해야 할지 살펴볼까요.

프레이저 글쎄요, 다시 한번 마르크스를 언급하면서 시작해보려 해요. 제 생각에 『자본』의 강점은 우리가 논한 세 가지 비판 장르, 즉 기능주의적 비판, 도덕적 비판, 윤리적 비판을 한데 엮는다는 거예요. 가장 심층적인 수준에서 이 저작은 사회의 잉여가 사적으로 전유되어야 하는가 하는 문제에 비판의 초점을 맞추죠. 그리고 이 물음에는 세 가지 비판 장르가 모두 관여돼요. 잉여의 사적 전유로 인해 자본주의 사회의 핵심에 '모순'(스스로를 불안정에 빠뜨리는 무한 축적의 지상명령)이 장착된다는 점에서는 기능주의적 측면이 있죠. 이 제도배열로 인해 계급, 젠더, '인종', 제국의 균열선을 따라 뿌리 깊은 지배 관계가 똬리를 틀고 또한 소수의 사적 개인과 기업이 본래 사회의 것인 집단적 부를 착복한다는 점에서는 도덕적 측면이 있고요. 마지막으로, 잉여의 사적 전유로 인해, 사회의 방향 전반을 결정하는 권력, 본래는 집단이 보유해야 마땅한 그 권력에 대한 특정 계급의 독점이 확립된다는 점에서는 구조적-윤리적 측면이 있죠.

예기 집단적 자기결정에 관한 마지막 논점을 더 파고들었으면 좋겠어요. 이것이 아직 또 다른 자본주의 비판 방식으로 부각되지 않았다는 게 의아해요. 사회의 잉여가 사적으로 전유된다면, 우리는 개인적·집단적 삶에 영향을 끼치는 가장 중요한 결정에 참여하지 못하죠.

프레이저 바로 그 점이에요. 자본주의 아래에서 우리는 자신이 누구인지, 혹은 어떤 사람이 되려 하는지에 관한 근본적 결정, 그리고 삶의 형태가 어떠해야 하는지에 관한 근본적 결정에 참여할 능력이 없다고 치부돼요. 그래서 우리의 민주주의는 처참하게 훼손되죠. 방금 말한 종류와 규모의 결정은 본래 민주적으로 조직되어야 하거든요. 자본주의는 정치 의제를 제한함으로써 민주주의의 날카로움이 무뎌지게 만들죠. 자본주의는 마땅히 중요한 정치 사안으로 다뤄져야 할 것을 '경제적'이라 치부한 뒤에 '시장의 힘'에 맡겨버려요. 하지만 이게 전부가 아니죠. 사회적 잉여의 사적 전유는 우리의 *자율*

성, 즉 집단적인 삶의 과정의 공동 창작자라는 적극적인 역할을 떠맡을 집단적 능력 또한 제한해요. 자본주의는 우리가 사회의 잉여와 관련하여 자율성을 행사하지 못하게 막아요. 말하자면 여기에는 최소한 세 가지 관념, 즉 참여, 민주주의, 자율성이 함축돼 있죠.

예기   선생님 이야기에서 제가 이해한 바에 따르면, 자율성을 참여, 그리고 집단적 자기결정과 연결하는 것 같은데요. 이것만으로도 이미 자유주의, 혹은 자유주의 철학과 단절한 셈이네요. 자유주의는 다른 무엇보다 '소극적 자유'를 우선시하거든요. 굳이 토론을 위해 질문하자면, 사적 의미에서 자기 삶의 주인공이 되는 걸로 충분하지 않나요? 왜 자율성이 이런 종류의 집단적 자기결정을 요청한다고 주장하는 건가요?

프레이저   참된 자기결정이라면, 개인적 자유와 집단적 자유 둘 다 필요하죠. 두 가지 자유는 내적으로 연결돼 있어요. 어느 쪽이든 다른 쪽이 없으면 보장될 수 없죠. 개인적 자율성은 어느 정도는 경력, 거주, 결혼, 그 밖의 갖가지 문제를 놓고 여러 가지 대안들 사이에서 선택할 수 있는가 하는 문제예요. 하지만 이것은 이미 기성의 삶의 문법과 미리 짜인 선택지 '메뉴'를 상정하죠. 이게 하버마스가 『사실성과 타당성』에서 펼치는 주장이에요. 공적 자율성이 없다면 의미 있는 맥락에서 결코 개인적 자율성을 누릴 수 없고, 그 반대도 마찬가지죠.[18] 이 주장에 관해서라면 저는 하버마스와 한 배를 타고 있어요. 그리고 제 생각에, 마르크스가 자본주의 사회에서 벌어지는 잉여의 사적 전유에 반대한 대목에는 이런 생각의 한 버전이 함축돼 있죠. 안타깝게도 하버마스는 자신의 자율성 논증을 이런 마르크스적 방식으로 발전시키지 않았어요. 하지만 우리는 그래야만 하죠. 이 경우에 결국 참여, 민주주의, 자율성을 중심에 둔 논의로 나아가야 해요. 이 논의에서 궁극적으로 지키고 쟁취해야 할 것은 자유의 *의미*예요.

예기 자유와 민주주의를 내용으로 하는 이런 규범적 비판을 도덕적 비판의 한 형태로 여기나요, 아니면 뭔가 별개의 비판, 그러니까 비판의 네 번째 범주로 규정하나요?

프레이저 '자유/민주주의' 논의를 도덕적인 것으로 분류할 수도 있겠죠. '정치적 정의'에 필요한 것에 대한 요청으로 말이에요. 사회 질서의 설계를 둘러싼 중대한 의사결정에 다른 이들과 함께 참여할 기회가 민주주의에 필요하다면, 그런데 이런 기회를 특정 계급이나 특정 세력이 앗아간다면, 정당한 자격이라 할 만한 것을 박탈당한 셈이죠. 이것은 정의에 관한 직설적인 논의예요. 그리고 정당한 자격을 강탈해간 세력이 다른 개인이든, 사회계급이든 아니면 사회 시스템 전체든 상관없이 이 논의는 유효하다고 생각해요.

이 대목에서 특히 관심을 끄는 것은 세 번째 경우예요. 즉, 자본주의의 심층 구조가 필연적으로 (비우발적으로) 민주적 참여와 집단적 의사결정을 훼손하는 경우죠. 정확히 경제와 정치의 분리를 통해 이 구조는 정치적 의제를 제한해요. 사회적 잉여의 처분을 비롯한 많은 근본 문제를 마치 섣불리 개입해서는 안 될 '경제적 자연법칙'에 종속된 것처럼 다루거든요. 최근에 압도적으로 긴축 반대 입장에 투표한 사람들에게 학교나 병원을 위해서는 공적 자금을 지출할 수 없다고 통지한 중앙은행과 채권시장의 사례만 봐도 알 수 있죠. 이것은 극적인 사례이지만, 좀 더 미묘하고 비가시적인 방식을 통해서도 똑같은 결과가 매우 자주 반복돼요. 수단이 무엇이든 그 결과는 늘 자유를 좌절시키고 민주주의를 쇠퇴시키는 것으로 나타나죠. 자본주의는 착취와 수탈의 시스템일 뿐만 아니라 정치적 불의의 시스템이기도 해요. 이것이 적절하게 재정의된 윤리적 비판과 일정하게 관련된다고 말할 수 있겠죠. 하지만 이는 도덕적 비판의 목소리에 강하게 공명하는 것이기도 해요. 물론 분배적 정의의 한계를 넘어서는 방식으로 말이죠.

파열되는 과거, 현재, 미래

예기　하지만 이런 사고 흐름을, 앞에서 우리가 검토한 문제적 의미에서 윤리적이라 규정할 필요는 없겠죠. 이것은 역사와 인류성에 관한 주장이기도 하다고 말하고 싶네요.(제가 인류성이나 '윤리적 삶'을 헤겔적 의미에서 단지 윤리적이라고만 해석하지 않는다는 점을 밝혀야겠어요. 그보다는 도덕적 측면과, 심지어는 기능주의적 측면까지 포함하는 좀 더 포괄적인 것으로 해석하죠.) 이런 점에서 자본주의는 기능주의적·도덕적 혹은 윤리적 기준(적어도 이들이 개별적으로 다뤄질 경우)조차 뛰어넘어 사회가 역사적 의미에서 무엇을 생산했는지(헤겔이 인류의 유산이라 칭한)마저 이해하지 못하게 가로막아요. 여기에는, 좁은 경제적 의미의 생산수단과 그 산물뿐만 아니라 기술적 진보와 인류가 달성한 모든 것의 역사 일체가 포함되죠.

개인 차원에서든 사회 차원에서든 우리가 이뤄낸 성과를 전유하여 토대로 삼는 능력에 관한 한, 분명히 규범적 차원이 존재하죠. 저는, 마르크스가 "유적 존재species being로부터 소외된다"라고 이야기하면서 이와 비슷한 내용을 염두에 두었다고 확신해요. 이렇게 본다면, 소외론은 단순히 자본주의의 윤리적 문제나 고립된 병리 현상만 가리키지 않죠. 소외론은 우리 인간이 유적 존재로부터 추방됨으로써 우리 삶에 영향을 끼치는 특정한 결정에 참여하지 못하게 됐다는 주장이에요. 또한 좀 더 광범하게는, 우리가 인류 공동의 역사를 계승하지 못함으로써 이를 자신의 역사로 온전히 이해하지 못하고 그 책임을 짊어지지도 못하며 이를 미래로 이어가는 데 기여하지도 못한다는 주장이기도 하고요.[19]

프레이저   예기 선생이 방금 이 논점을 다듬으면서 사용한 시간적·역사적 방법이 마음에 드네요. 사실 저는 자본주의가 과거, 현재, 미래 사이의 관계를 파열시킨다는 주장을 통해 이를 일반화하죠. 제가 잘못 보지 않았다면, 마르크스는 실제로 『정치경제학 비판 요강』에서 이 점을 명시적으로 이야기했어요.[20] 또한 이 생각은 산 노동에 대한 죽은 노동의 지배라고 자본을 정의한 대목에 이미 함축돼 있죠. 이 정의에 따르면, 자본은 산 노동을 지배하는 적대적 힘으로 변형돼버린 과거 노동의 응결일 뿐이죠. '살아 있는' 인간은 상품의 생산자일 뿐만 아니라 자본 자체, 즉 인간이 복종하는 대상인 바로 그 힘의 생산자이기도 해요. 그리고 이런 맥락에서 과거는 현재를 지배해요. 말하자면 여기에는 실제로 세 가지 요점이 있죠. 첫째는 자본주의가 주체들로부터 역사적 유산을 도둑질한다는 예기 선생의 논점이에요. 그 결과, 주체들이 과거와 맺는 관계가 왜곡되고 말죠. 둘째는 현재의 행위 역시 도둑질당한다는, 제가 방금 이야기한 논점이에요. 현재의 행위가 주체들 '자신의 것'이 아닌 이유는 자본이라는 과거의 무거운 유산이 내리는 명령에 따라 이뤄지기 때문이죠. 그래서 현재와 맺는 관계가 왜곡되고 말아요. 마지막으로는, 우리가 앞에서 말한 것처럼, 사회적 잉여의 사적 전유로 인해 집단적으로 미래를 결정할 능력을 빼앗기죠. 이를 통해 미래와 맺는 관계 역시 짓눌리고 말아요.[21]

어쩌면 이런 역사성이라는 발상이야말로 '유적 존재'라는 관점에 대한 비형이상학적·포스트형이상학적 해석이라 할 수 있겠어요. 보수적이지도 않고 본질주의적이지도 않으며 결말이 열린 해석이죠. 아무튼 윤리적 비판이라고 하든, 아니면 도덕적 비판이나 역사적 비판이라고 하든, 이것이 『자본』 1권의 기본적인 규범적 논의에 관해 제가 이해하는 바의 핵심이에요. 이 논의는 통상적인 자유주의적 의미의 분배 몫에 관한 게 아니죠. 역사성과 자유에 관한 논의예요.

예기　　지배에서 벗어나는 자유요?

프레이저　　뭐, 그것도 좋아요. 어쨌든 자본주의는 말 그대로 지배를 단단히 고정하니까요. 적어도 두 가지 서로 다른 의미에서 그렇죠. 첫째, 자본주의를 구성하는 제도적 분할은 계급, 젠더, '인종' 사이에 사회적 지배 관계를 단단히 고정해요. 그리고 둘째로 바로 이 분할이 만인의 자유를 가로막는 일반화된 지배의 형태까지 단단히 고정하죠. 둘 중 어떤 경우든 지배는 자본주의 사회에 단단히 고정되며, 가분적인divisible 일반적 재화의 분배로는 이런 지배를 교정하지 못해요. 심층 구조의 변혁 없이는 확실히 이를 극복할 수 없죠.

소외에 대하여

예기 마르크스의 소외 이론을 자유의 상실 혹은 봉쇄에 대한 비판으로 재구성하는 방안도 고려해볼 수 있어요. 이것은 역사에서 아직 실현되지 않은 사회적 자유에 관한 매우 풍요로운 구상이 될 거예요. 이게 제가 소외를 이해하는 방식이죠. 자명한 인간학적 규정에서 일정하게 이탈하는 현상으로 바라보는 실체론적인 윤리적 방식이 아니라, 자유의 장애물이자 지배의 한 형태로 보는 거예요.[22] 다른 인간, 사물, 사회제도와 관계를 맺지 못하고 이에 따라 자기 자신과도 관계를 맺지 못하는 무능력으로 소외를 이해한다면, 이러한 상황을 '무관계의 관계'로, 그리고 그 연장선에서 전유의 왜곡된 양식으로 재구성할 수 있죠. 이런 상황으로 인해, 우리는 이미 맺고 있는 관계와 우리 삶 전체를 자각하지 못할 뿐만 아니라 이런 관계와 삶 전체를 형성하지도 못하죠. 이로써 특별한 종류의 무력함이 나타나고, 우리는 미지의 힘에 휘둘리는 수동적 대상으로 전락해요. 제가 주장하고 싶은 것은, 소외 비판의 재구성을 통해 삶의 진정한 주인공으로 살기 위해 필요한 전제조건이 무엇인지에 관해 통찰력을 얻는다는 점이에요. 그리고 이런 시각은 자유주의적 자유 관념의 결점을 확인하는 데 활용될 수도 있어요. 이런 소외관을 통해 우리는 자유를 위해 어떤 종류의 사회적 전제조건이 필요한지 알아차릴 수 있어요. 달리 말하면, 소외는 사회적 자유의 장애물이죠.[23]

제 생각에 이런 종류의 소외관은 전망이 밝아요. 하지만 실체론적 설명에서 벗어나, 제가 형식론적 설명이라고 부른 것을 지향해야 하죠. 이런 소외관의 내용에는 우리가 특정한 애착을 형성하는 방식 그리고 자신의 행위를 인식하고 이와 관계 맺는 방식이 포함돼요. 여기에서 주된 관심사는 우리의 '진정한' 본질이나 인간됨의 의미가 아니라, 우리 자신의 소망과 행위의 왜곡된 전유 양식과 왜곡되지 않은 전유 양식이죠.

프레이저 예기 선생은 매우 정교한 소외 분석을 발전시켰는데, 제가 보기에도 흥미롭고 기대를 걸어볼 만한 것 같아요. 하지만 여전히 남아 있는 한 가지 걱정을 언급하고 싶네요. 방금 예기 선생이 요약한 내용이 프로메테우스주의에 대한 비판을 통해 타격을 입을 수 있다는 점을 감안하고 있나요? 소외가 우리의 관계와 삶 전체를 형성해가는 능력을 봉쇄한다는 생각은 우연성에 대한 인간의 정복과 완전한 투명성이 가능하고 바람직하다는 전제를 깔고 있나요? 이것은 하이데거의 영향을 받은 포스트구조주의자들이 제기하는 낯익은 고발이죠. 또한 우리가 실은 자연에서 분리되지 않았으며 언제까지나 그 일부일 수밖에 없다고 경고하는 생태 사상의 일부 흐름도 이런 비판을 담고 있어요. 우리 자신을 둘로 분열시키는 과정에 관한 『계몽의 변증법』의 설명을 떠올려봐요. 이 과정을 통해 인간은 한편으로는 자연과 동떨어진 주인이자 주체로, 다른 한편으로는 우리가 정복하려는 대상이자 앞으로 질주하면서 버려두는 대상인 자연,

그러다가 우리에게 '반격을 가하는' 자연으로 둘로 분열하죠.[24] 물론 호르크하이머와 아도르노는 이 발상을 지나치게 자유분방하게 전개했지만, 여전히 다시 살려낼 만한 내용이 있는 것 같아요.

예기 제가 알기로는 호르크하이머와 아도르노는 때로는 그렇게 애석해하는 입장을 보였지만, 이런 분열 혹은 분리를 해방의 전제조건으로 긍정하기도 했어요.[25] 선생님은 좀 다르게 읽었나요? 그리고 두 사람의 저작 몇몇 대목에서 느낄 수 있는 화해 혹은 조화의 가능성을 강조하고 싶은 건가요?

프레이저 저는 인간과 비인간 자연이 완전히 화해할 수 있다고는 생각하지 않아요. 그리고 이게 우리의 열망을 정식화하는 좋은 방식이라고도 생각하지 않고요. 하지만 자본주의는 인간과 비인간 자연을 불필요하게 격렬하고 위험한 방식으로 대립시켜요. 마르쿠제(Herbert Marcuse)의 문구를 인용하고 싶네요. "자본주의 사회는 필요 이상의 긴장, 문명 자체에 필요한 수준 이상으로 증폭된 긴장이 뿌리내리도록 만든다."[26] 저는 '사회'와 '자연'의 관계에 어떤 긴장이 내재하든, 자본주의 사회보다는 덜 적대적인 방식으로 살아갈 수 있다고 (또한 그래야 한다고!) 말하고 싶어요.

예기 네, 우리가 우주의 주인이라는 생각은 사회적 세계만 놓고 봐도 타당하지 않죠. 이런 점에서 굳이 생태적 측면을 끌어들일 것까지도 없어요. 생태적 측면이 중요하지 않다는 이야기는 아니지만요. 방금까지 소외의 양상을 토론하고 있었죠. 우리 자신이 창조했지만 독자적인 생명을 지닌 것처럼 보이는 탓에 우리가 통제할 수 없어진 세계가 우리의 주인 노릇을 하는 현상 말이에요. 하지만 소외를, 그리고 자유의 부재에 대한 비판과 소외의 관계를 이렇게 재구성하는 작업은 매우 주의 깊게 추진되어야 해요. 완전히 투명한 세계라는 생각에 빠져들지 않도록 조심해야 하죠. 누가 봐도 우리의 피조물이 아닌 자연이야 당연히 투명해질 수 없을뿐더러, 사회 역시 투명해질 수는 없어요.

가장 심층적인 수준에서는 사실 우리가 하는 행동 중에 우리가 빈틈없이 통제할 수 있는 것은 하나도 없죠. 유한성이 존재해요. 한나 아렌트가 훌륭하게 보여준 것처럼, 우리는 자신의 행동에 의해 어떤 결과가 발생할지 항상 예견할 수는 없어요.[27] 어떤 결과가 나올지 예상할 수는 없다는 의미에서, 우리가 창조한 것이 우리에게 낯설게 다가오곤 하죠. 심지어 생산의 왕국에서도 사정은 마찬가지예요. 온갖 종류의 기대하지 않았던 결과와 투명하지 않은 상황을 셈에 넣어야 하죠. 또한 우리가 심지어 자신에 대해서도 투명하지 않음을, 그리고 우리 자신의 동기라 이해한 것이 항상 실제 의도의 충실한 반영은 아님을 받아들여야 해요. 이런 사실은 실체론을 반박할 뿐만 아니라 세계의 장악과 자기 투명성이라는 생각 또한 반박해요.

원리의 차원에서는 이것이 우리의 자유에 장애물이 되지는 않아요. 생산주의적인 프로메테우스적 자만에서 벗어나 인간 행동과 실천을 바라본다면, 만사를 다 셈할 수는 없다는 사실과, 자신의 행동이 낳은 결과조차 여전히 '낯설게' 다가올 수 있다는 사실을 받아들일 수 있겠죠.

세 비판을 통합하는 전략

예기   우리 둘 다, 윤리적 비판의 배경에 자유의 시각이 있어야 한다는 데, 혹은 윤리적 비판의 실체론적·전통주의적·공동체주의적 버전을 대체해야 한다는 데 동의해요. 하지만 이것이 성공하더라도 지배 자체, 불의, 착취 혹은 도덕적 잘못은 여전히 존재하겠죠. 이 혁신된 윤리적 시각은 자본주의의 도덕적 잘못이나 불의를 어떻게 통합해 바라보나요?

프레이저   제가 보기에는 꽤 간단해요. 저는 이미, 자본주의 사회를 구성하는 제도적 분할이 세 가지 유형의 잘못을 동시에 모두 제도화한다고 말했어요. 첫째, 위계적 형태든 일반화된 형태든 도덕적으로 불의한 지배 관계. 둘째, 자유를 가로막는 구조적-윤리적인 나쁜 장애물과, 역사성의 왜곡. 셋째, 위기를 낳는 불안정화의 모순된 역학. 비판의 세 가지 흐름(기능주의적 비판, 도덕적 비판, 구조적-윤리적 비판)은 모두 이미 자본주의를 제도화된 질서로 바라보는 저의 '확장된' 관점에 토대를 두고 있죠. 그리고 세 가지 흐름은 서로 관련을 맺어요. 자본주의 질서의 구조적 변혁은 세 측면을 개별적으로뿐만 아니라 종합적으로 극복하기 위한 필수조건이죠.

예기   저 역시 비판의 이 지류들을 연결해야 한다고 생각해요. 자본주의 비판의 이 세 양식은 강점도 있고 약점도 있지만, 이들의 약점은 세 '차원'을 모두 한데 모음으로써 극복될 수 있죠. 특정한 '삶의 형태'로서 자본주의에 대한 비판은 이 세 차원을 모두 연결해요.

자본주의의 '문화적' 쟁점에 자신을 가두지 않으면서도 윤리적 차원을 포괄하고, 또한 강한 구조적 차원을 수용하죠. 제가 '삶의 형태'를 통해 뜻하는 바는, 제가 실천들의 '앙상블'이라 부르는 것을 통해 구성되는 사회 편성이에요. 그리고 이런 실천들에는 경제적 실천뿐만 아니라 사회적·문화적 실천도 포함되죠. 이런 맥락에서 '삶의 형태' 접근법의 전반적인 논점은 경제적 실천을 사회적 실천으로 이해하는 거예요. 각 실천을, 다른 실천들과 동일한 연속선 위에 있는 것으로, 서로 연결된 것으로 이해하는 거죠. 다양한 종류의 사회적 실천들의 다소 타성적이고 거친 총 앙상블이 삶의 형태들이라고 이해할 수 있다면, 경제적 실천 역시 이런 실천의 맥락들이 이루는 범위에 속하죠. 말하자면 경제적 실천은 사회의 사회-문화적 골간의 '타자'가 아니라 그 일부예요.

따라서 자본주의를 특정한 삶의 형태로 이해하려면, 사회적·경제적·문화적 차원을 하나로 연결하는 사회적 실천과 제도의 앙상블로서 자본주의를 다뤄야 해요. 더 나아가 이 앙상블은 무엇이 적절한지에 관한 규범적 기준에 의해 구성되기도 하죠. 자본주의를 특정한 삶의 형태로 비판하려면, 규범적으로 미리 정의된 문제들을 해결하는 능력, 적절한 학습과 경험 과정이 이뤄질 수 있게 하는 능력을 중심으로 이를 검토해야 해요. 그러면 자본주의는 더 이상 사회적인 것에 대한 경제의 침투가 아니며, 경제적 실천과 제도의 형상과 내용에 담긴 결함이 시야에 들어오죠. 삶의 형태로서 자본주의의 비합리성과 잘못이 뚜렷이 드러나게 만드는 것은 기능의 고장이 서로 얽혀 있는 상태(실천적 위기이면서 동시에 규범적 위기)예요. 이를 통해, 앞에서 비판한 기능주의적 측면이 정당한 평가를 받죠. 자본주의와 같은 삶의 형태는 분명히 규범적 측면에서 항상 실패해요. 하지만 우리는 단순히 천국에서 내려오거나 전통에서 물려받은 윤리적 가치판단에 따라 이런 방식으로 살기를 원치 않는 게 아니에요. 오히려 이는 기능적 결함, 그리고 이런 결함에 수반되는 실천적 격동·위기와 뗄 수 없는 관계에 있죠. 협소하게 이해된 윤리적 비판에 반대하고 기능주의적 비판과 도덕적 비판에도 반대하는 입장에서 해결해야 할 과제는 특정한 의미에서 *비합리적인 사회질서로서* 자본주의를 비판하는 접근법을 다시 살리는 것이에요. 자본주의는 비합리적이면서 동시에 특정한 종류의 사회적 경험과 학습 과정을 봉쇄하죠. 그리고 이런 점에서 자본주의는 위기에 대한 왜곡된 대응 방식이기도 해요. 이 경우에 자본주의 비판은 내재적 위기 비판이라 할 수 있겠죠.

내재적 비판과 사회적 모순들

프레이저 자본주의가 특정한 삶의 형태라는 예기 선생의 발상이 꽤 흥미롭네요. 하지만 자본주의 비판과 관련한 이 논의의 결론은 정확히 무엇이죠? 자본주의 사회에 대한 비판 이론이 비판의 세 장르를 포괄해야 한다는 점에는 모두 동의해요. 또한 가장 긴요한 과제가 이 세 장르를 통합하는 것, 즉 기능주의적 비판에 규범적 계기를 직접적으로 구축하는 것이라는 점에도 동의해요. 하지만 어떤 방식으로요? 전능한 신의 시점에서나 가능할 만한 판단 기준에 호소하는 접근법은 이미 거부했죠. 이제 예기 선생은 내재적 비판 전략을 제시하는 것 같은데요. 예기 선생이 이를 어떻게 이해하는지 더 상세히 알고 싶어요. 일단 자유시장 이데올로기를 글자 그대로 받아들인 뒤 이것이 만인에게 좋은 삶을 안겨주겠다는 약속을 이행하지 못한다는 점을 보여주는 방식인가요? 비우연적인 이유로 자유시장 이데올로기가 자신이 설정한 바로 그 목표를 배반하지 않을 수 없다는 점을 보여주는 건가요?

예기 제가 이해하는 내재적 비판은, 이를테면 내재적 비판의 위기 지향적 버전은 모순을 좀 더 '심층'에서 찾죠. 만약 사회질서가 자신이 대표한다던 기준과 약속을 실현하지 못한다면, 이것은 모순이라 할 수 있겠죠. 하지만 매우 심층적인 모순이라 할 수는 없어요. 저는 이를 '내재적immanent' 비판이라기보다는 '내적internal' 비판이라 표현하고 싶네요. 그리고 비판에 대한 이런 이해 방식은 몇 가지 중대한 결점이 있어요. 한 가지 문제는, 논란이 되는 그 '기준과 약속'이 과연 실현할 가치가 있는지를 어떻게 결정하는가 하는 것이죠. 출발점이 되는 기준을 낮게 설정할 수도 있고, 나름 정당하게 기준에 이의를 제기할 수도 있겠죠. 이럴 경우에 우리는 이미 규범적 기준을 찾아 헤매고 있는 셈이에요. 또한 내적 비판은 우리가 논란의 여지가 없는 방식으로 사회질서 전체의 약속을 식별할 수 있다고 전제하죠. 실제로는 이 문제가 본질적으로 논쟁거리이며 해석에 열려 있는데도 말이에요. 주의를 기울이지 않는다면, 이런 종류의 내적 비판은 그 나름의 이데올로기적 결론으로 끝날 수 있어요. 사회질서가 어떠해야 하는지에 관해 지나치게 폭넓고 정靜적인 생각으로 이끌기 때문이죠.

저는, 마르크스가 좀 더 엄격하고 흥미로운 내재적 비판의 버전을 보여주었다고 생각해요. 간단한 사례로는 '자유노동시장'이 참여자의 '자유', 그리고 노동자와 고용주 간의 '평등한' 계약을 전제로 한다는 생각을 들 수 있겠죠. 이것은 단순한 규범적 기준이 아니에요. 자본주의 노동시장의 기능적 조건이고, 앞에서 토론했듯이 자본주의 생산양식 일반의 기능적 조건이기도 하죠. 물론 아직 노동자는 '오직 형식적으로만' 자유롭고 평등하며, 실제로는 자유롭지도 못하고 평등하지도 못해요. 이는 단순히 자유노동시장이 자신이 설정한 특정한 약속이나 기준을 실현하지 못하는 것만이 아니에요. 자신을 *정의하는* 역할을 하는 그 기준을 전혀 충족하지 *못한다*는 뜻이죠. 따라서 우리가 이해해야 할 가장 중요한 점은 문제의 사회 편성이 그 자신을 넘어서도록 이끄는 시스템적 특징이에요. 이렇게 인식된 시스템 차원의 모순이 곧 위기의 근원이죠.

하지만 이런 수준을 넘어, 내재적 비판은 역사적으로 진화해온 심층적 잠재력과 관련되기도 해요. 생산력과 생산관계의 모순은 결국 지키지 못한 약속에 관한 이야기는 아니죠. 이것은, 뭔가를 행하고 실현할 수 있는 현실적 역량과 가능성이 우리에게 있지만 이를 실행하지 못하고 있다는 이야기예요. 제가 이해한 마르크스에 따르면, 특정한 생산관계는 실제로 특정한 종류의 생산성에 장애물이 되고, 이런 의미에서 자체의 기능성뿐만 아니라 규범성에도 장애물이 되죠.

그렇다고 모순적 사회 현실이라는 생각, '실천적 모순'이라는 생각이 그 자체로 문제가 없는 것은 아니에요. 생산 과정에는 사회적 협력이 필요하지만 생산 원료와 생산물이 사적으로 소유된다는 사실에 하나의 모순이 있다는 생각을 예로 들어볼게요. 그런데 이것은 전적으로 모순만을 이야기하는 게 아니에요. 적어도 논리적 모순은 아니죠. 이 대목에서 더 많은 일이 벌어지고 있음을 확인할 수 있어요. 자본주의는 성장이나 생산성 같은 생각에 의존하지만, 집단적 생산 역량을 최대한 활용하려 할수록 생산관계가 그런 조건을 체계적으로 부정한다는 점이 드러나요. 규범적 질문을 넘어 이는 우리의 사회적 실천들과 근본적으로, 심지어는 기능적으로 화합할 수 없는 뭔가가 존재함을 시사해요. 우리의 사회적 실천들은 현재의 형태로는 결코 화해할 수 없죠.[28]

프레이저 내재적 비판이 사회질서의 심층에 뿌리박은 모순을 강조하는 것이라는 생각이 마음에 드네요. 하지만 저는 다양한 유형의 모순을 구별하고 싶어요. 우선 자본주의 경제에 모순이 있다는 정통 마르크스적 사고가 있죠. 예를 들어, 자본의 유기적 구성이 고도화하면 적어도 경향적으로는 이윤율이 저하한다는 거예요. 저는 이것을 '시스템 수준'의 '영역 내' 모순이라 부르겠어요. 그리고 어떤 일이 있어도 이 생각을 폐기하고 싶지는 않아요. 자본주의 경제 시스템이 정말로 기계와 유사한 성질을 갖고 있다는 사실이 이런 생각에 설득력을 더해주거든요. 이 시스템의 정상적 기능은 실제로 호황과 불황의 격렬한 진자 운동을 일으키죠. 게다가 역사에서, 이런 '모순' 경험에 대한 규범적 해석은 사회적 행동을 고취했어요. 노동조합, 노동자정당, 사회주의운동이 그런 사례들이죠.

하지만 다른 종류의 모순도 존재해요. 앞에서 제가 강조한 내용을 '영역 간 모순'이라 부르고 싶어요. 생산의 필요조건과 사회적 재생산의 필요조건 간의 모순, 축적의 지상명령과 흔들리지 않는 공적 권력의 필요성 간의 모순, '값싼 자연'의 필요성과 생태적 지속 가능성의 필요조건 간의 모순이 그것이죠. 이를 모두 다시 장황하게 늘어놓고 싶지는 않네요. 하지만 영역 간 모순이 오직 '시스템' 수준에서만 작동하지는 않는다는 점은 덧붙여야겠어요. 영역 간 모순은 '사회적' 모순 혹은 '생활세계' 모순으로도 나타나는데요. 자본주의라는 제도화된 사회질서를 함께 구성하는 서로 다른 영역들과 결부된 다양한 규범적 이상들 간의 충돌이라는 형태로 나타나죠. 나중에 적절한 때 이 논점으로 다시 돌아갈게요.

마지막으로, 이전 시기에 민중이 역사적으로 발전시킨 규범적 기대가 오늘날의 압박·현실과 마찰을 빚을 때 등장하는 모순이 있어요. 예를 들어, 대공황, 제2차 세계대전, 전후 복지국가를 겪은 노동 계급 대중은 생활 수준을 지켜주고 완전고용을 제공하며 시장이 격동하는 상황에 사회보장을 책임지는 것이 정부의 역할이라는 기대를 내면화했죠. 하지만 오늘날 이러한 기대는 신자유주의의 상식과 정면으로 충돌해요. 신자유주의적 상식은 경기 하강을 과도한 국가 규제 탓으로 돌리고, 시장이 방해받지 않고 자신의 마법을 펼치도록 놔두는 게 해법이라고 주장하거든요. 조건이 맞아떨어지면 이와 같은 갈등(역사적으로 퇴적된 기대와 현재 상식 간의)이 *정치적* 모순의 수준까지 고조될 수 있어요. 이것은, 이를테면 마르크스가 계급투쟁의 격화가 시스템적 위기 경향의 정치적 표현이라고 주장하면서 염두에 뒀던 것과 같은 종류의 모순이죠.

"굶주릴 뿐만 아니라 격노한다"

예기 내면화된 일련의 규범적 기대가 존재한다는 사실은 말할 필요도 없죠. 문제는 이러한 규범적 기대가 서툴게 정식화되거나 오해를 불러일으킨다는 점이에요. 파시즘을 지지한 이들도 규범적 기대가 있었어요. 우리라면 곧바로 거부할 특정한 종류의 문화적-공동체주의적 '묻어 들어 있음'이라고 할 수 있죠. 따라서 내면화된 기대를 지적하는 것만으로는 규범적 기준이라는 문제의 핵심을 건드리지 못해요. 우리는 여전히 이 기준들을 평가해야 하죠. 어떤 것은 잘못됐을 수 있고, 어떤 것은 이해는 가지만 실현되지 못할 수 있고, 그 밖의 여러 가지 경우가 가능해요.

그런데 여기에서 중요한 점은, '규범적인 것'을 탐색하는 무대를 이동시키고 훨씬 더 심층적인 수준에서 규범적 측면과 기능적 측면을 연결하는 것이에요. 선생님이라면 이를 '유물론적' 전환이라 부를지도 모르겠어요. 아니면, 유물론에서 타당한 내용을 찾아내려는 시도라고 할 수도 있겠네요.

지금까지 사회적 규범이 얼마나 조건에 따라 달라지는지 강조하는 데 많은 시간을 보냈어요. 하지만 어떤 점에서는 그렇지 않죠. 즉, 사회적 규범은 사회적 재생산을 지향해요. 그렇다고 철학적 인간학의 견지에서 그렇다는 게 아니라 역사적 의미에서 그렇다는 이야기예요. 우리가 선호하는 어떠한 규범적 기능들의 조합도 역사에서 출현하고 발전하는 사회질서의 산물이라고만 할 수는 없어요. 동시에 이런 조합은 직접적으로 분명히 드러나지 않으며, 자명하지도 않죠. 이 조합은 의식적으로 고안된 것과 이미 함축된 것 사이의 어딘가에 있어요. 내면화된 기대의 형성과 해석에 관해 우리는 이런 식으로 생각하곤 하죠. 이런 기대는 역사에서 오랜 시간에 걸쳐 발전해요.

따라서 이런 규범적 기대는 사회와 경제의 관계라는 맥락에서 어떻게 형성되기 시작하는지, 그리고 어떻게 발전하는지에 관한 검토를 통해 정당화될 수 있을 거예요. 봉건제에서 민중은, 비록 가장 잔인한 방식으로 지배를 받을지라도, 넓은 의미에서 봉건 영주에게 '속하는' 한 어쨌든 돌봄을 받을 것이라고 기대했죠. 이 점에서 봉건 노동 역시, 특정한 종류의 봉건적 온정주의가 존속하는 한, 이중의 의미로 자유롭지 못한 노동이었어요. 반면에 부르주아 시민사회는 민중을 자유롭게 하면서(이미 언급한 이중의 의미에서) 동시에 만인이 스스로를 돌볼 수 있다는 기대를 부추겼어요. 민중은 자유롭고 평등하며, 노동시장에 참여함으로써 생계 수단과 자부심을 확보한다는 거였죠. 부르주아 사회는 어떤 맥락에서는 생계 수단과 자부심을 확보할 이러한 수단(자유노동시장)을 제공했지만, 다른 맥락에서는 바로 이 제도들의 조합이 지닌 파괴력을 통해 생계 수단과 자부심에 접근할 기회를 차단했어요. 앞에서 언급한 내용이지만, 제 생각에 헤겔은 하층계급이 단지 굶주릴 뿐만 아니라 격노한다고 이야기하면서 참으로 통찰력 넘치게 이를 분석하죠. 하층계급은 결핍에 대해 불평할 뿐만 아니라 화낼 권리 또한 있다는 거예요. 더 나아가서는 복지를 누릴 자격이 있다는 의식까지 갖고 있죠. 그 이유는, 하층계급이 형성한 기대가 헤겔이 "필요의 시스템"(즉, 부르주아 사회)이라고 부른 것과 대면하면서 정당화되기 때문이에요.[29]

달리 말하면, 우리는 역사적 경험 과정 전반에 걸쳐 이런 기대가 출현하는 방식에 관한 설명을 발전시킬 수 있을 거예요. 가난한 이들의 좌절은 항상 동일한 좌절이 아니죠. 이런 좌절은 자원이 부족하다는 잔인한 현실이 아니라, 제가 말한 규범적 기대를 통해 인식된, 그리고 역사적으로 진화해온 자원의 결핍에서 비롯돼요. 폴라니가 제시한 스피넘랜드법 사례가 이를 잘 보여주죠.[30] 똑같이 관이 나서서 빈자에게 자비를 베풀지만, 봉건적 관계가 지배하던 시기와는 달리 노동력을 팔아 기아임금을 받도록 강요하는 시대에는 이것이 수치로 여겨지죠. 이제 시장은 가난한 이들을 개별 계약자로 다뤄요. 이들은 부의 초기 축적에 기여하는데도 아직 임금만으로는 스스로를 지탱할 수 없죠. 스피넘랜드 입법이 그랬던 것처럼 사회가 빈민을 걸인과 동일시하는 식으로 반응할 경우에, 기능 측면에서 역효과만 낳으며 규범 측면에서 문제가 있다고 분석할 수 있어요. 이것이 제가 규범적 기대와 관련해 권하는 전략이에요. 여전히 그 주된 관심사는 민중이 특정한 규범적 이상을 위해 투쟁하는 이유와 계급 갈등이지만, 자립적이지는 않죠. 이런 기대는 사회가 존재하고 발전해온 방식 그리고 사회가 특정한 역사적 단계에서 스스로를 재생산하는 방식에 뿌리를 두고 있어요. 규범적인 것과 기능적인 것이 이렇게 서로 얽혀 있기에 결국, 현실에서 부르주아 사회 내의 빈곤은 그 자체로 잘못일 뿐만 아니라 동시에 사회의 해체를 초래하며 마침내 기능장애 상태에 빠뜨리고야 말죠.

프레이저   예기 선생이 방금 말한 내용에 매우 공감해요. 우리를 외재적 회의주의로 이끌 위험이 있는 '허수아비 때리기 오류'식 기능주의 비판에 관한 제 걱정을 덜어주네요. 게다가 예기 선생은 역사적 경험, 사회적 학습과 연결되지 않은 자립적인 규범적 비판의 결점 또한 극복했어요. 하지만 여전히 한 가지 의문이 있어요. 제가 이해한 바에 따르면, 예기 선생은 자본주의 위기에 관한 비판 이론의 토대를 서사에 두자고 제안하죠. 민중이 어떻게 사회적 보호, 사회권, 지위 위계제에서 벗어날 개인적 자유 등등을 누릴 자격이 있다고 느끼는지, 역사적으로 습득된 기대가 예컨대 축적 체제가 전환하는 시기에 어떻게 곤란에 직면하는지, 이런 기존의 기대가 어떻게 새로운 기대에 길을 내주는지 등에 관한 역사적 설명 말이에요. 이 모두는 저하고도 잘 맞아요. 하지만 여전히 핵심적인 질문과 마주해야만 하죠. 더 나은 역사적 서사와 그렇지 못한 역사적 서사는 어떻게 구별되는가?

영역 간 모순

예기 제가 선생님에게 묻고 싶었던 게 바로 그거예요! 위기 비판이라는 구상을 통해 이 문제를 더 예리하게 파고들 수 있을지 확인해보죠. 우리 둘 다, 자본주의의 불안정성이 우발적인 게 아니라 바로 그 구조에 내장되어 있다는 점을 보여주는 비판 개념에 매력을 느끼잖아요. 하지만 특히 경제주의적이고 결정론적인 방식으로 이해될 때 이 모델이 갖는 장점과 단점을 잘 알죠.

선생님이 제안하는 모델은, 위기 경향이 본질적으로 경제적인 것은 아니지만 경제적 전경과 비경제적 배경 사이의 모순에 토대를 두고 있다고 이해하는 것처럼 보여요. 즉, 모순은 경제 내부가 아니라 비경제와 맺는 관계 속에 있죠. 이는 분명히, 적어도 좁은 의미의 경제주의 문제를 넘어서게 해줘요. 하지만 잘 생각해보면, 이처럼 경제적 영역에만 자신을 한정하지 않는 또 다른 기능주의적 비판이 이미 존재했어요. 저는 앞에서, 자본주의의 동기 구조를 이런 종류의 문화적 배경 조건으로 제시하는 대니얼 벨의 설명을 언급했어요.[31] 하버마스 역시 조직화된 자본주의가 "생활세계"라는 비-경제적 배경과 맺는 관계의 측면에서 자본주의 위기 경향에 관한 설명의 틀을 다시 짰죠. 정치와 관료제가 생활세계에 비집고 들어온다고 말이에요.[32]

이에 따른 제 의문은 이거예요. 이런 종류의 분석은 자본주의의 불안정성에 관해 유용한 진단을 제시할 수도 있지만, 탄탄한 비판을 구축하는 데 이것으로 충분한지는 잘 모르겠어요. 기능주의적 설명에 이런 종류의 규범적 뒷받침이 필요하다면, 이것은 선생님의 배경/전경 분석에도 해당해야 하지 않나요?

프레이저 제 생각은 예기 선생과 마찬가지로, 위기 비판이 특정한 사회 편성 내에 깊이 뿌리내린 모순 혹은 그 안에 내장된 경향을 드러내야 한다는 것이에요. 이런 모순이 과연 언제, 그리고 어떻게, 다소 첨예한 위기 형태로 자신을 표출하는지에 관한 역사적 물음이죠. 또한 이 모순을 잠시라도 완화하거나, 일부러 폭발시키거나, 우회하거나, 다른 곳으로 전이하기 위해, 활용할 수 있고 정치적으로 실현 가능한 전략은 무엇인지에 관한 정치적 물음이기도 하고요. 물론 이 모든 것은 엄청난 과제죠. 하지만 제가 이 대목에서 강조하고 싶은 것은 예기 선생도 강조한 논점이에요. 위기가 모순에 토대를 둔다는 점 말이에요. 그리고 예기 선생이 올바로 지적했듯이, 저는 자본주의 경제에만 의미 있는 모순이 존재한다고 가정하지 않아요.

자본주의는 다양한 '영역들' 사이에도 치명적인 모순을 장착하죠.

예기 선생은 이런 '영역 간' 모순에 집중하는 비판 이론에서 잘 알려진 사례 두 가지를 언급했는데요. 하나는 경제와 문화의 모순에 관한 대니얼 벨의 설명이고, 다른 하나는 하버마스가 『정당성 위기』Legitimation Crisis에서 설명한 경제와 정치의 모순과 『의사소통 행위 이론』에서 설명한 체계와 생활세계의 모순이죠. 또 다른 사례로는 폴라니가 있어요. 폴라니의 경우에 자본주의의 근본 모순은 경제와 사회의 모순이죠. 모든 중요한 투입물을 상품 생산에 몰아넣는 자기조정적 시장을 창조하려는 지속적인 충동에 의해, 시장이 궁극적으로 의존하는 토대인 연대, 공동체, 공동 이해라는 골간이 허물어진다는 거예요. 제임스 오코너 같은 생태마르크스주의 사상가도 예로 들 수 있겠죠. 오코너는 자본주의 생산의 역학과 이에 필수적인 '자연조건'의 모순을 상정했어요. 리스 보걸 같은 페미니즘 사상가 역시 상품 생산과 사회적 재생산의 모순을 규명했고요.[33]

이 모두는 제 이론적 공장을 위한 재료예요. 저의 프로젝트는 이 모든 '모순'(방금 목록을 제시한 영역 간 모순과 마르크스가 상정한 경제 내적 모순)을 제도화된 사회질서로 인식된 자본주의에 관한 단일한 비판 이론에 통합하는 것이죠. 여기에서 제가 요약한 전경/배경 모델은 이 모순들을 자본주의 사회의 위기에 대한 통합된 비판에 한데 모으려는 방법이라 할 수 있어요. 앞에서 저는 자본주의 사회를 구성하는 세 가지 제도적 분할, 즉 생산/재생산, 사회/자연, 경제/정치에 초점을 맞추었는데요. 각 분할은 자본주의 경제가 '비경제적' 배경 조건을 필요로 하면서 동시에 불안정에 빠뜨린다는 사실에 토대를 둔 '영역 간' 모순을 장착하죠.

예기   흥미로운 진단이고, 이로부터 얻을 수 있는 내용도 많겠어요. 하지만 다시 한번 묻는다면, 이것만으로 비판을 완성하기에 충분한가요? 어떻게 보면 자본주의는 우리가 생각하는 것보다 더 잘 작동해요. 자본주의는 다름 아닌 자신의 자원과 그 제도적 필수조건을 먹어치울지 모르지만, 스스로 새로운 자원을 창조하기도 하거든요. 이를 사악한 시스템이라 생각할 수도 있겠지만, 어쨌든 늘 어떻게든 유지되죠. 자본주의는 기능 측면에서 생기에 넘치고, 어떤 기준으로 봐도 총체적 붕괴로 나아가고 있다고 하기는 힘들어요. 인간과 환경에 매우 위험한 시스템이기도 하겠고 자본주의가 초래하는 사회는 장기적으로는 살 만하다고 할 수 없겠지만, 그래도 '기능'하는 것처럼 보이거든요. 그렇다면 자본주의가 계속 작동하는 한, 자본주의가 자신의 자원을 잡아먹어서는 안 되는 건가요? 즉, 저는 앞에서 우리가 논의한 규범적 문제가 과연 여전히 존재하는지 아직도 잘 모르겠어요. 과연 어떤 의미에서 '기능주의적' 문제가 있고, 어떤 의미에서 '규범적' 문제가 있다는 거죠? 그리고 선생님의 접근법에서는 어떻게 이 두 측면이 결합되죠?

규범적 모순

프레이저   만약 우리가 이 지점에서 토론을 중단했다면 매우 비규범적으로 보이는 결론만 남았을 거라는 점을 인정해요. 무엇이 좋고 나쁜지, 그리고 무엇을 폐지하거나 극복하거나 바꿔야 하는지 정할 평가 기준이 여전히 없는 상태였겠죠. 이 경우에 우리에게 남는 것은 좀 격렬해 보일 수도 있는 불안정성의 그림뿐이었을 거예요. 하지만 제가 앞에서 말한 것처럼, 토론을 중단할 이유는 없어요. 게다가 사람들이 이 불안정한 삶을 어떻게 살아갈지에 관한 해명 역시 포함해야겠죠. 사람들은 이전 시기의 규범적 기대, 예를 들어 연대, 정부의 도움, 생활 수준 향상의 기대, 자녀 세대는 부모 세대보다 더 나은 삶을 살아야 한다는 기대를 내면화하고 있나요? 그렇다면 위기와 불안정성의 시대를 산다는 것은 곧 이런 기대가 침해되거나 좌절된 채로 살아가야 한다는 뜻이에요. 그리고 이런 상황은 규범적 성격을 띠죠.

하지만 저는 방금 짧게 언급했던 또 다른 논점을 더하고 싶어요. 저는, 자본주의의 다중적인 제도적 무대가 각각 자신과 친화성을 지닌 규범적 이상의 조합과 결부돼 있다고 생각해요. 예를 들어, 성장, '시장 정의', 개인적 '선택'의 이상은 자본주의 경제와 공명하며 그 안에서 우위를 차지해요. 연대, 돌봄, 사회보장의 이상은 대체로, 사회적 재생산의 상당 부분을 지탱하는 공동체와 가족 내부를 지배하고요. 민주주의, 시민권, '공공성'의 이상은 자본주의 정치와 결부되죠. 그리고 지속 가능성, 자연 보살핌, 세대 간 정의의 이상은 '자연' 가까이에서 경험되는 맥락에 발을 딛고 있어요. 대다수가 자본주의의 제도적 분할을 존중하고 '법이 정해놓은' 영역에서 그에 해당하는 이상을 순순히 따르는 '정상적' 시기에는 이런 이상들이 서로 삐걱대더라도 어쨌든 공존할 수 있어요. 하지만 이 이상들은 서로 정면충돌할 수도 있죠. 사람들이 이 이상들을 '맞지 않는 영역'에 '맞지 않는 방식으로' 적용하는 위기 시기에 이런 일이 벌어져요. 이 경우에는 또 다른 유형의 '자본주의적 모순'이 작동하죠. 저는 이것을

'규범적 모순'이라 부르겠어요. 규범적 모순의 잠재적 가능성은, 제도적 분화와 전경/배경 관계를 통해 배열된 질서인 자본주의의 심층 구조에 내장돼 있죠. 규범적 이상도, 이들 사이의 갈등도 우발적이거나 자의적이지는 않아요. 오히려 이들은 자본주의 사회의 바로 그 구조에 깊이 뿌리내리고 있죠. 그리고 2장에서 논의한 '경계투쟁' 역시 마찬가지예요. 이러한 투쟁들은 자본주의 사회의 기존 제도적 분할을 중심으로 모여들어요. 이 투쟁들은 그 상황에는 어떤 규범적 이상이 적합한지를 둘러싼 갈등과 관련된 경우가 많죠. 어업권을 둘러싼 분쟁을 해결하려는 주장의 근거가 되어야 할 것은 경제 성장의 규범인가요, 아니면 생태적 지속 가능성의 규범인가요, 아니면 선주민 공동체의 사회적 재생산이라는 지상명령인가요? 이런 종류의 모순은 생활세계적이기도 하고 시스템적이기도 하죠. 기능적이면서 동시에 도덕적이고 구조적-윤리적이기도 한 거예요.

예기 저는 최근에 업턴 싱클레어Upton Sinclair의 소설 『정글The Jungle』을 읽었어요. 이 책에서 자본주의는 사회적 재생산이 불가능해질 정도로 자신의 필수조건을 먹어치우죠. 노동자는 자녀를 키울 수조차 없었고, 실업자가 수백만 명이나 됐어요. 그 결과, 계속 이렇게 갈 수는 없다는 사실이 분명히 드러났고, 사람들을 굶주리게 놔둬선 안 된다는 점을 인정하게 됐어요.

자본주의가 언제 어디서든 기회만 생기면 사회적 재생산의 기반 자체를 위험에 빠뜨리는 경향이 있다는 것은 사실이죠. 하지만 상황이 정말 안 좋아지면 자본주의는 충분히 해법을 발전시킬 수 있는 것처럼 보이기도 해요. 일종의 보호주의 전략을 통해서든, 파괴된 연대 형태를 대체할 새로운 형태의 연대를 활성화해서든 말이에요. 달리 말하면, 자본주의가 이런 자원의 유지·보수와 어떤 관계를 맺는지 질문을 던질 수 있다는 거예요. 과연 이런 자원이 시스템 외부에 존재한다고 보는 게 정확한지, 혹은 자본주의가 스스로 새로운 자원을 창조하고 심지어는 자신의 존립에 필수적인 조건을 상황에 맞게 바꿀 수 있는 일정한 역량이 있는 건 아닌지 물을 수 있어요. 자본주의는 이러한 필수조건에 급격하게 문제를 불러일으키는 경향이 있지만, 고삐 풀린 자본주의라 하더라도 사회적 재생산을 위해 일정한 수단을 제공해야 한다는 점은 자각하는 것처럼 보여요. 따라서 시스템에 일정한 적응 능력이 내장돼 있다는 주장은 성립될 수 있죠.

프레이저 지금 우리가 말하는 것이 자본주의 경제라면, 이는 스스로를 교정하지 않으며 그럴 수도 없죠. 자본주의의 필수 배경 조건을 보장하는 데 필요한 교정과 적응 수단은 경제 바깥에서만 출현할 수 있거든요. 자본주의 사회 바깥이 아니라 경제 바깥 말이에요. 역사에서 이렇게 '경제 외적이지만 자본주의 내적인 바깥'은 곧 정치였죠. 자본주의 역사에는 분명 '선견지명'이 있는 자본가가 이를 이해하고 국가가 후원하는 형태의 사회 보호를 조직하는 데 주도적인 역할을 한 순간이 있었어요. 시스템을 그 자신에게서 구하는 데 큰 역할을 했던 거예요. 미국의 뉴딜이 여기에 딱 들어맞는 사례죠. 대다수 자본가가 루스벨트 대통령에 맞서 필사적으로 싸웠지만, 전부 다 그랬던 것은 아니에요. 심지어 자본가도 삶에 여러 다른 측면이 있게 마련이고, 일부 자본가는 사회생활의 '비경제' 구역의 진가를 인정하죠. 이런 영역이 기능 측면에서 필요할 뿐만 아니라 그 자체로 가치 있다는 점을 이해해요. 하지만 이들이 이런 이해를 바탕으로 집단행동에 나서는 순간은 상대적으로 드물죠. 이렇게 물을 수 있을 거예요. 이런 '계몽된' 자본가가 어느 때보다 필요한 오늘날, 이들은 도대체 어디에 있는가? 그리고 어떤 경우든, 정치적으로 조직된 사회 보호의 선두에 선 주된 사회 세력은 다른 곳에서 출현했죠. 노동계급운동, 반인종주의운동, 여성운동, 민족해방운동에서 말이에요. 최선의 경우에 이 운동들은 확장적인 연대를 개척했죠. 이런 연대는 해당 위기 시기에 자본주의 사회에 이미 존재하던 주어진 '자원'에서 끌어낸 것일 뿐만 아니라 이를 초월한 것이기도 했어요. 이러한 새로운 연대를 '만들어내는' 과정에서 사회적 행위자들은 자본주의의 '규범적 모순'이 일으킨 마찰에서 튀어 오른 불꽃을 창조적으로 활용했죠.

예기   하지만 자본주의의 전경과 배경 공간이라는 선생님의 생각으로 돌아가보면, 선생님이 확인한 것처럼 서로 다른 공간들이 한데 연결되어 있기는 하지만, 엄격하게 기능주의적인 방식으로 연결돼 있지는 않아요. 각각에는 그만의 삶이 있고, 사람들에게 각 영역만의 특유한 규범적 애착을 불러일으키죠. 다 함께 같이 작동하든, 아니면 서로에게 맞서서 작동하든 말이에요. 한편으로 배경은 전경과 관계를 맺으며 존립하지만, 다른 한편으로 배경의 구성 요소들은 일종의 독립된 삶을 살죠. 각각 자기만의 규범적인 역학이 있는 거예요.

프레이저   맞아요. 이 영역들 각각에는 규범성이 스며들어 있고,

특히 (그렇다고 전적으로 그런 것은 아니지만) 그만의 특징적 규범성이 펴져 있죠. 이 점에서 자본주의의 규범성은 단일하지 않고 다중적이에요. 자본주의의 모든 주체는 한 가지 이상의 영역에서 살아가고, 모두가 한 가지 이상의 규범 조합과 연결돼요. 위기 경향이 폭발해 가시화될 때, 사람들이 경험하는 것은 단지 물질적 결핍이나 불안정 그 자체만이 아니라 규범적 갈등이죠. 어떤 시기에는 이런 갈등이 '규범 간 격리segregation'를 통해 완화돼요. 어떤 때에 어떤 '영역'에 한해서는 연대주의적 성격을 띠고, 다른 때에 다른 '영역'에서는 경쟁적 성격을 띠는 식으로요. '정상적' 시기에는 이런 분할이 유지되죠. 하지만 명백한 위기 시기를 비롯한 다른 시기에는 벽이 무너지고, 자본주의의 다중적 규범성이 정면충돌해요. 이것이, 규범적 차원이 없다면 기능주의적 분석은 비판이 될 수 없다는 예기 선생의 평가에 대한 저의 답변이에요. 개인들이 '외부'에서 규범적 이상을 도입하는 게 아니에요. 오히려 이러한 이상들은, 전경/배경 관계를 구성하는 바로 그 분할을 전제하는 자본주의 자체의 제도적 편성의 깊숙한 곳에서 출현하죠.

예기   전적으로 동의해요. 기능주의적 설명에 비판적 영향력이 있다면, 그것은 기능적인 것과 규범적인 것이 이러한 사회제도에서 이미 뒤엉켜 있기 때문이죠. 제도에 이미 규범이 담겨 있다면, 제도가 이런 기준을 실현하지 못한다는 점을 부각시킬 수 있는지가 참으로 중요해져요. 하지만 경제적 실천 자체에도 이를 적용하지 않을 이유가 뭔가요? 저는 경제적인 것과 비경제적인 것을 구별하는 방식에 불편함을 느끼기 시작했어요. 수많은 비슷한 접근법에 내장돼 있음이 확인되는 가정이 이 경우에도 수반되는 것처럼 보이거든요. 규범적으로 풍요로운 '좋은' 생활세계 혹은 사회가 있고, '몰규범적인', 혹은 '나쁜' 경제 영역이 있다는 식으로요. 뒤의 항이 앞의 항을 침범하면, 위험한 결과가 나타난다는 거예요.

폴라니식 이원론에 반대하며

프레이저 글쎄요, 적어도 저는 경제생활이 몰규범적이라고 가정하지는 않아요. 방금도 성장, 시장 정의, 소극적 자유, 개인적 선택 같은 규범적 이상들을 언급했고, 이런 이상들의 '선천적 고향'은 자본주의 경제죠. 또한 비경제적 규범들이 항상 '선'이라고 가정하지도 않아요. 폴라니가 '경제'의 대립항으로 '사회'를 제시하면서 '사회'가 그 자체로 지배, 배제, 불평등의 소굴일 가능성을 고려하지 못한 것이 『거대한 전환』의 주된 약점이라고 저는 주장했어요. 폴라니는 경제적 규범들의 도입이 어떤 경우에는 해방적 효과를 지닐 수 있다는 점을 현실로 인정하지도 못했죠.

예기 앞에서 선생님은 이 점에 관해 폴라니를 비판했어요. 자신이 경제의 대립항으로 제시한 사회적 자원들이 그 나름의 지배 구조를 장착한다는 점을 알아차리지 못한 채 이런 사회적 자원들을 과도하게 낭만화했다고 말이에요. 이것이 '사회 보호'와 '시장화'라는 폴라니의 생각에 선생님이 '해방'이라는 발상을 끌어들인 한 가지 이유죠.[34] 그럼에도 사회의 전방위적 상품화가 어떻게 삶의 형태를 파괴하는지 보여주기 위해 규범적 측면과 기능주의적 측면을 통합하는 것은 폴라니식 접근법의 강점인 것 같아요.

프레이저 제가 이해하는 바에 따르면, 폴라니는 유사 기능주의적 위기 비판과 실체론적인 윤리적 비판을 매우 강력하게 결합하죠. 하지만 도덕적 비판, 특히 지배·공정의 문제와 관련된 도덕적 비판에는 매우 취약해요. 이 내용은 폴라니의 저서에서 거의 찾아볼 수 없죠. 이런 문제에 관한 고민을 등한시했다는 점은 정말로 치명적인 잘못이었어요. 그러지 않았다면, '좋은 사회'와 '나쁜 경제'를 대립시키는 결론으로 끝나지는 않았을 거예요. '사회'가 지배, 배제, 위계로 가득하며, '경제'가 적어도 원리의 차원에서는, 그리고 이따금 지배의 일부 형태들에서 해방하는 힘으로 기능할 수 있다는 점을 이해했을 거예요. 폴라니가 이런 명백한 지점을 등한시한 게 의도적이었다고는 결코 생각하지 않지만, 그 결과로 폴라니는 회고적이고 보수적인 공동체주의적 방향에서 윤리적 측면의 위기 비판을 전개했죠. 제가 폴라니의 프로젝트를 재구성하기 위해 펼친 작업은, 우선 비실체론적 방향에서 윤리적 요소를 구조적 내용으로 재해석하고, 둘째로는 누락돼 있던 도덕적 요소를 도입한 것이에요. 이것이 첫째로, 폴라니가 자신의 '허구적 상품화'론을 '존재론'적으로 해석한 것에 대한 대안으로 '구조적' 재해석을 제안한 이유이고요.[35] 둘째로, 폴라니의 이중운동 개념을 삼중운동 개념으로 대체한 이유죠.[36] 삼중운동론은 세 가지 주도적 가치, 즉 시장화, 사회 보호, 해방이 서로 충돌할 수 있으며 상호 매개되어야 한다고 가정한다는 점을 설명해야겠네요. 이 중 어느 것도 선천적으로 전적인 선이거나 악은 아니에요.

해방조차 이 점에서는 마찬가지죠. 제가 좀 전에 말한 것처럼, 전경은 소극적 자유와 동의를 중심에 둔 나름의 규범적 잉여를 장착하고 있죠. 하지만 이 영역에는 사회보장, 사회적 안정성, 사회연대를 지향하는 가치도 일부 있어요(제가 윤리적 측면을 인정하는 대목이죠). 사람들은 기업 합병 때문에 자기 삶이 갑자기 뒤집어져선 안 된다는 정당한 이해관계가 있어요. 하지만 이는 세 번째 축인 '해방'에 의해 교정되어야만 하죠. '해방'은 소극적 자유와 기회의 평등이라는 자유주의적 규범을 넘어서는 의미에서 비지배를 뜻하는 자유의 이상을 제시해요. 달리 말하면, 세 축 모두 그만의 몫이 있어요. 이 그림은, 사회 보호라는 선한 축을 시장화라는 악한 축에 대립시킨 폴라니의 그림보다 상당히 복잡하죠. 삼중운동 모델에는 최소한 세 가지의 규범 조합이 있어요. 일단 전경과 배경을 둘러싼 이런 좀 더 복잡하고 분화된 이야기를 전제한다면, 모순은 더 이상 폴라니가 주장하는 경제 대 사회의 모순만은 아니에요. 최소한 경제 대 사회, 경제 대 정치, 경제 대 자연의 모순이어야 하죠.

비판을 위한 내적 자원

예기 그런데도 저는, 선생님이 전경/배경 모델을 정식화하면서 생각보다 더 많은 부분을 폴라니의 이원론적 측면과 공유하는 게 아닌가 하는 의문이 드네요. 이 모델에서는 다양한 배경 영역이 각각 그만의 독립적 규범성 자원을 제공하거든요. 사전에 '독립적' 자원이 일정하게 존재한다는 생각이야말로 이미 문제적이지 않나요? 이 대목에서 두 가지 문제가 있을 수 있죠. 한 가지는 하버마스가 주장한 것처럼, '악한' 시스템의 침범 혹은 '식민화'의 대상이 되는 사회생활의 선량한 무대가 일정하게 존재한다는 본질주의적 사고예요. 하지만 이런 자원들이 '선량'하지 않으며 그 나름의 선한 성격과 악한 성격이 섞여 있음을 인정하더라도, 과연 이 자원들이 처음부터 시스템에서 '독립적'인가 하는 문제도 있어요. 각 자원에 나름대로 지배하려는 성향이 있을 뿐만 아니라, 이들의 저항 대상인 것처럼 보이는 바로 그 '외부'의 힘이 처음부터 이들을 공동으로 구성한다면, 선생님의 설명은 비판 기준을 어떤 관점에서 세우는가 하는 문제에 맞부딪히죠. 이것은 마르크스적 쟁점일 뿐만 아니라 푸코적 쟁점이기도 해요. 비판을 위한 독립적인 규범적 준거로 배경 자원에 주목하기만 하면 되는 문제가 아니라는 말이죠. 배경 자원은 자본주의와 이미 구성적으로 서로 얽혀 있고, 대립하는 그 대상에서 영향을 받거든요.

프레이저 서로 다른 두 문제를 구별해주니 도움이 되네요. 첫 번째 문제는 배경이 그 나름의 또 다른 방식으로 이미 악한 성격을 띨 수 있다는 것, 그래서 선량한 기준을 제공할 수 없다는 거예요. 그 결과, 전경에 맞서 단순히 배경 편에 설 수 없다는 거죠. 이 점에서 저는 완전히 같은 생각이에요!

지금 예기 선생이 답변을 요구하는 두 번째 문제는 배경이 정말로 전경보다 먼저 존재하는가, 아니면 실제로는 전경에 의해 생산되는 것은 아닌가, 그리고 이런 물음의 답이 비판에 어떤 의미를 지니는가 하는 것이죠. 아주 흥미로운 질문이에요. 저는 배경이 전경의 피조물에 다름 아니라고 주장하는 강한 푸코적 명제는 받아들이지 않겠어요. 예컨대 푸코는 '심층 자기 deep self'가 실질적인 수행적 효과를 낳더라도 그 이면에 아무것도 존재하지 않는, 순전한 가상이라 주장했어요. 이 명제를 우리가 토론하는 문제에 적용하는 것은 잘못이라는 생각밖에 들지 않네요. 제가 주장하는 것은 자연이 순수하다거나 선하다는 게 아니라, *저기에* 분명히 있다는 거예요. 아이를 낳고 기저귀를 가는 것은 모두 진짜 현실이죠. 자본주의가 창조한 게 아니에요. 그렇지만 자본주의는 삶을 재조직하죠. 생산과 재생산의 구별을 과거에 그랬던 것보다 훨씬 더 선명하고 급진적으로 제도화해요. 이전의 사회 시스템에서는 별개의 '영역들'이 전혀 아니었고, 서로 간에, 그리고 사회생활의 다른 측면들과 철저히 얽혀 있었거든요. '재생산'이라 불리는 활동들은 자본주의에 의해 불쑥 창조된 게 아니었어요. 그런데도 이 활동들에는 자본주의의 제도적 구조가 깊게 '각인'(예기 선생의 표현을 빌리면)됐죠. 그리고 각인이란, 동시에 출현한 경제적 전경과 비경제적 배경 가운데에서 배경이 전경의 단순한 반영이 되게끔 하는 게 아니었어요. 오히려 경제적 전경과 대등한 지위인 것처럼 보이게 만들고, 반자본주의 비판의 토대를 제공하는 것처럼 보이게 만든다는 뜻이죠. 하지만 반자본주의 비판의 토대를 제공하는 것처럼 보이게 만든다는 말은 커다란 오해를 낳을 수 있죠. 저는 요즘 상당히 유행하는 생각, 즉 자본주의 사회에서 쉽게 빠져나와 '(비경제적) 배경'에 대항사회를 건설할 수 있다는 생각을 받아들이지 않아요. 이를테면 경제적 전경의 너무도 현실적인 기구들과 대결하지 않고도, 자본주의의 근본 행동 규칙과 제도화된 분리를 변혁하지 않고도 대항사회를 구축할 수 있다는 생각 말이에요. 이러한 '연결에서 벗어나기 delinking' 전략이 몽상적인 이유는 배경이 독립적이지 않기 때문이죠. 대항 권력도 본질적으로 독립적이지 않고요. 하지만 제가 앞에서 말했듯이, 비경제적 배경에는 대안적 규범성이 내장돼 있죠. 그리고 어떤 이들은 이를 경험하면서 이것이 지킬 만한 가치가 있다고 여길 수 있고, 또 어떤 이들은 오히려 투쟁 과정에서 변혁되어야 할 출발점이라 여길 수 있어요. 즉, 일반적으로 전경/배경의 역동성은 기능성의 문제만은 아니고요. 규범의 차원, 사회적 행위의 차원을 지니기도 해요.

예기   하지만 오늘날 자본주의의 신자유주의적 축적 체제에서는, 이러한 규범성들의 독립이 침해됨으로써 더 이상 이런 대안적인 규범적 토대가 정말로 반#자율적이라고는 말할 수 없다고 주장할 수 있지 않을까요? 자본주의의 이전 국면에서는 장인 노동자들이 실질적으로 노동자운동의 가장 전투적인 부분이 됐어요. 장인 노동자들에게 기댈 언덕이 되어준 또 다른 일군의 전통, 즉 숙련, 협력 관습, 그리고 이것들과 연결된 특정한 종류의 자부심이 있었기 때문이죠. 하지만 이러한 이전의 규범적 기준들이 영역마다 그에 맞는 '거대한 전환'을 거쳤기 때문에 노동자들이 더 이상 전자본주의적인 규범적 자원을 사회적 투쟁에 끌어들일 수 없어졌다고도 할 수 있지 않나요? 이런 규범성들은 저항의 자원으로서 얼마나 '효력이 지속'되죠? 역사적인 '유효 기한'이 있나요? 어떻게 보면 이 쟁점은 루카치의 명제를 둘러싼 논쟁 전체를 다시 떠올리게 만들어요. 비경제 영역들이 *실제로* 식민화됨으로써 비판 자원을 제공하는 각 영역의 능력이 쇠퇴했다는 명제 말이에요.

프레이저   저는 총체적이거나 거의 총체적인 식민화라는 진단에는 동의하지 않아요. 요즘은 푸코적 통치성 이론을 활용한 그 새로운 버전이 유행하는데요. 이제 사실상 자신의 '인적 자본'에 대해 책임을 지는 경영자로만 주체화되고 있다는 논리죠. 이 생각은 사회 현실에 대한 신자유주의의 기획을 잘못 해석하고 있어요. 세계 곳곳의 힙스터와 그 밖의 사람들, 혹은 전문직-관리직 계층에 속한 야심 찬 이들의 생활방식을 부당하게 일반화하죠. 하지만 이것은 어쨌든 이 사회의 압도적 다수인 노동계급 대중의 자기 이해나 사회적 실천은 아니에요.

그렇지만 어떤 것도 영원히 지속되지 않는다는 예기 선생의 말은 맞아요. 이 대목에서 근본적인 것은 역사성과 변화이지만, 인간의 창조성도 마찬가지로 근본적이죠. 틈새 공간에서, 심지어는 가장 열악하고 누추한 빈민가에서 살아가는 사람들도 나름의 삶을 구축하는 길을 찾아가요. 우리가 바람직한 삶의 모델로 지지하는 그런 삶은 아니더라도 말이죠. 이들 가운데 일부는 서로 다른 형태의 저항, 생존 혹은 비판 사이에서 공명을 찾아내거나, 아니면 만들어내요. 그리고 이런 공명이 쌓여서, 뭔가 다른 일을 시도하는 운동, 정당, 더 나아가서는 정부로 나타나죠.

또한 우리는 경제적 전경 자체도 자본주의로 완전히 환원될 수 없는 규범의 원천임을 염두에 둬야 해요. 소극적 자유, 등가 교환, 그리고 심지어는 일을 통한 출세라는 관념 같은 규범들은 나름의 규범적 잉여를 지니며, 자본주의에서는 이런 규범적 잉여의 실현이 봉쇄되죠. 어떤 경우에 이 규범들은 긍정적 영향을 끼칠 수 있어요. 전통적 규범과 공동체의 혁신을 촉진하는 작용을 하는 '해방의 용매'가

될 수 있거든요. 즉, 전경의 규범성조차 나름의 해방적 잉여를 지니고 있어요. 마르크스식으로 표현하면, 이는 자본주의적 관계의 외피를 폭파하고 새로운 관계를 창출할 수 있는 열망 혹은 이상을 탄생시키죠.

분할, 의존, 책임 회피

예기   선생님이 생산과 재생산, 사회와 자연, 경제와 정치 사이의 모순과 위기 경향을 개념화하는 방법에 관해 좀 더 이야기해보고 싶은데요. 특히 이 모순들이 정확히 '얼마나 심층에' 자리한다고 생각하는지 들려주세요. 지금껏 토론한 축적 체제들은 특정한 역사적 시점이 되면 일정한 형상을 갖추고, 우리가 축적 체제에 맞서 할 수 있는 일에 일정한 제한을 가하죠. 하지만 축적 체제들은 새로운 역학과 새로운 대립선이 출현할 가능성 역시 포함하고 있어요.

첫 번째 질문은, 자본주의 내의 서로 다른 체제를 검토하다 보면 외관상의 모순과 갈등이 모두 근대적 사회 편성으로서 자본주의 역학의 일부일 뿐이라고 주장할 수도 있지 않느냐는 거예요. 말하자면, 실질적인 위기라기보다는 자본주의의 지속적인 역학의 일부라는 거죠. 두 번째 축적 체제인 '자유주의적' 체제 아래에서 자본주의는 사회적 재생산의 공간을 안정화하고 통합한다는 문제와 직면했어요. 이로부터 자본주의는 세 번째 축적 체제인 국가-관리 체제 아래에서 실현될 해법을 탄생시켰죠. 즉, 국가-관리 자본주의에서 나타나는 제도배열은 자유주의적 자본주의에서 대두한 문제의 해법으로 읽힐 수 있으며, 이 관계는 계속 확대될 수 있어요. 뿌리 깊은 숙제들에 대해 혁신적 해법을 창안하고 진화하는 자본주의의 역동적 능력의 일부일 뿐이라고 이해할 수 있다는 거죠. 그렇다면 뿌리 깊은 모순이나 위기는 도대체 어디에 있지요? 만약 사회 편성들과 사회들이 그 자체로 역동적이어서 다양한 문제들의 조합과 대결하고 다양한 문제 해결 방식에 부응하기 위해 일정한 종류의 변형을 감내한다면, 이게 어떻게 위기일까요? 이게 어떻게 모순일까요?

물론 사회적 투쟁이 있기 때문에, 사람들이 지금 불편해하거나 이제껏 그래왔기 때문에, 자본주의가 자신의 요구를 충족하지 못하기 때문에, 위기라 하는 게 옳다는 생각이 있을 수 있죠. 하지만 이런 생각을 따른다면, 위기 경향은 표층에 자리하겠죠. 또 다른 방식은, 이런 문제들을 '알맞게' 해소하는 특정한 방법이 있다고 말하는 걸 텐데요. 예를 들어, 구체적이고 직접적인 특정한 종류의 인격적 관계를 포함하는 방식으로 사회적 재생산 공간을 다루지 않는다면, 그릇된 해법이겠죠. 이 공간이 갖는 특성 탓에 이런 특정한 방식을 통해서만 문제가 해소될 수 있으니까요. 하지만 이렇게 되면 이런 사회적 공간과, 이 공간이 조형되는 방식에 관해 본질주의적 사고에 가까워지고 말아요. 또한 이렇게 되면, 사회를 역사화하려는 선생님의 시도나, 인간의 삶이 충분히 변형될 수 있다는 통찰, 인간의 삶은 실제 변화해왔고 앞으로도 계속 변화할 것이라는 통찰에 역행하죠.

현실적 언어로 표현한다면, 제 질문은 다음과 같아요. 이런 모순, 위기와 관련해 우리는 어느 정도나 본질주의적 입장을 취해야 하는가, 그리고 본질주의적이지 않은 내용은 어떤 모습일 것인가?

프레이저 예기 선생이 딜레마와 난제를 잘 요약해줬네요! 제 생각에 자본주의의 모순과 위기 경향은 표층이 아니라 심층에 내장돼 있죠. 하지만 이렇게 이야기하는 이유가, 사회의 제도화된 영역들에 고유의 성격이 있어서 이들을 구성하는 활동들이 적절한 방식으로 조종되지 않으면 이런 속성이 침해되기 때문은 아니에요. 모순에 관한 이런 이해 역시 물론 뿌리가 깊기는 하지만, 잘못된 이해 방식이죠. 본질주의적이고, 몰역사적이에요. 저의 모순 인식은 이와는 완전히 다르죠. 제 모순 이해는 이른바 본질이나 실체적 속성에 관한 가정이 아니라, 영역들 사이의 *관계*에 관한 생각에 바탕을 두죠.

제 이해에 따르면, 자본주의 사회질서에 내장된 긴장은 세 가지 특징에 토대를 두고 있어요. 저는 이를 3D로 정리하죠. 분할^{division}, 의존^{dependency}, 책임 회피^{disavowal}가 그것이에요. 설명해볼게요. 분할은 생산/재생산, 경제/정치, 인간 사회/비인간 자연이라는 자본주의의 제도적 분리를 뜻하죠. 토론하면서 제가 누누이 말했듯이, 이 분할들은 이전의 사회 편성에서는 존재하지 않았어요. 이들은 역사에 보편적으로 존재하기는커녕 자본주의의 인위적 산물이죠. 이들 사이의 긴장 역시 마찬가지고요. 그런데도 자본주의는 경제를 정치, 자연, 사회적 재생산과 분할했을 뿐만 아니라, 경제를 존립하게 하는 배경 조건 역할을 맡은 이런 '타자들'에 경제가 의존하도록 만들었어요. 제가 줄기차게 주장한 것처럼, 공적 권력, 사회적 재생산, '자연'에서 나오는 투입물이 없으면 자본주의 경제는 있을 수 없죠. 따라서 관계는 분할로 이뤄질 뿐만 아니라 *의존* 역시 포함하고, 이것이 두 번째 D예요. 그리고 필수 배경 조건이 위험에 빠질 경우에 이는 잠재적으로 곤란의 근원이 되기도 하죠. 세 번째 D는 *책임 회피*예요. 자본주의 사회는 경제를 필수 배경 조건들과 분할하기만 하는 게 아니고, 경제가 필수 배경 조건들에 의존하게만 만들지도 않아요. 이에 더해, 자본주의에 의해 '비경제적' 공간으로 구성되는 이 영역들에서 자본주의 경제가 빨아들인 가치에 대해 책임을 회피하거나 부정하죠. 이것이야말로 최후의 일격인 셈이에요. 여기에 모순의 핵심이 있어요. 자본주의 경제는 이 영역들에서 끊임없이 가치를 빨아들이지만, 그러면서도 이 영역들이 어떤 가치도 지니지 않는다고 단정해요. 요점은 자본가들이 사회적 재생산, 공적 권력, 자연 투입물을 무한히 활용할 수 있다고 가정한다는 것이죠. 사회적 재생산, 공적 권력, 자연 투입물을 공짜 선물로 여기기 때문에 자본가들은 이들을 보충해야 한다는 점을 걱정하지 않아요. 자본가들은 자기네가 의존하는 대상인 바로 그 투입물을 훼손하고 있죠.

자, *분할*, *의존*, *책임 회피*가 저의 3D예요. 이들을 한데 모으면, 자본주의의 구조에 깊숙이 뿌리 튼 잠재적 불안정성의 퍼펙트스톰이 완성되죠. 이를 네 번째 D로 요약할 수 있을 거예요. 자본주의 사회는 자신을 구성하는 경계선 *세 가지 모두*(생산/재생산, 정치/경제, 인간 사회/비인간 자연)가 수반하는 (자기-)불안정화 destabilization의 내적 경향을 장착해요. 반복해서 말하지만, 이 모두는 특별하며 고유한 자본주의의 위기 경향을 나타내죠. 그 결과, 문제적 의미에서 '윤리적'인 방식 말고 다른 방식으로 위기 경향을 이해하게 해주는 자본주의 사회의 그림이 완성돼요. (문제적 의미의 윤리적 방식을 통해서는, 자본주의의 핵심 성격 때문에 모순이 반드시 나타날 수밖에 없다는 식으로 모순을 다루지 못하죠.)

이제는 이러한 정리를, 하버마스가 『의사소통 행위 이론』에서 제시한 생활세계의 식민화에 관한 논의와 대조해볼까요? 하버마스의 명제는, 바로 자신의 본성으로 인해 의사소통의 방식으로 다뤄져야 하는 생활세계의 행위들이 명백히 존재한다는 생각, 그리고 국가-관리 자본주의 사회가 이런 생활세계의 행위들을 식민화하거나 사법화하면 생활세계가 반드시 기형화되고 만다는 생각에 의존하죠. 어떤 경우에 하버마스는 이런 결과를 '위기'라 부르지만, 더 많은 경우에는 '병리'라고 언급해요. 이 용어법이 많은 것을 말해주죠. 병리 담론에는, 대상의 본성을 침해하는 방식으로 대상을 다룰 때 기능장애가 발생한다는 실체론적-본질주의적 사고가 깔려 있어요. 반면에 위기 담론은 구조적이죠. 어떤 사회 편성을 존립하게 만드는 그 자체의 조건이 해당 사회 편성의 고유한 구조와 역학에 의해 불안정에 빠질 경우, 그 사회 편성이 위기를 유발하는 경향이 있다고 할 수 있다는 게 제 생각이에요. 이런 정식화는 이런저런 본질적 성격을 둘러싼, 윤리적으로 너무 묵직한 주장과 거리를 두죠. 훨씬 더 날렵하고 좀 더 구조적인 발상이에요.

마지막 논점으로, 지금 우리가 본격적으로 발현된 위기가 아니라 위기 경향들에 대해 이야기한다는 사실을 강조하고 싶어요. 이것은 마르크스가 우리에게 남긴 매우 중요한 구별이에요. 마르크스는 위기 경향이 항상 첨예하고 명백한 실제 위기로 나타나지는 않으며, 그렇게 나타나는 게 규칙인 것도 아니라고 주의 깊게 주장했죠.

보편적 역사 이론

예기   '책임 회피'라는 선생님의 착상에 매우 공감해요. 헤겔적-

마르크스적 양식으로 쉽게 바꿔 말할 수 있을 것 같거든요. 어쨌든 부르주아 사회가 서로에 대해 독립적이고 특정한 전통적 연계로부터 자유로운 개인을 만들어내면서도 오히려 더 강한 특정한 의존 상태를 낳았다고 강조한 것은 헤겔이었죠. 원자화된 만인은 시장과 같은 특정한 종류의 인프라에 의존하며, 아이러니하게도 만인이 만인에게 전통적 공동체의 경우보다도 훨씬 더 의존하는 상황을 초래해요. 그리하여 부르주아 사회는, 마르크스의 표현을 빌리면 "연결 없는 연결", 혹은 맥락 없는 맥락이라 할 상태가 되죠. 일정한 형태의 연결과 의존이 나타나면서 동시에 이것이 부정된다는 이런 생각은 제 접근법에서도 중심을 이뤄요. 그래서 저는 선생님이 지향한다고 생각되는 형식론적 설명을 지지하는데요. 제가 보기에 너무 육중한 윤리적 설명은 들어맞지 않고, 사회생활의 다양한 영역들에 관한 본질주의적 설명 역시 도움이 안 되거든요.

하지만 논의를 좀 더 밀고 나갔으면 좋겠어요. 제도화된 영역들 간의 의존관계에 대한 '책임 회피'가 자본주의 사회 안의 제도와 사회적 실천에서 그토록 특징적이라면, 다음에 해야 할 일은 책임 회피가 왜 그렇게 문제인지 확실히 밝히는 일일 거예요. 선생님은 이런저런 의미에서 우리가 부정하거나 알아채지 못하는 뭔가가 늘 있다고 답할 수 있겠죠. 하지만 특정한 책임 회피 혹은 비가시성이 '필연적'이라는 주장에도 근거가 있을 수 있어요. 과연 이게 왜 문제인 걸까요?

저는 이런 서로 다른 영역들과 자본주의를 특정한 종류의 게슈탈트Gestalt[형태]라 사고해요. 자본주의가 이런 영역들에 불러들이는 특정한 종류의 '형상'이 있다는 거죠. 이러한 분리는 자본주의에 특수하게 나타나요. 가령, 전자본주의 사회나 전근대 사회에서는 정치와 경제가 서로 다른 방식으로 얽혀 있었고, 가족 관계, 개인적 관계 등등도 마찬가지였죠. 하지만 선생님이, 자본주의가 제도화하는 이런 종류의 영역 분화가 그 자체로 기존의 일부 문제군에 대한 일정한 해결책이라고 주장하면서 근거로 삼을 수도 있을 특정한 시각도 존재해요. 봉건사회에서 연유한 특정한 역학이 존재하다가, 어떤 시점이 되니까 분리, 예컨대 정치와 경제의 분리가 필요해졌다는 거죠. 혹은 '필요'까지는 아니더라도, 더 심화된 발전을 위한 전제조건으로서 다양한 활동들 간의 관계의 새로운 조합이 요청되었다고 할 수도 있어요. 어쨌든 가계나 '존재의 거대한 사슬'이라는 봉건적 이상에 토대를 둔 산업사회를 상상하기는 매우 힘들죠. 자본주의에서 목격하는 정치 공간과 경제 공간의 분화와 같은 이러한 분리는, 이전에 있던 문제나 위기의 일정한 조합에 대한 반응이라고 볼 수 있어요. 이와 마찬가지로 자본주의 안의 축적 체제들도 이러한 분리에서 비롯된 문제들에 대한 해결 과정에서 출현한다고 볼 수 있죠. 이게 제 시각이에요.

프레이저   두 가지 논점이 있네요. 첫째, 저는 책임 회피가 언제나 필연적으로 문제라고 주장하지는 않아요. 하지만 예기 선생은 자본주의가 그러듯이 책임 회피를 다른 두 D(분할과 의존)와 한데 결합하면서 곤란을 자초하고 있어요. 이들을 하나로 묶는 것이야말로 문제죠. 제가 앞에서 말했듯이 그 결과는 자기 불안정화거든요. 자본주의 사회의 심층 구조에 일련의 위기 경향을 장착시키는 거죠.

둘째, 자본주의의 독특한 제도적 지형학을 이전 사회(전자본주의 사회)의 전반적 위기에 대한 해결책으로 볼 수 있다는 예기 선생의 제안에 공감해요. 적어도 유럽의 경우에는 확실히 그렇죠. 일부 역사학자(마르크스주의자든 아니든)는 이 착상을 강조하려고 노력했어요. 하지만 저는 이 주장이 회고적 재구성으로서만 의미를 지닐 수 있다고 말하겠어요. 인간 사회 자체의 위기 경향에 관한 궁극적 도식을 제시한다는 거대 서사나 보편사로 이를 일반화하려는 시도는 경계해야 하죠. 이런 작업을 시도하는 사회 이론가들이 있기는 해요. 하지만 저는 아니에요.

예기 저 역시 인간 역사에 대한 실체론적 설명에 발을 담그고 싶지는 않아요. 하지만 뜨거운 쟁점이 된 역사, 사회, 인간 행동에 관한 전반적 *이론*과 개념적·이론적 기초 작업에는 관심이 있죠. 역사유물론의 너무 단순한 결정론적 버전은 버리면서도 역사유물론을 다시 사고하는 적극적 기획이 필요하다고 생각하거든요. 제가 제안하는 이런 문제-해결 접근법은 인간 사회의 역학을 이해하려는 매우 일반적인 시도를 지향하죠. 일종의 프래그머티즘 버전의 역사유물론인 셈이에요. 위기의 존재, 그리고 위기 중심적 역학을 통한 역사 이해를 자본주의만이 아니라 (인간) 역사 전체에 적용하자는 거죠. 이 경우에 자본주의와 그 위기는 그 특별한 사례이자, 어쩌면 이 역학이 왜곡된 사례가 되겠죠.

마르크스의 역사유물론에서 역사 발전은 철저히 위기에 의해 추동되지만, 일단 자본주의 단계에 진입하면 특정한 모순적 형태를 띠어요. 사회적 재생산의 물질적 필요(이것은 역사적으로, 그리고 규범적으로 주입된 사회적 필요이기도 한데)에 따라 추동되는 것으로 광범한 역사의 역학을 이해한다면, 사회의 변형 과정에 관한 이해가 여전히 핵심일 거라 봐요. 동시에 비판의 규범적 기준으로 돌아가야만, 한편으로 규범주의적 접근법을 피하고 다른 한편으로 맥락주의적이거나 상대주의적인 접근법을 피할 수 있을 것 같고요.[37]

프레이저 아마 그렇겠죠. 마르크스에게는, 생산력과 생산관계 등등을 중심으로 보편적 역사철학을 상정하려는 경향이 있죠. 저는 마르크스의 이런 측면은 그렇게 열정적으로 지지하지 않아요. 제 생각에 마르크스는 *자본주의*에 내장된 위기 경향을 폭로할 때 비판 이론가로서, 분석가로서, 전문의로서 최상의 모습을 보여주거든요. 이런 점에서 저는 역사의 다른 국면에 관해서는 불가지론을 옹호하겠어요. 다양한 이유에서 더 거대한 규모로 더 광범한 역사 이론을 재구축하는 게 값질 수도 있겠죠. 하지만 이런 이론이 없더라도, 자본주의 사회가 그만의 특별하고 깊이 뿌리내린, 고유한 위기 경향을 지닌다는 점에 관해 매우 흥미로운 내용을 이야기할 수 있다고 생각해요.

자본주의 역사의 모든 축적 체제는 경제와 정치, 생산과 재생산, 인간 사회와 비인간 자연 사이에서 발생하는 시스템의 고유한 긴장을 이런저런 방식으로 다뤄야만 하죠. 만약 어떤 체제에 버틸 힘이 남아 있다면, 한 시대에 걸쳐 역사적으로 지속할 능력이 있다면, 이는 이런 모순을 완화하거나 책략을 통해 지연시킬 방법을 찾아냈기 때문이에요. 심지어 때로는 이 긴장에서 뭔가 긍정적인 것을 끌어낼 방법을 찾아내기까지 하죠. '전화위복'이라는 말처럼요. 하지만 이 '해결책'은 필연적으로 잠정적이에요. 모순을 결정적으로 극복하는 게 아니라, 자본주의를 구성하는 요소로 남겨두죠.

    자본주의의 고유한 역학 탓에 자본주의가 오랜 시간에 걸쳐 정적인 방식으로 스스로를 쉽게 재생산하지는 못한다고 예기 선생이 앞에서 말했죠. 자본주의는 오히려 새로운 에너지와 삶의 형태를 주기적으로 펼쳐놓는다고 말이에요. 저도 동의해요. 하지만 저라면, 자본주의가 이렇게 작동하면서 시간이 흐를수록 제가 진단한 제도적 균열선들을 따라 새로운 긴장을 창출하는 경향이 있다는 점을 덧붙이겠어요. 그 결과, 자본주의 사회에서 살아가는 이들에게 새로운 고통을 낳고, 경계투쟁에 참여하도록 자극하죠. 고통도, 투쟁도, 전적으로 우발적이지는 않아요. 오히려 이들은 심층에 자리한 구조적 역학에 대한 반응이죠.

봉쇄와 학습 과정

예기   저는 다시 한번 우리가 비판하는 것의 규범주의적 토대가 아닌 규범적 토대에 관해 논의를 더 밀고 나가보겠어요. 이런 종류의 책임 회피가 문제가 되는 것은 경험의 봉쇄를 초래하기 때문이라고 말하고 싶어요. 책임 회피는 학습 과정을 봉쇄해요. 우리가 특정한 종류의 위기에 부합하는 해법을 내놓을 수 없도록 가로막는데, 그 이유는 충분히 풍요로운 방식으로 상황을 경험함으로써 당면한 문제를 온전히 파악하는 데 필요한 자원을 봉쇄하기 때문이에요.[38] 우리 둘 다 '인식론의 위기와 서사'에 관한 알래스데어 매킨타이어 Alasdir MacIntyre의 1970년도 논문을 알죠. 이 글에서 매킨타이어는 역사의 합리성이 어떻게 항상 '회고적으로' 구성되는지에 관해 논해요.[39] 문제-해결의 회고적 서사라는 이 발상을 통해 우리는 특정한, 약간 수축적인 버전의 유물론적 이론을 복원할 수 있어요. 이 이론은 초본질주의적 설명과, 뿌리 깊은 위기를 찾아내지 못하는 표층적 설명의 대안 역할을 할 수 있죠. 달리 말해, 만약 이 문제들을 개념화하고 이해하는 한 방법으로서 서사를 제시하고 문제 해결의 이야기를 [해석] 자원에 관한 2차적 질문을 통해 재구축한다면(삶의 형태들에 관한 저의 책에서 제안한 것처럼), 위기에 대한 특정한 해법과 이해 방법 혹은 대응 방법이 과연 적절한지 아닌지를 판단할 기준을 확보할 수 있겠죠. 이것은 이 영역들의 성격과 관련해 탈맥락적이거나 아리스토텔레스적인 의미의 좋은 삶을 중심에 둔 내용은 아닐 테고, 윤리적인 내용도 아닐 거예요. 하지만 우리가 관찰한 역학에 관한 규범적 판단(즉, 합리적이냐 비합리적이냐는 판단)의 토대 역할을 하겠죠. 예를 들어, 우리는 자유주의적인 경쟁적 자본주의 체제가 일정 기간 동안 상황을 안정시켰던 과거의 문제들에 대한 특정한 종류의 대답임을 부각시킬 수 있어요. 자유주의적 축적 체제는 확실히 그런 역할을 했죠. 그리고 회고적으로 바라본다면 자유주의적 축적 체제가 여전히, 자본주의 안의 각 영역이 제도화하는 특정한 연결 상태에 대한 전형적인 책임 회피, 경험의 전형적인 봉쇄에 바탕을 둔 해법인 이유를 판단할 수 있어야만 하고요. 이런 대안적인 추론 양식은 비판을 위한 규범적 토대뿐만 아니라, 위기 앞에서 사회적 투쟁이 과연 적합한지 아닌지를 판단할 기준 또한 제시할 수 있죠. 제가 이야기한 내용은 이 점을 전반적으로 요약한 거예요.

프레이저   상당히 흥미롭네요. 예기 선생은 중요한 질문을 제기했어요. "자본주의가 자신이 제도화하는 의존관계에 대해 책임을 회피하는 특징을 지닌다는 점이 왜 문제인가?" 그리고 예기 선생의 대답은 책임 회피 문제를 저와는 좀 다른 방식으로 복잡하게 만들고 있어요. 또한 제가 바라는 방식도 아니죠. 예기 선생의 답에 동의하지 않는 것은 아니지만, 일면적일 수 있다고 생각해요. 쟁점은 애초에 책임 회피로 인해 문제 해결이 가로막힌다는 게 아니에요. 책임 회피가 문제를 낳는다는 거예요. "의존에 대한 책임 회피가 왜 문제인가?"라는 물음에는, "이것이 구조적 문제를 야기한다"라는 게 제 답이에요. 책임 회피는 그 자체로 불안정화죠. 기후 급변을 낳고요. 사람들이 차를 운전하면서 모유를 짜야 한다거나 경력을 추구하면서 난자를 냉동해야 한다고 생각하게 하는, 정신 나갈 만큼의 시간 압박을 낳아요. 달리 말하면, D의 삼총사(분할, 의존, 책임 회피)가 문제인 이유는 이것이 본질적으로 불안정화이기 때문이죠. 이로 인해 자본주의는 항상 자기 꼬리를 먹어요. 이게 제 대답의 '앞부분'이죠.

하지만 '뒷부분'도 있어요. 이 부분은 의존에 대한 책임 회피로 인해 학습 과정이 봉쇄된다는 예기 선생의 주장과 관련되죠. 저는, 구조적 측면이 충분히 심각해지면 책임 회피가 더는 통하지 않을 가능성이 높아진다고 가정해요. 이런 순간에는 학습 과정이 촉진되고 가속이 붙어서, 사람들이 기존 패러다임이 더는 작동하지 않는다고 생각하기 시작해요. 간단히 말하면, 자본주의가 학습 과정을 봉쇄하는지는 잘 모르겠지만, 일단 해법이 발견될 경우에 이 해법의 실행을 봉쇄하는 것은 분명해요.

예기　학습 과정이나 경험 과정을 봉쇄하는 것은 해결을 봉쇄하는 것보다 더 중요한 의미를 지닌다고 말하고 싶네요. 무엇이 문제인지 이해하는 것 자체를 가로막으니까요. 학습과 경험의 봉쇄는 사회적 경험 영역 전체에 접근하지 못하게 만들어요. 또한 저는 개인적 학습 과정을 말하는 게 아니고, 심지어는 단순한 집단적 학습 과정을 말하는 것도 아니라는 점을 분명히 해야겠어요. 저는 이 과정들을 구조적 차원 혹은 시스템 차원에 두거든요. 여기에서 쟁점은 해당 사회가 체험하거나 체험하지 못하는 시스템적 학습 과정이죠. 기후 급변과 부인, 극단적인 시간 압박에 대한 순종, 이 모두는 제가 학습 과정이라 부르는 것과 관련성이 있어요. 이를 특정한 종류의 기능장애에 관한 이해의 역동적 버전이라 할 수도 있겠죠. 여기에서 핵심 주제는, 특정한 삶의 형태가 자신의 사회적 실천에 의해 제기되는 모순을 이해하고 이에 따라 스스로를 변형시킬 수 있느냐는 역량의 문제예요.

프레이저　글쎄요, 자본주의가 우리가 학습하지 못하도록 봉쇄하는 게 사실이라면, 문제가 아주 심각하죠. 저는 "새로운 사회는 낡은 사회에 의해 잉태된다"라는 마르크스의 생각을 다시 불러내고 싶네요. 이런 마르크스의 생각은, 그래도 '학습'은 계속된다고 말하는 셈이죠. 적어도 지표면 밑에서는 말이에요. 그리고 이는 역으로, 자본주의 사회가 보기보다는 비판에 더 많은 기회를 제공할 수도 있겠다는 생각이 들게 만들죠.

　어쨌든 자본주의에서 책임 회피의 이야기는 두 부분으로 이뤄져야 해요. 첫 부분은, 경제가 비경제적 배경 조건에 의존하면서도 책임을 회피함으로써 기후변화 같은 객관적 봉쇄를 일으킨다는 점에 관해 우리를 각성시켜야 하죠. 둘째 부분은, 이러한 책임 회피가 객관적 봉쇄를 해석하고 이에 대응하는 우리의 역량에 어떤 영향을 끼치는지, 아니, 자본주의 사회에서 서로 다른 상황을 살아가는 사람들의 문제-해결 역량에 어떤 영향을 끼치는지(어떤 이들은 매우 잘 이해하지만 다른 이들은 부인하는 게 현실이거든요), 분명히 밝혀야 하고요.

예기 객관적 봉쇄라는 표현에 대찬성이에요. 제가 봉쇄에 관해 말한 것은 책임 회피가 문제인 이유에 대해 답하려는 시도였을 뿐이거든요. 만약 선생님이 이를 형식적 기준으로 도입하려 한다면, 책임 회피에서 뭐가 정말 잘못된 것인지 설명해야 하죠.

프레이저 이해했어요. 하지만 한 가지 중요한 점을 분명히 할게요. 책임 회피의 자본주의적 형태가 문제인 이유는 자본주의를 존립하게 하는 바로 그 조건을 불안정에 빠뜨리는 좀 더 큰 복합체에서 책임 회피가 차지하는 위상 때문이에요. 게다가 자본주의에서 책임 회피는 '가치법칙'과 직접적으로 연결돼 있죠. 자본주의 경제에는 '투입물'이 필요하지만, 자본주의 경제는 이런 '투입물'에 경제적 가치를 부여하지 않고 그 재생산 비용도 지불하지 않거든요. 이것이 자본주의라는 삶의 형태를 그토록 위기에 취약하도록 만드는 *자본주의적* 책임 회피(혹은 책임 회피+분할+의존)의 특별한 형태죠. 이 점에는 우리가 동의한다고 믿어요!

잠복된 위기와 문제-해결

예기 우리 둘 다 위기 중심 접근법을 지지하고, 자본주의의 위기 비판을 발전시킨다는 생각을 지지해요. 하지만 우리가 해결해야 할 한 가지 문제는, 위기가 어디에서 시작되고, 모든 사회에서 모든 사회 편성의 '정상적' 역학이 어디에서 끝나는지, 분명히 하기가 쉽지 않다는 점이에요.

제 경우에 위기 접근법을 둘러싼 흥미로운 점 하나는, 이미 널리 알려진 사회적 투쟁과 갈등이라는 자명한 사실에 의존하지 않고도 '잠복된 위기'라는 발상, '잠복기의 위기' 혹은 '위기 경향'이라는 관념을 제시할 수 있다는 거예요. 이것은 심층 갈등과 심층 위기를 이론화하는 한 가지 방법이고, 이를 통해 우리는 특정한 지점이나 순간에 가시화한 사회운동과 표층 수준에서 관련을 맺지 않는 사회질서에 관해 평가하죠. 이게 이미 사회적 투쟁·갈등과 접합된 위기와, 잠복된 위기를 구별하는 위기 접근법의 분명한 장점이에요. 이런 위기 비판의 두 번째 장점은, 이 위기 비판 역시 내재적 비판의 한 가지 버전이라는 점에서, 순전히 맥락주의적인 비판 양식과 맥락을 뛰어넘는 자립적 비판 양식의 구별을 초월한다는 것이죠. 위기 순간에 발생한 현상은 부인될 수 없고 특정한 맥락 혹은 틀에 통합될 수 없기 때문에, '위기'의 순간은 단순한 내적 틀을 붕괴시켜요. 우리는 특정한 규범 조합에 동의할 수도 있고 동의하지 않을 수도 있지만, 일정한 시점에 우리의 사회적 실천과 제도가 해체되거나, 붕괴하거나, 기능장애에 빠지거나, 더 이상 어떤 의미도 갖지 않는다는(과연 이러한지는 여전히 해석의 문제겠지만) 사실은 쉽게 일축할 수 없거든요. 이는 온건한 '실재론'적 주장이기도 하지만, 문제와 위기는 인위적으로 꾸밀 수 없을뿐더러 부인될 수도 없다는 듀이^John Dewey식 사고에 가까운 프래그머티즘적 주장이기도 하죠. 기능장애와 교란은 정말로 진행되고 있고, 지금 여기에서 책임 회피는 진짜 중대한 영향을 끼치고 있어요. 선생님이 앞에서 꺼낸 출산과 기저귀 갈기 사례가 보여주는 것처럼, 엄연한 사실이라는 느낌이 있고, 부인할 수 없는 현실의 문제가 개입돼 있죠. 그래서 어떤 경우에는 '위기'가 외부와 내부 사이, 주관과 객관 사이, 관찰자 시점과 참여자 시점 사이의 경계선에 자리해요.

하지만 위기를 고민하다 보면 두 가지 물음이 떠오르기도 해요. 이미 제기했던 질문 가운데에서 겹치는 첫 번째 물음은 이거예요. 위기는 어느 정도나 '잠복 상태'로 있을 수 있는가? 300년 넘게 안정을 누리는 체제에 대해서도 여전히 심층 모순과 위기를 말할 수 있는가? 이 물음은 사회적 투쟁이 위기 비판에서 여전히 어떤 역할을 수행하는가 하는 물음과 연관돼요. 이에 관한 제 생각은 앤서니 기든스^Anthony Giddens가 사회적 위기와 갈등을 놓고 제시한 적이 있는 주장을 포함하죠. 특정한 시점이 되면 위기는 발현되어야만 한다는 것, 사회적 갈등으로서 현실화되어야 한다는 거예요.[40] 물론, 어떤 종류의 갈등은 '감춰진다'고 인정할 수 있어요. 억압당하기에 제대로 접합되지 않거나, 집단행동에 따르는 문제로 인해 저지되거나, 아니면 가시화하지 못하게 방해받는 거죠. 하지만 그럼에도 자본주의 사회의 정상적 역학과, 자본주의 사회의 위기 역학을 어떻게 구별할 것인지는 정리하고 넘어가야 해요. "좋아, 겉으로 보기에는 만사형통인 것 같아. 모두가 행복해하고 경제는 잘 작동하고 있어. 그런데도 우리 눈에는 심층 갈등과 근본적 위기가 보여." 이렇게 말하는 것은 설득력이 없죠. 두 번째 물음의 주제는 위기 역학의 규범적 지향이에요. 주어진 위기가 갈등으로 폭발하고 일정한 급진적 변혁으로 이어지더라도 모든 변혁이 다 진보적이거나 해방적이지는 않거든요. 사회 변화의 규범적 방향이라는 문제로 돌아오는 셈이죠.

프레이저   예기 선생이 던진 물음 이면의 동기에 공감해요. 제가 보기에, 이것은 늑대가 온다고 외치는 양치기 소년의 문제라 할 수 있죠. 자본주의가 안에서부터 붕괴할 것이라고 반복해서 외치는데 모든 게 전처럼 돌아가는 상황의 부조리함 말이에요. 전적으로 이론에만 머물고 어떤 식으로든 명백하게 발현되지 않는 위기 진단에 대해서는 당연히 우려해야겠죠. 이 점에서, 위기 경향은 어느 시점에는 공공연한 위기로, 그리고 일정한 형태의 사회적 갈등으로 현실화하거나 스스로를 표출해야 한다는 기든스의 생각에 저도 동의해요.

다른 한편으로, 저는 이런 반박 자체가 너무 '이론적'이라고 말하지 않을 수 없네요. 어쨌든 지난 400년 동안 자본주의가 순조롭기만 하거나 위기가 없었던 게 아니잖아요. 자본주의가 본래 위기를 낳는 성향이 있으며 위기를 겪어왔다는 역사의 숱한 경험적 증거가 있죠. 그래서 저는 문제를 다르게 정식화하고 싶어요. 쟁점은 자본주의 위기의 현실성이 아니라, 끊임없이 새로운 형태를 재발명함으로써 위기를 해결해나가는(적어도 잠정적으로는) 자본주의의 능력이에요. 제가 보기에는, 위기 경향이 영원히 잠복되어 있을 우려보다는 이것이 위기 이론에서 훨씬 더 심각한 문제예요.

아무튼 위기 개념의 일반적 문법을 명확히 밝히길 바란다면, 저라면 예기 선생이 방금 언급한 관찰자 시점과 참여자 시점의 구별로 돌아가겠어요. 예기 선생이 매킨타이어의 논문을 언급해서 저는 매우 반가웠어요. 그 논문은 오래전 제 박사학위논문에서 중요한 역할을 했죠. 역사의 바깥에 서 있지는 않으며, 따라서 참여자 시점과도 연결될 수 있는 관찰자 시점에 관해 생각해보도록 만들었거든요. 이를 우리의 문제에 적용한다면, 위기 역학을 이해하는 과정에 회고적 성격을 띤 뭔가가 있다고 말할 수 있을 거예요. 후세대의 이점을 살려 역사를 돌아볼 경우, 한 축적 체제가 위기에 빠지면 새로운 체제가 발전해 옛 체제를 대체한다는 사실, 후속 체제가 선행 체제가 해결하지 못한 문제를 얼마간 성공적으로 처리할 방법을 제시한다는 사실을 확인하죠.

이런 매킨타이어풍의 설명은 우리가 공유하는 생각과 잘 맞아떨어져요. 이에 따르면 축적 체제는 해결 불가능한 문제를 일으키는데, 이 문제는 구조의 측면에서든 생활의 측면에서든 위기가 폭발하고 마는 지점에 이르기까지 누적될 수 있어요. 이에 따라, 이 위기에 반응하며 출현하는 사회적 투쟁이 사회를 변혁하면서 동시에 현존하는 문제를 성공적으로 해결할 수 있는 대항 헤게모니 기획을 다지기에 충분한 아량과 비전을 과연 때맞춰 발전시킬 수 있을 것인지, 가능하다면 그 방법은 무엇인지 묻죠. 역사적 변혁을 성공적인 문제-해결 사례로 서술하는 능력을 통해 오직 회고적인 방식으로만 답을 발견할 수 있다는 점에서, 저는 매킨타이어에 동의해요. 이것은 기본적으로 사회 변혁을 이해할 수 있는 능력을 확보하는 문제죠. 비록 앞으로 벌어질 일을 명확히 '알' 수는 없더라도 이런 종류의 서사를 통해 사회 변혁을 회고적으로 이해할 수 있다고 가정해요. 저는 2

장에서 자본주의의 역사를 축적 체제의 경로 의존적 시계열로 서술하면서, 역사를 통한 회고적 이해 가능성의 모델을 착안했다고 봐요. 이 설명에 따르면, 각 축적 체제는 자신이 해결할 수 없는 문제에 빠져들고, 사회적 갈등의 여러 형태를 발생시키며, 결국 이런 갈등들이 하나로 합쳐지면서 새로운 체제가 등장하죠.

물론 이것은 양식화된 역사예요. 과거에 '실제로' 어떠했는지는 비판 이론의 관심사가 아니죠. 우리가 바라는 것은 오히려 우리의 눈길을 현재로 향하게 하는 더 폭넓은 역사 서사예요. 우리가 어떻게 여기에 이르렀는지, 무엇을 마주하고 있는지, 어디로 가고 싶어 하는지, 그리고 어떻게 실제로 거기에 닿을 수 있을지를 분명히 이해하게 해주는 서사 말이죠. 아렌트의 유명한 문구대로 우리는 "과거와 미래 사이"에 놓여 있어요. 그렇기에 이 대목에서 관찰자 시점은 참여자 시점으로 서서히 변해가고, 결국에는 사회적 투쟁의 문제에 이르죠. 하지만 우리는 참여자가 '위기'라는 말에서 무엇을 떠올리는지를 따질 때 조심해야만 해요.[41] 이 말은 주로 마르크스 덕분에 사용했고 실제로 광범하게 사용되지만, 매우 느슨한 의미로 쓰이는 경우가 많죠. 예를 들어, 국제 스포츠계에서 "도핑[금지 약물 복용] 위기"라는 말을 흔히 듣는데요. 이것은 우리가 염두에 두는 위기 개념은 아니죠. 느슨한 위기 담론과 우리의 관심 대상인 위기 담론을 구별해야 해요. 우리가 논하는 위기란, 사회적 행위자들이 세상이 잘못되어가고 있을 뿐만 아니라 현재의 사회 조직화 형태로는 그 구조와 성격의 한계 때문에 이를 고칠 수 없다고 믿는 상황, 그리고 사회적 행위자들 스스로가 이를 변화시킬 능력과 책임감을 지닌 상황을 뜻하거든요. 다수의 사회적 행위자들이 이런 생각에 도달한 역사적 시기들이 있었죠. 이런 시기는 분명히 혼돈의 세월이었고, 서로 경합하는 진단들과 갈등하는 프로그램들(비틀거리는 질서를 옹호하려고 애쓴 이들도 포함하는)로 인해 격동했어요. 이와 같은 상황에서는 더 이상 '정상적' 불만과 '정상적' 갈등이 아니라 가장 강한 의미의 '위기'와 직면하죠.

또한 제가 2장에서 소개한 '전반적 위기' 개념으로 돌아가야 해요. 위기의 수많은 다양한 지류와 해석이 하나로 모일 경우에 사회질서의 전반적 위기라는 표현이 의미를 갖죠. 이 경우에 우리가 대면하는 것은 '단지' 경제적 위기나 생태적 위기, 정치적 위기나 사회적 위기'만'이 아니에요. 이런 위기가 참으로 심각해질 수 있고, 그 자체로 이미 심각하더라도 말이죠. 오히려 우리는 위기의 모든 지류가 한데 결합하는, 모든 것을 아우르며 압도하는 '위기 복합체'와 마주해요.

하지만 이번에도 역시 우리의 주장에는 단서가 붙어야 하죠. 어쨌든 사람들이 이런 종류의 위기에 처했다고 생각하지만 실제로는 사회질서가 위기를 해결할 수 있음을 입증하는 경우도 충분히 있을 수 있거든요. 이 경우에는 사회적 행위자들이 상황을 오판했음이 드러나죠. 하지만 그 역도 가능해요. 사람들이 위기에 처해 있지 않다고 생각하는 거예요. 가령, 탄소 거래로 기후변화를 지연시킬 수 있다고 믿는 식으로요. 이 경우에도 사람들이 틀렸음이 증명될 수 있겠죠. 당시에는 거의 모든 사람이 그렇게 믿었더라도 말이에요.

따라서 위기에 대한 믿음이 얼마나 광범위하게 퍼져 있는지, 사회의 어떤 부분이 이런 믿음을 견지하는지 고찰하면서, '모든 사람'과 '거의 모든 사람' 같은 말도 다시 따져봐야 해요. 물론 사회에는 항상 이의를 제기하는 사람들이 있지만, 핵심적인 문제는 과연 이들이 불어나고 한데 뭉치며 *헤게모니 위기*를 불러오는 수준으로까지 성장할 수 있는가 하는 거죠. 이 경우에 객관적 시스템 위기는 정당성 위기와 쌍을 이뤄 함께 가요. 정당성 위기의 경우에 참여자들은 이제까지와 같은 방식을 지속할 수 없고, 그렇게 안 될 것이며, 그리고/또는 그러길 바라지도 않는다고 믿죠. 통상적인 봉합 일변도의 문제-해결 양식에 대한 신뢰를 거두고 심층 구조의 변혁을 추구하는 거예요.

예기   다시 한번 매킨타이어를 인용한다면, 문제-해결의 '정상적' 경로가 있고, 틀 자체가 붕괴하는 형국인 '인식론적 위기'가 있죠. 인식론적 위기는 더 급진적인 변혁 방식을 요구하지만, 두 경우 모두 위기와 문제-해결의 역학을 포함해요. 물론 선생님은 '정상'과 '비정상'이라는 로티의 구별을 활용해 비슷한 대조를 제시하죠.[42] 하지만 제 요점은 가장 급진적인 혁명조차 연속성 안의 불연속성이라는 거예요. 급진적 변화라 하더라도 무에서 출현하는 게 아니라 역사 속의 위기에 의해 일어나거든요. 그리고 이런 변혁의 규범적 방향과 관련해, 당면한 문제와 현재 진행 중인 위기에 대한 적절한, 그렇기에 퇴행적이지 않은 답변을 제시하는 변혁이 곧 해방적 변혁이라고 주장하고 싶어요. 상당히 형식주의적인 정리라는 점은 인정해요. 이에 더해 위기에 대한 적절한 해법과 부적절한 해법을 가릴 기준을 분명히 밝혀야 하죠. 하지만 이것은 다음 장의 주제예요.

4장

자본주의에 맞서 겨룬다

계급투쟁과 경계투쟁

예기   우리가 토론한 확장된 자본주의관에 따라, 사회적 투쟁 문제를 짚어보죠. 전통적 마르크스주의 사상에 따르면, 자본주의에서 갈등의 가장 전형적인 형태이자 잠재적으로 해방적인 형태는 *계급투쟁*이에요. 이런 사고는 자본주의의 조직화 방식과 역사에 관한 특정한 인식에 바탕을 두죠. 선생님은 오늘날 우리가 마주한 것이 *경계투쟁*이라고 주장했어요. 자본주의에 관한 더 폭넓은 설명, 그러니까 자본주의를 제도화된 사회질서로 바라보는 시각에서 도출되는 사고죠. 경계투쟁은 계급투쟁 관념과는 어떻게 관련되나요?

프레이저   저의 자본주의관이 사회적 투쟁에 관해, 흔히 마르크스주의와 결부되는 설명과는 다른 설명을 함축하는 것은 사실이에요. 자본주의를 경제 시스템 이상의 무엇이라 보기 때문에, 사회적 쟁론의 스펙트럼이 정통 패러다임의 경우보다 더 눈에 잘 띄고 잘 알아차릴 수 있으며 광범위해지죠. 자본주의를 제도화된 사회질서로 바라보는 관점이 사회적 투쟁에 관한 우리의 이해를 풍부하게 만들어주는 세 가지 특별한 방식을 이야기해볼게요.

첫째, 이 관점은 계급 말고 다른 지배의 축이 자본주의 사회에서 어떤 구조적 토대 위에 서 있는지 밝혀주죠. 예를 들어, 젠더 지배는 자본주의가 생산과 재생산을 제도적으로 분리한다는 점에 바탕을 두고 있음이 드러났어요. 또한 인종, 국적, 시민권이 수반하는 지배는 착취와 수탈의 분리, 중심부와 주변부의 분리에 각인돼 있음이 드러났고요. 덕분에 이런 축들과 연결된 투쟁이 자본주의 발전 과정에서 그토록 빈번히 출현하는 이유를 설명하죠. 이것은, 자본주의를 자본주의의 공식 경제와 동일시하고 자본주의의 1차적 불의는 자본의 임금노동 착취라 파악하는 접근법으로는 오직 미스터리로만 보일 뿐이에요. 하지만 자본주의를 전경/배경 분할을 전제하는 제도화된 사회질서로 본다면, 미스터리는 연기처럼 사라지죠. 이렇게 바라볼 경우, 인종주의, 제국주의, 성차별주의에 맞서는 투쟁은 자본주의 사회에 깊이 장착된, 철저히 현실적이며 불의한 지배 형태들에 대한 반응으로 나타나요. 계급투쟁의 발생 원인과 마찬가지로요. 이런 투쟁은 구조적 해악에 대한 충분히 이해할 만한 반응이며, '2차적 모순'의 표현도, '허위의식'의 구현도 아니죠. 이것이 저의 시각을 통해 자본주의 사회에서 벌어지는 사회적 투쟁을 더 폭넓게 포착하는 첫 번째 경로예요. 즉, 계급 외의 지배의 축과 연결된 투쟁이 갖는 특징이 드러나죠.

하지만 이런 사고는 사회적 투쟁을 바라보는 두 번째 방식에 의해 복잡해지죠. 이 방식은 '계급투쟁'의 표준적 정의에 의문을 던지거든요. 정통 마르크스주의에 따르면, 이런 투쟁은 노동과 자본의 갈등을 중심에 두며, 여기에서 노동은 임금노동, 그중에서도 제조업 공장 노동으로 협소하게 정의되죠. 공장에서 일하는 이들이 그 고용주인 자본가들과 나란히 계급투쟁의 전형적 주인공으로 등장해요. 이 투쟁의 대표적 장소는 자본과 노동이 얼굴을 맞대며 만나는 '생산의 지점'이죠. 생산 지점에서 발생하는 투쟁은 가장 선진적인 계급의식을 키워내며, 혁명성을 띨 가능성이 가장 높다고 상정돼요. 자본주의에 가장 심층적인 도전을 제기하며, 해방적 사회 변혁의 잠재력을 가장 풍부하게 지닌다는 거죠.

저는 이런 계급투쟁관에 문제가 있다고 봐요. 비임금·비착취 노동을 둘러싼 투쟁을 배재하거든요. 비임금·비착취 노동을 수행하는 이들이 '노동자'로 여겨지지 않는 것과 마찬가지로, 이런 투쟁은 계급투쟁으로 보이지 않죠. 하지만 제 생각에는, 임금노동을 뒷받침하는 '감춰진 장소'는 사회적으로 반드시 필요한 활동이 벌어지는 영역이고, 이런 영역에 배치된 무산대중 역시 '노동자'이며, 이들의 투쟁 또한 계급투쟁으로 여겨져야 해요. 착취 대상인 노동력을 보충하고 재생산하는 이들의 경우에도 마찬가지예요. 징발되어 축적에 집중적으로 투입되는 자원을 돌보는 이들도 마찬가지고, 상품 생산의 의존 대상이 되는 생활 터전과 역사적 자연을 지탱하는 이들도 그렇죠. 물론 이런 이들이 벌이는 투쟁은 생산 지점과는 거리가 먼 곳에서 발발하는 경우가 많고, 대개 젠더, 인종 등 다른 지배의 축들에 의해 조형돼요. 하지만 이런 투쟁 역시 자본가계급의 분파들과 그 정치적 대리인들에 맞서 벌어지는 경우가 많고, 간접적으로라도 잉여가치 축적에 기여하는 과정을 쟁점으로 삼아요. 확장된 자본주의관은 확장된 '노동계급'관, 다양한 관계와 얽혀 있는 '계급투쟁'관을 수반해요.

확장된 자본주의관에 의해, 자본주의 사회에서 벌어지는 사회적 투쟁에 관한 사고가 넓혀지는 세 번째 경로도 있어요. 폴라니 사상의 영향을 부분적으로 받은 이 자본주의관은 자본주의를 구성하는 제도적 경계선들을 투쟁이 벌어질 가능성이 높은 무대이자 이러한 투쟁의 쟁취 대상으로 여기죠. 제가 '경계투쟁'이라 부르는 것들은 경제 '내부'가 아니라, 생산과 재생산이 만나고 경제와 정치가 만나며 인간 사회와 비인간 자연이 만나는 지점에서 출현해요. 모순과 잠재적 위기의 교차점인 이 경계선들은 투쟁의 무대이자, 그 쟁취 대상이죠. 투쟁이 발발하는 장소인 동시에 쟁론의 대상이에요. 따라서 자본주의 발전 과정에서 자연, 사회적 재생산, 공적 권력을 둘러싼 투쟁이 실로 주기적으로 반복되는 것은 놀랄 일이 아니죠. 이 투쟁들은 이론적 골칫거리이기는커녕 자본주의 사회의 제도적 구조에 깊이 뿌리내리고 있어요. 좁은 의미의 계급투쟁이 자본주의 사회의 제도적 구조에 깊이 뿌리내리는 것과 똑같이 말이죠. 부차적이라거나 상부구조적이라며 무시해선 안 돼요.

결국 이 세 측면 모두를 통해, 확장된 자본주의관은 자본주의 사회에서 전개되는 사회적 투쟁에 관해서도 사고를 확장하게 만들어요. 이것은 매우 중대한 실천적 의미가 있죠. 한편으로 우리는 구조에 뿌리를 둔 사회적 갈등의 다양한 형태와 마주치는 게 당연하다고 여겨야 하고, 적어도 원리의 차원에서 이 모든 갈등이 자본주의의 위기와 변혁의 잠재적 원천에 대한 타당한 대응임을 받아들여야 해요. 다른 한편으로 문제의 투쟁들은 정통적 사고에서 계급투쟁을 놓고 전제하던 것과는 달리 혼성적이며, 저절로 조화를 이루거나 수렴하여 단일한 궤도를 이루지 않죠. 따라서 실천적 측면에서 저의 자본주의관은 더 확장된 전망과 더 집약된 도전을 동시에 제기해요.

예기 '경계투쟁' 개념이 매우 생산적이라는 인상을 주는군요. 그리고 선생님이 제시하는 전체 구도는 참으로 매력적으로 다가와요. 하지만 이것이 계급투쟁에 새로운 요소를 추가하는 것인지, 아니면 계급투쟁을 *대체*하는 것인지, 아직은 결론을 내리지 못하겠어요. 초기 비판 이론에는, 계급투쟁의 대체를 제시한 흐름이 있었죠. 말하자면, 프롤레타리아트가 역사의 동력이라는 생각을 포기하자는 거였어요. 물론 이런 입장을 취한 이들조차 새로운 답을 내놓지는 못했지만요(새로운 필요와 주변부 집단에 주목한 마르쿠제는 새로운 혁명적 주체를 머릿속에 그린 유일한 인물이었죠[1]). 어쨌든 선생님이 이런 태도를 지지하지 않는다는 점은 분명해요. 그렇다면 선생님이 생각하는 계급투쟁과 경계투쟁의 관계는 뭐죠? 계급투쟁은 경계투쟁의 한 형태인가요? 아니면 경계투쟁이 계급투쟁의 한 형태인가요?

프레이저 제가 지금까지 말한 내용의 결론은, 경계투쟁이 좁은 의미의 계급투쟁에 추가되는 것도 아니고, 이를 대체하는 것도 아니라는 거예요. 오히려 이 개념은 제가 방금 요약한 확장된 계급투쟁관과 동일한 개념적 틀에 속하죠. 확장된 계급투쟁에는 사회적 재생산 등의 비임금·피수탈 노동을 둘러싼 투쟁과, 이를 뒷받침하는 자연적·정치적 조건을 둘러싼 투쟁 또한 포함돼요. 경계투쟁은 이렇게 확장된 의미의 계급투쟁과 서로 중첩되며 얽혀 있죠. 마찬가지로 젠더 투쟁, 인종적 억압과 제국주의 약탈에 맞선 투쟁과도 서로 중첩되며 얽혀 있고요. 사실 저는 이 구별이 대체로는 관점의 문제라고 말하고 싶어요. '경계투쟁'이라는 표현을 사용하는 것은 사회적 갈등이 자본주의를 구성하는 제도적 분리를 중심에 두며 이를 목표로 벌어진다는 점에 초점을 맞추기 위해서죠. 반면에 (확장된) 계급투쟁 개념을 사용하는 것은 이런 분리와 상관관계를 맺고 있는 집단 구획, 권력 비대칭에 초점을 맞추기 위해서예요. 전부는 아니더라도 많은 경우에 동일한 사회적 투쟁을 두 관점 모두를 통해 유용하게 살펴볼 수 있죠. 사실 저는 이런 경우에 사회적 투쟁을 두 관점 모두를 통해 살펴야 한다고 말하고 싶네요. 다른 관점을 배제하고 계급의 렌즈로만 본다면(아니면, 같은 사안을 젠더나 인종의 관점으로만 본다면), 지배와 서로 얽혀 있고 지배의 조직화 수단이 되는 자본주의 사회의 근본적인 구조적-제도적 특징을 놓쳐요. 하지만 그 역도 마찬가지죠. 배타적으로 경계선의 입장으로만 바라본다면, 이런 제도적 분할을 탄생시키는 사회적 균열선과 지배 관계를 놓치고 말아요.

    제 말은 계급투쟁과 경계투쟁의 구별이 분석을 위한 구별이라는 거예요. 현실 세계에서는 많은 사회적 갈등이 두 요소를 다 포함하죠. 이런 갈등을 제대로 이해하기 위해 비판 이론가는 어떤 사례를 탐구하든 두 관점을 모두 동원해야 해요. 경계 분할과 계급(아니면 젠더 혹은 인종) 분할이 모두 작동하고 있는가? 그렇다면 참여자들이 두 측면을 모두 인식하며 주제로 삼는가? 아니면 어느 한 측면만 배타적으로 강조하는가? 예컨대 계급(아니면 젠더 혹은 인종) 요소만 강조하고 경계선 요소는 대충 얼버무리는가? 혹은 그 역인가? 두 요소는 서로 긴장을 빚는가, 아니면 조화를 이루는가? 이렇게 두 관점 모두를 통해 투쟁을 살펴볼 때, 완전히 새로운 일련의 물음들을 던질 수 있죠. 그리고 이 물음들을 통해 '우리 시대의 투쟁과 염원'을 더욱 심층적이고 비판적인 방식으로 탐색할 수 있어요.

사회적 재생산을 둘러싼 투쟁을 다룬 2장의 토론을 떠올려봐요. 그 대목에서 우리는 가족 생활의 가능성을 허문 초기 자본주의 산업화의 경향, 사회민주주의 덕분에 가능해진 잠정적 해결, 현대의 금융화된 자본주의에서 사회민주주의적 해결의 와해 등에 관해 이야기했죠. 각 단계마다 사회적 재생산과 경제적 생산을 분할하는 경계선이 사회적 투쟁의 주된 장소이자, 중심 쟁점으로 대두했어요. 국면마다 벌어진 쟁론은 경계투쟁의 범주에 딱 들어맞았죠. 하지만 이런 투쟁은 인종/민족, 젠더, 계급(이제는 좀 더 넓은 의미에서 이해되는)의 균열선들과 서로 교차하며, 이 균열선들에 의해 과잉 결정돼요.

이게 바로 오늘날의 현실이에요. 현 정세에서, 금융화된 자본주의에 의한 사회적 재생산과 경제적 생산의 경계선 약화에 대해 두 가지의 계급적 대응이 있죠. 스펙트럼의 한쪽 끝에는, 자투리 시간에 가족을 돌보기 위해 갖은 노력을 다해 저임금 맥잡을 여러 군데 뛰며 장시간 근로를 하는 가난한 노동계급의 대응이 있어요. 이들 가운데 일부는 포퓰리즘 운동에 합류했죠. 포퓰리즘 운동은 가난한 노동계급의 시간, 에너지, 그리고 삶의 긍정적 요소인 공동의 삶을 재생산하고 사회적 연결을 지속할 능력을 먹어치우는, 더 나아가 인간까지 삼켜버리는 사회적 기계로부터 이들을 보호해주겠다고 약속하거든요. 스펙트럼의 다른 쪽 끝에는, 맞벌이 부부의 고급 버전을 몸으로 보여주는 전문직-관리직 계층의 대응이 있어요. 이런 가족의 경우에는 고학력 여성이 고된 전문직 일자리를 추구하면서 전통적인 돌봄 활동을 저임금 이주민이나 인종적/민족적 소수자에게 하청을 주죠. 앞에서 제가 말한 대로, 이로 인해 사회적 재생산의 이원적 조직화가 나타나요. 재생산에 금액을 지불할 여력이 있는 이들에 대해서는 재생산 활동이 상품화되고, 그럴 능력이 안 되는 이들에 대해서는 사유화되며, 두 번째 집단 중 일부는 매우 낮은 임금만 받으면서 첫 번째 집단을 위해 재생산 활동을 수행하죠. 위쪽에 속한 이들이 경계선을 기준으로 경제 쪽 공간(유급노동 부분)에 삶을 맡긴다면, 아래쪽에 속한 이들은 친족과 공동체 네트워크에 책임을 이전해요(즉, 무급노동 부분). 어느 쪽에서든 사회, 시장, 국가를 분리하는 경계선 위에서 이를 둘러싸고 투쟁이 발발하죠. 그리고 이런 투쟁은 계급 문제에 의해 과잉 결정돼요. 적절한 조건 아래에서는 계급 차원이 겉으로 드러나서 계급투쟁과 경계투쟁의 중첩이 베일을 벗죠. 그리고 원리상으로는 이게 순리예요. 실제로 저는, 계급 차원과 분명히 연관된 투쟁인데도 계급 측면에서 정치화되지 않는다면 문제가 있다고 봐요. 계급 차원을 명백히 드러내지 않는다면, 상황의 중요한 측면을 왜곡하거나 억압하는 셈이 되죠.

예기 이런 점 때문에, 사회운동이 출현하더라도 이런 종류의 긴장과 모순을 특정한 어휘로 표현하지 못하는 상황이 벌어질 수 있죠. 그렇다면 이 모든 갈등과 모순이 올바로 표현되려면 계급투쟁으로 표현되어야만 한다는 게 선생님의 주장인가요?

프레이저 제 대답은 '예'이면서 동시에 '아니요'예요. 투쟁의 계급적 요소가 억압받고(이를테면, 지배적인 정치 문화의 일정한 측면에 의해)

투쟁의 공공연한 초점이 되지 못한다면 뭔가 잘못되고 있는 거죠. 무엇보다도 희생양 만들기나 그 밖의 정치적 표출의 퇴행적 형태에 기회를 열어주게 돼요. 하지만 그렇다고 모든 사회적 투쟁이 단지 계급투쟁으로만 표현되어야 한다거나, 우선적으로 계급투쟁으로 표현되어야 한다는 이야기는 아니죠. 적어도 협소한 정통파적 의미의 계급투쟁은 아니에요.

방금 우리가 토론한 사례에서 계급적 요소는 강한 젠더적 요소와 서로 깊이 얽혀 있죠. 잘 알다시피 자본주의의 생산/재생산 분할은 역사적으로 젠더화된 분할이었고, 이런 애초의 젠더화가 낳은 결과는 결코 사라지지 않았어요. 하지만 이는 자본주의 역사의 서로 다른 시기마다 재형성돼왔죠. 이 분할은 인종, 민족, 국적의 차원과도 서로 교차해요. 예를 들어, 이전에 중간계급 백인 여성의 무급 의무였던 저임금 불안정 돌봄 활동을, 지금은 주로 이주민과 유색인이 짊어지고 있어요. 하지만 이 문제에 중대한 계급적 요소가 있다고 해서, 계급이 '진짜' 쟁점이고 인종과 젠더는 부수적인 현상일 뿐이라는 과잉 단순화된 사고로 돌아가자는 말은 아니죠. 오히려 저는 방금 제가 계급에 관해 말했던 내용을 역으로 뒤집은 명제 또한 주장하고 싶어요. 젠더와 인종/민족/국민 차원이 억압된다면, 뭔가 심각하게 잘못된 상태라고 말이죠.

예기 계급의 어휘로 다 담을 수 없는 경계투쟁의 차원이 있다고 생각돼요. 경계투쟁을 모조리 계급투쟁으로 번역하면, 의미가 통하지 않는 거죠.

프레이저　　글쎄요, 제가 방금 말했듯이, 젠더와 인종/민족 차원은 자본주의 사회에서 계급 지배만큼이나 만연하고 깊이 뙈리를 틀고 있죠. 따라서 예기 선생의 물음은 이런 사회적 균열선도 포괄하도록 반드시 확장돼야 해요. 어쨌든 저는 비판의 다양한 장르를 통합할 필요성에 관한 3장의 토론으로 돌아가자고 하겠어요. 그 토론의 함의는, 자본주의의 중대한 제도화된 분리들을 비판할, 다중적·과잉 결정적인 근거들이 있다는 것이었죠. 이 근거들은 3장에서 우리가 토론한 비판의 모든 다양한 흐름을 구체적으로 드러내고 있어요. 제가 강조한 근거들 가운데 하나는 계급과 직접 연관되죠. 즉, 자본주의에는 계급 균열선에 따른, 규범적으로 정당화할 수 없는 지배 구조가 뿌리박혀 있어요. 하지만 다른 상호교차적 축들, 즉 젠더, 인종/민족, 국적의 경우도 마찬가지죠. 이는, 자본주의에 고유한 불의나 불공정을 겨냥하는 '도덕적' 비판이었어요. 하지만 제가 제시한 다른 두 근거는 계급과 직접적으로 연관되지는 않죠. 다른 지배 관계와도 직접적으로 연관되지는 않고요. 첫째, 자본주의의 사회생활 조직화 방식은 본질적으로 여러 측면(생태적·경제적·정치적·사회적)에서 위기를 불러오는 경향이 있어요. 이것은 이른바 기능주의적 비판이었죠. 그리고 둘째로, 자본주의는 피지배자뿐만 아니라 만인을 가치법칙의 맹목적인 강제력에 복종시키고, 우리의 생명 활동을 조직할 자유, 과거 세대나 미래 세대, 비인간 자연과 의식적으로 연결을 맺을 자유를 우리 모두에게서 빼앗아 가요. 이것은 '자유'론적 비판이었죠.

　　제가 말한 것처럼, 기능주의적 비판도, 자유론적 비판도 계급을 명확히 언급하지 않아요. 인종과 젠더도 마찬가지고요. 위기와 타율성은 누구에게나 예외 없이 영향을 끼치거든요. 하지만 그럼에도 행간에 계급을 깔고 있죠. 인종과 젠더 역시 그렇고요. 위기의 가장 첨예한 표현은 다른 누구보다 가난한 노동계급에게서, 특히 여성과 유색인에게서 나타나죠. 그리고 집단적 자율성의 거부를 통해 가장 많은 불이익을 당하는 것도 이 인구집단이에요. 제가 보기에 이는, 세 가지 비판이 분석 측면에서는 별개이지만, 이 비판들이 겨냥하는 상황은 사회 현실에서 철저히 상호중첩되어 있다는 사실을 시사하죠. 따라서 실천의 측면에서 보면, 계급적 불의의 문제는 결국은 위기·자유의 문제와 결코 분리될 수 없어요. 모두 함께 해결돼야 하죠. 젠더, 인종/민족, 제국주의를 포함하는 자본주의의 다른 주된 불의의 축들 역시 그래야만 하고요.

예기 우리는 둘 다 경계선을 '본질주의적'으로 설명하는 데 반대해요. 이런 '본질주의적' 설명에서는, 다양한 공간이 어떻게 분리되어야 하며 서로 연관되어야 하는지, 각자의 영토를 어떻게 적절히 구획할지 결정하기 위해 '인간 본성의 조건' 등 주어진 일부 기준을 활용할 수 있어요. 하지만 우리가 이런 본질주의적 버전을 이미 거부했다면, 심지어는 '계급 없는 사회'(어쨌든, 우리가 이에 도달할 경우)에서도 여전히 경계선들을 둘러싸고 정당한 정치적 갈등이 계속 나타날 거라고 봐야 하지 않겠어요? 이런 갈등은 다양한 조건 아래에서 발생할 수 있겠지만, 아무튼 민주 사회에서 살아간다는 것의 의미 중 일부는 '계급 없는 사회'에서도 여전히 남을 것 같아요. 계급 문제가 해결된 민주 사회라 하더라도 경계선들을 지속적으로 협상하고 또 협상해야 한다는 점 말이죠.

프레이저 계급 없는 민주 사회라 하더라도 긴장이나 이견 혹은 갈등이 없는 사회는 아닐 것이라는 데 전적으로 동의해요. 그리고 이런 사회는 구성원들의 의견이 엇갈리는 숱한 쟁점이 존재할 것이라고 덧붙이고 싶네요. 우리가 비인간 자연과 맺는 관계, 일의 조직화, 일과 가족·공동체 생활의 관계, 정치적 조직화(지방, 일국, 권역, 지구) 등이 그런 쟁점들이겠죠. 사실 이런 이견은 지금보다 더 공공연히 나타날 거예요. 이런 사안들은, 기존의 경계선들이 협상 불가능했던 덕분에 안전을 누리던 자본과 '시장의 힘'에 은밀하게 맡겨지는 대신에, 정치 문제로 취급되고 민주적 결정에 회부될 테니까요. 하지만 이게 바로 요점이죠. 자본주의의 제도적 구조는 이 모든 쟁점을 민주적 쟁론과 결정에서 제외해버려요. 게다가 이런 쟁점을 고민할 수 있도록 허용되는 경우조차 논쟁의 조건이 엄청나게 편향되어 있죠. 우리가 검토한 지배의 모든 균열선에 의해 오염돼 있어요. 영리 추구형 언론 대기업과, 선거 정치에 침투하는 사적 자금이 지배하는 공론장은 말할 것도 없고요. 따라서 포스트자본주의 대안에서도 쟁론은 폐지되지 않겠지만(절대로 그래선 안 되죠!), 어쩌면 실제로는 더 늘어날 수도 있겠지만, 이견을 처리하고 해결하는 조건은 확실히 더 공정해지겠죠.

물론 포스트자본주의 대안이 어떤 모습이어야 하느냐는 물음의 답은 여전히 열려 있어요. 흔히 비판 이론이 이를 예단할 수 없다고들 하고, 저도 동의해요. '좋은 사회'의 여러 구체적인 특징은 참여자들의 상상력과 열망에 맡겨놔야 하죠. 하지만 그럼에도 몇 가지 점은 분명해요. 첫째, 어떤 '해법'도 전체 인구 중에서 뚜렷이 식별되는 특정 계층의 지지가 없다면 수용될 수 없죠. 이 계층은 계급으로 정의될 수도 있고, 인종/민족이나 젠더로 정의될 수도 있으며, 사회에 뿌리내린 다른 지배 관계로도 정의될 수 있어요.

둘째, 경제/정치 관계는 특별히 중요하며, 세심하고 주의 깊게 고려되어야 해요. 한편으로는, 이 분할이 부르주아 사회에서 자본을 보호하기 위해 작동한다는 마르크스의 유명한 비판을 제대로 이해해야 하죠. 제가 특히 염두에 두는 것은 마르크스의 논설 「유대인 문제에 관하여」예요. 이 글에서 마르크스는, 경제 과정 전반을 정치 생활의 관할구역에서 추방하면서도, 그 결과로 나타난 지배를 "민주적"이라 호도하는 "순전히 정치적이기만 한" 해방을 비판했죠.[2] 이 비판은, 마르크스가 부르주아적 권리에 별 가치를 두지 않았고 단지 이데올로기의 또 다른 층위라 일축했다는 생각의 근거로 해석되는 경우가 많아요. 솔직히 말하면 저는 이런 환원론적 독해에 짜증이 나요. 이건 결코 마르크스의 요점이 아니거든요. 제 생각에, 마르크스의 이 비판은 매우 강력하고 설득력 있으며, 자본주의 사회에 관한 우리의 비판 이론에 포함해야 할 내용이죠.

그렇지만 우리의 비판은 이와 정반대되는 고려, 즉 제가 소비에트형 '현실 사회주의' 경험에서 도출한 내용 역시 포함해야 해요. 현실 사회주의 체제들은 당-국가가 지휘하는 명령경제를 수립함으로써 자본주의의 정치/경제 분할을 단순히 '폐지'하려 했죠. 그리고 이는 여러 의미에서 참으로 비참한 결과를 낳았어요. 여기에서 끌어낼 수 있는 교훈은, 현존 자본주의 형태의 정치/경제 분할을 참고 지낼 수는 없지만, 정치/경제 분할을 완전히 폐지한 채로 살아갈 수도 없다는 거예요. 이 두 극단 모두에 대한 대안을 고려해야만 하죠. 예를 들면, 민주적 계획, 참여예산제 혹은 시장-사회주의 등을 통해 조정의 '정치적' 형태와 '경제적' 형태를 결합해야 해요. 이에 관해 몇 가지 참으로 흥미로운 발상을 소개한 다이앤 엘슨Diane Elson의 탁월한 논문(1988년)이 떠오르네요.[3]

좌파는 이런 문제에 훨씬 더 주의를 기울여야 하죠. 그리고 생산/재생산 분할, 인간 사회/비인간 자연 분할과 관련된 비슷한 문제의 경우에도 사정은 마찬가지고요. 이런 분할들 역시 단순히 폐지될 수는 없어요. 오히려 창조적인 새로운 상상을 통해 이들을 지배로부터 떼어내고, 집단적 자율성을 강화하며, 서로에 대해 덜 적대적인 구조에 바탕을 둔 삶-형태들을 만들어내야 하죠.

경계투쟁과 현대 사회운동

예기   초점을 이제 경계투쟁의 성격에서 경계투쟁의 조건으로 옮겨볼게요. 우리가 짚어온 제도화된 분리·공간과 관련해 이 투쟁들의 내용은 무엇인가요? 경계투쟁이라는 발상은 두 가지 방식으로 이해될 수 있어요. 우선, 하버마스의 식민화 명제와 매우 유사한 설명 방식이 하나 있겠죠. 다양한 제도화된 공간(경제적·정치적·재생산적 등등)이 있고, 한 공간이 다른 공간을 '침범'하여 침범당한 공간이 반격을 시도하면 경계투쟁이 발생한다는 식으로요. 하지만 좀 더 급진적인 부류의 경계투쟁도 그려볼 수 있어요. 이 설명에서는, 경계투쟁은 단순히 식민화로부터 생활세계를 보호하는 문제, 그러니까 경제 공간으로부터 정치 공간을 보호하는 문제가 아니에요(이런 이미지가 왜 문제인지는 이미 토론했죠). 오히려 이 공간들의 '형상'을 둘러싼 훨씬 더 적극적인 행동이라 봐야 할 거예요. 공간들 사이에 경계선을 설정 혹은 재설정할 것인가, 아니면 경계선 자체가 정말 있어야 하는가를 둘러싼 행동 말이에요. 앞에서 지적한 것처럼, 봉건 질서는 경제와 정치, 국가와 사회 사이에 이와 같은 종류의 분리가 없었죠. 경제를 별도의 공간으로 바라보는 것은 부르주아-자본주의 사회만의 별난 특징이에요. 그리고 이런 최초의 경계선 설정을 배경 삼아 특정한 책임 회피를 이데올로기적으로 확립하고, 이를 통해 마치 시장경제가 완전히 독립적인 것처럼 보이게 만들죠.

그렇다면 경계투쟁에 관한 올바른 설명은 무엇이죠? 경계투쟁은 뚜렷한 경계선을 넘어서는 침범 행위를 싸워 물리쳐야 하나요? 아니면 경계선을 다르게 긋거나, 경제를 재정치화하거나, 사회생활의 더 풍부한 양식에 경제를 다시 통합시키는 게 과연 합당할지를 둘러싼 투쟁인가요?

프레이저 둘 다 맞아요. 경계투쟁은 다양한 색깔을 띠며 등장하고, 그 가운데에는 예기 선생이 방금 다듬은 버전들도 있어요. 경계투쟁은, 경계선을 넘어서는 침범, 침식 혹은 침투가 문제 있다고 경험될 경우에 이를 싸워 물리치려는 *방어적*인 성격을 띨 수 있죠. 사람들이 현존 혹은 과거의 제도배열에 얼마간 만족하고 있는데, 이런 제도배열이 침식당하거나 '너무 궁지에 몰린다'고 느끼는 경우에 방어적 투쟁이 일어나요. 그들은 경계선이 예전에 있던 자리로 돌아오길 바라죠. 하지만 이게 경계투쟁 개념의 내용 전부는 아니에요. *공세적*인 경계투쟁도 있거든요. 신자유주의 기획의 목적은, 다름 아니라 시장 관계의 경제화 논리에 종속된 내용이 차지하는 영토를 넓히는 것이었죠. 그리고 일부 반시스템 운동은 옛 경계선을 방어하기보다는 이를 다른 방향으로 더 멀리 밀어붙이려는 노력을 통해 공세적으로 대응했어요. 이전에 '경제적'이라 취급되던 내용을 '정치적'인 것의 영역으로 이동시키려 한 거예요.

하지만 다른 측면에서 경계투쟁들을 구별할 수도 있어요. 예를 들어, 수긍적affirmative 경계투쟁과 변형적transformative 경계투쟁을 구별하고 싶어요. 저는 다른 맥락에서 이 구별을 처음 도입했지만,[4] 여기에서도 유용하다 싶네요. 수긍적 경계투쟁이란, 투쟁 주체들이 주어진 제도적 경계선이 어느 정도는 현재 형태로 존재해야 한다고 가정하면서, 최근에 이 경계선이 제 위치에서 벗어났다고 주장하는 경우를 뜻하죠. 그들은 경계선이 놓인 위치를 바로잡길 바랄 뿐이에요. 반면에 변형적 경계투쟁에 참여하는 이들은 경계선이 놓인 위치만이 아니라, 바로 그 존재, 성격 혹은 그것이 그어지는 과정의 주체와 수단이 문제라고 주장해요. 그들은 경계선을 모두 철폐하지는 않더라도 이 제도배열의 심층 구조를 바꾸길 원하죠.

'수긍적/변형적'의 구별이 첫인상과는 달리 복잡하다는 점을 덧붙여야겠어요. '비개혁주의적 개혁'의 가능성 때문이죠. 이는 앙드레 고르Andre Gorz가 창안한 문구인데, 어떤 엄격한 잣대로 보더라도 수긍적 성격이 주를 이루지만, 그럼에도 변형적 효과를 낳는 투쟁을 표현해요. 권력관계를 바꿈으로써 더 진전된 투쟁의 길을 열고, 이에 따라 시간이 지날수록 점차 급진화된다는 점에서 변형적 효과를 낳는다는 거죠.[5] 경제/정치 경계선을 둘러싼 투쟁이 특히 이런 역동성에 민감해요. 민주 정치를 위해 더 많은 지반을 확보하는 것을 목적으로 하는 개혁은 처음에는 온건해 보이지만, 개혁이 진전될수록 민주화 논리의 가속화에 시동을 걸죠. 그래서 결국은 자본주의의 구조적-제도적 질서에 중대한 변형을 일으켜요.

또한 주어진 경계선이 '견고'한가, 아니면 '연약'한가, 침투 불가능한가, 아니면 가능한가를 둘러싼 투쟁도 언급해야겠네요. 경계선을 긋는 수단이 되는 과정을 둘러싼 '메타' 투쟁도 덧붙여야겠고요. 이 모든 질문은 자연스럽게 변형적 답변을 불러들일 수 있어요. 하지만 요점은 경계투쟁이 다양한 형태로 나타난다는 거예요. 제가 여기에서 언급한 모든 내용(그리고 이보다 더 많은 내용!)이 다 경계투쟁의 사례라 할 수 있죠.

예기 그래서 이 구별은 해당 투쟁의 급진성을 중심에 둔 구별이자 동시에 규범적 평가와 연결된 구별인 것처럼 보여요. 마르크스주의자들이 어떤 운동이 '역사의 올바른 편'에 있는지, 생산수단의 발전과 보조를 맞추는지 판별하려고 하면서, 때로 막 나가곤 했다는 지적은 틀린 말이 아니죠. "오직 이것만이 해방적일 수 있고, 다른 모든 것은 퇴행할 운명이다"라는 식이었으니까요. 마르크스조차 이런 종류의 사고에서 완전히 예외는 아니었죠. 비록 말년에는 좀 더 분화된 사회상에 도달했지만 말이에요. 선생님은 처음부터 더욱 양가적인 상황에서 출발하는 것 같네요. 그렇다면 경계선에 주목하는 입장에서 선생님은 현실의 투쟁이 항상 여러 얼굴을 동시에 지닌다고 주장하는 건가요?

프레이저 사실, 경계투쟁에 관해 어떻게 규범적 평가를 내려야 하는지는 아직 언급하지 않았어요. 그리고 뒤에서 설명하겠지만, 투쟁이 얼마나 급진적이냐에 따라 찬성할지 말지 결정하는 태도는 권하고 싶지 않네요. 하지만 이 대목에서 저는 좀 다른 논점을 제기하고 있어요. 제 논점은 경계투쟁들이 서로 다른 형태를 띠며 나타난다는 거예요. 방어적이거나 공세적일 수도 있고, 수긍적이거나 변형적일 수도 있죠. 하지만 계급투쟁의 경우에도 마찬가지예요. 계급투쟁도 천태만상이에요. 어떤 경우에는 방어적인가 하면, 다른 경우에는 공세적이고, 또 어떤 경우에는 수긍적인가 하면(가령 노동시간 단축과 임금 상승을 추구하는 경우), 다른 경우에는 변형적이에요(가령 소유관계와 잉여가치의 창출 및 분배 과정을 변혁하려는 경우). 경계투쟁과 계급투쟁 모두 서로 다른 형태, 급진주의의 정도 차이 같은 다양성을 허용하지요.

앞에서 짚은 '철폐주의'라는 주제로 돌아가서 이 논점을 발전시킬 수 있을 거예요. '철폐주의'라는 말로 제가 뜻하는 것은 정치/경제 분할을 청산하려 한 소비에트의 시도처럼 경계선을 완전히 폐지하려는 기획이에요. 스펙트럼을 그려본다면, 이것은 그 한쪽 극단이라 할 수 있죠. 다른 쪽 극단은 '금지주의'예요. 이 경우에 사회적 행위자들은 특정한 경계선을 수립하려 할 뿐만 아니라, 이를 사실상 침투 불가능하게 만들려 해요. 미국 역사에서 이 용어는 알코올의 판매와 소비를 금지하려 한 금주운동과 결부돼 있어요. 하지만 성, 재생산, 돌봄 활동의 상품화를 모두 불법화하려 하는 일부 페미니스트나, 토지 혹은 광물자원 등등의 매매 일체를 반대하는 '심층' 생태주의자에 대해서도 이 용어를 사용할 수 있겠죠.

예기   그렇다면 교훈은, 투쟁이 좀 더 변형적이고 '경계선 분쇄'

형이라고 하더라도 저절로 해방적 성격을 지니지는 않는다는 점이 겠네요. 철폐주의와 금지주의라는 두 극단 사이에서 선생님의 자리는 어디쯤일까요?

프레이저   맞아요. 변형적 요구 가운데 일부는 얼굴을 찡그리게 만들죠. 파시스트 국가가 재생산을 제도화한 방식을 보면, 기존 경계선을 심각하게 변형하면서 동시에 철저히 퇴행적인 성격을 띠었어요. 역으로 수긍적 요구 중 일부는 규범적 정당성을 지니죠. 선거자금 모금 개혁이 그런 사례예요. 여기에서 확인할 수 있는 것은, 규범적 평가가 변형적 성격과는 별개인 다른 고려 사항들에 따라 이뤄진다는 점이에요. 예를 들면, 제안된 경계선 수정 내용이 과연 지배를 완화하고, 자유를 강화하며, 올바른 종류의 사회보장을 촉진하는지가 평가 기준이 되겠죠.

그런데 예기 선생은 철폐주의에 관해 물어봤어요. 이미 설명했듯이, 저는 자본주의를 구성하는 경계선의 완전한 폐지는 권하지 않겠어요. 대체로 방어적이면서 본질주의적인 성격을 띠는 전면적 금지 역시 지지하지 않고요. 차라리 경계선 형성 과정에 초점을 맞추고, 경계선이 새롭게, 좀 더 민주적으로 설정되도록 영향을 미치겠어요. 그리고 저는 다양한 가능성이 늘어나는 것 또한 지지해요. 그러려면 제도적 경계선들을 완화하거나, 강화하거나, 그 위치를 옮긴다는 게 무슨 뜻인지 생각해봐야만 하죠. 이러한 경계선의 변동을 둘러싸고 상반된 방식을 주장하며 대립하는 각 진영을 저울질하기도 해야 하고요. 지금 당장은 자본주의가 이미 우리 대신 이 모두를 수행하고 있죠. 이런 문제들은 우리 손을 떠났어요. 이 대목에서, 적어도 이런 결론을 끌어낼 수 있죠. 현 위기를 좀 더 급진적이거나 변형적인 방식으로 사고하려면, 경계선 문제를 의식적이며 집단적인 높은 수준의 자기결정을 통해 다뤄야만 한다고 말이에요. 우리가 정확히 무엇을 결정하는가도 중요한 문제이지만, 그것이 집단적 자기결정의 사안이어야만 한다는 것은 또 다른 중요한 문제예요.

그리고 진실을 말하라면, 경계선과, 이를 둘러싸고 벌어지는 투쟁을 사고하는 여러 유용한 방식이 있을 수 있어요. '공간화' 역학에 관해 연구하는 사회적·정치적 지리학자들에게서 배울 게 많다고 말하고 싶네요. 이 지리학자들은 '견고한' 경계선과 '연약한' 경계선을 구별하죠. 또한 경계선이 무엇을 분리하는가뿐만 아니라, 무엇을 연결하는가도 강조해요. 비판 이론가들은 이런 통찰을 충분히 이해해야 하죠.

이 모두는 제 중심 논의를 위한 재료예요. 제도화된 사회질서로서 자본주의의 중심 토대는 경계선들의 구축과 위반이라는 문제죠. 따라서 자본주의를 개혁하거나, 거부하거나, 넘어서려는 모든 정치는 경계선 문제를 전면에, 그리고 중심에 놓아야 해요.

예기   그런데 선생님의 모델은 많은 가능성을 열어주지만, 이 모델이 제시하는 그림이 오히려 혼란을 불러일으키기도 해요. 논란이 되는 사회-이론적·규범적 쟁점에 관해 토론을 더 밀고 나갔으면 좋겠네요. 그리고 쟁점을 부각시키기 위해 아마도 하버마스적 입장을 비교 대상으로 이용할 수 있을 거예요. 하버마스의 식민화 명제는 생활세계와 체계 사이의 경계선에서 벌어지는 투쟁을 중심으로 전개되죠. 그리고 규범적인 측면에서 말하자면, 이와 관련된 경계선이 이미 그 자리에 존재한다는 식으로 틀이 짜여 있어요. 하버마스가 보기에, 생활세계에는 체계가 개입해선 안 될 부분이 존재하기 때문에, 둘 사이의 경계선에서 벌어지는 투쟁은 규범적으로 허용되는, 혹은 심지어 요청되기까지 하는 방어적 경계투쟁의 한 유형인 셈이에요. 반대로 근대 사회의 기능적 분화를 폐지하려는 공세적 투쟁은 전근대적이고 퇴행적이며, 심지어는 잠재적으로 파시즘에 근접할 수도 있어요. 하버마스의 생각에 따르면, 우리에게는 생활세계와 체계 모두 필요하고, 따라서 둘이 제자리를 지키게 만드는 경계선이 필요한 법이죠.

저는 앞에서 이 설명이 여러 가지 이유에서 근본적인 결함이 있다고 언급한 바 있어요. 그럼에도 하버마스의 틀은, 적어도 퇴행적 경계투쟁과 해방적 경계투쟁을 구별하는 명쾌한 방법을 제시할 수 있죠. 하버마스의 명제가 일정한 규범적 강점을 지닌 것은 바로 이 특징 덕분인데, 경계투쟁에 관한 선생님의 설명에서는 아직 이를 확인하지 못했어요. 선생님의 설명에서 과연 이에 필적하는 기준을 끌어낼 수 있을까요? 선생님이 제시한 그림이 다소 혼란을 불러일으킨다고 말하면서 제가 염두에 뒀던 게 바로 이 점이에요. 우리가 자본주의를 구성하는 공간들과 경계선들에 관해 본질주의적 사고에 의존해선 안 된다는 점은 이미 동의했지만, 어떤 종류의 급진적인 경계선 탐색이 해방적인지 아닌지는 어떻게 판결해야 하나요? 선생님은 명쾌한 구별 따위는 없다고 암시하는 것 같아요. 특정한 공간들을 가르는 선을 다시 그으려는 투쟁 역시 해방적 관점에서 정당화될 수 있다는 거죠. 즉, 이런 투쟁이 반드시 '유해'하다거나, 퇴행적인 방식으로 전근대적*이어야만* 하는 것은 아니라는 말이에요. 그렇다면 어떤 계기가 퇴행적인지, 아니면 해방적인지는 어떻게 판결하나요? 특정한 종류의 규범적 기준이 없이 어떻게 '진보적' 투쟁과 사회운동을 '퇴행적' 투쟁·사회운동과 구별하죠?

프레이저 예기 선생의 물음에 깔린 전제에 동의해요. 첫째, 하버마스가 미리 주어진 선험적인 규범적 경계선을 세워놓았다는 데 동의해요. 이 경계선은 두 방향에서 침범당할 수 있죠. 행정이나 시장의 힘이 생활세계를 식민화하기 시작할 때 체계 측면에서 생활세계 측면으로 침범이 발생할 수 있고, 급진적 사회주의자나 아나키스트가 이런 제도들의 '분화를 폐지'하려 함으로써 '근대성의 성취'를 포기하고 '퇴행'할 때 생활세계 측면에서 체계 측면으로 침범이 일어날 수 있어요. 어느 쪽이든 사물의 본성 자체에 뿌리를 둔 근본적 지상명령이 침해당하죠. 저는 이런 접근법을 거부해요. 둘째로, 이 점에서 예기 선생이 끌어낸 결론에도 동의해요. 일단 하버마스적 해법을 거부하고 나면, 다양한 운동, 정치 프로그램, 사상의 해방적 잠재력을 평가할 대안적 기반을 찾아내야 하죠. 지금까지 논의가 다 좋았더라도 만약 이 대목에서 실패한다면, 우리의 비판 이론은 비판의 힘을 잃어버릴 거예요. 네, 그래서 저는 동의해요. 평가의 기준은 참으로 중요하죠.

실은 이 토론에서 제가 꺼내놓은 자본주의관에, 자본주의의 경계선들을 둘러싸고 무엇이 해방적 주장이고 무엇이 비해방적 주장인지 구별할 규범적 기준의 제안이 담겨 있어요. 이미 설명했듯이, 첫 번째 기준은 *비지배*예요. 자본주의의 제도적 분리는 젠더, 인종/민족, 계급의 균열선에 따라 지배 관계가 깊이 뿌리내리게 만들죠. 제도적 경계선들을 수정하려는 어떤 제안도 만약 이런 지배를 강화하거나 악화시킨다면 규범적 측면에서 받아들일 수 없어요. 비지배 원칙에 따른다면, 특정한 집단이나 사회적 행위자 집단의 복종을 제도화하는 제안은 대안에서 배제되죠.

두 번째 기준은 *기능적 지속 가능성*이에요. 어떤 제안이든 지속 가능해야 한다는 거예요. 오랜 시간에 걸쳐 스스로를 안정화할 능력을 갖춘 사회질서로 제도화될 수 있어야 하죠. 끊임없이 소란을 발생시키는 방식으로 구축되어선 안 되고, 자신을 존립하게 하는 필수 조건을 불안정에 빠뜨리고 마는 역학을 전제로 삼으면 안 돼요. 물론 조금의 흔들림도 없이 완벽하게 안정되어야 한다는 말은 아니에요. 그러길 원하지도 않고요! 하지만 지속 가능성은 필요하죠.

세 번째 기준은 *민주주의*예요. 참여자들이 계속 고민하고, 질문을 던지며, 자신들을 위해 잘 작동하고 있는지 여부를 판결하고, 필요하면 바꿔나갈 수 있도록 제도화될 수 있어야 해요. 그런 제안만이 수용될 수 있죠.

마치 도구 상자처럼 이 세 기준이 동시에 적용되어야 한다는 게 제 생각이에요. 세 가지 기준을 모두 충족하는 구조적 변형 방안만이 채택될 수 있죠. 만약 이런 식으로 이 세 기준을 적용한다면, 오늘날 해방적인 척하지만 실은 기준에 미달하는 일부 기획을 가려낼 수 있지 않을까 싶어요.

예기 정말 유용한 도구 상자네요. 탈존재론적이고 기능적이며 윤리적 측면에 가까운 요건들을 이렇게 섞어놓으니 마음에 들어요. 하지만 이 내용이 아직도 '외재적'이고 자립적인 성격을 지닌다는 점이 우려스러워요. 저는 이런 투쟁들의 역학 자체에 관한 직접적 관찰을 포함하는, 좀 더 내재적인 접근법이 있을 수 있다고 여전히 확신해요. 이에 따라 우리는 이 운동들의 퇴행적 역학 혹은 비퇴행적 역학을 제시함으로써 각 운동의 해방적 잠재력을 평가할 수 있을 거예요. 이 대목에서 위기 분석의 틀이 단서를 제공해줘야 하죠. 경계투쟁은 무에서 솟아나지 않아요. "더 이상 작동하지 않는" 기존 실천과 제도 같은 문제와 위기에 의해 유발되죠. 이런 실천과 제도가 스스로를 지탱할 그 자원을 침식하는가 하면, 해결 능력을 넘어서는 문제와 모순에 직면하니까요. 그리고 3장에서 토론한 대로, 학습 과정의 측면에서, 혹은 학습 봉쇄의 부재라는 측면에서, 위기를 다루는 적합한 방식과 적합하지 않은 방식을 구별할 수 있겠죠.

프레이저 글쎄요, 학습 과정과 학습 봉쇄에 관한 예기 선생의 착상이 어떻게 발전할지, 여전히 정말 궁금하네요. 하지만 제가 보기에는 저의 제안에 자립적이거나 외재적인 구석은 전혀 없어요. 제 제안은 정말로 위기 분석의 틀에서 끌어낸 것이거든요. 제 '도구 상자'의 내용은 1장과 2장에서 제가 풀어놓은 자본주의의 위기 경향에 관한 설명에서 직접적으로 도출됐어요. 거기에서 제가 말한 것은, 경계투쟁이 자본주의 사회에 본래 존재하는 폴라니형 위기 경향에 대한 반응이라는 내용이었죠. 즉, 자신을 존립하게 만드는 '비경제적' 배경 조건(사회적 재생산, 공적 권력, 지속 가능한 자연, 거주 가능한 행성)을 불안정에 빠뜨리는 자본주의 경제에 내장된 경향에 대한 반응이에요. 위기 시기에는 기존 축적 체제가 이런 모순을 약화·완화하는 능력을 상실하죠. 과거에는 문제적이지 않은 것처럼 보였던 과정과 관계가,

이제는 기능장애에다, 불의하며, 그리고/혹은 악한 모습으로 나타나고, 쟁론에 휩쓸려요. 손에 닿을 수 있는 규범적 자원에 의지하던 사회적 행위자들은 자신들이 살아가는 제도적 질서에 뿌리내린 이상, 가치, 원칙을 환기하죠. 특히 정치적인 것과 결부된 것으로는 자유, 평등한 시민권, 공공선의 원칙을, 사회적 재생산과 결부된 것으로는 돌봄, 상호부조, 연대의 이상을, 사회생태계와 결부된 것으로는 조화, 지속 가능성, 자연 보살핌의 가치를, 경제와 결부된 것으로는 합리성, 등가 교환, 선택을 떠올려요. 이런 규범적 자원들은 자본주의 사회에서 전개되는 사회생활이라는 바로 그 직조물에 묻어 들어 있죠. 이것이 자본주의 사회를 살아가는 이들이 이런 자원들에 쉽게 접근할 수 있는 이유예요. 하지만 위기 시기에 사람들은 이 자원들을 전과는 다른, 폭발 잠재력을 지닌 방식으로 활용하죠. 주어진 '제대로 된' 공간에서 특정한 행동에 반발하기 위해서만이 아니라, '잘못된' 공간의 모든 사회관계에 의문을 표하거나 공간들 간의 분할을 문제 삼기 위해서 말이에요. 이런 주장들 자체는 단순히 표면상의 의미로 다뤄지는 게 아니라, 철저하게 조사받아야 해요. 이러한 목적을 위해 제가 방금 제시한 기준들(비지배, 기능적 지속 가능성, 민주주의)은 그 자체로, 참여자들이 구사하는 1차적 규범들의 일반화예요. 즉, 이 기준들 역시 참여자들이 쉽게 접할 수 있는 자원들이라는 이야기죠. 이 기준들은 자립적이거나 외재적이기는커녕 자본주의 사회에 내재적 관계로 얽혀 있어요. 심지어는 자본주의 너머를 내다보게 해줄 수 있는 가치라 하더라도 자본주의 사회에 내재적이라는 점은 마찬가지죠.

예기   선생님의 기준이 기존 사회 운동들을 규범적으로 평가하는 어림법^{heuristic}으로서 완벽하다는 사실을 부정할 수 없네요. 선생님이 지적한 대로, 현재 전체 상황이 복잡하니 현존하는 사회적 투쟁·운동 각각에 이 기준들을 적용하면서 좀 더 상세히 설명해봤으면 좋겠어요. 북반구 젊은이들 사이에서 최신 유행이 된 아나키즘으로 이야기를 시작하면 어떨까요?

아나키즘

프레이저   좋은 출발점이네요. 잘하면 상당히 중요한 통찰을 뽑아낼 수 있겠어요. 제가 가르치는 학생 몇 명을 포함해 최근 제가 만나본 신아나키즘 형태들은, 제 생각에는 세 기준 모두에 미달하는 것 같아요. 기능주의적 기준의 경우에는 확실히 그래요. 이를 '오큐파이 월스트리트'[2011년 일어난 '월가를 점령하라' 시위]형 천막농성에 적용한다고 상상해보죠. 이런 운동에서는 '끊임없는 회의'를 통해 만사를 합의로 결정하고, 투표는 없으며, 지도자도 없고, 조직 구조도 없어요. 이런 실천의 취지가 새로운 형태의 사회^{societal} 조직화를 예시하는 것이라면, 번아웃을 초래할 요소가 있는 상황에서 어떻게 장기간에 걸쳐 지속될 수 있을지, 도대체 감이 안 와요. 게다가 이런 실천은 비지배 기준에도 미달하죠. 많은 시간을 집회^{assemblies}에 참석하는 데 투자할 수 있는 처지에 있는 이들, 그러니까 전일제로 일하지 않거나, 자녀가 없거나, 그 밖의 고된 의무 사항이 없는 이들이 특권을 누리거든요. 반면에 집회 참석 같은 대의에 헌신하지 않거나 지속적으로 참여할 수 없는 이들의 이익을 보호할 방안은 마련해주지 못하죠. 이런 실천은 분명히 민주주의 기준과도 충돌해요. 하지만 제가 지금 이야기하는 내용은 어쩌면 공정하지 못할 수도 있어요. 아마도 사회가 조직되는 구조를 재편하는 프로그램으로서 아나키즘과, 이행기 조직화 방식으로서 아나키즘을 구별해야겠죠.

예기 네, 동시에 두 각도에서 아나키즘을 고찰해야겠죠. 그리고 오큐파이 운동에 너무 엄격한 잣대를 들이대선 안 되겠어요. 오큐파이 운동은 주코티 공원에서 장기 농성을 지속한다는 목표에 따라 그 필요성에 모든 것을 맞춰야 했거든요. 게다가 선생님이 제기한 쟁점들 중 일부는 아나키즘에만 한정된 게 아니에요. 사회운동 일반의 문제죠. 풀뿌리운동의 조직화는 복잡하기 이를 데 없고, 외부로부터 압박받는 경우에는 더 그래요. 지금 우리가 사는 사회는 사람들이 잠깐이라도 자유롭게 조직화에 나서고 운동에 참여하도록 놔둘 만큼 호락호락하지 않아요. 어떤 유형의 운동에든 다양한 종류의 제약을 받는 사람들이 관여하게 마련이죠. 오늘날 지배의 문제에 대해 다른 해법을 찾아내려고 분투하는 아나키즘 실험이 수없이 전개되고 있다는 점을 지적하고 싶네요. 이런 실험들은 특정한 종류의 젠더 구조와 다양한 종류의 위계제를 피할 방법을 창안하려고 노력하면서, 동시에 전통적인 '부르주아적' 형태를 넘어서는 대안적인 대의 형태를 상상하려 노력하고 있어요. 이런 실험에 참여하지만 학생들(이런 종류의 기획에서 대체로 가장 적극적으로 활동하는 이들인)만큼 자유시간을 누리지는 못하는 사람들의 문제를 풀려는 시도 또한 존재하죠.

프레이저 예기 선생 말대로, 제가 아나키즘 전통에서 이 문제들이 얼마나 수준 높게 자각되고 있는지, 그리고 얼마나 사려 깊게 다뤄지는지 잘 모르면서 과소평가하는지도 모르죠. 하지만 저는 조직화 형태로서든 프로그램으로서든, 아나키즘에 여전히 비판적이에요. 조직화 형태로서 아나키즘 전략은 권력과 정면대결하기보다는 권력을 회피하거나, 우회하거나, 그 주위만 맴도는 경향이 있어요. 저는 권력과 실제로 대결하지 않고도 중대한 구조적 변화를 이룰 수 있다고는 믿지 않아요. 권력과 대결하려면 대항 권력이 필요하고, 대항 권력을 구축하려면 조직이 필요하죠. 조직을 포기하고 자생성을 고집하면서 어떻게 다국적 기업에 맞서는 투쟁에, 군국주의 패권국에 맞서는 투쟁에, WTO에 맞서는 투쟁에 나서겠다는 건가요? 레닌주의 정당을 모델로 삼은 조직에 찬성하지 않는다는 이유로, 조직이라는 조직은 모조리 폐지해야 한다는 이런 생각이 대두한 것 같은데요. 이건 전적으로 불합리한 추론이에요. 특정한 조직적 해법을 옹호하는 것은 이 대목에서 제 관심사가 아니에요. 제가 강조하고 싶은 것은 전위주의적 조직과 무無조직 사이에는 엄청나게 큰 간극이 있다는 사실이죠. 사회 변혁을 진지하게 추구하는 운동이라면, 둘 사이의 이 광활한 지대를 탐색해야 해요.

예기 그런데 아나키즘을 둘러싼 토론에서 이런 우려가 없었던 것은 아니에요. 단일 쟁점 운동의 문제에 관해, 그리고 사회운동이 더 폭넓은 구도 아래에서 문제를 풀어나가려는 노력과 연결되거나 재연결될 방법에 관해 많은 작업이 전개되고 있죠. 이런 토론 가운데 일부는 '조직 문제를 새롭게 풀어나가기'라는 간판을 내걸고 펼쳐지기까지 해요. 이런 토론을 통해 과거의 전위형 조직과 그 권위주의를 비판적으로 성찰하는 새로운 조직 형태가 발명되고 있고, 권력에 맞서는 저항의 효과적 조직화 양식을 제시하려는 노력도 전개되고 있죠.

프레이저 좋네요. 하지만 이런 토론의 결실을 과장하지는 말자고요. 제가 아는 한, 아직 이 토론에서 실행 가능한 대안이 실제로 탄생하지는 않았으니까요. 현대 사회운동 진영에서 나타나는 한 가지 증상은, '동맹coalition'이라는 용어를 끊임없이 부르짖는 거예요. 정말 어디에서든 이 말을 들을 수 있죠. 하지만 진실을 말하자면, '동맹'은 실질적 전략이라기보다는 조직화 전략을 대신하는 암구호에 더 가까워요. '동맹'이라고 말하면서도, 주어진 상황에서 가능한 동맹의 강령적 기반이나, 이런 동맹을 실현하는 데 필요한 구체적인 조정 형태에 관한 진지한 고찰을 수반하는 경우는 아주 드물거든요. 동맹과 정당 혹은 노동조합 사이의 관계는 어떠해야 하나요? '동맹을 맺은' 사회운동들이 노동조합과 정당의 필요성을 대체하거나 우회하나요? 이런 쟁점들에 관한 실질적 토론은 거의 없어요.

정당이나 조직에 반대하고 '운동'을 끊임없이 강조하는 것은 그 자체로, 조직이라는 전선에서 뭔가 잘못됐다는 점을 암시하죠. 어쨌든 우리는, 사회운동이 화려한 모습으로 분출해 광장을 점거하고 대중의 이목을 끌다가 갑자기 흔적도 없이 사라지는 시대에 살고 있어요. 스페인의 포데모스Podemos만 예외죠. 이들은 인디그나도스Indignados[분노한 자들] 운동을 실질적인 정당으로 전환시키려고 노력했거든요. 포데모스를 이상화하려는 것은 아니지만, 이것은 매우 흥미로운 시도죠. 이 문제를 또 다른 증상의 맥락에서 이야기할게요. 정치의 광범한 'NGO화'가 바로 그 증상이에요. 최근 몇십 년 동안 NGO가 정당이나 조직을 대체했죠. 이것은 여러 가지 이유에서 아주 문제적이에요. 이를 지적한 이들이 많았지만, 누구보다 먼저 주목한 이는 소냐 알바레스Sonia Alvarez죠.[6]

또 다른 발상은 '운동들의 운동'이에요. 이것은 세계사회포럼WSF의 자기 이해였는데요. 세계사회포럼은 지구 곳곳에서 신자유주의에 맞선 엄청나게 다양한 개별 투쟁들 간의 소통을 위해 공적 공간을 창출하려 한 인상적인 시도였죠. 이렇게 인상적이기는 했지만(아니, 어쩌면 지금도 그렇지만), WSF는 '운동들의 운동'이 정확히 무엇을 의미하는지를 둘러싸고 여전히 심각하게 분열돼 있어요. WSF는 일종의 우산이어야 하는가? 누군가가 WSF를 대표하여 발언해야 하는가? '다른 세계'의 강령적 비전을 채택해야 하는가? WSF를 구성하는 운동들이 어떻게 투쟁을 조정할지에 관한 전략적 사고를 발전시켜야 하는가? 아니면 뒤로 물러나 이 모든 일이 자생적으로 풀릴 때까지 지켜봐야 하는가? 이것들은 조직을 둘러싼 중대한 문제예요. 그리고 안타깝게도 저는, 이런 물음들에 답하려는 우리의 시도가 신아나키즘의 영향(아나키스트라고 불리길 거부하는 많은 이들 사이에서도 나타나는)으로 인해 방해받았다고 말하지 않을 수 없네요.

예기 아나키스트 실험들이 이런 조직적 문제를 해결하려고 노력한 점은 인정할 만해요. 어쨌든 이런 문제들은 책상 앞이 아니라 오직 실천을 통해서만, 모험과 오류의 반복을 통해서만 해결될 수 있으니까요. 하지만 몇몇 버전의 아나키즘은 정치적·이론적 프로그램에 못 미친다고 할 수 있죠. 사회의 기본 제도를 재형성하려는 기획으로서 아나키즘 프로그램은 여전히 현대 산업사회가 조정되어야 한다는 필요성을 충분히 고려하지 못하며, 이런 순진함은 비난받을 만해요. 예를 들어, 다시 최신 유행이 된 특정 부류의 소규모 공동체주의가 있죠. 하지만 우리가 이미 도달한 발전 수준과 생산양식에서 후퇴하고 싶지 않다면, 이런 종류의 전략은 결코 선택지가 될 수 없어요. 게다가 지역화된 '예시적^{prefigurative}' 실천에 의한 정동적 변화라는 발상은, 아나키즘적 집산주의가 결국에 가서는 '프티부르주아'적 실천 형태가 되고 만다는 구식 마르크스주의의 비판에서 벗어나지 못하죠. 각 공동체가 비위계적 내부 조직을 갖추더라도 여전히 (자유)시장에서 다른 공동체와 경쟁하는 사업체 역할을 할 테니까요. 결국 이 공동체들은 개인과 기업을 대신해 시장 시스템의 주된 배역을 차지할 뿐이에요. 그러니까, 행위자들 간의 관계를 조절하는 포괄적 구조가 일정하게 추가로 제도화되지 않는다면 말이죠.

프레이저   동의해요. 제 생각에, 바람직한 사회의 기본 성격이 자본주의든 포스트자본주의든 계획에 중요한 역할을 맡기지 않고 그런 사회를 이룬다는 것은 불가능하죠. 정통 공산주의의 주장과는 반대로, 계획은 민주적일 수 있고, 또한 그래야만 해요. 계획에 노멘클라투라[사회주의 국가의 특권 계층]나 기술 '전문가' 계급의 통치가 꼭 필요한 것은 아니죠. 하지만 상당히 큰 규모의 일정한 계획 없이 기후변화 같은 문제를 어떻게 다룰 수 있겠어요? 앞에서 말한 이런저런 작은 공동체에 이러한 규모의 시스템적 장애물을 처리하라고 내맡길 수는 없죠. 아나키즘의 주장과는 반대로, 생태 위기는 조직이 너무 많아서 생기는 게 아니라 너무 적어서 발생해요. 물론 일부 쟁점은 지역 수준에서 가장 잘 다뤄질 수 있지만, 다른 쟁점은 전지구적인 대규모 계획, 더 나아가 전지구적 거버넌스 구조를 요청하죠. 마르크스와 엥겔스가 국가의 '사멸'에 진심이었는지는 잘 모르겠어요. 하지만 '국가'가 공적 권력을 적절히 사용해 사회적 상호작용을 조정함으로써 예상을 벗어나는 결과나 의도하지 않은 결과를 최대한 억제하는 역할을 하는 민주적 책임성을 갖춘 제도를 뜻할 경우는 어떤가요? 이런 국가의 사멸이 과연 어떻게 가능할지 상상이 안 가요.

게다가 대규모 거버넌스 형태를 갖춘다고 해서 생산과 집단적 경영을 지역화한 형태를 지향하는 운동이 불가능해지지는 않아요. 먹거리의 경우에, 저는 신토불이운동^{locavorism}을 열렬히 지지해요. 하지만 적절한 형태의 전지구적인 대규모 거버넌스와 조직을 갖춰야만 지역으로 분산시킬 수 있는 조건도 창출할 수 있다는 점을 강조하고 싶네요. 어쨌든 일국적 사회민주주의는 브레턴우즈라는 국제적 틀이 없었다면 존립할 수 없었죠. 신토불이가 일관되고 지속 가능하며 민주적이고 정의로운 형태로 실현될 수 있으려면 브레턴우즈에 해당하는 국제적 틀이 필요해요. 이를 실현하지 못한다면, 지배를 피할 수 없죠. 예컨대, 좋은 토양에 접근할 수 있는 이들은 먹을 게 남아돌지만, 사막에 사는 이들은 굶주려야 하는 것과 같은 상황 말이에요.

탈성장운동

예기 앞에서 우리가 벌인 토론에서 한 가지 건진 게 있다면, 우리가 어떤 종류의 사회주의를 지지하는지 정의 내릴 때 가장 훌륭한 정식화는 사회적 잉여의 민주적 통제라는 거예요. 이 정의는 경제와 민주주의 사이에 심층적인 내적 관계를 상정하죠. 이는 단순히 자본주의라는 야수에 대한 민주적 통제나 민주적인 길들이기를 뜻하지 않아요. 오히려 실제로는 바로 야수 '안'에서 벌어지는 일을 의미하죠. 달리 말하면, 만약 우리가 무엇을 생산할지, 어떻게 생산할지, 그리고 사회적 잉여를 어디에 투자할지에 관한 결정에 참여한다면, 이것은 단순히 경제를 외부로부터 조절하는 게 아니라 경제를 내부로부터 변형하는 거예요. 이는 자본주의의 본질을 급진적으로 변혁하는 것이고, 저는 이런 정식화에 매우 만족해요.

한편, 제가 보기에 선생님은 여전히 일정한 형태의 산업사회를 선호하는 것 같아요. '탈성장'운동이 상당히 기세를 올리고 있는데요. 이 운동은 모범적인 경계투쟁이라 할 수 있죠. 생태적 관심사를 제기할 뿐만 아니라, 더 일반적인 차원에서 시장과 경쟁의 지상명령 앞에서 인간적 삶을 부각하거든요. 탈성장운동가의 전부는 아니더라도, 일부는 일정한 탈산업화 관념을 선호하죠. 하지만 선생님은 산업사회를 기정사실로 여기는 것처럼 보여요. 산업사회는 우리가 이뤄낸 성취이고, 우리가 마주한 현실이며, 산업사회 *내의* 변형 없이는 사회주의가 없다는 입장인 것 같거든요. 또한 선생님은 일정한 종류의 포괄적 틀이 있어야만 지역적 생산과 분배도 작동할 수 있다고 언급했죠. 이 점에서 저는 선생님이 탈성장 사상에서, 최소한 그 일부 부류에서 긍정하는 내용이 무엇인지 궁금해요. 탈성장 사상은 현재 반자본주의 좌파에서 중요한 토론 거리 가운데 하나거든요.

프레이저   예기 선생도 알고 있지만, 저는 2016년 가을 학기를 독일 예나의 포스트성장사회연구센터에서 보냈어요. 이름이 말해주듯이, 이 연구센터는 '탈성장'이라는 용어는 거부하고 '포스트성장'을 선호하죠. 그리고 이 구별은 정말 중요해요. 제가 거기에서 가장 먼저 배운 것은 '포스트성장'이 사회가 성장해선 안 된다는 뜻도, 수축해야 한다는 뜻도 아니라는 점이죠. 오히려 사회가 경직된 성장 지상명령에 토대를 두어선 안 된다는 뜻이에요. 성장 지상명령은 맹목적 필연성이나 저항 불가능한 '자연의 힘'인 양 작동하면서, 성장할지 말지, 어느 정도나, 그리고 어떤 속도로 성장할지, 우리 스스로 결정을 내리지 못하게 선수를 쳐요. 물론 이런 결정을 내리는 것은 바로 자본주의의 몫이죠. '탈성장'과 '포스트성장'의 이러한 미묘한 구별은 그 자체로 흥미로울뿐더러 제가 보기에는 현실을 잘 설명해 줘요.

하지만 이런 담론에서 '성장'이 정확히 무엇을 뜻하는지도 고민해야 하죠. 명확하게 무엇이 성장해야 하고, 무엇이 성장하면 안 되는가? 자본주의에서 반드시 성장해야만 하는 것은 인간의 부나 복리가 아니라 자본이죠. 우리가 단호히 거부해야 하는 것은 성장에 관한 이런 해석(자본이 부단히, 그리고 무한히 성장해야 한다)이에요. 하지만 그렇다고 덜 생산해야 한다는 것은 아니고, 세상에 존재하는 엄청난 수준의 궁핍과 빈곤을 감안하면 더욱 그렇죠. 진짜 물음은 "얼마나 많이 생산할까?"가 아니라 "무엇을 생산할까?", 그리고 "누구에게 어떻게 혜택이 돌아가게 만들까?"예요. 이를테면, 이런 질적인 물음이 사태의 핵심이죠. '성장함' 대 '성장하지 않음'처럼 양적 측면에만 맞춰진 물음에 자신을 가둬선 안 돼요.

또한 '산업사회'의 의미 역시 정확히 무엇인지 따져봐야죠. 저는 사용하는 물건 가운데 일부가 공산품이라는 점에 만족해요. 그렇지 않은 물건은 그리 많지 않죠. 예를 들어, 비행기가 산업을 통해 생산돼 다행이에요. 누군가가 차고에서 조립한 비행기에 탑승하고 싶지는 않거든요. 내구성과 안전을 보장하기 위한 표준, 규제, 통제, 검사가 존재하니 다행이죠. 하지만 먹거리는 다른 문제예요. 공장형 축산업과 유전자조작 곡물 대량생산이 종식되는 걸 봤으면 좋겠어요. 이 경우에도 질적 물음에 집중해야 하죠. 어떤 재화에 관해 말하고 있는가? 그 재화가 누구에 의해 어떻게 생산되는가? 어떤 이들이 다른 이들의 희생을 통해 재화의 생산에서 이익을 챙기는가? 일은 안전하며 제대로 보상되는가, 아니면 품위를 손상시키고 건강을 악화시키는가? 생산 과정은 민주적으로 조직되어 있는가? 해당 재화의 생산에서 착취된 잉여는 대기업 주주의 몫으로 돌아가는가? 무급·피수탈 노동이라는 감춰진 장소에 의존하는가? 생산의 에너지 기반은 생태적으로 지속 가능한가?

제가 도달한 결론은 '산업사회'라는 문구가 중요한 내용을 적절히 포착하지 못한다는 거예요. '성장'이라는 범주도 마찬가지고요. 저는 이런 말들을 놓고 '지지한다'거나 '반대한다'고 말할 수는 없다고 생각해요. 제대로 된 물음을 던지려면, 다른 단어를 사용해야만 하죠.

포스트식민·탈식민·선주민운동

예기 사회운동과 사회적 투쟁 이야기를 계속해보죠. 꽤 오랫동안 좌파에서는 서구 근대성에 대한 심도 있는 비판이 전개됐어요. 이론 수준에서는 포스트식민주의라는 방식으로 이런 비판이 대두했죠. 하지만 이에 더해 다수 좌파가 공감을 표하는 선주민운동도 있고, 이런 운동은 사회주의가 사회적 잉여의 민주적 통제라는 선생님의 생각과 쉽게 맞아떨어지지 않을 수도 있어요. 선주민운동은 선생님이 지지하는 종류의 산업사회와 국가 제도를 원하지 않을지도 몰라요. 심지어 그게 '탈성장'이나 '포스트성장' 사상에 의해 교정된 형태라 하더라도 말이에요. 좌파는 중대한 학습 과정을 거쳐야만 했죠. 이를 통해, 현실은 마르크스가 생각했던 것만큼 간단하지 않으며 이 모든 '전근대적' 부류의 격변과 운동은 특정한 종류의 불만에 반응하고 있음을 배웠어요. 이런 종류의 불만은 사회주의의 틀로 문제를 규정하고 사회주의적 해법을 전개한다고 해서, 곧바로 사멸하는 게 아니에요. 물론 우리는 아직 사회주의에 도달하지 못했고, 따라서 이 쟁점들이 과연 다른 방식으로 처리되고 해결될 수 있을지 알 수는 없죠. 하지만 우리의 사회주의 구상은 여전히, 좋은 삶에 대한 정당하고 바람직한 사고에서 빗나간 근대성에 대한 종파적 개념에 의지한다고 할 수 있어요.

하지만 그렇다고 해서, 평등이나 비지배, 민주주의나 자유에 관한 모든 익숙한 사고가 여전히 삶의 형태를 동질화하는 '제국주의적' 경향의 손아귀에 있다고 주장하는 과장된 비판을 지지하는 것은 아니에요. 이런 과장된 비판은, 삶의 형태들이 각자의 전통, 실천, 문화 형태에서 추출된 자기만의 고유한 지식에 의존하도록 허용되어야 한다고 주장하기도 하죠. 물론, 식민주의와 제국주의의 유산을 통해 관점과 경험을 무시당해온 사람들과 '한배를 탄' 척 가장할 수는 없고, 또한 그래서도 안 된다는 점은 인정해요. 하지만 식민주의 이데올로기가 생산한 비대칭 상태가 사실상 자민족중심주의를 위해 분석과 판단을 제한하는 결과로 나타나는 또 다른 비대칭 상태로 대체되는 것은 제대로 된 해답일 수 없죠. 이 대목에서 저는 '판단 거부'가 해법일 수 없다는 우마 나라얀$^{Uma\ Narayan}$의 논평에 공감해요. 이런 '판단 거부'는, '서구적' 맥락과 실천에서 잣대가 되는 도덕적·정치적 평가가 제3세계 문화에는 유효하지 않다고 차단함으로써 제3세계 문화를 도덕적으로 열등한 것으로 취급하는 태도에 오히려 순응하는, 또 다른 '서구적' 제스처로 너무도 쉽게 변질될 수 있죠.[7] 제가 믿는 바가 옳다면, 진짜로 해야 할 일은 문화-횡단적^{transcultural} 비판과 대화를 촉진하는 것이에요. 삶의 형태에 관한 판단을 회피하지 않으면서도 상호 대등한 입장에서 판단을 내리려고 매우 주의를 기울이는 비판과 대화 말이에요.

이 문제에 관한 선생님의 입장은 무엇이죠? 이런 질문을 드리는 것은 이 운동들이 전 세계적으로 중요한 위상을 점하기 때문만은 아니에요. 현대 좌파의 상당 부분이 과장된 형태의 비판을 진지하게 고려하고, 심지어는 이에 경도되어 있기 때문이기도 해요.

프레이저 이 문제에 관해서는 예기 선생의 생각에 전적으로 동의해요. 상호 대등한 입장에서 제대로 된 논쟁을 해야 할 필요가 있다는 마지막 논점도 동의하고요. 물론 말처럼 쉽지는 않겠지만요. 하지만 두 가지 점을 더 논해볼게요. 첫째는 자본주의와 문화다원주의의 관계에 관한 것이고, 두 번째는 권력 비대칭에 관한 거예요. 첫 번째 논점과 관련해서는 하르트무트 로자에게서 많은 영향을 받았죠. 로자는 탁월한 초기 논문에서, 자본주의 자체가 문화다원주의의 주된 장애물이라고 주장했어요.[8] 자본주의는 '선택'을 위해 헌신한다고 자부하지만, '문화화'를 통해 차이를 납작하게 만드는 것이 자본주의의 논리죠. 한편으로는 차이를 유혹적인 자태로 우리 앞에 진열된 소비자 선택권이나 라이프 스타일 선택지로 취급하면서, 다른 한편으로는 모든 사람이 자본의 최대 축적이라는 지상명령을 중심으로 구축된 공동의 플랫폼에 앉아 있다는 사실을 숨겨요. 그리고 이로 인해 '선택'의 성격이 바뀌죠. 이러한 시스템의 구속이 너무나 강력하고 두루 퍼져 있어서, 질적으로 서로 다른 삶의 형태를 추구하는 선택은 심각하게 제한되고 말아요. 여기에서 제가 끌어내는 결론은, 사회주의가 문화다원주의의 참된 (그리고 바람직한) 형태를 위한 충분조건은 아닐지 모르지만, 그 필요조건이라는 점만큼은 분명하다는 거예요.

권력 비대칭에 관한 두 번째 논점은 자본주의 세계 체제의 권력을 둘러싼 전제와 동일한 전제에서 비롯되죠. 제 생각에, '근대 서구' 문명과 '전근대 비서구' 사회들의 극단적 이분법을 전제하는 것은 전혀 도움이 안 돼요. '서구 문명'이 단일했고 제우스의 머리에서 저절로 나왔으며 '비유럽인들'과 교류하며 영향을 받지 않았다는 식의 생각, 비서구 사회들이 본래 순박했고 유리한 방식으로든 아주 치명적인 방식으로든 전지구적 세력들과 전혀 얽혀 있지 않았다는 식의 생각 말이에요. 따라서 우리가 현재 어디까지 와 있는지가 쟁점이라면, 자본주의의 역사에서 그 위치를 찾아야만 하죠. 물론 지역을 넘나드는 교류가 자본주의에 의해 시작되지는 않았지만, 자본주의 덕분에 교류가 가속화되고 깊이 뿌리를 내렸으며 전보다 더 중요해진 것은 분명해요. 자본주의는 중심부와 주변부의 지리학을 탄생시킴으로써, 그리고 '발전'과 '저발전'이 서로 엇물려 전개되는 역학을 수립함으로써 교류에 독특한 형태를 부여했죠. (월터 로드니의 설득력 있는 정식화인 『어떻게 유럽이 아프리카를 저발전시켰는가 How Europe Underdeveloped Africa』가 떠오르네요.[9]) 달리 말하면, 이 대목에서도 제국주의-자본주의 세계 체제가 탈출구 없는 평가 기준 체계를 형성해요. (여러 요인들 가운데에서도 특히) 제국주의-자본주의 세계 체제가 '문명 교차를 통한' 비옥화와 극단적인 권력 비대칭을 동시에 탄생시키거든요. 따라서 이 둘은 함께 사고해야 하죠.

제가 요약한 관점을 일부 사상가와 운동가가 제국주의적이라며 거부한다는 사실을 알고 있어요. 하지만 저는 이런 입장이 잘못됐다고 확신해요. 제가 방금 제시한 주장은 서구가 바깥으로부터 강요한 것이기는커녕 오히려 남반구 사상가·운동가들이 개척한 내용이거든요. 누구보다도 마르크스주의 같은 이른바 '유럽 중심적' 틀에 깊이 연루된 이들이 앞장섰죠. 제가 보기에 이런 노선에 따라 전개되는 최근의 가장 흥미로운 시도 중 상당수는 라틴아메리카에서 출현하고 있어요. 아마도 마르크스주의와 선주민운동이 모두 강세를 보이면서 정교하게 발전한 곳이기 때문이겠죠. 민주주의를 확대하는 반신자유주의운동이 이 두 관점을 동시에 함께 수용하는 곳에서 흥미로운 시도의 불꽃이 타올라요. 예를 들어, 안데스산맥에 위치한 국가들에서는 이런 운동이 '수막 카우사이 sumak kawsay [좋은 삶]'라는 케추

아어 표현(에스파냐어로는 대개 '부엔 비비르buen vivir'로 번역되는)을 내세우며 도시 유럽계 인구와 선주민 인구를 단결시켰죠. '수막 카우사이'는 자연에 대한 비착취적 관계, 인간들 사이의 비착취적 관계를 의미하며, 결국 자본주의를 구성하는 분할에 의해 구조가 결정되지 않는 '좋은 삶'을 뜻해요. 게다가 이들은 이 캐치프레이즈를 흥미로운 방식으로 활용했어요. 전통적인 삶의 형태를 확산하자고 외친 게 아니라 만인의 이익을 위해 오늘날의 자본주의 사회를 변혁하자고 외쳤죠. 젠더 평등적이고 민주적이라는 의미에서뿐만 아니라 생태적으로 지속 가능하며 '다민족적plurinational'이고 '성장'의 쳇바퀴에서 자유롭다는 의미에서 '근대적'인 삶의 형태를 촉진하기 위해 이 캐치프레이즈를 사용했어요. 또 다른 사례로는, 다코타 액세스 송유관과 그 밖의 신자유주의적 자원 착취 프로젝트에 저항하기 위해 미국과 캐나다의 다른 퍼스트 네이션First Nations 집단들, 유럽계 북미인 급진파와 힘을 합친 수Sioux족의 초국적 봉기가 있죠. 이와 같은 사례들에서 선주민운동은 '유럽계 북미인' 좌파 일부, '서구' 생태주의자와 긴밀히 협력했어요. 이와 같은 발전은 '서구' 대 '비서구'라는 낡은 범주를 넘어서죠.

예기   이런 운동들 가운데 일부는 선주민 지식을 낭만화하는 경향이 있는 일부 좌익 이론가들보다 훨씬 더 정치精緻하다고 말하고 싶네요.

프레이저   네, 바로 그게 제 요점이에요. 하지만 매우 정치한 좌익적 형태의 포스트식민 이론이 있다는 점도 잊어선 안 돼요. 서

벌턴연구학파가 대표적 사례인데요. 적어도 초기에는 그람시^Antonio Gramsci를 재전유하면서 계급과 카스트의 관계를 이론화하려 했다는 점에서 모범적이었죠. 덧붙여 남아프리카에는 '인종적 자본주의'에 관한 신마르크스주의 이론을 발전시킨 인상적인 흐름이 있어요. 그리고 디페시 차크라바르티^Dipesh Chakrabarty의 『유럽을 지방화하기』와 폴 길로이^Paul Gilroy의 『검은 대서양^Black Atlantic』처럼, 어느 한 범주로 분류하기 힘든 기념비적인 저작들이 있죠.[10] 이 사상가들은 모두 서구 마르크스주의 전통의 요소들과, 자본주의 발전이 착취적이기보다는 수탈적이었던 지역적 배경 사이의 심층적 만남에 판을 깔아주었어요. 이런 만남은 좁은 의미의 계급 지배뿐만 아니라 지위 억압을 전제했죠. 이런 성과의 심오함과 중요성을 인정한다고 해서 그 내용에 모두 동의할 필요는 없어요. 저는 착취뿐만 아니라 수탈도 포괄하는 제 나름의 확장된 자본주의관을 전개함으로써 이런 비판적 이론화 흐름에 일정하게 기여하려 했죠.

고백하자면, '탈식민성^de-coloniality'을 중심에 둔 포스트식민 사상 조류는 별로 마음에 들지 않아요. 적어도 이런 접근법의 주창자 가운데 일부는 선주민 문화를 '정화'하고 선주민 문화의 '오염'을 초래한 '서구'의 영향을 제거함으로써 '원초적인' 뭔가로 돌아가는 게 가능하다고 (또한 바람직하다고!) 상상하는 것처럼 보이거든요. 제가 보기에 이런 접근법은 별로 도움이 되지 않아요.

예기　하지만 확장된 자본주의관에서 이런 종류의 운동은 어떤 성격을 부여받나요? 식민주의와 제국주의에 우선 초점을 맞추면서도, 이런 식민주의와 제국주의가 자본주의 논리에 의해 추동된다는 사실보다는 정치적 확장주의와 노골적인 지배의 결합체라는 점에 훨씬 더 주목하는 서구 근대성 서술도 충분히 가능하죠. 선생님의 경계투쟁 지도에서 반제국주의 투쟁과 선주민 투쟁은 어디에 위치하나요?

프레이저   이 대목에서, 1장과 2장에서 토론한 인종적·제국주의적 억압을 다시 끄집어내고 싶어요. 거기에서 저는 이 현상들이 '경제적인 것'과 '정치적인 것'이 결합된 과잉 결정적 논리에서 비롯된다고 분석했죠. 이 이중 렌즈를 활용하여 저는 수탈이 축적의 한 메커니즘이자 지배의 한 기구라고, 그 토대는 정치를 통해 구현되는 지위 위계제라고 해석했어요. 이런 분석의 목표는, 자본주의적 제국주의에 관한 경제적 설명과 정치적 설명 중에서 어느 하나를 선택해야만 한다는 생각을 거부하는 데 있었죠. 양자택일이 아니라 모두 채택해야 해요. 이 점에 관해서 저는 아렌트, 하비, 아리기, 월러스틴 등의 수많은 자본주의 세계 체제·제국주의 이론가들에게 동의해요.

하지만 이런 이론가들만 이 점을 제대로 파악하고 있다는 이야기는 아니에요. 많은 반제국주의 투쟁이 경제적 측면과 정치적 측면을 모두 겨냥하면서, 두 초점을 하나로 통합했죠. 그리고 겉보기에는 초점이 다른 곳에 있는 그 밖의 많은 운동도 이 두 축을 포괄하는 반제국주의적 차원을 지니고 있어요. 이 모든 운동의 참여자들은 자본주의가 착취만으로는 생존할 수 없음을 너무나 잘 알고 있죠. 중심부 국가의 산업 생산에서 노동자를 착취하기 위해서는 항상 주변부에서 값싼 에너지(인간 근력을 포함하는), 토지, 원자재, 그 밖의 투입물을 대규모로 수탈해야 한다는 의존관계를 뚜렷이 알고 있어요. 오늘날에도 이 사실은 변함이 없다는 것 역시 잘 알고 있고요. 금융화된 자본주의의 새로운 지리학이 이런 구별을 상당한 정도로 뒤섞어놓았지만, 가치의 부당한 이전은 새로운 방식과 낡은 방식, 제국주의적 방식과 신제국주의적 방식을 가리지 않고 여러 형태로 계속되고 있죠. 2장에서 검토한 환경 부담의 전가와 돌봄 결핍의 전가를 떠올려봐요. 제가 보기에 이런 배경은 선주민·포스트식민 투쟁의 목표를 이해하고 그 해방적 잠재력을 평가하는 데 핵심적인 요소예요. 이런 투쟁(혹은 중심부에서 벌어지는 우리의 투쟁!)을 통해 어떤 해법이 제기되든 그 가치를 제대로 평가하려면, 이러한 전지구적 역사를 염두에 둬야 하죠.

삼중운동

예기   뒤에 가서 자본주의에 대한 퇴행적 반응에 관해 이야기를 나눴으면 하는데요. 그 준비 작업으로 우선 개념적 차원에 집중해보죠. 선생님은 시장화와 사회 보호의 '이중운동'이라는 폴라니의 생각에 크게 의존했어요. 이와 함께, 자본주의는 이 두 축 사이의 지속적인 갈등이라 규정될 수 있다는 폴라니의 명제에도 의지했고요. 하지만 선생님은 폴라니가 애초에 제시한 두 축에 해방이라는 축을 더한 '삼중운동'이라는 용어로 폴라니 사상을 수정하여 사고하자고 제안했죠. 제가 이해하기로 이 제안은, 시장화의 사회 해체 효과에 대한 퇴행적 대응을 피하기 위해서는 해방의 축을 포함해야 한다는 뜻이에요. 시장화, 보호, 해방 사이의 이 삼중운동은 경계투쟁의 성격을 지닌 사회적 투쟁이라는 문제에 어떻게 적용되나요?

프레이저   상당히 최근까지도 깨닫지 못했지만, 이제는 경계투쟁 개념이 폴라니의 영향을 크게 받았다는 사실을 분명히 자각하고 있어요. 물론 폴라니가 '경계투쟁'이라는 용어를 사용하지는 않았지만, '이중운동'은 '경계투쟁'과 딱 맞아떨어지죠. '경제'와 '사회'를 가르는 경계선을 둘러싼 투쟁이니까요. 일부 사회적 행위자들은 시장 논리를 사회에 깊숙이 확대하려고 하지만, 다른 이들은 기존 경계선을 지키려 하죠. 현실에서 이 투쟁은 경제화가 어디까지 허용되어야 하는지에 관한 투쟁이에요. 한쪽은 경제화에 사실상 한계가 없다고 생각하는 반면, 다른 쪽은 시장의 침입으로 인해 오염될 위험이 있는 공동체, 관계, 관습에 방어용 성벽을 쌓으려 하죠. 폴라니가 보기에 시장화를 추구하는 이들은 혁명파인 반면에, 보호주의자들은 보수파예요. 하지만 폴라니가 솔직하게 공감을 표하는 쪽은 보호주의자들이죠.

하지만 제가 앞에서 말했듯이, 폴라니 모델의 밑바탕에는 자본주의의 제도적 구조의 단순화, 그리고 이런 구조를 탄생시킨 갈등의 단순화가 있어요. 폴라니는 오직 두 가지 가능성만 허용하죠. 경제와 시장에 유리한 경우, 아니면 사회와 사회 보호에 유리한 경우, 이 둘뿐이에요. 폴라니는 19세기 초부터 20세기 중반에 이르는 자본주의 역사의 실체적 대강을 이런 한 가지 균열선을 따라 자유시장주의자와 사회보호주의자의 갈등을 추적하며 서술하죠. 폴라니에 따르면, 이 시대 전체는 이 갈등을 중심으로 전개됐으며, 이 갈등은 파시즘의 대두와 제2차 세계대전의 발발로 온 세상이 타오를 때까지 점진적으로 고조됐어요.

　이런 설명은 몇 가지 측면에서 문제가 있죠. 사회적-행위적 차원에서 폴라니는 19세기와 20세기 내내 격화된 다수의 획기적 투쟁을 간과했어요. 노예제 폐지 투쟁, 여성해방 투쟁, 식민주의와 제국주의의 전복을 위한 투쟁이 여기에 해당하죠. 이런 투쟁은 이중운동의 두 축 가운데 어디에도 들어맞지 않아요. 사회를 방어하려 하지도 않았고, 시장을 확대하려 하지도 않았거든요. 대다수는 뿌리 깊은 지배 시스템을 극복하려 했죠. 이런 지배 시스템은 폴라니가 제시한 두 영역 중 어느 쪽에도 배타적으로 존재하지 않으며, 차라리 자본주의 사회의 제도적 형세배열 전반에 걸쳐 있어요. 특히 자본주의를 구성하는 분할들, 즉 생산/재생산, 경제/정치, 착취/수탈, 중심부/주변부, 인간 사회/비인간 자연의 분할들에 자리하죠. 그래서 저는 이들을 분석 차원에서 구별되는 사회운동의 세 번째 축, 즉 제가 '해방'이라 칭한 축을 나타내는 사례들로 이해해야 한다고 생각해요. 요점은, 폴라니가 이중운동을 발견하는 대목에서 저는 실제로는 삼중운동이 작동하고 있었다고 (그리고 지금도 그렇다고!) 생각한다는 거죠. 사회 보호를 추구하는 운동이 시장화 기획과 충돌할 뿐만 아니라 해방을 추구하는 투쟁과도 충돌한다는 이야기예요.

예기　　좋아요, 사회적-행위적 차원에서 문제가 있다는 건 알겠어요. 하지만 제가 짐작하기로는, 선생님은 폴라니의 접근법이 사회적-구조적 차원에서도 약점이 있다고 생각하는 것 같은데요.

프레이저　　네, 그래요. 폴라니의 '사회' 범주가 시장경제 빼고는 정말 이것저것을 다 담은 데다 애매하고 포괄적인 용어라는 게 문제예요. 그 결과, 자본주의의 제도적 구조에 관한 폴라니의 그림은 너무 단순해지죠. 경계선이 하나뿐인, 경제와 사회의 엄격한 이원론을 상정하다 보니, 자본주의를 구성하는 분리의 세 축(경제/정치, 생산/재생산, 인간 사회/비인간 자연)을 시야에서 놓치고 이 분리들과 결부된 경계선들의 복합체를 간과해요. 폴라니는 분명히 생태계, 사회적 재생산, 민주 정치라 부를 만한 내용들에 관심을 보였어요. 하지만 폴라니의 개념적 틀은 자본주의 사회에서 이들이 차지하는 위상도, 이들과 결부된 위기 경향도 해명하지 못하죠. 그래서 저는 이원론적 경제/사회 관점을 이 토론에서 정리한 확장된 자본주의관으로 대체하자고 제안해요. 그 경우에 분석 측면에서 서로 구별되는 경계투쟁의 세 장소가 마침내 분명해지겠죠. 이 장소들 각각에서 삼중운동의 형태로 벌어지는 경합 역시 분명해지고요.

예기 폴라니를 더 풍부하게 만든다는 선생님의 이런 접근법이 다른 한편으로 폴라니의 급진주의를 어느 정도 탈각시켜버린다고 주장하는 사람들도 있을 수 있어요. 어떤 점에서 '해방'은 폴라니의 구도에서 이미 자리를 차지하고 있거든요. '해방'은 폴라니가 투쟁[이중운동]에 대한 세계사적 대답이라고 여긴 두 가지 중 하나예요. 폴라니는 사회주의를 언급하고, 사회주의를 파시즘과 대비시키거든요. [삼중]운동의 한 흐름으로 해방을 삽입할 경우에, 어떻게 다중적 긴장과 시너지 효과를 지닌 덜 마니교적인 구도에 도달하는지 좀 더 설명해줄 수 있나요?

프레이저　　　폴라니가 위기에 관해 기술하면서 그 해방적 해결책을 편들려고 많이 노력한 것은 사실이죠. 하지만 폴라니의 개념적 틀이 그 과업에 최선의 수단이었다고는 생각하지 않아요. 폴라니의 분석이 도달한 전반적 결론은, 비록 의도한 것은 아니었지만, 어쨌든 따뜻하고 통합적인 '사회'와 해체를 초래하는 나쁜 '경제'를 대립시키는 것이었죠. 반면에, 사회적으로 통합된 삶의 형태 가운데에서 지배에 토대를 둔 것과 그렇지 않은 것을 구별할 수단을 제공하지는 못했어요. 이로 인해 사회주의에 대한 폴라니의 명백한 지지는 토대 없는 주관적 지지가 되고 말았죠. 제가 해방이라는 범주를 노골적으로 끼워 넣는 바람에 폴라니의 급진주의를 탈각시킨다는 주장에는 논쟁으로 맞서겠어요. 오히려 저는 폴라니의 급진주의를 뒷받침하기 위해 반드시 필요한 개념들을 제공함으로써 이를 강화해주고 있는 셈이에요.

　　하지만 이게 전부가 아니죠. 사회적 투쟁의 세 번째 축인 해방의 축을 도입함으로써, 저는 급진주의가 자본주의 사회에서 어떻게 출현하는지도 해명하고 있어요. 저는 '한 축에 맞선 두 축'이라는 측면에서 갈등 시나리오를 상세히 분석하기 위해 삼중운동 개념을 사용했죠. 예를 들어, 저는 사회민주주의적 국가-관리 자본주의가 폴라니의 설명에서 서로 화합하기 힘든 것으로 나타나는 두 축, 즉 시장화와 사회 보호를 종합하는 새로운 방식을 고안해냈다고 봤어요. 하지만 2장에서 설명한 대로, 이 종합은 해방이라는 축의 희생에 바탕을 두었죠. 가족임금을 통한 여성의 종속, 인종적/민족적 배제, 지속적인 제국주의적 수탈 위에 구축되었거든요. 이런 점에서 한 축에 맞선 두 축의 연합이라는 거예요. 해방과 대립하는 시장화와 사회

보호의 연합이었죠. 앞에서 살펴봤듯이, 역사의 전개에 따라 이 제도 배열은 붕괴했고, 그 대신에 이와는 다른 '두 축 대 한 축' 시나리오가 실현됐어요. 금융화된 자본주의를 특징으로 하는 이 새 시나리오에서는 사회 보호를 희생시키면서 시장화와 해방이 한 팀을 이루었죠. 물론 도착적으로 보이겠지만, 정말로 이런 연합이 상황을 장악했어요. 해방적 사회운동의 주류 자유주의 흐름이 평등과 자유에 대한 경박하고 능력주의적이며 시장 친화적인 이해를 받아들였죠. 그리고 이런 이해는 '인지자본주의'를 주도하는 부문의 프로젝트, 그리고 그 정당화 요청과 완벽한 쌍을 이뤘어요. IT, 할리우드, 월스트리트 등을 포함하는 바로 이런 부문의 지배를 통해, 자본주의 세계 체제의 역사적 중심부 곳곳에서 제조업이 분쇄되고, 부채가 곳곳으로 확산되며, 긴축이 장려되고, 노동계급의 생활 수준을 놓고 제 살 깎아 먹기가 자행됐죠. 그리고 이 모두는 '다문화적 다양성', '여성의 역량 강화', 'LGBTQ 권리' 같은 진보적인 미사여구를 뒤집어쓰고 전개됐어요.

오늘날 신자유주의 프로젝트가 휘청거리고 있는 것은 구조적인 이유 때문이기도 하고 정치적인 이유 때문이기도 해요. 신자유주의를 통한 해방과 시장화/금융화의 헤게모니 연합은 카리스마의 광채를 많이 잃어버렸죠. 그렇기에 지금은 '두 축 대 한 축'의 또 다른 시나리오를 상상하기에 더없이 좋은 국면이에요. 아직 시도되지 않은 유일한 시나리오, 즉 승리를 구가하던 시장화와 금융화에 맞서는 사회 보호와 해방의 연합이 그것이에요. 이것이 바로 현 정세에서 제가 지지하는 시나리오죠. 그리고 이 비전은 제가 칼 폴라니를 비판적으로 사숙engagement하는 과정에서 자라났고, 그보다 더 오래도록 '다

른 카를[마르크스]'을 사숙해온 과정에 의해 여과되고 발효됐어요.[11]

진보적 신자유주의의 흥망

예기 자본주의의 뿌리 깊은 모순과 위기의 증상이 사회운동의 동인일 수 있지만, 그럼에도 비해방적이거나 심지어 퇴행적이라 여겨질 수 있는 방식으로 이런 문제들을 다룰 수도 있다는 가능성을 이미 언급했죠. 이런 운동은 자본주의에 의문을 던지는 사회적 투쟁의 역학에 속하지만, 이 운동들의 단지 일부만 해방적이지 않은 게 아니라 다수가 상당히 심각하게 반해방적이고 심지어 파시즘적이거나 근본주의적이에요. 이 상황을 어떻게 평가해야 하나요? 2011년에 오큐파이 월스트리트 운동에 쏟아진 관심에도 불구하고, 전 세계적 차원에서는 반자본주의 정서와 동원의 대다수가 좌파적이지 않았다고 말할 수도 있죠. 이 사실을 통해 우리는 심각한 문제와 마주해요.

자본주의에 대한 보수적 비판은 이미 있었죠. 그 가운데 일부는 전자본주의적 삶의 형태를 향해 복고 취미라 할 만한 것을 드러내요. 다른 일부는 자본주의 경제를 긍정하지만, 자본주의 경제에 동반되는 특정한 형태의 사회적 근대성에는 반대하죠. 보수파 신문들은 일부 좌파보다 더 박력 넘치고 급진적인 공격을 펼칠 수도 있어요. 가령, 대학의 신자유주의화와 관련해서 이런 모습을 보이곤 하죠. 보수파는 오래된 특정한 인문주의적 가치에 애착을 갖는 경우가 많거든요.

하지만 매우 위험한 방식으로 자본주의의 현 상태에 문제를 제기하는 데 열의를 쏟는 몇몇 흐름도 있어서, 우리는 이들을 얼마나 진지하게 다뤄야 하는지 질문을 던져봐야 해요. 이것이 처음부터 분석적 기준과 규범적 기준을 겸비하는 것이 중요한 한 가지 이유죠. 자본주의 세력을 한쪽에 놓고 자본주의에 맞서는 세력을 다른 쪽에 두는 단순한 이분법의 관점에서 사고해서는 안 돼요. 이건 너무 단순한 사고죠. 선생님이 삼중운동에서 모든 양가성을 이끌어내는 방식으로 이런 이분법을 피하려 하는 것을 잘 알지만, 수긍적 투쟁 대 변형적 투쟁이라는 도식은 덜 알려진 그 어두운 부분까지 점검하는 작업을 통해 확대되어야만 할 거예요. 그러면 이 도식은 경계선들의 진짜로 잘못된 측면에 대한 긍정으로부터 경계선들을 모조리 폐지하려는, 심각하게 퇴행적인 경향까지 모두 아우르겠죠.

이런 퇴행적 사회운동의 한 가지 유형은 근본주의일 거예요. 근본주의에는, 이슬람 근본주의의 서로 다른 흐름들로부터 기독교 근본주의, 더 나아가 인도에서 힌두교의 근본주의적 버전을 법제화하려는 모디 총리의 시도에서 나타나는 일정한 측면에 이르기까지 수많은 변형이 있어요. 이런 근본주의는 해당 종교 전통의 익숙한 발전과 정반대되는 방향으로 내닫죠. 퇴행적 사회운동의 또 다른 유형은, 최근 출현 중이거나 힘을 얻고 있는 우익 포퓰리즘의 여러 형태예요. 도널드 트럼프 지지자들, 브렉시트 찬성 투표자들 가운데에서 이런 흐름을 목격했죠. 또한 유럽 곳곳에서, 프랑스, 네덜란드, 덴마크 등지에서 상승세를 탄 또 다른 다양한 운동들이 있고요.

프레이저   중요하고 긴박한 질문들이네요. 현 위기에 대한 퇴행적인 우익적 반응이 급성장하고 있다는 점과, 좌익의 해방적 대안이 상대적으로 취약하다는 점을 정말로 이해해야만 하죠. 하지만 제가 앞에서 이야기한 내용을 떠올려봐요. 수긍적 투쟁과 변형적 투쟁이라는 저의 개념적 구별은, 해방적 투쟁과 퇴행적 투쟁이라는 규범적 구별과 일치하지 않는다는 점 말이에요. 우리는 이 점에 관해, 그리고 (자립적이지 않고 외재적이지 않은) 규범적 기준이 필요하다는 점에 관해 이미 의견의 일치를 봤죠.

이런 이해를 계속 염두에 둔다면, 두 종류의 반응, 즉 퇴행적 반응과 해방적 반응 모두를 현재의 맥락에 자리매김할 수 있어요. 둘 다 금융화된 자본주의가 제도화한 경계선 배열에 반대하죠. 둘 다 이런 형세배열을 뒷받침하는 신자유주의적 상식, 즉 '자유무역'(실은 자본의 자유로운 이동)을 지지하는 엘리트들의 합의와 대기업 위주 지구화를 거부하고요. 둘 다 신자유주의 정책과 신자유주의 헤게모니를 떠받쳐온 기성 정당들을 마음에서 떠나보냈어요. 좌익 급진운동과 우익 급진운동 모두 새로운 이데올로기, 프로젝트, 리더십을 찾아 나서고 있죠. 그 결과, 신자유주의 헤게모니가 곳곳에서 와해되고 있어요.

이러한 와해로 인해 등장한 상황을 직시하지 않고는 우익적 대응의 상대적 우세에 관한 예기 선생의 물음에 답할 수 없죠. 제 생각에 가장 먼저 밟아야 할 단계는, 규범적 고려 사항은 잠시 괄호에 넣어둔 채 매우 이질적으로 보이는 사태 전개를 함께 짚어보는 것이에요. 브렉시트 투표, 트럼프의 당선, 미국 민주당 대선 예비 경선에서 버니 샌더스가 힐러리 클린턴에 맞서서 보여준 놀라운 위력, 유럽 전역에서 득세하는 혈통민족주의^{ethnonationalism}·경제민족주의 정당들, 영국 노동당에서 제러미 코빈이 추진한 노선 전환에 대한 광범한 지지가 그런 사건들이죠. 규범적 차원을 비롯해 여러 가지 측면에서 이 대응들이 서로 중대한 차이점을 보이는 것은 분명해요. 하지만 사실상 이 모두가 신자유주의가 작동하지 않는다고, 삶을 조직하고 일상을 운영하는 현재의 방식이 뭔가 심각하게 잘못됐다고, 따라서 극적으로 다른 무엇인가로 이를 대체해야 한다고 주장하고 있죠. 그리고 이것은, 제가 몇 년 전에 쓴 것[12]과는 반대로, 진정한 정당성 위기가 끓어오르고 있는지도 모른다는 징표예요. 이제는, 정치 엘리트층과 기성 정당이 파산했으며, 이들이 사적 이해관계의 손아귀 아래 있고, 권좌에서 쫓겨나야 한다는 생각이 널리 퍼져 있어요. 물론 누가, 그리고 무엇이 그들을 대체해야 하는지, 궁극적으로 비난을 받아야 하는 것은 무엇인지에 관해서는 엄청난 이견이 있죠. 금융인가? 이민인가? 무슬림인가? 1%인가? 하지만 어느 곳에서든 반신자유주의 세력이 전진하는 중이고, 신자유주의 헤게모니를 최종 분쇄하지는 못하더라도 어쨌든 신자유주의 프로젝트를 거부하면서 그 헤게모니를 심각하게 약화시키고 있어요. 이와 같은 상황에서 출현하는 것이 늘 아름답지만은 않지요. "권위의 위기"의 초기 국면에 관한 그람시의 묘사가 떠오르네요. "낡은 것은 사라지지만 새로운 것은 태어나지 않는다. 이러한 궐위기interregnum에는 다양한 병적 징후가 나타난다."[13] 지금 우리가 목도하는 것은 병적 징후들이에요.

제 생각에는 이것이 예기 선생의 물음에 답하기 위해 고려해야 할 배경인데요. 이 물음을 다음과 같이 재정리해볼게요. 신자유주의 헤게모니의 와해로 열린 빈 공간에서 왜 우파의 변형운동이 좌파의 변형운동보다 더 잘나가는 것처럼 보이는가?

예기   저는, 이 운동들이 정말 모두 한목소리로 신자유주의가 막바지에 다다랐다거나 끝장나야 한다고 외치는지에 대해 좀 더 회의적이에요. 독일에서는 (다른 모든 곳과 마찬가지로) 새로운 인종민주주의적 혹은 '민족적^{volkisch}' 급진 우익 포퓰리즘 운동이 등장했어요. 실제로 이들은 모두 인종주의적이에요. 실제로는 정치적 올바름에 대한 모종의 반대와 반이민 원한 감정^{ressentiment}을 중심으로 단결하고 이슬람 혐오를 수반하는 경우가 많죠. 심지어 일부는 나치 독일로 돌아가자고 공공연히 주장하기까지 해요. 하지만 이들 가운데 오직 소수만이 삼중운동의 보호주의 편에 서서 시장화에 맞서죠. 경제적 토대의 측면에서 이들 중 압도적 다수는 명백히 신자유주의 입장을 옹호하고 있어요. 물론 '우리'가 이민과 난민을 쓸어버리겠다, '조국을 되찾겠다', '다시 독일인의 독일'로(혹은, 경우에 따라 '프랑스인의 프랑스', '폴란드인의 폴란드', '헝가리인의 헝가리', '덴마크인의 덴마크' 등등) 만들겠다는 전제를 달면서 말이죠. 유럽과 전 세계에 걸쳐 다양한 요구와 프로그램이 난무하는 가운데 커다란 불일치가 나타나요. 하지만 강령의 측면에서든 행동의 측면에서든, 엄격한 반신자유주의 경향이 작동하는 모습은 보이지 않아요. 기이하고 우려스러우며 혼란스러운 것(우리가 여전히 이해하지 못하고 있는 경향)은 오히려 경제적·정치적 신자유주의와 보호주의·민족주의·반근대 요소들 사이의 기괴한 연합이죠. 월스트리트(와 그 밖의 더 많은 기득권 세력)와 강력히 연합하면서, 미국에서 이제 막 걸음마를 뗀 얼마 안 되는 복지국가적 보호 정책을 폐지하길 바라는 트럼프가 어떻게 '신자유주의의 종말'의 표현일 수 있나요? 오히려 신자유주의의 지속 아닌가요?

프레이저 저는 여전히 예기 선생이 앞에서 제기한 물음에 답하고 싶어요. 왜 현 정세에서 우파가 좌파보다 더 잘나가는가? 하지만 그 전에, 신자유주의 헤게모니가 위기에 처했다는 제 기본 전제에 대한 예기 선생의 반박에 답해볼게요. 예기 선생은 우선 유럽 우익정당들에 대한 지지가 신자유주의에 대한 반대보다는 인종주의에 바탕을 두고 있다고 말했어요. 둘째로, 도널드 트럼프가 여전히 신자유주의자로서 통치하고 있다고 주장했고요. 두 논점은 경험적 사안에 대한 해석에 일정하게 바탕을 두고 있죠. 하지만 이 두 논점은 몇 가지 중요한 구별을 뭉뚱그리게 만듦으로써 개념적 혼란을 불러일으킬 수도 있어요. 첫째는 신자유주의 정책과 신자유주의 상식의 구별이고, 둘째는 우익 포퓰리즘 정서와, 이런 정서에 바탕을 두고 선출된 세력이 집권 중에 펼치는 정책의 구별이에요. 설명해볼게요.

원활한 논의를 위해 독일에 관해서는 예기 선생이 옳다고 가정하겠어요. '독일을 위한 대안[AfD]'이 부상한 건, 경제적 불안정과는 관계가 없고 전적으로 순수한 인종주의의 문제라고 말이에요. 정말 그런지 저는 잘 모르겠어요. 이 당은 대부분의 다른 정당과 마찬가지로 다채로운 인구집단에 호소하며, 이런 인구집단 내의 다양한 부분은 서로 다른 이유에서 이 당을 지지하는 것 같거든요. 하지만 예기 선생의 판단이 맞는다면, 독일은 현 정세에서 예외적인 사례겠죠. 유럽의 다른 곳들에서 사회민주주의 정당과 전통적 중도 우파 정당의 붕괴나 약화는 적어도 이들이 '긴축', 불안정 노동, 실업률 증가를 함께 부채질한 것과 관련이 있어요. 신념에 넘치는 비타협적 인종주의의 등장만이 원인은 아니죠. 사회당과 중도 우파 정당이 수십 년 동안 노동 보호와 사회적 권리를 축소하는 바람에 우파와 좌파에 지지를 빼앗긴 프랑스가 그 분명한 사례예요. 이런 상황이 계속되다 보면 노동 보호와 사회적 권리를 축소하는 임무는 은행가와 정치 문외한의 몫이 될 것이고, 이들은 정당 없이 통치할 거예요. 금융화의 파괴에 맞선 대중의 반란이 '신노동당'과 보수당 모두에 의해 끓어오르다가 마침내 (특히 탈산업화된 북부를 중심으로) 브렉시트 캠페인에서 자신의 목소리를 찾은 영국에서도 사정은 마찬가지죠. 두 사례에서 결정적 증거는 다수 민족에 속하는 노동계급 유권자의 놀랄 만한 변동성이죠. 이들은 프랑스에서는 멜랑숑과 르펜 사이에서 왔다 갔다 했고, 영국에서는 브렉시트에서 코빈에 이르기까지 널뛰기를 했어요. 여기에서 확인되는 것은 인종주의에 대한 신념 어린 애착의 과시가 아니라, 문제의 유권자들이 당면한 상황에서 저항을 표현할 가장 효과적인 수단을 찾아 편의주의적으로 행동했다는 사실이죠.

제가 판단을 내릴 수 있는 범위에서는 이탈리아, 그리스, 스페인, 스웨덴, 덴마크 역시 이러한 사례예요. 이 나라들에서도 신자유주의화에 따른 사회적 불안정의 격랑 속에서 혈통민족주의 운동이 번성했죠. 이들 가운데 몇몇 경우[그리스 등]에는 독일이 이런 상황을 강요했다는 사실을 꼭 지적해야겠어요. 또한 이 나라들에서는 저항을 표현할 좌익 쪽의 수단이 약화되거나 손상된 상태였죠. 혈통민족주의 운동이 분노의 화살을 이민자들에게 겨냥했다고 해서, 그 지지자들의 압도적 다수가 구제할 길 없는 인종주의자인 것은 아니죠. 그중 일부는 의심할 바 없는 인종주의자라 하더라도 말이에요. 힐러리 클린턴의 악명 높은 사례처럼 이들 모두를 "한심한 자들"이라는 같은 바구니에 던져 넣기 전에, 이들이 도대체 무엇을 표현하고 싶어 하는지, 그리고 이런 표현을 위해 활용할 만한 정치적 수단은 무엇인지 고민하고 싶어요. 이민자를 향한 공포가 통제할 길 없는 세상에 대한 결코 터무니없지만은 않은 우려의 표현일 가능성은 충분히 있지 않나요?

어쨌거나, 우익 포퓰리즘 운동이 집권할 경우에 무엇을 할지는 또 다른 문제예요. 과거를 참고 삼아 예상해본다면, 선거에서 당선된 정치인들은 글로벌 금융과 협상을 맺고, 신자유주의 정책을 과거와는 다른 가면 아래 지속할 거예요. 하지만 그렇다고 해서 우익 포퓰리즘이 성장하는 데 연료가 된 정서가 반신자유주의적이라는 주장이 반박되지는 않아요. 단지 신자유주의 헤게모니의 붕괴가 저절로 신자유주의 정책의 종식을 가져오지는 않는다는 점을 보여줄 뿐이죠.

이 점에서 전형적인 사례는 미국이에요. 미국은 동유럽, 중부 유럽을 제외한 북반구 나라들 가운데 반신자유주의적 혈통민족주의가 권력을 쥔, 아니, 그런 것처럼 보이는 유일한 사례죠. 물론 도널드 트럼프가 대통령에 취임한 이후에 선거 공약이었던 경제적 포퓰리즘 정책을 추진하지 않았다는 것은, 예기 선생 말이 맞아요. 실제 정책은 완전히 달랐죠! 북미자유무역협정^{NAFTA}를 손보겠다더니 미적대기만 했으며, 월스트리트에 고삐를 채우는 일에 손가락 하나 까딱하지 않았고, 일자리를 창출하는 대규모 공공 인프라 투자를 실시하려는 진지한 시도는 단 하나도 없었으며, 그렇다고 제조업을 장려하지도 않았어요. 게다가 노동계급과 중간계급 가정에 주로 혜택이 돌아갈 세법 개정을 제안하기는커녕 더 많은 부를 1%(트럼프 자신과 가족을 포함하는)에게 몰아주려고 설계된 상투적인 공화당 세법안에 서명했죠. 하지만 이 모든 사실 때문에, 트럼프가 퇴행적 포퓰리스트로서 선거운동을 벌여 대통령에 당선됐다는 주장이 반박되는 것은 아니에요. 오히려 이것은 선거할 때와 당선된 뒤가 다른, 고전적 사례죠. 트럼프는 취임하고 나서 경제적 민족주의를 은근슬쩍 신자유주의로 대체했지만, '인정 정치'의 전선에서는 취임 전보다 몇 배 더 공세적인 모습을 보였어요. 훨씬 더 사악하고 배제적인 도발을 쏟아냈죠. 그 결과, 반동적 포퓰리스트라고 생각하고 표를 던진 유권자들은 실은 전혀 다른 대통령, 즉 *초반동적 신자유주의자* 대통령을 당선시킨 셈이 됐어요.[14] (예기 선생이 원한다면, 트럼프의 이런 실상에 관해 좀 더 상세히 논할 수도 있어요.)

    이 대목에서 저는 한 가지 간단하게 짚고 싶어요. 우익 포퓰리스트에게 표를 던진 노동자들이 바로 그 당선자에게 배신당한다는 사실 때문에 이 노동자들이 사회 보호를 고대한다는 제 생각이 반박되지는 않는다는 거예요. 물론 이런 노동자 다수는 보호를 통해 얻는 게 무엇인지 오해하고 있죠. 금융 대신 이민에 책임을 묻고 있으니까요. 보호를 위해 정확히 무엇이 필요한지에 관해, 많은 경우 크게 오해하고 있는 거예요. 하지만 미국 노동계급과 중간계급의 중요한 부분은, 트럼프에게 투표하면서 (다른 여러 가지와 더불어) '자유무역' 협정의 철폐, 급여 수준이 괜찮은 제조업·건설업 일자리를 창출할 대규모 공공 인프라 프로젝트를 원했지요. 트럼프 측 선거인단을 늘려준 이들을 비롯해 800만 명 이상의 유권자가 2012년에는 오바마에게 투표했고(이때 오바마는 오큐파이 운동의 수사를 빌려 좌파적 색깔의 선거운동을 벌였죠), 이 중 다수가 2016년 민주당 대선 예비 경선에서는 샌더스에게 표를 주었어요. 이 모든 경우에 이 유권자들은 일관되게 계급 기반의 재분배 요구에 호응했지만, 그 과정에서 이들의 마음을 사로잡은 인정 정치 역학은 매우 다양했죠. 다시 말해, 이들이 뼛속까지 인종주의자라는 생각은, 이들이 보여준 극히 유동적인 모습과 어긋나요.

예기 이런 운동이 위기의 징후이며, 여기에 도덕적 비난을 늘어놓는 통상적인 자유주의자들의 대응은 철저히 부적절하다는 점에 동의해요. 도덕적으로 잘못됐다거나 무도하다고 말하는 걸로는 충분하지 않죠. '진보적' 성취로부터 후퇴하는 뜻밖의 우발적 현상이라고 말하는 것 역시 마찬가지고요. 이 점은 분명하죠. 따라서 현재의 우익 포퓰리즘 물결은, 신자유주의에 대한 거부로 제대로 파악되든 아니든, 일단 신자유주의의 최근 전개에서 나타나는 일정한 근본적 위기, 문제 혹은 모순의 징후로 이해될 수 있을 거예요. 안타깝게도 이 운동들이 극히 잘못된 방식으로 반응하고 이를 표출하더라도 말이에요.

하지만 이 경우에 문제는 왜 이런 반응이 좀 더 해방적인 형태와는 대립되는, 퇴행적이고 반동적인 형태를 취했냐는 거예요. 이는 이기적 이익 추구로는 설명할 수 없죠. (선생님 나라에서) 건강보험과 사회복지 시스템의 기능에 가장 의존하는 이들이 공공연히 이를 파괴하려 하는 정치인들을 선택한다는 사실만 떠올려봐도 그래요! 이 대목에서 일정한 종류의 이데올로기적-이론적 접근법이 요청되는 것 같네요. 현 위기가 초래한 사회적 고통과 분노가 어떻게 해서 해방적 운동 대신에 반동적이고 권위적이며 심지어는 파시즘적 충동의 맹아를 담은 운동을 탄생시킨 거죠? 여기에서 작동하는 메커니즘은 무엇인가요? 우익 권위주의적 포퓰리즘에 투표한 이들이 '이유' 없이(아니, 차라리 '계기' 없이) 그랬다고 암시해서는 안 되겠지만, 이들의 동기를 액면 그대로 받아들여서도 안 되겠죠. 이를 통해 우리는 좌익의 답은 무엇이어야 하는가, 왜 좌파는 이제껏 이런 쟁점들을 다루지 못하거나 유효한 대안을 제시하지 못했는가 하는 문제와 마주하게 되죠.

프레이저 멸시하는 투의 반응은 잘못이라는 데 동의해요. 이에 더해, 이런 식의 대응은 *역효과*만 낳는다고 말하고 싶네요. 우익 포퓰리즘이 진짜배기 불만을 담고 있다는 것은 *엄연한 사실*이며, 이는 인정받을 만하죠. 그리고 반동적 포퓰리즘 운동은 정말로 실제적인 근본적 위기에 대응하고 있으며, 이 역시 인정받아야 해요. 예기 선생이 시사한 것처럼, 문제는 불만이 그릇된 방식으로 표출되고 있으며, 이 운동들이 근본 원인에 관해 오진을 내리면서 희생양 만들기와 사이비 해법에 호소한다는 점이에요.

예기 선생은, 현 상황에서 왜 그토록 많은 이들이 이런 입장에 매력을 느끼는지 물었죠. 글쎄요, 이 주제에 관해서는 할 이야기가 많지만, 한 가지 핵심 요인은 지난 수십 년 동안 전 세계에서 계속된 좌파의 쇠퇴예요. 새로 급진화하고 정치화한 행위자들은 그저, 현 위기에 관한 반자본주의적·반제국주의적 해석을 제시할 수 있는 세속적 좌익 세계관을 접할 기회가 별로 없는 거예요. 그리고 이렇게 좌익적 대안이 부재한 상황에서 급진적 변화를 바라는 이들에게 우파가 믿을 만한 선택지가 되는 거죠.

하지만 이게 이야기의 전부는 아니에요. 우리가 용기를 내서 탐색해야 할 더 어두운 측면이 있어요. 제가 말하고 싶은 것은 한때 좌파였던 이들의 주된 흐름 사이에서 신자유주의가 헤게모니를 쥐었다는 사실(또는 볼탕스키와 시아펠로의 용어로 표현하면, 자본주의에 대한 '미학적 비판'에 맞서는 '만회 전략^{recuperation}'[15])이에요. 이 내용은 예기 선생이 '이데올로기적-이론적 접근법'이라 말하는 것과 매우 유사하지만, 알튀세르나 프랑크푸르트학파보다는 그람시에게서 더 많은 영향을 받은 접근 방식이죠. 그리고 이 접근법은 삼중운동의 관점에 따른 분석으로 이끌어요.

예기 문제는, 좌파가 좋은 전략을 발전시키지 못하는 바람에 생긴 공백을 우파가 활용했다는 정도에 머물지 않는다는 이야기네요. 선생님 생각은, 좌파가 오히려 이런 문제를 다루지 못하도록 방해하는 요소가 됐다는 것인가요?

프레이저 네, 맞아요. 이것은 제가 앞에서 간략히 제시한 '두 축 대 한 축' 시나리오와 관련되죠. 제가 말한 것처럼, 사회민주주의는 해방에 맞선 시장화와 사회 보호의 '두 축 대 한 축' 연합에 바탕을 두었고, 금융화된 자본주의는 사회 보호에 맞선 시장화와 해방의 연합을 낳았어요. 그리고 이 두 번째 연합은 진지한 좌파라면 마땅히 단결시켜야 할 사회 세력들을 분열시켰죠. 해방을 부르짖는 이들을 제조업 부문 노동자·농촌 공동체와 단절시켰고, 금융화로 휘청거리는 노동자와 농촌 공동체는 우익 포퓰리즘에 끌리고 있어요. 사실, 상황은 이보다 더 심각해요. 새로운 연합에 의해 단순히 민중 부문들 사이의 관계가 단절된 것만이 아니었거든요. 더 나아가, 현 위기에 대한 좌익적 대응을 가다듬을 경우에 가장 중요한 우군이 될 수 있었을 (그리고 되어야만 했을!) 사람들과 해방적 운동의 지배적 흐름이 정면으로 대립해요.

어떻게 이런 일이 벌어졌는지 설명해볼게요. 1970년대 이후 몇 십 년 동안 자본주의 중심부의 여러 나라에서 동시에 서로 다른 두 조합의 투쟁들이 전개됐어요. 첫 번째 투쟁 조합에서는 노동이 자본에 맞섰죠. 자본은 노동조합을 파괴하고, 실질 임금을 하락시키며, 제조업을 반주변부의 저임금 지역으로 이전하고, 노동을 불안정하게 만들려고 했어요. 이것은 구식 계급투쟁이었고, 자본이 주된 승자가 됐죠. 적어도 지금까지는 그래요. 하지만 이와 병행하며 전개된 두 번째 전선에서는 해방적 세력들(페미니즘, 다문화주의, 반인종주의, LGBTQ 권리 등의 '신사회운동' 형태로)이 '구식' 가족 가치와 생활세계의 옹호자들에 맞섰어요. 이런 운동에 참여한 많은 이들 또한 방금 말한 첫 번째 투쟁의 패배자[노동]와 한편에 섰으며, 새로운 지구화된 경제와 결부된 '세계시민주의 cosmopolitanism'를 불쾌하게 여겼죠. 하지만 진보운동의 헤게모니적 흐름은 두 번째 투쟁에 사로잡혀서 첫 번째 투쟁은 머릿속에서 지워버렸어요. 그래서 정치경제에는 관심이 없었고, 당시 진행 중이던 구조적 변형을 간과했죠. 더 나빴던 것은, 이들이 자기네 의제를 능력주의적이고 개인주의적인 방식으로 포장하는 일탈을 저질렀다는 사실이에요. 가령, '재능 있는' 여성들이 대기업 사다리의 더 높은 칸으로 올라갈 수 있도록 '유리 천장에 균열을 내는' 데 전념하며 '도전하라 lean-in'고 외친 페미니스트들을 생각해봐요. 이런 흐름은 자본주의의 생산/재생산 분리에 토대를 둔 젠더 지배의 구조적 측면을 이해하려는 노력을 방기했죠. 그리고 문화적·사회적 자본이 부족하여 도전을 통해 이득을 누리기 힘들고, 그 결과 여전히 지하에 갇혀 있는 비기득권층 여성 또한 방기했어요.

이렇게 두 조합의 투쟁이 충돌하는 상황에서 제가 '진보적 신자유주의'라 부르는 것이 출현했죠.[16] 충격적인 조어造語라 생각할 수도 있지만, 이 말은 클린턴 정부에서 오바마 정부에 이르는 시기에 미국 정치를 지배한 헤게모니 블록에 가장 어울리는 이름이에요. 해방적 운동(페미니즘, 반인종주의, 다문화주의, LGBTQ 권리 같은)의 헤게모니적 흐름은 저마다(어떤 경우에는 의식적이고 의도적이었지만, 그렇지 않은 경우도 있었어요) 신자유주의 세력과 연합했죠. 자본주의를 금융화하려 한 신자유주의 세력, 특히 자본의 가장 역동적이고 미래 지향적이며 지구화된 부문(할리우드, IT, 금융)과 연합했던 거예요. 늘 그랬듯이, 거래에서 이득을 본 쪽은 자본이었죠. 이 경우에 '인지자본주의' 부문은 다양성과 역량 강화 같은 이상을 이용해 먹었어요. 다양성이나 역량 강화는 원리 측면에서는 전혀 다른 목적에 기여할 수도 있었지만, 실제로는 한때 중간계급의 삶이었던 것과 제조업을 초토화하는 정책을 미화하는 데 이용됐어요. 달리 말하면, 신자유주의 세력은 아래에서 위로 향하는 대규모 재분배라는 자신들의 퇴행적 프로젝트에 해방이라는 가면을 씌워주기 위해 진보파 우군의 비범한 매력을 활용했죠.

예기 저는 늘, 헤스터 에이젠스틴Hester Eisenstein이 "위험한 밀회liaisons dangereuses"라 칭한 이 문제를 선생님이 참으로 통찰력 넘치는 방식으로 다룬다고 믿어 의심치 않았어요.[17] (사실 선생님은 "우리 시대의 투쟁과 염원"을 분명히 밝히기 위해 비판 이론가로서 늘 최선을 다해왔죠.) 그런데도 선생님이 진실의 절반만 이야기한다면서 선생님의 고발(페미니즘의 일부)

가 진보적 신자유주의에 매수됐다)에 맞서는 이들이 많이 있었죠. 이런 결탁을 거부한 페미니즘 흐름이 늘 존재했다면서 말이에요. 예를 들어, 퀴어 이론은 기존 권력 구조에 대한 강력한 비판을 갈고닦으며, 퀴어운동이 헤게모니 프로젝트와 얽히는 상황을 비판하는 데 매우 적극적인 것처럼 보이거든요. '핑크-워싱^{pink-washing}'이나 '동성애자-민족주의^{homo-nationalism}' 등에 대한 비판이 그런 사례들이죠.

프레이저 모든 페미니스트가 신자유주의 대의에 포섭되지는 않았다는 것은 틀림없는 사실이죠. 하지만 알고 그랬든 모르고 그랬든, 포섭당한 이들이 운동에서 가장 눈에 띄며 규모도 가장 큰 부분을 이루었고, 이에 저항한 이들(저처럼!)은 변방을 벗어나지 못했어요. 또한 신자유주의 블록에서 진보파는 분명히 하위 파트너였고, 연합 내부에서 월스트리트, 할리우드, 실리콘밸리보다 훨씬 힘이 약했죠. 하지만 진보파는 상당히 핵심적으로 기여했어요. '자본주의의 새로운 정신'을 통해 비범한 매력을 제공했거든요. 이 새로운 '정신'은 해방의 아우라를 발산하면서 신자유주의적 경제 활동에 열광과 흥분을 선사했어요. 미래학자, 해방자연하는 이들, 세계시민주의자, 도덕적 훈수꾼, 비관론자와 함께하는 것이 갑자기 짜릿한 일이 되었죠. 이런 풍조 덕분에, 아래에서 위로 향하는 자산과 소득의 대규모 재분배를 부추기는 정책들이 정당성을 가장할 수 있었어요.

아무튼, 예기 선생이 묘사한 페미니스트들의 반응은 방어적이었죠. 제가 페미니즘 일부를 '고발'했다고들 하지만, 제 작업은 실은 *헤게모니의 구축*을 이해하려는 시도였어요. 명백히 퇴행적인 신자유주의 프로젝트가 진보운동의 중요한 흐름을 다시 굴절시키고 유인함으로써 '동의'의 수단을 획득해간 과정을 이해하려 했던 거예요. 대항 헤게모니를 구축할 방법을 찾아내려면 헤게모니가 어떻게 작동하는지 반드시 이해해야만 한다는 설명을 덧붙이지 않은 게 문제였을까요?

예기   이러한 '위험한 밀회'의 일부가 의도에 어긋나거나 해방적 운동의 본래 목적과 갈등을 빚더라도, 이것은 여전히 심층적인 수준에서 벌어지는 사회 변형의 의도하지 않은 결과잖아요. 이 문제를 삼중운동의 틀로 바라본다면, "자본주의는 여자의 가장 훌륭한 친구"라는 니나 파워^{Nina Power}의 냉소적 발언보다는 훨씬 더 분석적인 깊이를 갖추겠죠.[18] 어쨌든 선생님도, 클린턴, 블레어, 슈뢰더 같은 '제3의 길' 진보파가 신자유주의 프로젝트를 공고히 하는 데 제 몫을 했지만, 이 프로젝트 전체의 도화선에 불을 댕긴 것은 레이건, 대처 같은 인물들이라는 점에 동의하지 않나요?

프레이저   네, 맞아요. 진보적 신자유주의자들이 신자유주의 정치경제를 고안해낸 것은 아니에요. 공을 따지자면, 우파에 있죠. 신자유주의의 지적 선구자인 프리드리히 하이에크^{Friedrich Hayek}, 밀턴 프리드먼^{Milton Friedman}, 제임스 뷰캐넌의 공이에요. 또한 비전을 지닌 정치인이었던 배리 골드워터^{Barry Goldwater}, 로널드 레이건의 공이고, 재력으로 성공에 기여한 찰스 코크^{Charles Koch}와 데이비드 코크^{David Koch} 같은 인물들의 공이죠. 하지만 사회민주주의나 뉴딜식 사고, '권리 혁명'과 신좌파에서 비롯된 숱한 사회운동들이 여전히 상식의 틀을 형성하던 나라들에서는 신자유주의의 우익 '근본주의' 버전이 헤게모니를 줄 수 없었어요. 신자유주의 프로젝트가 승리하려면, 해방을 향한 비-경제적인 열망과 연결된 더 광범한 요청들을 감안하여 새롭게 포장되어야 했죠. 뿌리 깊은 퇴행적 정치경제는 오직 *진보적*이라고 치장될 경우에만 새로운 헤게모니 블록의 역동적 구심이 될 수 있었어요.

세 가지 점을 더 강조하고 싶네요. 첫째, 신자유주의는 단지 경제 정책에 그치지 않아요. 이는 또한 역사적 블록을 결집시킴으로써 헤게모니를 달성하려고 분투하는 *정치* 프로젝트이기도 해요. 신자유주의가 선호하는 전략은 신자유주의의 금권적·수탈적 분배 정치를 광범한 지지를 얻을 수 있는 인정 정치와 연결하는 것이죠. 그리고 두 번째 논점인데요, 결과적으로 신자유주의는 거대한 덩어리가 아니에요. 신자유주의의 진보적 지류도 있고, 퇴행적 지류도 있죠. 차이는 인정의 측면에서 나타나요. 두 버전 모두 주로 1%에게 이익을 안겨주는 분배 정치를 고취하지만, 둘 중 하나는 외관상 포용적인 인정 정치와 이 프로그램을 접합하고, 다른 하나는 이를 노골적으로 배제적인 대안과 결합하죠. 마지막으로, 반신자유주의 세력뿐만 아니라 *반동적* 신자유주의 세력을 물리치고 헤게모니를 쟁취하는 데 성공한 쪽은 특히 신자유주의의 *진보적* 지류였어요. 이들은 뿌리 깊이 불평등하고 반노동적인 분배 정치를, 근대적이고 '미래 지향적'이며 외관상 해방적인 인정 정치와 결합하는 전략을 통해 승리를 거두었죠.

미국이 바로 이런 사례였어요. 미국에서는 1990년대에 빌 클린턴이 대통령에 취임하면서 진보적 신자유주의가 헤게모니를 거머쥐었죠. 이 시기에 라틴아메리카, 유럽, 그리고 영국 등 곳곳에서 이와 유사한 세력 편성이 출현했어요. 전형적인 사례는 토니 블레어의 '신노동당'이었지만, 독일의 게르하르트 슈뢰더도 이에 해당했죠. 미국에서는 민주당의 클린턴파가 소리 소문 없이 구식 뉴딜 연합을 해체했어요. 수십 년 동안 조직노동, 이주민, 아프리카계 미국인, 도시 중간계급, 거대 산업자본의 일부 분파를 하나로 묶었던 연합의 이음매를 풀어헤쳐버린 거죠. 대신에 이들은 기업가, 은행가, 교외 거주자, 상징 노동자[데이터나 이미지 같은 상징을 다루고 조작하는 지식 노동자], 신사회운동, 라틴계, 청년층의 새로운 연합을 다졌고, 민주당 말고 지지할 당이 없었던 아프리카계 미국인에게서 계속 지지받았어요. 빌 클린턴은 다양성, 다문화주의, 여성의 권리 담론을 꺼내놓으며 대통령에 당선됐죠. 하지만 일단 취임한 뒤에는 골드만삭스의 걸음걸이를 따라 하며 은행 시스템에 대한 규제를 폐지했고, 탈산업화를 가속화하는 자유무역협정에 서명했어요.

진보적 인정 정치와 퇴행적 분배 정치의 결합은, 적어도 퇴행적 분배 정치와 반동적 인정 정치(혈통민족주의, 반이민, 기독교 근본주의 지지)를 결합하는 대항 프로젝트를 내세운 우파(미국의 공화당, 영국의 보수당)를 물리치던 시기에는 강력했어요. 하지만 진보적 신자유주의의 승리에는 대가가 따랐죠. 버스에서 내동댕이쳐진 것은 쇠퇴하던 제조업 중심지, 특히 이른바 '러스트 벨트'였어요. 러스트 벨트는 한때 뉴딜 사회민주주의의 거점이었지만, 이제는 2016년 대선에서 도널드 트럼프에게 선거인단을 선사한 지역이죠. 좀 더 나중에 생긴 남부의 제조업 중심지와 더불어 이 지역은 금융 규제 철폐와 자유무역 정책으로 지난 20년 동안 제조업 중심지들이 파괴됨에 따라 타격을 입었어요.

이 지역사회들이 황폐해지는데도 진보적 신자유주의 블록은 겉으로만 평등하고 해방적인 인정 정치 풍조를 퍼뜨리고 있었죠. 그 중심에는 '다양성', 여성의 '역량 강화', LGBTQ 권리, 포스트인종주의, 다문화주의, 환경주의 등의 이상이 있었고요. 하지만 이런 이상들은 미국 경제의 골드만삭스화와 충분히 양립할 수 있는, 특별하게 제한된 방식으로 해석됐죠. 환경보호는 탄소 거래를 뜻했어요. 자가(自家) 보유 장려는 패키지화돼 담보부 채권으로 재판매되는 서브프라임 대출을 뜻했고요. 평등은 능력주의를 뜻했죠. 평등을 능력주의로 환원한 것은 특히 치명적이었어요. 진보적 신자유주의의 목표는 사회적 위계제를 폐지하는 것이 아니라, '재능 있는' 여성, 유색인, 성소수자의 '역량을 강화'하여 상향 이동하게 함으로써 위계제를 '다양화'하는 것이었죠. 그리고 이런 이상은 본질적으로 *계급의 맥락에 의해 결정됐어요*. '과소대표되는' 집단에 속한 '자질 있는' 개인이, *자기 계급의 평범한 백인 남성과 대등한 위상과 급여를 받도록 보장하기 위해 설계됐거든요*. 이런 이상의 페미니즘 버전이 가장 눈에 띄었지만, 독특한 사례는 아니죠. '도전하기'와 '유리 천장 깨기'에 초점을 맞춘다면, 이미 필수적인 사회적·문화적·경제적 자본을 소유한 이들이 주된 수혜자가 되기 마련이에요.

2016년 대선에서 힐러리 클린턴은 진보적 신자유주의의 완전한 화신이었고, 그래서 트럼프 선거운동의 주된 과녁이 되었죠. 사실 이 선거 자체는 진보적 신자유주의에 대한 국민투표였어요. 트럼프의 승리, 브렉시트의 승리, 곳곳에서 나타나는 우익 포퓰리즘 정당의 강세를 이해하려면, 이들에게 표를 던진 사람들이 무엇에 그토록 격노했는지, 그들이 끝장내려고 결심한 게 무엇이었는지 이해해야 해요.

예기 참으로 도발적인 분석이네요! 그렇다면 우리가 마주한 것은 여성해방, 반인종주의, LGBTQ 권리, 그리고 그 밖의 모든 운동에 맞서는 단순한 백래시, 그 이상이겠군요. 이 점은, 우파 권위주의와 우파 포퓰리즘 운동이 좌파-자유주의 문화 엘리트와 소수자 정책의 평판을 추락시키기 위해 그토록 많은 에너지를 쏟아붓는 이유를 설명하는 데 도움을 줄 수 있어요. 예를 들어, 독일에서는 '조국'이 없는(그리고 이제는 젠더조차 없는), 뿌리 없는 세계시민주의자로 여겨지는 '젠더주의', '정치적 올바름', 퀴어, 다문화 엘리트를 향해 집중적인 공격이 펼쳐지고 있죠. 이런 공격은 반유대주의 고정관념을 떠올리게 만들어요.[19] 좌익의 통상적 설명은, 이런 말들이 단순히 감정을 격앙시키려는 수사이며, 실은 경제, 그러니까 신자유주의에 대한 보호주의적 반대가 진정한 내용이라는 거죠. 하지만 이것은 너무 피상적인 설명이에요. 선생님의 그림은 현상의 두 측면 중 어느 하나도 무시하지 않는다는 점에서 좀 더 깊이 파헤친다고 말하고 싶어요. 여기에서 문제가 단순한 신자유주의가 아니라 진보적 신자유주의라고 한다면, 포퓰리즘 지도자들은 다문화주의와 그 밖의 진보적 대의를 난타하면서, 실제로는 기묘한 방식으로 뭔가를 부각시키는 셈이죠. 이는 그저 억눌린 인종주의만이 아니고, 심지어는 신자유주의 자체에 대한 길 잃은 대응만도 아니에요. 오히려 선생님이 제시한 구도에서 이 운동들은 상황의 실질적인 측면을 겨냥하고 있죠. 좌파인 우리가 진보적 운동들 이면의 충동을 지지하는 것과 마찬가지로, 진보적 운동들이 취하는 형태와 신자유주의 사이의 연계 역시 인정해야만 한다는 거예요. 일종의 '연합'인 이 연계는 현재 우리가 직면한 상황이 등장하는 데 기여했다는 이야기죠. 이것은 중요한 지점이면서 동시에 흥미로운 분석이에요. 선생님의 생각에 따르면, '정치적 올바름'이 신우파로서는 터무니없는 과녁만은 아닐 수 있는 이유에 초점을 맞추기 위해서는 이러한 연계를 부각시켜야 한다는 거죠.

프레이저   예기 선생이 제 기본적인 생각을 아주 선명하고도 명석하게 언급해줬네요. 이 이야기의 인정 측면은 그저 이데올로기만은 아니에요. 특정한 사회 계층의 매우 실제적인 자기주장이죠. 이 계층의 신분 상승은 포스트산업자본주의·인지자본주의·지구화된 자본주의를 연 전환에 바탕을 두면서 동시에 이러한 전환에서 뒤처진 가부장적 노동계급 공동체에 대한 문화적·도덕적 우월감에 바탕을 둬요. 이 점에서, 이것은 인정과 분배의 측면 모두에 걸쳐 있죠. 아니, 더 적절히 표현한다면, 정의의 이 두 측면은 금융화된 자본주의 시대에 특수한 방식으로 서로 연결돼 있어요. 우익 포퓰리즘 운동은 이 보따리 전체를 거부하고 있죠. 그리고 이러한 거부를 통해 단일한 역사적 블록의 실질적이면서 중대한 구성 요소 두 가지를 동시에 겨냥하고 있어요. 이 역사적 블록의 헤게모니 탓에, 자신들뿐만 아니라 자녀들까지 좋은 삶을 살 기회를 잃어버리고 있거든요.

예기   이 분석은 유럽을 뜨겁게 달군 논쟁을 흥미로운 시각으로 바라보게 해주네요. 디디에 에리봉 Didier Eribon 같은 이들은 좌파가 '사회적 질문'을 방기했고, 이제는 이런 질문으로 돌아와야 한다고 주장했어요.[20] 이에 따른 토론은 현 상황에 반드시 필요한 자기 성찰 과정으로 이어져야 하겠죠. 하지만 저는, 이제 와서 사회적 질문으로

'복귀'하면 된다는 생각에 회의적이에요. 제가 보기에는, 위기의 진정한 규모와 성격을 과소평가하고 있거든요. 어쨌든 성중립 화장실이 러스트 벨트 쇠퇴의 원인은 아니고, 정치적 올바름을 폐기한다고 해서 '버림받은 가난한 이들'의 문제가 해결되지도 않아요. 단순히 '계급 문제로 복귀'하는 것은 해결책이 될 수 없죠. '전통적' 노동계급 정치에 향수를 느껴서는 안 되며, 신좌파운동이 우리에게 끼친 영향을 이어가야 해요. (볼탕스키와 시아펠로의 개념을 사용해 표현한다면) 신좌파운동은 사회적 비판과 미학적 비판이 통합된 순간이었죠.[21] 저는 이를 '해방적' 순간이라 부르는데, 이것은 해방적 정치의 좀 더 굳건한 토대이기도 해요.

프레이저 그 점에 관해서는 저도 대체로 동의해요. 구식 계급정치로 돌아갈 수 없다는 것은 분명한 사실이죠. 제가 토론 첫머리에 말했듯이, 이런 접근법은 항상 계급과 계급투쟁에 대한 편협한 정의를 전제했어요. 그래서 저는 우리가 토론한 감춰진 장소들을 눈에 드러내는 방식으로 '사회적 질문'이 뜻하는 바의 폭을 넓히는 데 초점을 맞추겠어요. 금융화된 자본주의의 위기는 유급 노동의 조직화와 관련이 있을 뿐만 아니라 생태계, 민주주의, 사회적 재생산과도 관련이 있죠. 현 체제에 도전하길 바라는 좌익정치라면, 이 사안들을 중심에 두지 않으면 안 돼요. 저는 '노동계급'이 뜻하는 바의 폭을 넓히는 데도 초점을 맞추고 싶어요. 저는 도널드 트럼프가 환기한 '노동계급' 범주와 버니 샌더스가 환기한 범주가 서로 첨예하게 대조된다는 사실에 크게 충격을 받았어요. 트럼프가 불러낸 '노동계급'은 광산, 원유 채취, 건설, 중공업에서 일하는 백인, 이성애자, 남성, 기독교도인 반면에, 샌더스가 지지를 이끌어내려 한 '노동계급'은 러스트 벨트 공장 노동자만이 아니라 가사 노동자, 공공부문 노동자, 서비스 노동자를 아우른, 폭넓고 확장적인 개념이었죠. 샌더스의 '노동계급'에는 여성, 이주민, 유색인이 포함되었어요. 즉, 피착취층만이 아니라 피수탈층, 피지배층이 포함됐죠. 그렇다고 샌더스를 이상화하자는 것은 아니에요. 샌더스도 몇몇 측면에서는 뒷걸음질쳤죠. 하지만 샌더스의 확장된 '노동계급'관은 예기 선생이 방금 환기한 좌파 내의 특정 부문이 이룬 성취와 이미 잘 어울려요.

예기 분석을 좀 더 밀고 나가자는 취지에서 몇 마디 덧붙이고 싶네요. 우리가 위기 경향에 직면해 있으며, 이 위기 경향의 분석에 초점을 맞춰야 한다는 사실(우리가 동의하는 지점이기도 하죠)과 관련된 발언인데요. 진보적 신자유주의에까지 도달한 '연합'에 관한 선생님의 분석이 올바르더라도, 저는 여전히 더 심층적인 위기 혹은 모순에 방향을 맞춘 분석이라면 이 수준을 넘어서야 한다고 주장하고 싶어요. 우리의 목표가 문제의 그 변형의 원인이 어디에 있는지 찾아내는 것이라면(이를테면, 유물론적 정신에 따라), 이러한 운동들과 대항운동들을 따로따로 살펴봐선 안 되죠. 위기에 적절히 대응하는 데 필요한 해방적 변형을 막기 위한 정치적·경제적 힘을 동반한 '인지자본주의'의 출현 또한 살펴봐야 해요.

앞에서 선생님은 이른바 '문화적 전환'의 물질적 원인을 분명히 밝혔죠. 그리고 저는 이런 접근법을 좋아해요. 또한 가족 가치, LGBTQ 권리, 심지어는 소수자 권리와 관련된 '문화적 자유화'라 불릴 만한 것이 뿌리 깊은 경제적·사회적 변형을 통해 가능해졌다고 주장하겠어요. 이 대목에서 일종의 일차원적 결정론을 주장하고 싶지는 않아요. 틀림없이 양쪽에서 서로 영향을 끼치니까요. '창조적 부분'과 그 혁신적 잠재력은 자유화된 새로운 삶의 형태의 창조적 영향에서 생명력을 끌어내고, 그 역도 마찬가지죠. 새로운 삶의 형태 역시 부분적으로는 새로운 사회적 환경을 통해 가능해져요. 통신 기술, 협력, 그 밖의 신자유주의적 주체화의 차원들을 갖춘, 새로운 경제와 함께 펼쳐지는 새로운 사회적 환경 말이에요. 달리 말하면, 진보적 신자유주의는 물질적 환경에 의해 야기된 '세계 안의' 한 경향이고, 이를 오도된 정치적 판단이나 잘못 선택된 연합의 사례로 환원하는 것은 오류죠.

네, 사회운동은 문제의 그 변형 안에서 저마다 역할이 있어요. 하지만 특정한 모멘텀도 필요하죠. 즉, 사회운동은 특정 사회의 제도와 실천 안의 '수동적 요소'(마르크스라면 이렇게 말하겠죠)와 균열에 의존해요. 만약 러스트 벨트의 쇠퇴와 LGBTQ 권리가 사회적·경제적 변형의 동일한 과정에 뿌리를 두고 있다면, 즉 차별받지 않을 권리의 도입이 특정한 변형의 결과이고 이 변형이 동시에 산업 지대를 위기에 빠뜨리는 원인이기도 하다면, 둘은 '직접적 대립' 관계가 아니죠. 직접적으로든 간접적으로든, 서로에게 책임이 있지 않아요. 성중립 화장실을 없앤다고 해서 위스콘신에서 일자리를 되찾지는 못해요. 이 두 쟁점(올리버 나흐트바이Oliver Nachtwey는 이를 '수평적' 평등 대 '수직적' 평등이라 정리했죠)은 직접적이거나 인과적인 방식으로 서로 연결되어 있지 않아요.[22] 둘은 오직 상징적 차원, 주목 경제 차원에서만 경쟁하죠. 확실히 이것은 대수롭지 않은 차원은 아니에요. 하지만 제 생각에는 이 경우에도, 근본적 변형에 주목한다고 해서 이 대목에서 좌파의 역할을 과대평가하면 안 되죠. 선생님의 분석이 항상 매우 유익하다고 생각하고 그 내용의 상당 부분에 동의하면서도, 저는 이렇게 주장하고 싶네요.

프레이저 혹시 예기 선생이 사회적 투쟁의 정치적-헤게모니적 분석을 객관적인 시스템 위기의 분석과 연관 짓는 것의 중요성에 관해 우리의 의견이 엇갈린다고 말하려는 것은 아닌지 의심스럽네요. 이 책 전체에 걸쳐 거듭 주장했지만, 제 생각은 위기에 관한 비판 이론에 두 차원이 모두 필요하다는 거예요. 따라서 저는 우리가 의견이 엇갈린다고 생각하지 않아요. 하지만 어쩌면 둘 사이의 결합 방식을 좀 다르게 인식할 수도 있겠네요.

어쨌든 저는 방금 예기 선생이 진보주의의 '물질적 토대'에 관해 이야기하는 것을 듣고 매우 충격을 받았어요. 저는 문화적 자유화와 인지자본주의적 혁신 사이의 쌍방향 시너지라는 착상이 마음에 들어요. 또한 러스트 벨트의 쇠퇴와 LGBTQ 권리가 거시적 변형의 동일한 조합에 뿌리를 두지만 서로 대립할 필요는 없다는 생각 역시 긍정적으로 평가하고요. 이런 생각은, 현재 서로 대립 관계로 나타나는 해방의 열망과 사회 보호의 열망이 실은 서로 조화를 이루고 상호 지원하는 관계가 될 수 있다는 제 확신과 완벽히 들어맞죠. 이것은 실제로 제 분석의 가장 근본적인 정치적 목표 중 하나예요. 현재 서로에 대해 적대적 관계에 있는 사회 세력들 사이의 대항헤게모니적 연합을 구축할 가능성을 밝히는 것 말이에요. 하지만 제가 말했듯이, 우선 적이 어떻게 구축됐는지를 이해해야만 적을 해체할 경로를 엿볼 수 있는 법이죠. 삼중운동의 새로운 구조 변화가 바로 그 길이에요.

저는 예기 선생이 방금 설명한 진보적 전문직과 상징 노동자의 아비투스에 관해 한 가지 점을 더 강조하고 싶네요. 바로 이들이 도덕적 세계시민주의와 인지적 계몽이라는 인류 진보의 전위라고 확신한다는 점 말이에요. 이런 문화적 우월감은 이 계층의 정체성과 사고방식의 중심을 이뤄왔어요. 하지만 이는 부르디외적 '구별' 전략으로 기능하기도 하죠.[23] 우월한 '어조'를 띠며 진보적 신자유주의에 스며든 이런 태도는 너무도 쉽게 도덕적 훈계, 손가락질, 농민과 노동계급을 얕잡는 말투로 나타났어요. 농민과 노동계급이 문화적으로 뒤처졌거나 멍청하다고 은근히 암시한 거예요. 이런 태도가 왜 원한을 낳는지는 이해하기 어렵지 않죠. 이런 지위 위계에 의한 모욕은 계급 지배의 상처가 덧나도록 만들었어요. 트럼프 같은 우익 포퓰리스트는 이런 감정을 이용해먹었죠.

예기 제 생각에는, 구식 좌익 급진파 가운데에서도 이런 종류의 원한을 지닌 이들이 있어요. 장담해요! 또한 저는 도덕주의와 손가락질이라는 진단에 완전히 동의해요. 도덕주의는 늘 좌파의 허약함을 보여주는 징후, 좌파가 일종의 인도주의로 희석되고 있음을 보여주는 징후죠.

하지만 저는 인종주의나 성차별주의 담론에 맞서 싸우는 운동가 중 다수가 자신들이 실천하는 내용에 관해 이전과는 다른 해석을 발전시킬 수 있을 거라 생각해요. 제가 보기에도 이런 운동가들의 제스처가 심각하게 도덕주의적인 경우가 많아요. 하지만 제 생각에는, 인종주의, 성차별주의, 동성애 혐오를 지속시키는 권력관계가 개인적인 일상적 흉보기, 농담, 부적절한 구애, 미시공격이 복잡하게 얽힌 그물에 토대를 두고 있다는 데 선생님도 이견이 없을 거예요. 이를 염두에 둔다면, 도덕적 오만으로 보이는 것의 상당 부분은 해결을 필요로 하는 문제적 사회 현상에 관한 성찰로도 해독될 수 있어요. 그 목적은 권력관계를 바꾸는 것이지, 단순히 도덕적 비난을 들이대는 게 아니죠. 또한 저는 눈에 띄는 도덕주의 중 일부는 현재와는 다른 실천을 체현한 광범한 운동이 부재한 탓에 야기된다고 생각해요. '보통' 사람들로 이뤄진 대중과, 이들을 꾸짖을 일부 고립된 자유주의자들이 서로 조우할 무대를 마련해주는 운동이 존재하지 않는 탓이죠.

프레이저   예기 선생이 마지막에 한 말에 동의해요. 진보파의 오만함을 비판한다고 해서 인종주의, 성차별주의, 동성애 혐오, 이슬람 혐오, 그 밖의 차별 형태들이 현실에 존재하지 않는다거나 중요하지 않다는 뜻은 아니죠. 하지만 이는, 이런 여러 불의에 대한 현재의 저항 중 상당 부분이 불의에 대한 피상적이고 부적절한 관점을 상정한다는 사실을 시사해요. 사람들의 머릿속이 얼마나 문제인지는 지나치게 과장하면서도, 이를 떠받치는 구조적-제도적 힘의 깊이는 간과하죠. 이 비판은 분명히, 저항운동에서 소수파인 좌익적 부분에는 적용되지 않아요. 하지만 좀 더 광범한 주류 진보파의 경우에는 딱 들어맞죠.

인종을 예로 들어 제가 말하려는 바를 설명해볼게요. 인종은 미국에서 여전히 격렬한 정치적 쟁점이에요. 미시공격에 대한 요즘의 강박에 대한 관찰로는 알기 힘들겠지만, 오늘날 미국에서 인종적 억압은 사실 품위를 손상시키는 태도나 나쁜 행실의 문제가 아니에요. 물론 이런 문제들이 분명히 있기는 하지만요. 그 요체는 오히려 진보주의-신자유주의가 헤게모니를 쥐던 시기에 벌어진 탈산업화와 금융화가 인종에 따라 다른 영향을 끼쳤다는 점이에요. 시스템적 억압의 기나긴 역사를 통해 굴절된 거죠. 아프리카계·라틴계 미국인은 오랫동안 대출을 거부당했고, 인종 분리에 바탕을 둔 열등한 주거에 갇혀 살아야 하는 신세였으며, 저축하기에는 너무 적은 임금을 받았어요. 그래서 체계적으로 서브프라임 대출기관의 사냥감이 됐고, 그 결과로 전국에서 가장 높은 비율로 주택 압류를 당했죠. 또한 이 시기에, 오랫동안 체계적으로 공적 자금 지원에서 배제됐던 소수인종 동네와 거주지는 제조업 중심지 쇠퇴에 따른 공장 폐쇄로 치명적 타격을 입었어요. 이런 지역에서는 사람들이 일자리를 잃었을 뿐만 아니라 세입 또한 감소했고, 이로 인해 학교, 병원, 기본 인프라 유지를 위한 예산이 부족해졌죠. 결국에 가서는 플린트와 같은 대참사가 나타났고, 좀 다른 맥락이지만 뉴올리언스의 로어 나인스 워드 Lower 9th Ward에서도 같은 일이 벌어졌어요.[24] 마지막으로, 흑인 남성들은 오랫동안 차별적인 판결과 가혹한 감금, 강제 노역에 시달렸고, 흑인 남성들에 대한 경찰 등의 폭력은 사회적으로 당연시됐어요. 진보적 신자유주의가 헤게모니를 쥐던 시기에 이런 흑인 남성들은 '교도소-산업 복합체'에 대거 징용됐죠. 크랙 코카인 소지 여부에 초점을 맞춘 '마약과의 전쟁'으로 인해 교도소는 흑인 남성들로 줄곧 만원 상태였어요. 그리고 실업률도 흑인 남성의 경우에 유독 높았고요. 이 모두가 주로 빌 클린턴이 지휘한 양당의 입법 '성과' 덕분이었죠. 한 명의 아프리카계 미국인[오바마]이 백악관을 차지함으로써 감동을 불러일으키기는 했지만, 이러한 사태의 전개에는 조금의 영향도 끼치지 못했다는 사실을 굳이 덧붙일 필요가 있을까요?

이제껏 제가 말하고자 한 것은 인종주의가 현대 자본주의 사회에 너무도 깊숙이 닻을 내리고 있다는 사실이에요. 그렇기에 진보주의-신자유주의의 도덕적 틀로는 이 문제를 해결할 수 없죠. (이것은 자본주의 사회에 구조적 지반을 둔 성차별주의와 그 밖의 지배 축도 마찬가지예요.) 제 이해에 따르면, 인종주의의 구조적 토대는 지위·인정(혹은 불인정)과 관련될 뿐만 아니라 계급·정치경제와도 관련돼요. 이와 마찬가지로 중요한 것은, 유색인의 생애 기회를 파괴하고 있는 힘들이 백인의 생애 기회를 파괴하고 있는 힘들과 동일한 역학 복합체에 속한다는 점이죠. 몇몇 특별한 경우에는 다르지만 말이에요.

저는 오늘날 진보 진영에 널리 퍼진 피상적 도덕화를 교정하기 위해 이런 분석을 제시하는 거예요. 좌파는 사회적 억압의 근본적인 구조적 토대에 초점을 맞춘다는 점에서 이런 사고방식과 구별돼야 하죠. 자본주의를 제도화된 사회질서로 이해하고 이런 자본주의 이해를 통해 문제를 짚는 좌파라면, 인종주의가 자본주의 사회에 구조적 토대를 둔다고, 이 책 전체의 주제인 자본주의의 구성적 분리를 변형함으로써 문화적으로뿐만 아니라 제도적으로도 자본주의에 맞서야 한다고 주장해야 해요. 이것이 제가 지지하는, 진보적 도덕주의에 대한 대안이에요. 이 대안은 인종주의와 성차별주의가 '상부구조적'이라고 무시하지 않죠. 오히려 인종주의와 성차별주의가 구조적이라고, 심층에서 계급 지배(그리고 젠더 지배)와 엇물려 있다고, 계급/젠더 지배를 사상한 채 바라봐서는 이해할 수도, 극복할 수도 없다고 주장해요. 이것이 자본주의를 제도화된 사회질서로 바라보는, 확장된 자본주의관의 또 다른 장점이죠. 이를 통해, 실제로는 계급 지배와 지위 위계를 서로 대립시킬 필요가 없다는 점이 드러나요. 둘 다 자본주의 사회의 핵심 부분이고, 그 구조적 분할의 부산물이에요. 둘 모두에게 동시에 맞설 수 있고, 또한 그래야만 하죠.

예기   좌파를 허약하게 만든 상황에 관해 어쩌면 좀 더 깊이 파고들 수 있겠는데요. 확실히 이것은 단순히 누구와 한 팀을 이룰지를 놓고 잘못된 판단을 내린 결과만은 아니에요. 신자유주의와 해방 사이의 이러한 불운한 연합을 여전히 인정과 재분배의 틀로 바라볼 수 있을까요? 이것은, 문화적 헤게모니를 획득하려는 투쟁이 '위험한 밀회'의 일부가 되고 선생님이 언급한 분노와 원한의 일부가 된 사례 아닌가요? 또한 노동계급에 대한 무시는 '문화적' 차원의 무시, 그러니까 노동계급의 생활방식, 삶의 형태, 이렇게 말해도 좋다면 그 '문화'에 대한 불인정이기도 한 것 아닌가요? 노동계급, 방기된 빈민, 프레카리아트의 '비보헤미안' 부분은 단지 경제 측면만이 아니라 문화 측면에서도 박탈감을 느끼는 상태예요.

단순히 체제 내 여론에 계급 쟁점이 빠져 있는 게 문제가 아니죠. 체제 내 여론은 미디어와 텔레비전에서 특히 섹슈얼리티와 비이성애 혹은 비시스젠더 cis gender [시스젠더는 생물학적 성별과 심리적 성별이 일치한다고 여기는 사람을 일컫는다] 정체성 같은 쟁점과 관련하여 문화적 쟁점을 적극적으로 선전하고, 심지어 어떤 경우에는 선정적으로 과장하기까지 했어요. 문화적 헤게모니에 관해 말해보자면, 이것들이야말로 '잘 팔리는' 종류의 쟁점들이었죠. 충분히 흥미롭고, 섹시하며, 대중의 이목을 끌 만큼 '보헤미안'적이었어요. 반면에 노동계급의

'지루하기 짝이 없는' 투쟁은 필로폰 거래나 다른 몇몇 선정적 방식으로 묘사되지 않는 한 이목을 끌 수 없었죠. 1970년대 독일에서는 에리카 룬게Erika Runge가 노동계급 여성들과 인터뷰한 결과를 바탕으로 쓴 좌익 서적이 인기를 끌었어요.[25] 당시에 엄청난 베스트셀러였는데, 오늘날은 상상도 하기 힘든 일이죠. 이 책의 관심사는 노동계급 여성의 운명과 일상적 투쟁이었거든요. (사실은, 앨리 러셀 혹실드Arlie Russell Hochschild라는 예외가 있죠. 혹실드의 최근작 『자기 땅의 이방인들』이 받은 관심은 미국 대선의 여파와 많은 관련이 있어요.[26])

그건 그렇고, 재분배와 인정이라는 문제로 돌아가죠. 계급투쟁의 무시는 인정 측면의 무시이기도 하지 않나요? 저는 이 두 쟁점, 즉 재분배 문제와 인정 문제가 분리될 수 있다는 것에 회의적이에요. 선생님이 언급한 분노는 단순히 경제적 박탈이 불러온 분노만은 아니거든요. 어쨌든 트럼프는 소득, 자산, 자원, 기회에 관한 한 "노동계급"의 한 사람이 결코 아니지만, 특정한 아비투스와 생활방식과 관련해 노동계급에게 말을 걸죠. 즉, 트럼프의 호소력은 경제적 불만에 관해 말하는 방식과 관련될 뿐만 아니라(말과는 정반대로, 트럼프는 경제적 불만을 결코 다루려 하지 않죠), 문화적 차원의 특정한 카리스마와도 관련되죠. 트럼프는 일종의 '하층계급 억만장자'예요. 하층계급의 언어, 태도, 원한 감정을 갖춘 억만장자죠. 그래서 사기꾼처럼만 보이지는 않는 면이 있어요.

프레이저   실제로 요즘 '노동계급'과 그 문화, 정치, 자기 이해에 관한 관심이 다시 대유행하고 있어요. 하지만 불행하게도 노동계급이라는 말은 여전히 편협하고 낡은 방식으로 정의되는 경우가 대부분이죠. 그 결과로, 노동계급의 문제가 여성, 이주민, 유색인의 문제와 좀 다르고 서로 경쟁하는 것처럼 느껴져요!

예기 선생도 노동계급 문화의 비인정에 관해 이야기하면서 이런 관념을 염두에 두지 않았나 싶어요. 정당한 평가를 받지 못하는 자신들의 얼굴이 확대된 모습을 도널드 트럼프에게서 발견하는 이들에게 트럼프가 강한 호소력을 지니는 현상을 언급할 때도 마찬가지고요. 매혹적인 발상이고, 탐구할 가치가 있어요. 하지만 저는 또 다른 가설을 제시하고 싶네요. 이 가설은 트럼프와 자신이 닮았다고 생각하지는 않을 것 같은 이들에게 트럼프가 호소력을 지니는 이유를 설명하려고 시도함으로써 예기 선생의 논의와는 다른 방향을 겨냥하죠. 저는 특히 백인 여성을 염두에 두고 있어요. 예기 선생은 백인 여성의 과반인 약 52%가 트럼프에게 투표한 사실을 알 거예요. 트럼프가 "여성의 성기를 움켜쥐어도" 자신은 처벌받지 않는다고 으스대는 발언이 담긴 테이프를 〈액세스 할리우드 Access Hollywood〉가 폭로했는데도 이런 결과가 나왔어요. 여성들이 트럼프에게 투표한 것이 동일시에 바탕을 두었다고는 생각하기 힘들죠. 오히려 트럼프의 호전성, 기회만 생기면 언제라도 싸움에 나설 태세가 호소력의 이유일 수 있어요. 이것은 포식자의 이미지가 보호자의 이미지로 뒤바뀌는 순간이죠. 당신을 궁지에 몰면서 동시에 뒤를 봐주는 사람이랄까요? 수탈당하고 있는 사람들, 무시되거나 인정받지 못할 뿐만 아니라 *위험에 노출돼 있고 무방비* 상태인 사람들에게, 이것은 꽤 강력한 무엇이에요. 그리고 이는 바로 분배와 인정의 교차점에 자리하면서 둘 다와 관련을 맺죠.

예기 선생이 분배, 인정 같은 범주들에 관해 물었으니, 이 대목에서 제가 이것들을 어떻게 사용하는지 좀 더 말해보고 싶네요. 저는 이 범주들을 몇몇 그람시적 개념들과 결합하여 현재의 헤게모니 위기를 분석하는 데 사용하거든요. 제 전략은 분배와 인정을 분리시키는 것이 아니라, 오히려 헤게모니적 상식의 구축과 해체를 상세히 분석하고, 다시 이를 통해 이런 상식과 결부된 역사적 블록의 흥망을 분석하는 것이에요. 이 모든 작업의 밑바탕에는 해방적인 사회변혁의 전망을 가늠하려는 의도가 깔려 있죠. 인정과 분배는 역사적 이유에서 이런 분석의 중심을 이뤄요. 적어도 20세기 중반 이후에 미국과 유럽에서는 정의의 서로 다른, 이 두 측면을 결합하여 바라봄으로써 자본주의의 헤게모니가 확립됐죠. 트럼프와 트럼프주의가 등장하게 된 것은, 진보적 신자유주의가 제시한 분배와 인정의 독특한 규범적 결합체가 신뢰를 잃었기 때문이에요. 이 결합체의 구축과 해체를 상세히 분석함으로써 우리는 트럼프주의를 규명할 수 있을 뿐만 아니라, 위기를 해결할 수 있을 대항헤게모니 블록의 전망, 포스트-트럼프 시대의 전망을 분명히 밝힐 수 있죠.

　　트럼프가 집권하기 전에 미국의 정치적 상식은 극히 제한되어 있었어요. 제가 앞에서 말했듯이, 신자유주의의 두 변형, 즉 진보적 버전과 퇴행적 버전 사이의 대립을 중심으로 구축되어 있었죠. 달리 말하면, 서로 다른 두 가지 인정 정치 사이의 선명한 선택과 달리 분배 정치는 오직 한 가지(신자유주의적 분배 정치)만 제시됐어요. 즉, 다문화주의와 혈통민족주의를 양자택일할 수는 있었지만, 어떤 경우든 금융화와 탈산업화를 강요받아야 했죠. 그래서 정치 생활의 헤게모니적 조직화에는 간극이 생겼어요. 무주공산이 된 이 지대는 평등주의적이고 친노동적이며 반신자유주의적인 분배 정치가 뿌리내릴 수도 있었을 공간이에요. 이런 간극 탓에, 금융화와 지구화의 희생양이 된 미국인의 꽤 큰 부분이 어떤 정치적 목소리도 내지 못하는 상태가 됐죠. 이들의 생활 조건을 줄곧 가루로 만들어버리기만 한 사회적 과정을 감안하면, 누군가가 나서서 이 빈 공간을 장악하고 간극을 채우는 것은 단지 시간문제였을 뿐이에요.

2007~2008년에(금융위기와 오바마 당선), 그리고 2011년에 다시(오큐파이 월스트리트의 폭발) 이 방향에서 불만의 천둥소리가 터져 나왔어요. 하지만 헤게모니 질서는 적어도 표면적으로는 여전히 크게 상처를 입지 않은 상태였죠. 그러다 2015~2016년에 마침내 지진이 덮쳤어요. 상투적인 각본은 한 쌍의 아웃사이더들에 의해 뒤집어졌고, 이로 인해 두 주요 정치 기구[공화당과 민주당]가 붕괴하는 것처럼 보였죠. 트럼프와 샌더스 둘 다 당내 상층 실세(거물, 현학자, 막후 조종자, 거액 기부자)에게 도전했고, 신자유주의의 '조작된 경제'를 힐난했어요. 하지만 인정 정치와 관련해서는 첨예하게 엇갈리는 두 가지 관점을 내세웠죠. 그 즉각적인 결과는 두 개의 새로운 정치적 선택지, 즉 *반동적 포퓰리즘과 진보적 포퓰리즘*을 무대에 올린 것이었어요. 하지만 두 선택지 모두 실제로는 구현되지 못했죠. 샌더스가 힐러리 클린턴에게 지는 바람에 진보적 포퓰리즘 선택지가 투표용지에서 제거됐어요. 그리고 제가 이미 말했듯이, 트럼프는 일단 집권하고 나자 선거운동 기간에 내세웠던 경제적 포퓰리즘을 팽개쳐버리고는 반동적인 인정 정치에 배로 열중했죠. 트럼프의 반동적 인정 정치는 엄청나게 강화됐고, 훨씬 더 사악해졌어요. 앞에서 제가 말한 것처럼, 결국 우리가 갖게 된 것은 *초반동적 신자유주의*죠.

하지만 초반동적 신자유주의는 새로운 헤게모니 블록이 아니에요. 차라리 불안정하고 혼란스러운 혼합물이죠. 이것은 부분적으로는 트럼프의 별난 심리 탓이고, 부분적으로는 기존 공화당 기구와 서로 의존하면서도 이런 의존관계가 기능장애에 빠진 탓이에요. 하지만 좀 더 심층적인 문제도 있죠. 트럼프는 선거운동에서 보여준 경제적 포퓰리즘의 얼굴을 폐기함으로써 2016년에 자신이 그 폭발에 힘을 보탠, 바로 그 헤게모니 간극을 사실상 원상회복하려 하고 있어요. 아이러니하게도 트럼프는 '야당'의 클린턴파가 벌이는 원상회복 노력과 손을 맞잡은 셈이죠. 클린턴파의 경우는 몇몇 새로운 가면을 씌운 채로 진보적 신자유주의를 되살리길 꿈꾸고, 이를 통해 공론장을 포퓰리즘 청정 지대였던 예전 상태로 되돌리길 꿈꿔요. 하지만 클린턴파도, 트럼프 자신도 헤게모니 간극을 봉합할 수 없다는 게 제 의견이에요. 포퓰리즘이라는 야수가 우리에서 빠져나왔고, 조용히 물러나지 않을 태세니까요. 그 결과는 안정된 헤게모니가 없는 격동하는 궐위기예요.

　이것이 오늘날 좌파가 직면한 상황이죠. 저는 이런 상황이 과연 대항헤게모니 블록을 구축할 기회를 열어줄지, 고찰하고 싶어요. 만약 그렇다면, 제가 보기에 가장 유망한 후보는 *진보적 포퓰리즘*의 일정한 새 버전인 것 같아요. 평등주의적이고 친노동계급적인 분배 프로그램을 정의로운 인정 질서의 포용적이고 비위계적인 비전과 결합하는 진보적 포퓰리즘 말이에요. 달리 표현한다면, 제가 앞에서 말한 것처럼, 해방+사회 보호죠.

예기　한 가지 추가 질문이 있네요. 삼중운동 그리고 해방과 사회 보호의 새로운 연합에 관해 논의하고 싶다면, 지구화된 세계에서는 사회 보호가 어떤 모습을 띠어야 하느냐는 질문에 대한 좌익의 대답이 필요해요. 누가 보호받아야 하는가, 혹은 누가 사회 보호 아래 놓여야 할 사람들의 '진영'에 속하는지 말이에요. 트럼프나 르펜, 나이절 패러지Nigel Farage 같은 이들은 국민국가로 돌아가야 한다는, 사회 보호를 받아야 할 이들을 규정하는 수단은 국경을 통해 제공된다는, 꽤 간단한 답을 내놓아요. 이런 운동의 호소 중 일부는 분명히 국경 내 경제 보호라는 생각과 연결되죠. 일국적 보호로 돌아간다는 이런 생각은 특정한 좌익 흐름들 사이에서도 일정한 호소력을 가지며, 이런 점에서 좌파는 우익 포퓰리즘 배후의 동기에 관심을 기울여야 할 거예요.

프레이저 긴급하면서도 어려운 질문이네요. 우선 저는 지구화의 요정은 램프에 다시 가두기에는 너무 멀리 갔다고 확신해요. 이것이 브렉시트와 트럼프(그리고 다른 많은 유사한 흐름)가 노동계급 유권자에게 한 약속을 실현할 수 없는 한 가지 이유죠. 영국에서는 브렉시트의 중·단기적 영향이 사회 보호로 이어지기는커녕 오히려 지구화에 더욱더 무방비로 노출되는 결과로 나타날 거예요. 유럽연합 협약의 보호를 받지 못하는 상태에서 영국인들(혹은, 스코틀랜드와 북아일랜드의 불만을 감안하면, 이들이 독립하고 난 뒤에 영국에 남을 이들)은 홀로 버텨나가야 할 테니까요. 미국의 경우에도 마찬가지예요. 트럼프가 환태평양경제동반자협정Trans-Pacific Partership을 철회하자마자, 중국은 아시아 국가들과 권역 무역 협상에 나서겠다고 발표했죠. 말하자면, 단순히 자유무역협정을 파기한다고 해서 자국을 실질적으로 보호할 수 없다는 거예요. 이런 협정이 자본에는 유리하고 노동자에게는 불리한 내용으로 뒤덮여 있는 게 사실이더라도 말이에요. 초국적 조정 혹은 전지구적 조정이 없으면, 결국 일국적 혹은 권역적 보호주의들의 경쟁이 남죠. 그리고 이것은 위험한 상황이에요. 일국적 보호주의들의 경쟁이 고조되다가 세계 전쟁의 직접적 원인이 되어버린 1920년대 말에서 1930년대를 떠올려봐요.

요약하면, 오늘날은 일국적 틀로는 사회 보호의 실현을 상상할 수 없죠. 제가 앞에서 지적한 대로, 심지어 국가-관리 자본주의(시장화와 사회 보호를 종합한)도 브레턴우즈와 여타 형태의 국제적 조정 없이는 존립할 수 없었어요. 그리고 물론 이렇게 접근한다고 해서, 국가의 사회 보호 제공 능력에서 나타나는 엄청난 국가 간 차이(식민주의의 끈질긴 유산)와 충돌하는 것은 아니에요. 오히려 정반대죠! 국가-관리 모델은 주변부에서 가치를 빨아들임으로써 작동했어요. 사실상 중심부의 보호는 약탈에 노출된 (포스트)식민사회에 의존했죠. 따라서 이것은 우리의 모범이 될 수 없어요. 게다가 우리는 일국 수준에서 쉽게 다룰 수 없는 기후변화와 금융 규제 같은 상당히 긴박한 쟁점에 직면해 있죠. 이런 쟁점은 정말로 일정한 형태의 전지구적 거버넌스를 요청해요. 마지막으로, 1장과 2장에서 짚어본 것처럼, 자본주의는 항상 전지구적 역학이었고, 지금도 그렇죠. 우리가 어떤 해법을 발전시키든(심지어는 일국적 혹은 지역적 수준에서 특정한 종류의 자주성을 촉진하려고 설계된 해법이라 하더라도) 전지구적 역학을 발전시켜야 한다는 점을 명심해야 해요.

앞으로 나아가기

예기   선생님의 진단 이면에 자리한 가정에 관해 마지막으로 한 번 더 따져보고 싶네요. 선생님은 반동적 보호주의의 백래시를 초래한 것이 진보주의-신자유주의 연합이라고 주장하지만, 훨씬 더 실질적인 퇴행적 경향이 이미 존재하거나 잠복해 있었는데 진보주의-신자유주의 연합 탓에 댐이 무너졌을 뿐이라고 설명할 수도 있어요. 인종주의가 고유한 역학과 역량을 지닐 가능성을 좀 더 숙고해볼 수도 있겠고요. 호르크하이머와 아도르노는 민족사회주의[나치즘]와 맞부딪치자, 문명과 계몽의 과정 자체에 극적인 퇴행의 잠재력이 내장되었다는 결론을 내렸죠. 이들은 자본주의 자체보다 더 심층적인 수준에서 근본 문제를 찾아냈어요. 하지만 이런 경향들이 자본주의에 특유한 역학과 밀접한 관련이 있다고 인정하더라도, 이데올로기 비판의 관점에서 보면 성차별주의 같은 쟁점은 무급 재생산 노동이라는 여성의 필수적 기여를 정당화하기 위해 기능적으로 필요한 요소 그 이상이라고 여전히 주장할 수 있죠. 인종주의처럼 성차별주의도 오랫동안 경제-외적 영역에서 (백인) 남성 노동자들이 겪는 물질적 착취에 대한 보완 수단 역할을 했어요. 따라서 현재의 고통은 진보주의가 계급의 적인 신자유주의와 한 팀을 이룬 데서 비롯된 게 아니라, 진보주의가 남성 특권이나 백인 우월성이라는 "위안의 상패"를 없애버린 데서 비롯된 것일 수 있죠.[27] 어쩌면 어떤 이들에게는 이 '위안의 상패'가 가장 현실적인 것, 뒤틀린 인정의 원천이자 그나마 안정을 느끼는 근원일 수 있어요. 그래서 백인 남성이 위쪽을 차지하는 상징적 위계제가 남아 있는 한 불평등과 불안정 노동의 증가

마저 감내할 수 있는 거죠. 이제 부분적 성공을 거둔 해방 운동이 이 상징적 위계제를 허물어뜨리는 것처럼 보이자, 시대착오적인 이데올로기 구조를 어떻게든 그대로 유지하고 싶어 하는 이들의 방어적 반응이 나타나고 있어요.

프레이저 깊이 있는 질문을 사려 깊게 제기해줘서 감사해요. 호르크하이머와 아도르노의 생각이라고 말해준 내용에는 나름대로 진실이 담겨 있지만, 한 가지 중요한 수정을 가해야 하겠네요. 저라면, 심층적인 퇴행적 경향의 근원을 문명이나 계몽이 아니라, 자본주의에서 찾겠어요. 또한 '위안의 상패' 가설도 어느 정도 진실을 담고 있어요. 하지만 그 정치적 함의는 뭐죠? 저는, 생명력 있는 좌익적 대응(진보적 포퓰리즘이든 민주적 사회주의든)이라면 지금 위안마저 빼앗길 처지에 있는 이들에게 일종의 대항재counter-good를 제공해야 한다고 말하겠어요. 그리고 대항재는 '남성 특권'이나 '백인 우월성'에 비해 실존의 측면에서 더 실체적이고, 심리의 측면에서 더 설득력 있어야 한다고 말하겠어요. 오로지 방어적이기만 한 태도는 대답이 될 수 없죠. 기존의 '위안'만 없애고 보상은 전혀 없을 테니까요. 마르크스를 인용하자면, 목표는 "환상도 위안도 없는 사슬을 차기 위해서…… 사슬에 매여 있는 거짓 꽃을…… 뜯어내버리는" 게 아니죠. "사슬을 벗어던지고 살아 있는 꽃을 갖는 것"이 목표예요.[28]

예기 선생님의 진단을 받아들인다고 쳐요. 붕괴하는 진보적 신자유주의에 맞서는 반동적인 사회보호주의와 마주하고 있다고 말이죠. 그러면 이제 무엇을 해야 하나요? 우리는 자기만족은 바라지 않죠. 또한 우파의 백래시만 더 강하게 만들어줄 뿐인 일종의 도덕화하는 태도 역시 취하고 싶지 않아요. 동시에 좌파의 대다수는 분명히 방어적인 처지에 있어요. 진보적 신자유주의가 문제가 많기는 했지만, 현 상황에서는 아무리 불완전하더라도 이제껏 성취한 진보를 방어하는 것을 우선시해야 하지 않나요? 이 운동들이 충분히 미래 지향적이지 않다거나 의미 있는 대안을 제시하지 못한다고 비난할 수는 있지만, 지금은 운동의 가장 취약한 부분을 보호해야 한다는 것 역시 분명하죠. 그러지 않으면 우익 포퓰리즘 운동의 먹잇감이 될 테니까요. 최근 되살아나고 있는 인종주의, 외국인 혐오, 여성혐오misogyny를 차단하는 게 급선무인 것 같아요. 그렇다면 어떻게 해야 더 심층적인 진보정치의 문제를 시야에서 놓치지 않으면서도 기존의 진보를 방어해야 한다는 즉각적인 요청을 충족할 수 있을까요?

프레이저 제 직관에 따르면, 기회를 움켜잡아 공세에 나서야 해요. 저는 이미, 초반동적 신자유주의나 진보적 신자유주의는 장래에 안정된 헤게모니를 (재)확립할 수 없을 것이라고 말했고, 지금 우리는 예기 선생의 말마따나 위험투성이이고 혼란스럽고 불안정한 궐위기를 살고 있다고 주장했어요. 하지만 지금은 *진보적 포퓰리즘 프로젝트*를 중심으로 대항헤게모니 블록을 구축할 기회도 열려 있어요. 평등주의적이고 친노동계급적인 경제적 지향과 포용적이고 비위계적인 인정 정치 지향을 단일한 프로젝트에 결합함으로써, 이 세력 편성은 적어도 노동계급 *전체*를 단결하게 할 싸움의 기회를 가질 거예요. 역사적으로 제조업·건설업과 결부된, 반동적 포퓰리스트와 전통적 좌파가 주로 언급하는 노동계급 내 분파들만이 아니라, 여성,

이주민, 유색인이 큰 비중을 차지하며 가사 노동, 농업 노동, 서비스 노동(유급이든 무급이든, 사기업과 개별 가정이든 공공부문과 시민사회든)을 수행하는 더 폭넓은 노동계급의 부분까지 아우를 거예요. 진보적 포퓰리즘 프로젝트라면, 두 부분 모두에게, 즉 피착취층뿐만 아니라 피수탈층에게도 호소함으로써, 확장된 의미로 이해된 노동계급을 연합의 주도 세력으로 자리매김할 수 있겠죠. 청년, 중간계급, 전문직-관리직 계층의 상당 부분이 포함된 연합을 이끄는 세력으로 말이에요.

이런 일이 벌어지려면, 트럼프의 노동계급 지지자들과 샌더스의 노동계급 지지자들이 서로를 우군으로 이해해야겠죠. 처지가 좀 다르기는 하지만 동일한 '조작된 경제'의 희생양이며, 따라서 힘을 합쳐 변혁을 추구할 수 있다고 이해해야만 해요. 적어도 미국에서 이런 가능성을 긍정하게 하는 것은, 미국 유권자의 압도적 다수에 가까운 샌더스 지지자들과 트럼프 지지자들이 2015~2016년에 신자유주의적 분배 정치를 거부했다는 사실이에요. 반면에 이런 가능성을 가로막는 것은, 오랫동안 끓어올랐지만 최근 들어 트럼프에 의해 흥분의 최고조에 달한 분열, 아니, 더 나아가 증오의 심화예요. 모든 트럼프 투표자는 '한심한 자들', 즉 구제 불능의 인종주의자, 여성 혐오자, 동성애 혐오자라는 일부 진보파의 시각을 입증해주는 것처럼 보일 정도죠. 사태를 더 심각하게 만드는 것은, 많은 반동적 포퓰리스트의 정반대 시각, 즉 모든 진보파는 라테를 홀짝이고 돈을 갈퀴로 긁으면서 다른 사람들을 얕잡아 보는, 저 잘난 맛에 사는 도덕 훈수꾼이자 독선적 엘리트라는 생각이에요. 진보적 포퓰리즘의 전망은 이 두 시각 모두에 맞선 싸움에서 얼마나 성과를 내느냐에 달려 있어요. 이것이 제가 관심을 집중하자고 제안하는 지점이죠. 실제로 이미 이 장에서 계속 여기에 초점을 맞췄고요.

예기   선생님이 사용한 개념, 우리 시대에 대한 진단과 관련해 한동안 토론의 중심이 된 개념을 재검토하면 도움이 되지 않을까요? 원한이라는 개념 말이에요. 틀에 박힌 말만은 아닌 것처럼 보이거든요. 이 말은, 사회적 고통과 분노가 해방적 운동 대신에 반동적이고 권위주의적이며 원시 파시즘적인 충동 쪽으로 오도되게끔 만드는 역학의 내부 구조를 이해하기 위한 또 다른 도구죠. 제 생각에는, 배타적 민족주의 경향에도 불구하고, 이러한 잘못된 방향 선택은 냉혹한 자기 이익 추구만으로는 설명이 안 돼요. 사람들은 자신들의 이익을 공공연히 배신하는 정치를 선택하고 있으니까요. (트럼프는 오바마케어를 철폐하겠다고 공언했죠.) 선생님은 이른바 좌파-자유주의 문화 엘리트를 혐오하는 이유를 설득력 있게 정리해줬지만, 그래도 여전히 이런 혐오가 이성적 판단이라는 생각은 안 들어요. 그렇다고 선생님이 이런 정치적 정동이 정당하다고 시사한 것은 아니었죠. (어찌 됐건, 이해한다는 것이 양해해준다는 뜻은 아니니까요.) 그래서 저는, 그들의 실제 이익은 충족되지 못했지만 원한은 충족됐다고 말하고 싶어요.

이 점이 우리의 상황에 관한 분석에서 원한이 흥미로운 개념이 되도록 만들죠. 이를 단순한 사회심리학적 개념이 아니라 진정한 의미에서 사회적인 '정동'의 한 형태로 인식한다면, 위기와 퇴행에 대한 좀 더 포괄적인 분석의 일부로서 원한의 더 심층적인 구조적 원인을 검토할 수 있어요. 원한은 제가 2차 정동이라 부르는 것이에요. 원한의 계기가 되는 요소는 특정한 사회적 상황 자체가 아니죠. 욕망의 대상이 되는 특정한 사회적 만족이나 재화의 부재 자체는 아니에요. 오히려 나쁘다고, 어울리지 않으며 부당하다고 규범적으로 판단된 상황, 즉 분노와 격분을 낳는 상황이에요. 하지만 막스 셸러^{Max} ^{Scheler}가 탁월한 분석을 통해 지적한 또 다른 요소가 있죠. 원한은 항상 무능하다는 느낌, 무력하다는 느낌의 결합을 통해 발생한다는 거예요.[29] 그리고 이 경우에도 무력함은 단지 1차적 문제를 해결하지 못하는 무능만은 아니죠. 가령, 실업자 처지를 벗어나지 못하거나 건강보험이 없다는 의미의 무능 말이에요. 원한을 촉발하는 무력함은 오히려 분노나 격분의 느낌조차 표현하지 못하는 무능 혹은 불능의 상태죠. 신자유주의의 '책임지기' 문화에서는 사람들이 분노조차 금지된 상황에 놓인 경우를 흔히 볼 수 있어요. 하지만 이런 무력함 또한 '좌파 엘리트' 탓이라고 하면서 이들에게 투사되죠. 그래서 상상 속의 '사고 금지'(정치적 올바름 탓에, 자원·주목·공적 인정을 누릴 '자격이 없음'에도 이를 누린다고 의심되는 이들을 향해 복수심과 질투심을 표현하지 못한다는 사실)가 주된 전선 중 하나가 돼요(그럴 수밖에 없지요). 이것이 객관적으로 박탈된 상태에 있지도 않고 무력하지도 않은 이들조차 원한을 느낄 수 있는 이유이고, 객관적으로 보면 전혀 강한 권력을 쥐고 있지 않은 이들조차 원한의 대상이 될 수 있는 이유예요. 말이 난 김에 덧붙이자면, 처음부터 트럼프를 지지한 이들은 다양한 사회적·경제적 지위에 걸쳐 있으면서도 일관되게 강한 '권위주의' 성향을 보인다는 연구 결과도 있죠.[30]

하지만 원한이 방어적 메커니즘이라는 점 또한 분명해요. 질서의 한계선이 붕괴하기 시작할 때(예컨대, 젠더 정체성이나 국경의 해체), 불안정한 노동과 생활 상태뿐만 아니라 무능과 불안정한 사회적 방향성의 더 일반적인 경험이 "자기 집에서 주인이 될" 필요성을 낳죠("장벽을 세워라!"). 이런 필요성은 상상 속에서만 충족될 수 있어요. 현재 권위주의적 원한 감정은 '가정의 신성함'을 침해하고 해체했으며 '우리 조국'을 낯설게 바꿔버렸다는 비난을 받는 이들을 향하고 있죠. 하지만 이런 종류의 '고향 상실'을 통해 '소외됐다'고 느끼는 것은, 그 자체로 현실에 대한 이데올로기적 봉쇄의 사례이고, 소외를 낳은 진짜 원인을 부인하는 사례예요. 이로 인해 퇴행의 계기가 마련돼요. 이 대목에서 원한을 퇴행의 한 양식으로 논한다면, 이 감정이 '현실적'인 동시에 가공적이라는 사실을 이해하는 데 도움이 될 것 같아요.

이런 점에서, 선생님은 진보적 신자유주의와 손을 잡는 것에 반대하고, '우리' 대 '저들'의 측면에서 상황을 도덕적 잣대로 바라보는 진보적 신자유주의의 경향에 반대하지만, 우리는 여전히 반동적 충동이 진보주의-신자유주의식 도덕화(그 자체로, 파악된 위기에 대한 퇴행적 답변인)에 맞선 원한에서 비롯된 것이 맞는지 물어야 하죠. 해방적 성취를 방어하기 위해 진보적 신자유주의자와 손을 잡는 데 반대하는 것에는 위험이 따를 수 있어요.

프레이저 퇴행에 관한 예기 선생의 이야기는 매우 흥미롭고 발전시킬 가치가 있어요. 하지만 그로부터 끌어낸 정치적 결론에는 동의하지 않아요. '차악 선택'이라는 낡은 생각의 변형이거든요. 이것은 평소에는 잊고 있다가도 4년마다 되살아나는 좌파의 습관적인 사고방식이죠. 트럼프나 '독일을 위한 대안'을 향한 공포 때문에 좌파 자신의 목표는 억누른 채 자유주의의 목표를 로봇처럼 주절대는 것 말이에요. 이런 전략의 목적은 '최악'에서 벗어나는 것이지만, 실제로는 새롭고 훨씬 더 위험한 유령이 등장할 기름진 토양을 만들어주죠. 이는 역으로 좌파적 목표의 연기를 정당화해주고, 이런 일이 끊임없이 반복되면서 악순환이 나타나요. 이렇게 해서 이긴들, 정부 정책은 포퓰리즘적 분노를 누그러뜨리는 게 아니라 기름만 더 붓는 셈이죠. 예기 선생 스스로, 많은 우익 포퓰리즘 지지자들이 느끼는 원한이 진짜 불만 사항에 대한 대응이라고 말했어요. 당장은 이주민과 그 밖의 희생양이라는 잘못된 과녁을 겨누지만 말이에요. 우리가 해야 할 제대로 된 대응은 도덕적 비난이 아니라 정치적 유효화예요. 그러면서 분노의 방향을 금융자본의 시스템적 약탈로 다시 돌려야 해요.

이런 대응은, 파시즘을 물리치기 위해 이제는 신자유주의자들과 손을 잡아야 한다는 주장에 대한 답변이기도 하죠. 문제는 반동적 포퓰리즘이 (아직은) 파시즘이 아니라는 점만은 아니에요. 분석적으로 볼 때, 자유주의와 파시즘이 한쪽은 선하고 다른 쪽은 악한, 전혀 별개의 것이 아니라, 자본주의 세계 체제에서 밀접하게 상호 연결된 두 얼굴이라는 점 또한 문제죠. 둘은 결코 규범적으로 동등하다고 할 수 없지만, 둘 다 고삐 풀린 자본주의의 산물이에요. 족쇄에서 풀려난 자본주의는 곳곳에서 생활세계와 삶의 터전을 불안정에 빠뜨렸고, 개인의 해방뿐만 아니라 이루 다 말할 수 없는 고통을 몰고 왔거든요. 자유주의는 이 과정의 첫 번째 측면, 해방의 측면을 표현하면서 동시에 두 번째 측면과 결부된 분노와 고통은 얼버무리고 넘어갔어요. 대안 부재로 상황이 악화하기만 하자 분노와 고통의 정서는 온갖 종류의 권위주의에 기름을 부어주었는데, 그 가운데에는 정말로 '파시즘'이라고 불릴 만한 이들도 있었고 그렇지 않은 이들도 있었죠. 달리 말하면, 좌파가 부재한 상황에서 자본주의 '발전'의 소용

돌이는 자유주의 세력과 권위주의 대항 세력, 둘만을 낳았고, 둘은 사악한 공생 관계로 엮여 있었어요. 따라서 (신)자유주의는 파시즘의 해독제이기는커녕 공범이죠. 파시즘에 맞서는 진짜 부적은 빼앗긴 자들의 분노와 고통이 심층적인 사회^{societal} 재구조화와 민주적인 정치 '혁명'을 향하도록 만드는 좌익 프로젝트예요. 아주 최근까지도 이런 프로젝트의 기미조차 엿볼 수 없었기에 신자유주의적 상식이 숨 막힐 정도로 헤게모니를 독차지했어요. 하지만 샌더스, 코빈, 멜랑숑, 포데모스 그리고 초기 시리자^{SYRIZA}(모두 다 불완전하기는 하지만) 덕분에 다시금 확장된 한 보따리의 가능성을 상상할 수 있게 됐죠.

그래서 저는 일반적으로 협력에 반대해요. 사실은 정반대 시나리오를 선호하죠. 즉, 세력 재편성을 위한 분리를 주장해요. 예기 선생이 자유주의와 협력하길 추구한다면, 저는 좌파가 두 개의 중대한 전환을 촉진했으면 좋겠어요. 첫째, 비기득권층인 여성, 이주민, 유색인 대중을 설득해서, '도전' 지향 페미니스트와 능력주의적 반인종주의자·동성애 혐오 반대자, 대기업 다양성과 녹색자본주의 무리에서 떼어내야 해요. 이런 무리들은 대중의 관심사를 다른 곳으로 돌리고 신자유주의와 조응하는 언어로 굴절시켜버리거든요. 이것이, '도전' 지향 페미니즘을 "99%를 위한 페미니즘"[31]으로 대체하려는 최근의 페미니즘 기획이 추구하는 바예요. 다른 해방적 운동들도 이 전략을 본받아야 해요.

둘째, 신자유주의에 은밀히 동조하는 현재의 연합 상대를 버리라고, 쇠퇴하고 있는 노동계급 공동체를 설득해야 해요. 비결은 군국주의, 외국인 혐오, 혈통민족주의를 고취하는 세력은 좋은 삶을 이루는 데 핵심적인 물질적 필수조건을 제공할 수 없으며 제공하지 않을 것이고, 반면에 진보적 포퓰리즘 블록은 해낼 수 있다고 설득하는 거예요. 이런 방식을 통해, 이런 호소에 민감하게 반응할 수 있고 또한 그래야 할 우익 포퓰리즘 유권자를, 그렇지 않은 진짜배기 인종주의자, 대안 우파 혈통민족주의자와 분리할 수 있겠죠. 저는 앞의 유권자가 뒤의 인종주의자, 혈통민족주의자보다 훨씬 더 많으리라고 확신해요. 물론 반동적 포퓰리즘 운동이 감정적인 수사에 크게 의존하며, 예전에는 변방에 머물던 진짜 백인 우월주의자 집단을 더욱 대담하게 만들고 있음을 부정하지 않아요. 하지만 반동적 포퓰리즘 투표자의 압도적 다수가, 버니 샌더스가 불러내고 이 책에서 이론화한 것과 같은 종류의 확장된 노동계급 편에 선 호소에 영원히 귀를 닫을 것이라는 성급한 결론에는 반대해요. 이런 사고는 단순히 경험적 차원에서 틀렸을 뿐만 아니라, 역효과를 내는 자기실현적 예언이 될 가능성이 높거든요.

예기 차이를 드러내려고 해줘서 감사해요. 네, 물론 항복하고 싶지 않다면 어떤 세력의 재편성이 가능할지 주시해야 하죠. 좌파 정치가 공세적이어야 하며, 더 많은 것을 요구해야만 아주 적은 진보라도 이뤄낼 수 있다는 점 역시 사실이에요. 하지만 공세에 나선다고 해서 과거와 동일한 조건에서 대결을 심화할 수 있는 것은 아니죠. 그렇다고 퇴행적 운동에 맞서 '손을 잡는' 전략을 동일하게, 다만 좀 더 강력하거나 급진적인 방식으로 추진하면 된다는 이야기도 아니고요. 오히려 강경 파시스트가 아닌 이들을 끌어들일 수 있으며, 이들의 진짜 불만에 관해 이야기하는 대안적 기획과 해방적 사회운동을 발전시켜야 하죠. 이런 점들에 대해 우리는 의견이 일치해요.

하지만 도발적 질문을 하나 던져볼게요. 선생님의 주장은, 어느 정도는 우리의 현 상황이 과거에 비해 좌파에게 더 많은 가능성을 열어준다고 생각하는 것처럼 들리는데요. '낙관주의'는 이런 태도를 표현하기에는 너무 강한 단어겠죠. 하지만 어느 정도는 이런 사건들을 통해 신자유주의 헤게모니의 안정성이 교란됐고, 선생님은 어쩌면 이것이 좌파가 이 상황을 초래한 종류의 정치와 단절할 기회가 아니겠냐고 보는 것 같아요. 제 입장을 말한다면, 낙관주의를 견지하기에는 급진적 우익·민족주의·인종주의·성차별주의 정치로 대거 전환하는 양상이 너무 걱정스러워요. 그리고 제가 이미 말한 것처럼, 제가 보기에는 우리가 진짜로 '신자유주의와 단절'하고 있는지 여전히 분명하지 않고요.

프레이저 글쎄요, 저는 이미 트럼프 정권 아래에서도 신자유주의가 정책으로 끈덕지게 남아 있다고 말했어요. 분쇄된 게 있다면, 그것은 진보주의-신자유주의 헤게모니예요. 현 정세를 규정하는 것은 바로 이 결합이죠. 한편에서는 수십 년간 계속돼온, 가장 넓은 의미의 생활 수준에 대한 공격이 지금도 진행되고 있어요. 이 공격은 '경제적인 것'을 넘어서죠. 다른 한편에서는 이 공격을 자행하거나 지지한 체제와 정당이 정당성을 상실하고 있어요. 제가 해석하기로는 이것이 예기 선생이 던진 질문의 배경이에요. 그렇다면 과연 이 정세가 좌파에게 새로운 기회, 즉 진보주의-신자유주의 헤게모니가 와해되기 전에는 손에 잡을 수 없었던 기회를 제공하는가?

이 물음에 답하기 위해 세 가지 사항을 말하고 싶어요. 첫째는, 압도적 다수의 민중에게는 진보적 신자유주의가 달성한 성과가 너무나 미미했다는 사실이에요. 우익 포퓰리즘에 합류한 이들의 경우만 그런 게 아니죠. 여전히 진보적이거나 중도좌파적인 정당(지지자들의 요구는 듣는 척만 하고는 막상 신자유주의를 추진한 정당)을 지지하는 이들의 경우도 마찬가지예요. 여성, 이주민, 유색인종, 비시스젠더, 비이성애자로 이뤄진 대중을 말하는 거예요. 물론 이 집단들은 문서상으로는 상당히 의미 있는 권리를 획득했죠. 하지만 이런 권리를 획득한 동시에 이들의 생존에 필요한 물질적 조건은 신자유주의화를 통해 서서히 파괴됐어요. 압도적 다수는 제대로 혜택을 나눠 갖지 못했고, 대부분은 전문직-관리직 계층과 1%의 몫이 됐죠. 이런 집단에 속한 이들은 좌파 덕분에 상당한 몫을 챙긴 셈이에요. 이것이 그토록 많은 이들이 샌더스, 멜랑숑, 포데모스, 제러미 코빈에게 끌린 이유죠. 이들이 지금 무엇을 잃어야 하는지만 따지며 방어적으로 사고하는 것은 잘못이에요. 좌파는 이들의 지지를 이끌어낼 수 있고, 또 그래야만 하죠. 가령 반동적 포퓰리즘을 지지하는 노동계급 분파 중에서 획득할 수 있는 부분의 지지를 이끌어내야 해요. 우리는 이런 종류의 '낙관주의'를 받아들여야 해요. 이 '낙관주의'란 실증적 예측이라기보다는 우리의 행동을 뒷받침하기 위한 실용적[프래그머티즘적] 가정이죠. 이와는 다른 '비관주의'적 태도를 취할 경우에는 가능성을 미리 닫아버리고 패배로 나아가는 길을 다질 뿐이에요.

이게 첫 번째 논점이고, 두 번째 논점은 이거예요. 우리는 앞에서 위기의 객관적 측면에 관해 이야기를 나눴죠. 2007~2008년에 글로벌 금융 질서가 무너지기 일보 직전까지 간 상황에 관해 논했고, 기후변화에 관해 논했으며, 사회적 재생산의 위기에 관해, 생활 조건과 생활세계의 끔찍한 악화, 그리고 이런 신자유주의의 공세 아래에서 가족을 돌볼 역량의 악화에 관해 논했어요. 이것이 객관적 위기죠. 이제 우리가 마주한 것은 헤게모니 차원의 위기, 즉 위기의 사회적 행위 혹은 참여자 측면이에요. 위기의 이 측면은 오랫동안 눈에 드러나지 않았고, 과연 언제나 가시화할지 궁금했어요. 하지만 이제는 위기의 이 측면이 우리 눈앞에 펼쳐지고 있어요.

예기 하지만 잘못된 조건을 달고 나타났죠! 게다가 위험한 결과를 동반하고 있고요.

프레이저 글쎄요, 역사가 늘 우리가 바라는 대로 전개되지는 않아요! 그렇지만 지금 우리는 시스템 차원의 객관적 위기만이 아니라 헤게모니 차원의 정치적 위기도 마주하고 있죠. 제 주장을 반복하겠어요. *헤게모니적 프로젝트로서 신자유주의는 끝났어요.* 여전히 지배의 역량은 보유했을지 모르지만, 설득할 능력은 잃어버렸죠. 그리고 저는, 그래서 기쁘다는 사실을 숨기지 않겠어요. 그렇다고 제가 앞으로 어떤 일이 벌어질지 예상할 수 있다는 뜻은 아니에요. 제가 줄곧 주장한 진보적 포퓰리즘의 보호+해방 시나리오가 실제로 등장할 기회를 어디에서 찾아야 할까요? 현 체제를 해방적 방향에서 변혁할 비전과 충분한 폭을 지닌 투쟁이 현 위기를 통해 촉발될 가능성을 어디에서 찾아야 할까요? 저는 알 길이 없어요. 그리고 감히 미래를 짐작하기에는 아직 너무 일러요. 하지만 이렇게 말할게요. 신좌파가 출현할 무렵에, 저는 그 가능성을 그리 높게 보지 않았다고요. 한데 지금은 어느 정도 가능성이 보여요.

마지막으로 여기에, 세 번째 논점이 있어요. 사회적일 뿐만 아니라 구조적인 이 모든 위기 현상의 뿌리에는, 확장된 자본주의관을 통해 새롭게 조명된 자본주의의 뿌리 깊은 다중적 모순이 자리해요. 우리가 짚은 위기 현상들은 금융화된 자본주의 시대인 오늘날 이런 모순들이 취하는 첨예한 형태예요. 이게 맞는다면, 이 위기들은 이런저런 정책으로 땜질한다고 해결되지는 않을 거예요. 오직 현 사회질서의 심층적인 구조적 변혁을 거쳐야만 이 위기들을 해결할 수 있어요. 가장 우선적인 필수 과제는 정치를 경제에, 재생산을 생산에, 비인간 자연을 '인간 사회'에 복종시키는 금융화된 자본주의를 극복하는 것이죠. 하지만 이번에는 해방과 사회 보호, 둘 중 어느 하나도 희생시켜선 안 돼요. 그러려면 더 나아가, 자본주의 사회를 구성하는 제도적 분리를 새롭게 다시 고안해야 해요. 그런 새로운 발명의 결과가 과연 자본주의와 어떻게든 화합할 수 있을지는 두고 봐야겠죠.

예기   선생님의 열정에는 정말로 존경을 표해요. 하지만 방금 발언은 약간, '모순의 첨예화'를 바라는 구식 좌파 전략처럼 들려요. 이 전략이 항상 좋은 결과를 낳았던 것은 아니에요. 로자 룩셈부르크는 "사회주의냐, 야만이냐"라는 양자택일을 제시했지만, 그렇다고 선택지가 이것만으로 제한될 수는 없겠죠. 그런데도 우리의 의견이 일치하는 대목은 현 상황의 결말이 열려 있다는 거예요. 그리고 양자택일을 넘어서는 해방적 기획이 없다면, 사람들은 어쩔 수 없이 현재에 고착될 것 같아요. 그러면 세상은 더욱 추악해지겠죠.

프레이저   우리가 모순의 첨예화를 바란다는 것은 낡은 반좌파의 헛소리에 불과해요. 모순은 우리의 바람과는 상관없이 첨예해지고 있어요. 진짜 쟁점은 이렇게 격화하는 모순에, 그리고 이와 함께 몰아닥칠 추악한 현실에 대응하는 방식이죠. 이 점에 관해서는 우리의 의견이 일치한다고 믿어요. 만약 지금 변혁적 정치를 추구하지 못한다면, 현재와 같은 궐위기가 장기화할 거예요. 그리고 이렇게 되면, 어떤 젠더에 속하든, 신념이 무엇이든, 피부색이 무엇이든, 모든 노동 대중이 산처럼 쌓이는 스트레스와 건강 악화, 부채 폭증과 장시간 노동, 계급 아파르트헤이트와 사회적 불안정으로 고통받겠죠. 그러면 노동 대중은 유례없이 확장된 병적 증상, 즉 원한에서 비롯되고 희생양 만들기로 표출되는 혐오에, 한바탕 억압이 휩쓸 때마다 폭발하는 폭력에, 연대가 거의 소멸할 지경에 이르는 사악하고 비정한 세상에 몰두하겠죠. 이런 운명을 피하려면, 신자유주의 경제와 분연히 단절해야 할 뿐만 아니라, 근래 들어 신자유주의 경제를 뒷받침하는 역할을 한 다양한 인정 정치와도 결정적으로 단절해야 해요. 단지 배제적인 혈통민족주의만이 아니라 자유주의-능력주의적 개인주의와도 절연해야 하죠. 아주 포용적이고 계급에 민감한 인정 정치와 굳건한 평등주의적 분배 정치를 결합해야만, 우리는 현 위기를 넘어 더 나은 세계로 인도해줄 대항헤게모니 블록을 건설할 수 있어요.

옮긴이의 말

위기를 응시하는 비판 이론의 눈

_장석준

요즘은 '복합위기'라는 말을 일상에서도 흔히 들을 수 있다. 그만큼 여러 가닥의 거대 위기가 동시에 전개되고 있음을 다들 절실히 체감하고 있다. 경제 침체의 장기화와 불평등 증대는 체제 비판 세력이 굳이 강조하지 않아도 될 만큼 진부한 상식이 되었고, 코비드19 팬데믹 같은 감염병 위기가 주기적으로 발생할 가능성이 높다는 심란한 예언에도 어느덧 익숙해졌으며, 특히 한국 사회에서는 출생률 급락과 이에 따른 급속한 고령화로 돌봄 위기나 지역 쇠퇴가 다른 어느 나라보다 더 심각하게 나타나고 있다. 게다가 이 모든 위기의 가닥들을 압도하는 인류 문명사상 초유의 위기인 기후 변화('지구 가열')가 예치치 못한 규모와 속도로 전개되며 인간 사회 전체의 긴장을 높이고 있다. 그러니 이념 성향을 불문하고 누구나 지금이 심각한 복합적 위기 상황임을 인정하지 않을 수 없다.

왜 하필 신자유주의의 전성기가 끝나자마자 이런 국면이 대두한 것인가? 여러 측면에서 다양한 이론 자원을 바탕으로 그 이유를 설명하려는 시도가 제출되고 있지만, 지금까지 전개된 작업 가운데 가장 포괄적이면서 정연하게 복합위기의 양상 전반을 해명하는 사례로는 미국 정치철학자 낸시 프레이저의 자본주의 위기 이론이 돋보인다.

마르크스와 폴라니를 통합하다

1947년생인 프레이저는 1960년대에 미국 사회의 냉전-반공 자유주의 합의를 뒤흔들며 재등장한 좌파 사회운동 흐름과 긴밀한 연관을 맺으면서 새로운 사회이론을 탐구한 사상가 가운데 한 사람이다. 독일 비판 이론 전통에서 큰 영향을 받고 제2세대 여성운동의 부상에 공감한 프레이저는 '분배'에 치중하던 기존의 정의^{正義} 개념과 '인정'을 중요시하는 새로운 사회운동들의 정의 개념을 통합하는 이론 작업에 주력했다. 단순히 두 정의관을 절충하는 게 아니라, 다양한 정체성의 인정과 분배 정의가 서로를 전제해야만 작동할 수 있음을 밝힘으로써 둘의 긴밀한 연관관계를 확인하려 했다. 그리고 원숙기에 들어서서는 이 두 정의 개념에 더해, 분배와 인정에 영향을 끼치는 결정 과정에 만인이 동등하게 '대표'되어야 한다는 점 역시 정의의 또 다른 중요한 차원임을 강조했다. 즉, 분배, 인정, 대표라는 정의의 세 차원이 동시에 보장되어야 한다는 것이 프레이저가 평생에 걸친 사유와 토론을 통해 도달한 결론이다.

어느덧 노년에 접어든 프레이저는 2008년 금융위기 이후 신자유주의의 헤게모니가 흔들리면서 도래한 전방위적 혼란에 전보다 더 활발하게 개입했다. 정의의 복합적 측면을 강조해온 프레이저는 대중의 폭넓은 열망과 욕구에 응답하지 못하는 낡은 계급관념에 갇힌 실천도 비판했지만, 분배 정치의 절박한 필요성에 눈 감은 채 오히려 신자유주의의 정치적 대변자들과 손잡는 정체성 정치 역시 매섭게 비판했다.

프레이저의 이러한 개입은 특히 페미니즘 사상과 운동을 둘러싼 고민과 논쟁, 그리고 트럼프주의의 승리를 낳고 만 미국 정치 현실에 대한 진단과 비판에서 빛을 발했다. 미국의 주류 여성운동, 흑인운동, 성소수자운동 등은 민주당이 단지 정체성에 바탕을 둔 일부 정책을 통해 중간계급 여성이나 유색인, 성소수자에게 혜택을 준다는 이유로 민주당을 지지했다. 하지만 이렇게 사회운동이 신자유주의 지구화-금융화의 한쪽 날개가 된 민주당과 동맹을 맺은 탓에 신자유주의 시기에 생계를 위협받고 존엄을 침해당한 많은 대중이 사회운동에서 대안을 찾기보다는 극우 포퓰리즘 선동에 귀를 기울이기 시작했다. 이런 진단을 바탕으로 프레이저는 민주당-주류 사회운동 식의 '진보적 신자유주의'가 아니라 트럼프 지지 연합의 토대를 허물어뜨리는 '진보적 포퓰리즘'만이 극우 포퓰리즘에 맞선 대안이 될 수 있다고 역설했다.

그런데 프레이저는 복합위기 시대의 쟁점들에 단발적으로 개입하는 데 만족하지 않았다. 2010년대 내내 프레이저는 복합위기의 근본 원인'들'에 관한 통합적 설명을 제시하기 위한 이론 작업을 펼쳤다. 출발점은 두 사람의 '카를^{Karl}', 즉 마르크스와 폴라니의 자본주의 위기 이론을 통합하는 것이었다.

잘 알려져 있듯이, 마르크스는 자본주의 시장경제라는 전경 뒤의 '감춰진 장소'에서 자본이 임금노동자를 착취한다는 사실을 폭로했다. 자본주의에서는 이러한 자본-임노동 관계를 중심으로 일상적으로 계급투쟁이 벌어지며, 이런 조건에서 전개되는 자본 축적은 필연적으로 주기적인 위기와 맞닥뜨린다. 위기의 시기에 계급투쟁은 더욱 첨예한 형태를 띠게 되고, 이는 자본주의 아닌 다른 사회로 나아갈 사회혁명의 가능성을 연다.

한편 폴라니는 자본주의 시장경제가 사회 전체의 존립 기반인 노동, 토지, 화폐에 의존하면서도 이를 상품화하려는 불가능한 시도를 벌인다고 봤다('시장화'). 노동, 토지, 화폐의 상품화는 사회의 존립 자체를 위협하므로 사회는 곧바로 이에 맞서 반격에 나선다('사회의 자기보호'). 노동, 토지, 화폐의 시장화와 이에 맞선 사회의 자기보호라는 '이중운동'이 끊임없이 격렬히 전개되는 탓에 자본주의는 공황, 파시즘, 전쟁 같은 위기에 빠져든다. 마르크스가 계급투쟁을 중요시한 것과 달리, 폴라니의 설명에서는 주된 대립선이 자본주의 시장경제와 사회의 나머지 부분 사이에 있다.

프레이저는 이 두 대표적 자본주의 위기 이론을 통합함으로써 오늘날의 복합위기에 대한 가장 정돈된 설명을 제시한다. 노동력 판매자와 구매자 사이에 대등한 계약이 성립되는 듯 보이는 자본주의 시장경제라는 전경 뒤에 임금노동자에 대한 자본의 착취가 작동하는 '감춰진 장소'를 발견한 것이 마르크스의 기여이지만, 프레이저는 '감춰진 장소'가 이것만이 아니라고 지적한다. 자본-임노동 관계의 이면에 또 다른 '감춰진 장소'들이 있다.

자본이 임금노동을 착취함으로써 이윤을 획득하고 축적을 지속하려면, 사회의 다른 특정한 영역들을 자본주의 경제(착취가 전개되는)와 따로 떼어놓으면서^{division} 동시에 이런 자본주의 경제 '외부'에 의존^{dependence}해야 한다. 첫째, 생산과 사회적 재생산을 분리하고, 주로 여성의 무급 노동으로 이뤄지는 재생산 활동에 의존해 축적을 지속한다. 둘째, 인간과 비인간 자연을 분리하고, 자원 공급원과 폐기물 처리장으로 값싸게 활용되는 비인간 자연에 의존해 수익을 높게 유지한다. 셋째, 착취 대상 대중과 수탈 대상 대중을 특히 인종 구분선을 중심으로 분리하고, 후자의 수탈에 의존해 착취 관계의 비용과 긴장을 구조적으로 줄인다. 넷째, 경제와 정치를 분리하고, 공적 정치에 의존해 축적의 지구적·일국적 토대를 구축한다. 자본주의 경제라는 전경은 이런 배경 조건들에 의존하면서도 이 조건들에 대한 책임은 회피^{disavowal}한다. 그리고 이로 인해 배경 조건들은 지속적으로 불안정^{destabilization}에 빠지며(이상 4'd'), 이런 불안정이 공황이나 계급투쟁과 마찬가지로 자본주의를 위기에 빠뜨린다. 여기에서 '자본주의'란 사회적 재생산, 비인간 자연, 공적 정치 등과 분리된 '자본주의 경제'가 아니라, 이러한 자본주의 경제의 배경 조건들까지 모두 아우르는 '제도화된 사회 질서'로서 '자본주의 사회'다.

자본주의라는 제도화된 사회 질서 내부의 '전경'과 '배경' 사이에는 경계선을 조정하거나 완전히 새로 그으려는 '경계투쟁'이 전개된다. 프레이저는 계급투쟁(마르크스적 투쟁)과 더불어 이러한 경계투쟁(폴라니적 투쟁)이 자본주의의 지속적인 긴장과 모순, 폭발을 낳으며, 자본주의 역사 속에서 반복된 전반적 위기의 원인이 된다고 지적한다. 현재의 복합위기는 다름 아니라 신자유주의적인 자본주의 축적체제가 계급투쟁과 경계투쟁을 제어할 헤게모니적 역량을 잃음으로써 자본주의의 전경과 배경들의 모순이 한꺼번에 폭발한 상황, 즉 다시 도래한 자본주의의 전반적 위기라는 것이다.

이러한 프레이저의 자본주의 위기 이론은 우리 시대에 경제위기, 불평등위기, 돌봄위기, 감염병위기, 전쟁위기, 정치위기 그리고 기후위기 등이 서로 얽혀 동시에 엄습할 수밖에 없는 사정을 잘 설명해준다. 과거에 이런 식의 전반적 위기는 기존 자본주의 축적 체제를 대신할 새로운 축적 체제의 등장으로 이어졌다. 18세기 말에서 19세기 초에 이르는 '혁명의 시대'(에릭 홉스봄)를 겪으며 중상주의적 자본주의가 저물고 자유주의-식민주의적 자본주의가 부상했으며, 20세기 전반의 세계대전과 혁명, 대공황을 거쳐 국가-관리 자본주의가 등장했고, 1970년대의 스태그플레이션 위기를 계기로 신자유주의적 자본주의 시대가 시작됐다.

다만 오늘날의 복합위기가 지구화-금융화된 자본주의를 대신할 새 축적 체제를 낳을지는 미지수다. 프레이저는 이번에는 결말이 자본주의의 변형을 통한 수명 연장과는 다른 방향일 수 있다고 전망한다. 다름 아니라 산업화 이후 대기 내 탄소량 증대를 통해 계속 누적되기만 하다가 이제야 폭발한 낯선 위기, 기후 변화 때문이다. 다른 모든 위기의 긴장도를 높이면서 새로운 축적 체제의 안착을 교란하는 기후위기 탓에 전반적 위기가 유례없이 장기화할 가능성이 높다.

더욱 선명해지는 21세기 비판 이론

앞에 요약한 프레이저의 자본주의론은 『좌파의 길: 식인 자본주의에 반대한다』(장석준 옮김, 서해문집, 2023. 원제 *Cannibal Capitalism*)에 정리되어 있다. 그런데 이 논의를 상세히 소개하는 책이 하나 더 있다. 바로 여기에 옮긴 낸시 프레이저와 라엘 예기의 『포식하는 자본주의』(원제 *Capitalism*)다.

사실 출간 시점만 놓고 보면, 2018년에 나온 『포식하는 자본주의』가 2023년에 나온 『좌파의 길』보다 먼저다. 다만 『좌파의 길』의 각 챕터가 2010년대에 발표된 프레이저의 논문들에 바탕을 두고 있으니, 출간의 선후가 그리 중요하지는 않은 것 같다. 『좌파의 길』이 몇 년이라도 더 뒤에 나왔기에 좀 더 세공되거나 추가된 내용(가령 팬데믹에 관한 고찰 등)을 담고 있기는 하지만, 『포식하는 자본주의』에서도 프레이저의 자본주의론은 이미 완성된 상태다. 두 책을 함께 읽은 독자라면 누구나 각 저작에 개진된 프레이저의 주장에 커다란 차이가 없다고 느낄 것이다.

그렇다면 단박에 고개를 갸우뚱하며 이렇게 물을 이들이 있을 법하다. "『좌파의 길』이 이미 번역되어 널리 읽히는 마당에 『포식하는 자본주의』를 뒤늦게 다시 읽어야 할 이유가 뭐란 말인가?" 이것은 역자 자신이 이 책을 처음 펼쳤을 때 품었던 의문이기도 하다. 그러나 두 저자가 펼치는 대화에 빠져들면서 이런 의문은 눈 녹듯 사라졌다. 설령 『좌파의 길』을 읽었더라도 이 책까지 반드시 함께 읽어야 할 이유를 단번에 확인할 수 있었다.

가장 간명한 이유는 이 책이 프레이저만의 저작이 아니라 라엘 예기가 참여한 공동 저작이라는 데 있다. 프레이저와 달리 예기는 아직 국내에 생소한 이름이다. 저작이 우리말로 소개된 바 없다. 1966년생이며 스위스인인 예기는 비판 이론 제3세대를 대표하는 사회철학자 악셀 호네트의 제자다. 베를린 자유대학과 프랑크푸르트 대학에서 수학했고, 마르크스의 '소외' 개념을 현대적으로 재구성한 논문으로 박사학위를 받았다. 예기는 프랑크푸르트학파와 운명처럼 엮인 주제인 소외론을 새롭게 전개함으로써 비판 이론 제4세대의 가장 촉망받는 학자로 떠올랐다. 이후 예기는 삶의 형태들 가운데 특정한 한 형태로서 자본주의를 비판하는 교수자격 논문을 집필했고, 2009년부터 베를린 훔볼트대학에서 정치·사회철학 교수로 재직하고 있다. 예기의 박사학위 논문과 교수자격 논문은 각각 *Alienation*[소외](Columbia University Press, 2014)과 *Critique of Forms of Life*[삶의 형태 비판](Harvard University Press, 2018)로 번역되어 영어권에 소개됐다. 프레이저가 오랫동안 재직한 '사회 연구를 위한 뉴스쿨'은 독일 비판 이론 진영과 긴밀히 교류해왔는데, 예기 역시 2015~2016년에 이 학교에 교환교수로 있었다. 따라서 프레이저와 예기는 국제 비판 이론 진영 안에서 학문적 동지이자 사제 관계에 있다고 할 수 있다.

『포식하는 자본주의』는 이런 이력을 지닌 예기와 프레이저가 나눈 치열한 대화의 기록이다. 한국 사회에서 스승과 제자의 관계라면 으레 그러려니 할, 예의를 차리며 맞장구만 치는 대화가 아니다. 책 전체가 주로 프레이저의 이론 작업을 소개하는 데 치중하기는 하지만, 예기는 스승 격인 인물이 편하게 자기 주장만 꺼내고 넘어가도록 놔둘 생각이 없다. 때로 너무 꼬투리를 잡는 것 아닌가 싶을 정도로 거듭 의문을 던지고 날카로운 반론을 제시한다. 가령 독일 비판 이론의 다른 거장들, 하버마스나 호네트의 입장과 프레이저의 주장 사이의 긴장과 충돌을 선명히 부각시킨다. 그런가 하면 프레이저의 가장 중요한 실천적 결론인 진보적 포퓰리즘에 거리를 두면서 좌파가 여전히 기존의 중도파나 정체성 정치와 연대할 필요가 있지 않느냐고 반문한다. 덕분에 두 저자가 나누는 대화는 시종일관 긴장을 잃지 않으며, 미처 예상하지 못한 제3의 논점이나 새로운 영감을 던져주는 논의로 도약하곤 한다.

다만 아쉬운 것은 공저라고는 해도 프레이저의 논의가 차지하는 비중이 크다는 점이다. 예기의 독창적 주장은 제3장 「자본주의를 비판한다」에 한정된다. 제3장에서 예기 사상의 핵심인 소외론이나 삶의 형태 비판 등을 아주 간략히 맛만 볼 수 있을 뿐이다. 국내에 이미 어느 정도 소개된 비판 이론 제4대의 다른 학자, 하르트무트 로사와 마찬가지로 현대 자본주의 비판에 중요한 이론 자원을 제공하는 사회철학자인만큼, 이후에 비판 이론 전공자들에 의해 본격적으로 번역, 논의되어야 하지 않을까 한다.

아무튼 예기가 이렇게 만만하지 않은 대담자의 역할을 충실히 수행해준 덕택에 프레이저의 발언들도 이 책만의 특징과 미덕을 얻게 된다. 우선 『좌파의 길』을 일관하는 압축적 서술과 달리, 『포식하는 자본주의』에서는 프레이저의 이론적 명제들이 훨씬 상세하게 펼쳐진다. 『좌파의 길』이 체계를 잘 갖춘 이론서라면, 이 책은 그 이론에 대해 독자들이 꼭 참고해야 할 해설서라 할 만하다. 프레이저의 자본주의론을 보다 정확히 이해하기 위해 반드시 점검하고 넘어가야 할 논의들이 『포식하는 자본주의』에 담겨 있다. 예를 들면, 프레이저의 자본주의 '경제'/'배경조건' 도식이 하버마스의 '체계'/'생활세계'론과 유사하지 않느냐는 예기의 문제 제기에 적극적으로 반론하는 대목이 그렇다. 『좌파의 길』이 나온 뒤에 국내외에서 프레이저의 이론이 하버마스의 체계/생활세계론을 변주한 데 불과하다는 비판이 심심치 않게 대두했는데, 『포식하는 자본주의』를 보면 이런 비판이 프레이저의 자본주의론에서 어떤 대목을 오해 또는 간과했는지 쉽게 확인할 수 있다.

또한 『포식하는 자본주의』는 『좌파의 길』에는 생략된 다소 시론적인, 하지만 상당히 풍부한 영감을 던져주는 논의들을 포함하고 있다. 예컨대 제4장 「자본주의에 맞서 겨룬다」에서 프레이저가 경계투쟁의 두 형태인 수긍적 경계투쟁과 변형적 경계투쟁을 구별하는 대목이나, 좁은 의미의 계급 개념을 넘어서 경계투쟁의 여러 주체들, 가령 사회적 재생산의 주체들까지 포괄하는 계급 개념을 타진하는 대목이 그렇다.

아울러, 자본주의가 도대체 어떤 이유에서 비판받아야 하는지 따지는 제3장의 내용도 주목할 만하다. 자본주의가 스스로를 제약하고 위기에 빠뜨린다는 기능주의적 비판이나 자본주의가 불의와 불평등을 낳는다는 도덕적 비판은 우리에게 이미 익숙하다. 그러나 프레이저와 예기는 이런 낯익은 관점을 넘어 자유의 근본적 제약이나 왜곡, 집단적 학습과정의 차단, 역사적 계승의 교란 같은 다양한 논점을 제시한다. 특히 역자는 프레이저의 다음 같은 발언에서 21세기에도 계속 회자되고 지지를 받을 만한 자본주의 비판의 가장 현대적이고 설득력 있는 논거를 발견했다.

> 자본주의 아래에서 우리는 자신이 누구인지, 혹은 어떤 사람이 되려 하는지에 관한 근본적 결정, 그리고 삶의 형태가 어떠해야 하는지에 관한 근본적 결정에 참여할 능력이 없다고 치부돼요. 그래서

우리의 민주주의는 처참하게 훼손되죠. 방금 말한 종류와 규모의 결정은 본래 민주적으로 조직되어야 하거든요. 자본주의는 정치 의제를 제한함으로써 민주주의의 날카로움이 무뎌지게 만들죠. 자본주의는 마땅히 중요한 정치 사안으로 다뤄져야 할 것을 '경제적'이라 치부한 뒤에 '시장의 힘'에 맡겨버려요. 하지만 이게 전부가 아니죠. 사회적 잉여의 사적 전유는 우리의 자율성, 즉 집단적인 삶의 과정의 공동 창작자라는 적극적인 역할을 떠맡을 집단적 능력 또한 제한해요. 자본주의는 우리가 사회의 잉여와 관련하여 자율성을 행사하지 못하게 막아요. 말하자면 여기에는 최소한 세 가지 관념, 즉 참여, 민주주의, 자율성이 함축돼 있죠. (242쪽)

* * *

번역과 관련하여 몇 마디 덧붙이면, 일단 두 저자의 대담임을 실감할 수 있게 대화 분위기를 살리려고 노력했다. 그리고 이 책과 자매 관계에 있는 『좌파의 길』과 용어를 최대한 통일하려 했다. 또한 비록 대담 형식을 취하더라도 엄연한 사회과학 저작인 만큼, 이제까지 학계에서 더 나은 번역어를 찾으려고 애써온 결과를 반영하려 했다. 가령 폴라니가 창안한 'embedded'라는 표현은 폴라니의 대표작 『거대한 전환』의 한국어 번역(홍기빈 옮김, 길, 2009)에 맞춰 모두 '묻어 들어 (있다)'로 옮겼다. 오랫동안 '사회 구성체'로 번역돼온 'social formation'은 '사회 편성'으로 옮겨봤다.

 그러다 보니 난관에 부딪히는 대목도 있었다. 이를테면 'system'

의 번역이 그랬다. 다른 대목에서는 모두 '시스템'이라 옮겼지만, 프레이저의 자본주의론을 하버마스의 체계/생활세계론과 대조하는 부분에서는 그럴 수 없었다. 하버마스의 논적이면서 동시에 하버마스의 후기 사상에 큰 영향을 끼친 니클라스 루만[Niklas Luhmann] 저작들의 한국어본에서 'system' 개념은 '체계'로 번역된다. 이에 따라 하버마스 저작들의 경우에도 'system'은 '체계'로 번역되곤 한다. 이 책에서도, 이런 국내 수용 과정을 존중하여 하버마스의 체계/생활세계론과 관련된 경우에 한해 'system'을 '체계'로 옮겼다.

주

서론 자본주의를 주목한다

1) Rahel Jaeggi, *Alienation*, ed. Frederick Neuhouser and trans. Frederick Neuhouser and Alan E. Smith (New York: Columbia University Press, 2014); Nancy Fraser, "Marketization, Social Protection, Emancipation: Toward a Neo-Polanyian Conception of Capitalist Crisis," in *Business as Usual: The Roots of the Global Financial Meltdown*, ed. Craig Calhoun and Georgi Derlugian (New York University Press, 2011), pp. 137-58; "Can Society Be Commodities All the Way Down? Post-Polanyian Reflections on Capitalist Crisis," *Economy and Society* 43, no. 4 (2014): 541-58; Nancy Fraser, *Fortunes of Feminism: From State-Managed Capitalism to Neoliberal Crisis* (London: Verso, 2013) [국역: 낸시 프레이저, 『전진하는 페미니즘: 여성주의 상상력, 반란과 반전의 역사』, 임옥희 옮김, 돌베개, 2017].

2) Rahel Jaeggi, *Critique of Forms of Life*, trans. Ciaran Cronin (Cambridge, MA: Harvard University Press, 2018); "What (If Anything) Is Wrong with Capitalism? Dysfunctionality, Exploitation, and Alienation: Three Approaches to the Critique of Capitalism," *Southern Journal of Philosophy* 54, Spindel Supplement (2016): 44-65; Nancy Fraser, "Behind Marx's Hidden Abode: For an Expanded Capitalism", *New Left Review* 86 (2014): 55-72[국역: 낸시 프레이저, 『좌파의 길: 식인 자본주의에 반대한다』, 장석준 옮김, 서해문집, 2023. "1장. 걸신들린 짐승: '자본주의'의 재인식 – 왜 우리의 자본주의관을 확장해야 하는가"].

3) G. A. Cohen, *Why Not Socialism?* (Princeton University Press, 2009)[국역: 제럴드 앨런 코헨, 『이 세상이 백 명이 놀러온 캠핑장이라면: 어느 사회주의자의 유언』, 조승래 옮김, 이숲, 2013].

4) Jürgen Habermas, *The Theory of Communicative Action*, 2 vols., trans, Thomas

McCarthy (Boston: Beacon Press, 1984-7 [1981])[국역: 위르겐 하버마스, 『의사소통행위이론』(전2권), 장춘익 옮김, 나남출판, 2006].
5) 이 주제에 관한 정연한 논의로는 다음 글을 볼 것. Timo Jütten, "Habermas and Markets", *Constellations* 20, no. 4 (2013): 587-603.
6) Jürgen Habermas, *The Lure of Technocracy*, trans. Ciaran Cronin (Cambridge, Polity, 2015), p. 88.
7) Axel Honneth, *Freedom's Right: The Social Foundations of Democratic Life*, trans. Joseph Ganahl (Cambridge, Polity, 2014).
8) Frederic Jameson, *Postmodernism, or, The Cultural Logic of Late Capitalism* (Durham: Duke University Press, 1991)[국역: 프레더릭 제임슨, 『포스트모더니즘, 혹은 후기자본주의 문화 논리』, 임경규 옮김, 문학과지성사, 2022]; Carlo Vercellone, "From Formal Subsumption to General Intellect: Elements for a Marxist Reading of the Thesis of Cognitive Capitalism", *Historical Materialism* 15, no. 1 (2007): 13-36.
9) Max Horkheimer, "Postscript" [to "Traditional and Critical Theory"], in *Critical Theory: Selected Essays*, trans. Matthew J. O'Connell (New York: Continuum, 1999), p. 249.
10) Rahel Jaeggi, "A Wide Concept of Economy: Economy as a Social Practice and the Critique of Capitalism", in *Critical Theory in Critical Times: Transforming the Political and Economic Order*, ed. Penelope Deutscher and Cristina Lafont (New York: Columbia University Press, 2017).
11) Fraser, "Struggle over Needs: Outline of a Socialist-Feminist Critical Theory of Late-Capitalist Political Culture"; Nancy Fraser and Linda Gordon, "A Genealogy of 'Dependency': Tracing a Keyword of the US Welfare State"; "After the Family Wage: Gender Equity and the Welfare State", *Fortunes of Feminism*[프레이저, 『전진하는 페미니즘』].
12) Nancy Fraser, "From Redistribution to Recognition? Dilemmas of Justice in a 'Postsocialist' Age," *New Left Review* 212 (1995): 68-93; Nancy Fraser and Axel Honneth, *Redistribution or Recognition? A Political and Philosophical Exchange*, trans. Joel Golb, James Ingram, and Christiane Wilke (London: Verso, 2003)[국역: 낸시 프레이저, 악셀 호네트, 『분배냐, 인정이냐?』, 김원식, 문성훈 옮김, 사월의책, 2014].
13) Jaeggi, *Critique of Forms of Life*.
14) Karl Marx, "Letter to A. Ruge", September 1843[국역: 칼 마르크스, 『마르크스의 초기 저작: 비판과 언론』, 전태국 외 옮김, 열음사, 1996. "《독불연보》에 실린 편지들", 331쪽].

1장 자본주의를 개념화한다

1) Peter A. Hall and Davis Soskice (eds.), *Varieties of Capitalism: The Institutional Foundations of Competitive Advantage* (Oxford University Press, 2001).
2) Karl Marx, *Capital*, vol. I [1867].
3) Theodor Adorno, "Beitrag zur Ideologienlehre", in *Soziologische Schriften I, Gesammelte Schriften*, vol. VIII (Frankfurt am Mein: Suhrkamp, 1997), p. 465[국역: 테오도르 W. 아도르노, 『사회학 논문집 1』, 문병호 옮김, 세창출판사, 2017. "이데올로기론에 대한 기고"].
4) Max Weber, *The Protestant Ethic and the Spirit of Capitalism*, trans. Talcott Parsons (New York: Routledge, 2005[1930]), 예컨대 p. 124[국역: 막스 베버, 『프로테스탄티즘의 윤리와 자본주의 정신』, 김덕영 옮김, 길, 2010].
5) Werner Sombart, *Der modern Kapitalismus. Historich-systematische Darstellung des gesamteuropäischen Wirtschaftslebens von seinen Anfängen bis zur Gegenwart*, 3 vols. (Munich: Duncker & Humbolt, 1902-28).
6) Elizabeth Gaskell, *North and South* (Ware: Wordsworth Editions, 1994 [1855])[국역: 엘리자베스 개스켈, 『북과 남』, 민승남 옮김, 문학동네, 2023].
7) Nancy Fraser, "What's Critical About Critical Theory? The Habermas and Gender", *New German Critique* 35 (Spring/Summer 1985): 97-131. Fraser, *Fortunes of Feminism*에 재수록[『전진하는 페미니즘』, "1. 비판이론에 대한 비판: 하버마스 이론과 젠더의 사례"].
8) Karl Polanyi, *The Great Transformation: The Political and Economic Origins of Our Time* (Boston: Beacon Press, 2001 [1944]), pp. 45-70[국역: 칼 폴라니, 『거대한 전환: 우리 시대의 정치·경제적 기원』, 홍기빈 옮김, 2009].
9) James C. McKinley, Jr., "Conservatives on Texas Panel Carry the Day on Curriculum Change," *New York Times*, March 13, 2010, A10.
10) Valerie Vande Panne, "Life without Money in Detroit's Survival Economy," *Bloomberg*, January 12, 2017, at https://www.bloomberg.com/news/features/2017-01-12/life-without-money-in-detroit-s-survival-economy; Liz Alderman, "Paying in Olive Oil," *New York Times*, September 24, 2015, B1.
11) Immanuel Wallerstein, *Historical Capitalism, with Capitalist Civilization* (London: Verso, 1996), 특히 pp. 26-43[국역: 이매뉴얼 월러스틴, 『역사적 자본주의/자본주의 문명』, 나종일, 백영경 옮김, 창비, 1993].
12) Polanyi, *The Great Transformation*, 특히 pp. 71-80, 136-40, 201-6[폴라니, 『거대한 전환』]; Fraser, "Can Society Be Commodities All the Way Down?"
13) Jaeggi, *Critique of Forms of Life*; Jaeggi, "What (If Anything) Is Wrong with Capitalism?": 44-65.
14) Polanyi, *The Great Transformation*, 특히 pp. 71-80[폴라니, 『거대한 전환』]; Fraser, "Can

Society Be Commodities All the Way Down?"

15) G. W. Hegel, *Elements of the Philosophy of Right*, trans. H. B. Nisbet and ed. Allen W. Wood (Cambridge University Press, 1991 [1821])[국역: 게오르그 빌헬름 프리드리히 헤겔, 『법철학』, 임석진 옮김, 한길사, 2008]. 나[프레이저]는 헤겔의 이 저작이 사회계약이론과 대립한다고 독해한다. 이 책에서 헤겔은 사회가 전면적으로 계약을 맺을 수는 없다고 주장하며, "추상적 권리"가 반드시 "윤리적 삶"이라는 좀 더 광범한 맥락 안에 묻어들어가야 한다는 논점을 부각시킨다. 이런 입장에 따른 보다 상세한 해석으로는 다음 글을 볼 것. Michel Rosenfeld, "Hegel and the Dialectic of Contract", *Cardozo Law Review* 10 (1989): 1199-1269.

16) Piero Sraffa, *The Production of Commodities by Means of Commodities: Prelude to a Critique of Economic Theory* (London: Cambridge University Press, 1975).

17) Karl Marx, *Capital*, vol. II [1893].

18) Polanyi, *The Great Transformation*, pp. 71-80[폴라니, 『거대한 전환』].

19) Karl Marx, *Capital*, vol. I [1867]; Marx, "Results of Direct Production Process" [c.1864][국역: 카를 마르크스, 『경제학 노트』, 김호균 옮김, 1988. "직접적 생산과정의 제결과"].

20) Polanyi, *The Great Transformation*, pp. 59-80[폴라니, 『거대한 전환』].

21) Marx, *Capital*, vol. I, pp. 270-307.

22) Jaeggi, "A Wide Concept of Economy: Economy as a Social Practice and the Critique of Capitalism," in *Critical Theory in Critical Times*, ed. Penelope Deutscher and Cristina Lafont (New York: Columbia University Press, 2017), pp. 160-79, 173-5.

23) Marx, *Capital*, vol. I, pp. 704-61.

24) Marx, *Capital*, vol. I, pp. 185-6.

25) Marx, *Capital*, vol. I, pp. 704-7.

26) David Harvey, "The 'New' Imperialism: Accumulation by Dispossession", *Socialist Register* 20 (2004): 63-87[국역: 데이비드 하비, 『데이비드 하비의 세계를 보는 눈』, 최병두 옮김, 창비, 2017. "9장 신제국주의: 탈취에 의한 축적"].

27) Friedrich Engels, *Origins of the Family, Private Property and the State* [국역: 『가족, 사유재산, 국가의 기원』, 김대웅 옮김, 두레, 2012].

28) Alexandra Kollontai, *Selected Writings* (New York: W. W. Norton, 1977); Sylvia Pankhurst, "A Constitution for British Soviets: Points for a Communist Programme," *Workers' Dreadnought* (June 19, 1920); Pankhurst, "Cooperative Housekeeping," *Workers' Dreadnought* (August 28, 1920); Mariarosa Dalla Costa and Selma James, "Women and the Subversion of Community," in *Materialist Feminism: A Reader in Class, Difference, and Women's Lives*, ed. Rosemary Hennessey and Chris Ingraham (New York: Routledge, 1997), pp. 33-40; Juliet Mitchell, "Women: The Longest Revolution,"

New Left Review 40 (December 1966): 11-37; Angela Y. Davis, "The Approaching Obsolescence of Housework: A Working-Class Perspective," in Davis, *Women, Race and Class* (New York: Random House, 1981); Davis, "Reflections on the Black Woman's Role in the Community of Slaves," *The Massachusetts Review* 13, no. 2 (1972): 81-100; Silvia Federici, *Revolution at Point Zero: Housework, Reproduction, and Feminist Struggle* (Oakland: PM Press, 2012)[국역: 실비아 페데리치, 『혁명의 영점: 가사노동, 재생산, 여성주의 투쟁』, 황성원 옮김, 갈무리, 2013]; Christine Delphy, *Close to Home: A Materialist Analysis of Women's Oppression* (London: Verso, 2016); Eli Zaretsky, *Capitalism, the Family and Personal Life* (New York: Harper & Row, 1976); Maxine Molyneux, "Beyond the Domestic Labor Debate," *New Left Review* 116 (1979): 3-27; Heidi Hartmann, "The Unhappy Marriage of Patriarchy and Capitalism: Toward a More Progressive Union," *Capital & Class* 3, no. 2 (1979): 1-33; Bonnie Fox, ed., *Hidden in the Household: Women's Domestic Labor under Capitalism* (New York: Women's Press, 1980); Linda Nicholson, *Gender and History* (New York: Columbia University Press, 1986); 마거릿 벤스턴(Margaret Benston), 글로리아 조셉(Gloria Joseph), 아이리스 매리언 영(Iris Marion Young)의 고전적 논문들을 비롯한 많은 핵심 문헌이 *Materialist Feminism*(ed. Hennessey and Ingraham)에 수록되어 있다. 다음 책들도 볼 것. Nancy Holmstrom, ed., *The Socialist Feminist Project: A Contemporary Reader in Theory and Politics* (New York: Monthly Review Press, 2002)[국역: 낸시 홈스트롬 편, 『사회주의 페미니즘: 여성의 경제적이고 정치적인 완전한 자유』, 유강은 옮김, 따비, 2019]; Shahrzad Mojab, ed., *Marxism and Feminism* (London: Zed Books, 2015).

29) Lise Vogel, *Marxism and the Oppression of Women: Toward a Unitary Theory* (Chicago: Haymarket, 2014[1983]). "사회적 재생산 페미니즘"에 관해서는 다음을 참조. Barbara Laslett and Johanna Brenner, "Gender and Social Reproduction: Historical Perspectives," *Annual Review of Sociology* 15 (1989): 381-404; Kate Bezanson and Meg Luxton (eds.), *Social Reproduction: Feminist Political Economy Challenges Neoliberalism* (Montreal: McGill-Queen's University Press, 2006); Isabella Bakker, "Social Reproduction and the Constitution of a Gendered Political Economy," *New Political Economy* 12, no. 4 (2007): 541-56; Cinzia Arruzza, "Functionalist, Determinist, Reductionist: Social Reproduction Feminism and its Critics," *Science & Society* 80, no. 1 (2016): 9-30; Susan Ferguson, Genevieve LeBaron, Angela Dimitrakaki, and Sara R. Farris, eds., "Symposium on Social Reproduction," *Historical Materialism* 24, no. 2 (2016): 25-163; and Tithi Bhattacharya (ed.), *Social Reproduction Theory: Remapping Class, Recentering Oppression* (London: Pluto, 2017).

30) Maria Mies, *Patriarchy and Accumulation on a World Scale; Women in the International Division of Labour* (London: Zed Books.1986)[국역: 마리아 미즈, 『가부장제와 자본주의:

여성, 자연, 식민지와 세계적 규모의 자본축적』, 최재인 옮김, 갈무리, 2014].

31) Maria Mies and Veronika Bennholdt-Thomsen, *The Subsistence Perspective Beyond the Globalised Economy* (London: Zed Books, 2000)[국역: 마리아 미즈, 베로니카 벤홀트-톰젠, 『자급의 삶은 가능한가: 힐러리에게 암소를』, 꿈지모 옮김, 동연출판사, 2013]; Maria Mies and Vandana Shiva, *Ecofeminism*, 2nd Edition (London: Zed Books, 2014)[국역: 마리아 미즈, 반다나 시바, 『에코페미니즘』, 손덕수, 이난아 옮김, 창비, 2020].

32) Nancy Fraser, "Marketization, Social Protection, Emancipation", pp. 137-58; Fraser, "Can Society Be Commodities All the Way Down?"

33) James O'Connor, "The Second Contradiction of Capitalism, with an Addendum on the Two Contradictions of Capitalism," in O'Connor, *Natural Causes: Essays in Ecological Marxism* (New York: Guilford Press, 1998), pp. 158-77; John Bellamy Foster, "Marx's Theory of Metabolic Rift: Classical Foundations for Environmental Sociology," *American Journal of Sociology* 105, no. 2 (1999): 366-405; Jason W. Moore, *Capitalism in the Web of Life: Ecology and the Accumulation of Capital* (London: Verso, 2015)[국역: 제이슨 W. 무어, 『생명의 그물 속 자본주의: 자본의 축적과 세계생태론』, 김효진 옮김, 갈무리, 2020]; and Joan Martinez-Alier, *The Environmentalism of the Poor: A Study of Ecological Conflicts and Valuation* (Cheltenham: Edward Elgar, 2003). 다음은 이 전통에 속한 또 다른 주요 저작들이다. Andre Gorz, *Ecology as Politics* (New York: South End Press, 1980); Ariel Salleh, "Nature, Woman, Labor, Capital," *Capitalism, Nature, Socialism* 6, no. 1 (1995): 21-39; Alan Dordoy and Mary Mellor, "Eco-socialism and Feminism: Deep Materialism or the Contradictions of Capitalism," *Capitalism, Nature, Socialism* 11, no. 3 (2000): 41-61; Neil Smith, "Nature as Accumulation Strategy," *Socialist Register* 43 (2007): 16-36; and Andreas Malm, *Fossil Capital: The Rise of Steam Power and the Roots of Global Warming* (London: Verso, 2016)[국역: 안드레아스 말름, 『화석 자본: 증기력의 발흥과 지구온난화의 기원』, 위대현 옮김, 두번째테제, 2023].

34) Foster, "Marx's Theory of Metabolic Rift".

35) Andreas Malm, "Who Lit This Fire? Approaching the History of the Fossil Economy", *Critical Historical Studies* (2016): 216-48; Jason W. Moore ed. *Anthropocene or Capitalocene? Nature, History and the Crisis of Capitalism* (Oakland: PM Press, 2016).

36) Donna J. Haraway, "A Cyborg Manifesto: Science, Technology, and Socialist-Feminism in the Late Twentieth Century", in *Simians, Cyborgs, and Women: The Reinvention of Nature* (New York: Routledge, 1991 [1985]), pp. 149-81[국역: 도나 J. 해러웨이, 『영장류, 사이보그 그리고 여자: 자연의 재발명』, 황희선, 임옥희 옮김, 아르테, 2023].

37) Ellen Meiksins Wood, "The Separation of the Economic and the Political in Capitalism", *New Left Review* 1, no. 127 (1981): 66-95.

38) Giovanni Arrighi, *The Long Twentieth Century: Money, Power and the Origins of Our*

Time (London: Verso, 1994)[국역: 조반니 아리기, 『장기 20세기: 화폐, 권력 그리고 우리 시대의 기원』, 백승욱 옮김, 그린비, 2014].

39) 나[프레이저]는 폴라니와 아렌트의 작업을 자유주의적 자본주의의 정치적 모순에 관한 분석이라 독해한다. 폴라니가 "자기조정 시장"에 의한 황폐화에 맞서 스스로를 보호하려고 분투하는 유럽 사회들을 난파 상태에 빠뜨린 정치적 갈등을 분석했다면, 아렌트는 경제적 동기에 따른 식민주의 프로젝트의 확장적인 초영토적 논리와 정치적 통치의 영토적 논리가 서로 충돌함에 따라 유럽 국가들에 닥친 정치적 기형화를 해부했다. 하버마스는 국가-관리 자본주의를 대상으로 비슷한 작업을 펼쳤으며, 국가-관리 자본주의가 "정당성 위기"를 낳는 경향이 있다고 진단했다. Polanyi, *The Great Transformation*[폴라니, 『거대한 전환』]; Hannah Arendt, *The Origins of Totalitarianism* (New York: Harcourt, Brace, Jovanovich, 1973), 특히 제대로 평가받지 못한, 제국주의를 다룬 2부[국역: 한나 아렌트, 『전체주의의 기원』(전2권), 박미애, 이진우 옮김, 한길사, 2006]; Jürgen Habermas, *Legitimation Crisis*, trans. Thomas McCarthy (Boston: Beacon Press, 1975). 금융화된 자본주의의 정치적 모순에 관해서는 다음을 참조. Wendy Brown, *Undoing the Demos: Neoliberalism's Stealth Revolution* (Brooklyn: Zone Books, 2015)[국역: 웬디 브라운, 『민주주의 살해하기: 당연한 말들 뒤에 숨은 보수주의자의 은밀한 공격』, 배충효, 방진이 옮김, 내인생의책, 2017]; Colin Crouch, *The Strange Non-Death of Neoliberalism* (Cambridge: Polity, 2011)[국역: 콜린 크라우치, 『왜 신자유주의는 죽지 않는가』, 유강은 옮김, 책읽는수요일, 2013]; Stephen Gill, "New Constitutionalism, Democratisation and Global Political Economy," *Pacifica Review* 10, no. 1 (1998): 23-38; Wolfgang Streeck, *Buying Time: The Delayed Crisis of Democratic Capitalism* (London and Brooklyn: Verso, 2014)[국역: 볼프강 슈트렉, 『시간 벌기: 민주적 자본주의의 유예된 위기』, 김희상 옮김, 돌베개, 2015]; Streeck, "The Crises of Democratic Capitalism," *New Left Review* 71 (2011): 5-29; Streeck, "Citizens as Customers: Considerations on the New Politics of Consumption," *New Left Review* 76 (2012): 27-47; and Nancy MacLean, *Democracy in Chains: The Deep History of the Radical Right's Stealth Plan for America* (New York: Viking, 2017)[국역: 낸시 매클린, 『벼랑 끝에 선 민주주의: 억만장자 코크는 어떻게 미국을 움직여왔는가』, 김승진 옮김, 2019]; Nancy Fraser, "Legitimation Crisis? On the Political Contradictions of Financialized Capitalism," *Critical Historical Studies* 2, no. 2 (2015): 1-33.

40) Marx, *Capital*, vol. I, pp. 704-7.

41) David Harvey, *New Imperialism* (Oxford University Press, 2003)[국역: 데이비드 하비, 『신제국주의』, 최병두 옮김, 한울, 2016]; Rosa Luxemburg, *The Accumulation of Capital* (New York: Routledge, 2003 [1913])[국역: 로자 룩셈부르크, 『자본의 축적』(전2권), 황선길 옮김, 지만지, 2013]; Klaus Dörre, "Social Classes in the Process of Capitalist Landnahme: On the Relevance of Secondary Exploitation," *Socialist Studies* 6, no. 2 (2010): 43-74.

42) 자본주의 태동기의 축장을 넘어 시초 축적 개념을 확대하는 설명으로는 다음 책의 "확대된 시초 축적"에 관한 장을 볼 것. Robin Blackburn, *The Making of New World Slavery: From the Baroque to the Modern, 1492-1800* (London: Verso, 2010).

43) C. L. R. James, *The Black Jacobins* (London: Penguin Books, 1938)[국역: C. L. R. 제임스, 『블랙 자코뱅: 투생 루베르튀르와 아이티혁명』, 우태정 옮김, 필맥, 2007]; W. E. B. Du Bois, *Black Reconstruction in America, 1860-1880* (New York: Harcourt, Brace, 1935); Eric Williams, *Capitalism and Slavery* (Chapel Hill: University of North Carolina Press, 1944) [국역: 에릭 윌리엄스, 『자본주의와 노예제도』, 김성균 옮김, 우물이있는집, 2014]; Oliver Cromwell Cox, *Caste, Class and Race: A Study of Social Dynamics* (New York: Monthly Review Press, 1948); Stuart Hall, "Race, Articulation and Societies Structured in Dominance," in UNESCO, *Sociological Theories: Race and Colonialism* (Paris: UNESCO, 1980), pp. 305-45; Walter Rodney, *How Europe Underdeveloped Africa* (Washington, DC: Howard University Press, 1981); Angela Y. Davis, *Women, Race, and Class* (London: The Women's Press, 1982)[국역: 앤절라 데이비스, 『여성, 인종, 계급』, 황성원 옮김, 아르테, 2022]; Cedric Robinson, *Black Marxism* (Chapel Hill: University of North Carolina Press, 1999). 다음은 흑인 마르크스주의 전통에 속한 또 다른 주요 문헌들이다. Manning Marable, *How Capitalism Underdeveloped Black America* (Brooklyn: South End Press, 1983); Barbara Fields, "Slavery, Race and Ideology in the United States of America," *New Left Review* 1, no. 181 (May-June 1990): 95-118; Robin D. G. Kelley, *Hammer and Hoe: Alabama Communists during the Great Depression* (Chapel Hill: University of North Carolina Press, 1990), and *Race Rebels: Culture, Politics, and the Black Working Class* (New York: Free Press, 1996); David Roediger, *The Wages of Whiteness* (Brooklyn: Verso, 1999); Cornel West, "The Indispensability Yet Insufficiency of Marxist Theory" and "Race and Social Theory," both in *The Cornel West Reader* (New York: Basic Civitas Books, 1999), pp. 213-30 and 251-67, respectively; Adolph Reed, Jr., "Unraveling the Relation of Race and Class in American Politics," *Political Power and Social Theory* 15 (2002): 265-74; and Keeanga-Yamahtta Taylor, *From #Black Lives Matter to Black Liberation* (Chicago: Haymarket, 2016).

44) Jason W. Moore, *Capitalism in the Web of Life: Ecology and the Accumulation of Capital* (London: Verso, 2015)[무어, 『생명의 그물 속 자본주의』].

45) Polanyi, *The Great Transformation*, pp. 144-5[폴라니, 『거대한 전환』].

46) Georg Lukács, "Reification and the Consciousness of the Proletariat", in *History and Class Consciousness: Studies in Marxist Dialectics*, trans. Rodney Livingstone (Cambridge, MA: MIT Press, 1971), pp. 83-222[국역: 죄르지 루카치, 『역사와 계급의식』, 조만영, 박정호 옮김, 지만지, 2015. "4장 사물화와 프롤레타리아트의 의식"].

47) Jaeggi, "A Wide Concept of Economy". 삶의 형태를 실천 중심으로 설명한 다음 책도

볼 것. Jaeggi, *Critique of Forms of Life*.
48) Fraser, "What's Critical About Critical Theory? The Habermas and Gender". Fraser, *Fortunes of Feminism*에 재수록[프레이저, 『전진하는 페미니즘』, "1. 비판이론에 대한 비판: 하버마스 이론과 젠더의 사례"].
49) Jürgen Habermas, *Between Facts and Norms: Contributions to a Discourse Theory of Law and Democracy, trans. William Rehg* (Cambridge, MA: MIT Press, 1996), pp. 39-40[국역: 위르겐 하버마스, 『사실성과 타당성: 담론적 법이론과 민주적 법치국가 이론』, 박영도, 한상진 옮김, 나남출판, 2007].
50) Jens Beckert, "Die sittlich Einbettung der Wirtschaft. Von der Effizienz und Differenzierungstheorie zu einer Theorie wirtschaftlicher Felder", *Berliner Journal für Soziologie* 22, no. 2 (2012): 247-66.
51) Nancy Fraser, "Distorted Beyond All Recognition: A Rejoinder to Axel Honneth", in Fraser and Honneth, *Redistribution or Recognition?*[프레이저·호네트, 『분배냐, 인정이냐?』, "3부. 과도한 왜곡: 악셀 호네트에 대한 응답"].

2장 자본주의를 역사화한다

1) Thomas Kuhn, *Structure of Scientific Revolutions*, 2nd Edition (University of Chicago Press, 1962)[국역: 토머스 새뮤얼 쿤, 『과학혁명의 구조』, 김명자, 홍성욱 옮김, 까치, 2013]; Richard Rorty, *Philosophy and the Mirror of Nature* (Princeton University Press, 1979), pp. 320-32[국역: 리처드 로티, 『철학 그리고 자연의 거울』, 박지수 옮김, 까치, 1998].
2) Karl Marx and Friedrich Engels, *The German Ideology* [1845-6][국역: 카를 마르크스, 프리드리히 엥겔스, 『독일 이데올로기』(전2권), 이병창 옮김, 먼빛으로, 2019]. 다음 글도 볼 것. Louis Althusser, "Ideology and Ideological Apparatus", in *Lenin and Philosophy and Other Essays* (New York: Monthly Review Press, 1971)[국역: 루이 알튀세르, 『레닌과 철학』, 박진수 옮김, 백의, 1997. "이데올로기와 이데올로기적 국가기구"].
3) Göran Therborn, *Between Sex and Power: Family in the World, 1900-2000* (New York: Routledge, 2004).
4) Max Weber, "Religious Rejections of the World and Their Directions", in *From Max Weber: Essays in Sociology*, ed. H. H. Gerth and C. Wright Mills (New York: Oxford University Press, 1946), pp. 323-59[국역: 막스 베버, 『막스 베버 선집』, 임영일 외 옮김, 1991. "세계종교의 경제윤리"]; Habermas, *The Theory of Communicative Action*, vol. Ⅰ, pp. 243-71[하버마스, 『의사소통행위이론 1』].
5) Brian Milstein, "Thinking Politically about Crisis: A Pragmatist Perspective", *European Journal of Political Theory* 14, no. 2 (2015): 141-60.

6) 이러한 문제-해결 역학에 관한 폭넓은 논의로는 다음 책을 볼 것. Jaeggi, *Critique of Forms of Life*. 특히 2부 4장과 4부.
7) Alain Lipietz, "Behind the Crisis: The Exhaustion of a Regime of Accumulation," *Review of Radical Political Economics* 18, nos. 1-2 (1986): 13-32; Robert Boyer, *La Théorie de la Régulation: une analyse critique* (Paris: La Découverte, 1986); Robert Boyer and Yves Saillard (eds.), *Régulation Theory: The State of the Art* (New York: Routledge, 2002); Michel Aglietta, *A Theory of Capitalist Regulation: The US Experience*, trans. David Fernbach (London: Verso, 2015 [1976]).
8) Stephen Gill, "New Constitutionalism, Democratisation and Global Political Economy", *Pacifica Review* 10, no. 1 (1998): 23-38.
9) Immanuel Wallerstein, *The Modern World-System Analysis* (Durham: Duke University Press, 2004)[국역: 이매뉴얼 월러스틴, 『월러스틴의 세계체제분석』, 이광근 옮김, 당대, 2005].
10) Harvey, "The 'New' Imperialism: Accumulation by Dispossession", *Socialist Register* 40 (2014): 63-87[하비, 『데이비드 하비의 세계를 보는 눈』].
11) Nancy MacLean, *Democracy in Chains: The Deep History of the Radical Right's Stealth Plan for America* (New York: Viking, 2017)[매클린, 『벼랑 끝에 선 민주주의』].
12) Colin Crouch, *Post-Democracy* (Cambridge: Polity, 2004)[국역: 콜린 크라우치, 『포스트 민주주의: 민주주의 시대의 종말』, 이한 옮김, 미지북스, 2008].
13) Wolfgang Streeck, *Buying Time: The Delayed Crisis of Democratic Capitalism*, trans. Patrick Camiller (London: Verso, 2014)[슈트렉, 『시간 벌기』].
14) Habermas, *The Theory of Communicative Action*, vol. II [하버마스, 『의사소통행위이론 2』].
15) Ava Baron, "Protective Labor Legislation and the Cult of Domesticity," *Journal of Family Issues* 2, no. 1 (1981): 25-38; Nancy Woloch, *A Class by Herself: Protective Laws for Women Workers, 1890s-1990s* (Princeton University Press, 2015).
16) Paul Ginsborg, *Family Politics: Domestic Life, Devastation and Survival, 1900-1950* (New Haven: Yale University Press, 2014).
17) Wolfgang Streeck, "Citizens as Customers", *New Left Review* 76 (2012): 27-47.
18) Luc Boltanski and Éve Chiapello, *The New Spirit of Capitalism*, trans. Gregory Elliott (London: Verso, 2013).
19) Nancy Fraser, "The End of Progressive Neoliberalism," *Dissent*, January 2, 2017 (https://www.dissentmagazine.org/online_articles/progressive-neoliberalism-reactionary-populism-nancy-fraser).
20) Arlie Russell Hochschild, "Love and Gold," in *Global Woman: Nannies, Maids, and Sex Workers in the New Economy*, ed. Arlie Russell Hochschild and Barbara Ehrenreich

(New York: Henry Holt and Co., 2003), pp. 15-30.
21) Nancy Fraser, "Contradictions of Capital and Care," *New Left Review* 100 (2016): 99-117; Courtney Jung, *Lactivism: How Feminists and Fundamentalists, Hippies and Yuppies, and Physicians and Politicians Made Breastfeeding Big Business and Bad Policy* (New York: Basic Books, 2015), esp. pp. 130-1; Sarah Kliff, "The Breast Pump Industry Is Booming, Thanks to Obamacare," *Washington Post*, January 4, 2013 (https://www.washingtonpost.com/news/wonk/wp/2013/01/04/the-breast-pump-industry-is-booming-thanks-to-obamacare/); Mark Tran, "Apple and Facebook Offer to Freeze Eggs for Female Employees," *The Guardian*, October 15, 2014 (https://www.theguardian.com/technology/2014/oct/15/apple-facebook-offer-freeze-eggs-female-employees); Anna North, "Is Egg Freezing Really a Benefit?" *New York Times*, October 15, 2014 (https://op-talk.blogs.nytimes.com/2014/10/15/is-egg-freezing-really-a-benefit); Michael S. Schmidt, "Pentagon to Offer Plan to Store Eggs and Sperm to Retain Young Troops," *New York Times*, February 4, 2016 (https://www.nytimes.com/2016/02/04/us/politics/pentagon-to-offer-plan-to-store-eggs-and-sperm-to-retain-young-troops.html); Rebecca Mead, "Cold Comfort: Tech Jobs and Egg Freezing," *New Yorker*, October 17, 2014 (https://www.newyorker.com/news/daily-comment/facebook-apple-egg-freezing-benefits); Natalie Lampert, "New Fertility Options for Female Soldiers," *The Atlantic*, February 29, 2016 (https://www.theatlantic.com/health/archive/2016/02/fertility-women-soldiers/471537).
22) Mies, *Patriarchy and Accumulation on a World Scale*[미즈, 『가부장제와 자본주의』].
23) Marx and Engels, *The German Ideology*, p. 31.
24) Walter Benjamin, "Thesis on the Philosophy of History", in *Illuminations: Essays and Reflections*, ed. Hannah Arendt and trans. Harry Zohn (New York: Schocken Books, 2007 [1950]), pp. 253-64, 259[국역: 발터 벤야민, 「역사의 개념에 대하여」, 『발터 벤야민 선집 5: 역사의 개념에 대하여/폭력비판을 위하여/초현실주의 외』, 최성만 옮김, 길, 2008].
25) Foster, "Marx's Theory of Metabolic Rift".
26) 필리프 데스콜라(Philippe Descola)가 이에 관해 탁월한 설명을 제시하며, 캐럴린 머천트(Carolyn Merchant)도 자신의 고전적 저작에서 이러한 발전에 숨어 있는 젠더적 함의를 드러낸다. Philippe Descola, *Beyond Nature and Culture*, trans. Janet Lloyd (University of Chicago Press, 2014); Carolyn Merchant, *The Death of Nature: Women, Ecology, and the Scientific Revolution* (San Francisco: HarperOne, 1990 [1980])[국역: 캐롤린 머천트, 『자연의 죽음』, 전규찬, 이윤숙, 전우경 옮김, 미토, 2005].
27) William Cronon, *Nature's Metropolis: Chicago and the Great West* (New Yorl: W. W. Norton & Co., 1992).
28) James O'Connor, "Capitalism, Nature, Socialism: A Theoretical Introduction",

Capital, Nature, Socialism 1. no. 1 (1998): 11-38.

29) Moore, *Capitalism in the Web of Life*[무어, 『생명의 그물 속 자본주의』].

30) Moore, *Capitalism in the Web of Life*.

31) "육체적" 에너지 체제와 "탈육체적" 에너지 체제의 구별에 관해서는 다음 책을 볼 것. J. R. McNeill, *Something New Under the Sun: An Environmental History of the 20th Century* (New York: W.W.Norton, 2000), pp. 10-16[국역: J. R. 맥닐, 『20세기 환경의 역사』, 홍욱희 옮김, 에코리브르, 2008].

32) Jason W. Moore, "Potosí and the Political Ecology of Underdevelopment, 1545-1800," *Journal of Philosophical Economics* 4, no. 1 (2010): 58-103.

33) Andreas Malm, "The Origins of Fossil Capital: From Water to Steam in the British Cotton Industry", *Historical Materialism* 21 (2013): 15-68[참고: 말름, 『화석 자본』].

34) Alf Hornberg, "Footprints in the Cotton Fields: The Industrial Revolution as Time-Space Appropriation and Environmental Load Displacement", *Ecological Economics* 59, no. 1 (2006): 74-81.

35) Mike Davis, "The Origins of the Third World," *Antipode* 32, no. 1 (2000): 48-89; Alf Hornborg, "The Thermodynamics of Imperialism: Toward an Ecological Theory of Unequal Exchange," in Hornborg, *The Power of the Machine: Global Inequalities of Economy, Technology, and Environment* (Lanham, MD: AltaMira, 2001), pp. 35-48; Joan Martinez-Alier, "The Ecological Debt," *Kurswechsel* 4 (2002): 5-16; John Bellamy Foster, Brett Clark, and Richard York, "Imperialism and Ecological Metabolism," in Foster et al., *The Ecological Rift: Capitalism's War on the Earth* (New York: Monthly Review Press, 2011), pp. 345-74.

36) Joan Martinez-Alier, *The Environmentalism of the Poor: A Study of Ecological Conflicts and Valuation* (Cheltenham: Edward Elgar, 2003).

37) Timothy Mitchell, "Carbon Democracy", *Economy and Society* 38, no. 3 (2009): 399-432[참고: 티머시 미첼, 『탄소 민주주의: 화석연료 시대의 정치권력』, 에너지기후정책연구소 옮김, 생각비행, 2017].

38) Mitchell, "Carbon Democracy".

39) Larry Lohmann, "Financialization, Commodification, and Carbon: The Contradictions of Neoliberal Climate Policy", *Socialist Register* 48 (2012): 85-107.

40) Lohmann, "Financialization, Commodification, and Carbon".

41) Martin O'Connor, "On the Misadventures of Capitalist Nature", in *Is Capitalism Sustainable? Political Economy and the Politics of Ecology*, ed. Martin O'Connor (New York: Guilford Press, 1994), pp. 125-151; Martinez-Alier, *The Environmentalism of the Poor*.

42) Marx, *Capital*, vol. I.

43) Judith Shklar, *American Citizenship: The Quest for Inclusion* (Cambridge, MA: Harvard University Press, 1991).
44) 예컨대 다음 책을 볼 것. Mauro Marini, *Dialética de la dependecia* (Mexico City: Ediciones Era, 1973).

3장 자본주의를 비판한다

1) Philippe Van Parijs, "What (if Anything) Is Intrinsically Wrong with Capitalism?", *Philosophica* 34 (1984): 85-102.
2) Karl Marx, *Capital*, vol. III [1894].
3) Daniel Bell, *The Cultural Contradictions of Capitalism* (New York: Basic Books, 1996 [1976])[국역: 다니엘 벨, 『자본주의의 문화적 모순』, 박형신 옮김, 한길사, 2021].
4) Joseph Schumpeter, *Capitalism, Socialism, and Democracy* (New York: Routledge, 2003 [1943]), pp. 121-63[국역: 조지프 슘페터, 『자본주의, 사회주의, 민주주의』, 변상진 옮김, 한길사, 2011].
5) Rahel Jaeggi, "What (if Anything) Is Wrong with Capitalism? Dysfunctionality, Exploitation, Alienation: Three Approaches to the Critique of Capitalism", *Southern Journal of Philosophy* 54, Spindel Supplement (2016): 44-65.
6) Hegel, *Elements of the Philosophy of Right*, pp. 264-7(§§ 240-4)[헤겔, 『법철학』].
7) Thomas McCarthy, "The Critique of Impure Reason: Foucault and the Frankfurt School", in *Critique and Power: Recasting the Foucault/Habermas Debate*, ed. Michael Kelly (Cambridge, MA: MIT Press, 1994), p. 248.
8) Horkheimer, "Traditional and Critical Theory", in *Critical Theory: Selected Essays*, pp. 188-243.
9) Marx, *Capital* vol. I.
10) Karl Marx, *Critique of the Gotha Program* [1875].
11) Georg Lohmann, "Zwei Konzeptionen von Gerechtigkeit in Marx' Kapitalismus kritik", in *Ethik und Marx: Moralkritik und normative Grundlagen der Marxschen Theorie*, ed. Emil Angehrn and Georg Lohmann (Königstein im Taunus: Athenaeum Verlag, 1986), pp. 174-94.
12) Jaeggi, *Alienation*, pp. 22-5, 36-7.
13) Georg Simmel, *The Philosophy of Money*, trans. Tom Bottomore, David Frisby, and Kaethe Mengelberg (New York: Routledge, 2011 [1900])[국역: 게오르그 짐멜, 『돈의 철학』, 김덕영 옮김, 길, 2013]; Sombart, *Der modern Kapitalismus*.
14) Max Weber, *Economy and Society*, 2 vols., ed. Guenther Roth and Claus Wittich

(Berkeley: University of California Press, 1978 [1922]).
15) Hartmut Rosa, *Social Acceleration: A New Critical Theory of Modernity*, trans. Jonathan Trejo-Mathys (New York: Columbia University Press, 2013).
16) Jaeegi, *Alienation*, pp. 11-16.
17) Karl Marx, "Estranged Labor", *Economic and Philosophic Manuscripts of 1844* [국역: 칼 마르크스, 『1844년의 경제학 철학 초고』, 최인호 옮김, 박종철출판사, 1991].
18) Habermas, *Between Facts and Norms*, pp. 99-104, 118-31 [하버마스, 『사실성과 타당성』].
19) Jaeggi, *Critique of Forms of Life*. 다음 책은 인간 자유의 필연적 귀결로서 "전유"에 관한 예기의 이론을 본격적으로 설명하면서 어떻게 소외가 전유의 장애물이 될 수 있는지 밝힌다. Jaeggi, *Alienation*, 특히 pp. 35-40.
20) Karl Marx, *Outlines of the Critique of Political Economy (Grundrisse)* [1857-8] [국역: 카를 마르크스, 『정치경제학 비판 요강』(전3권), 김호균 옮김, 그린비, 2007].
21) Marx, *Outlines of the Critique of Political Economy*; Marx, *Capital*, vol. I
22) Jaeggi, *Alienation*.
23) 헤겔 사상에 보이는 사회적 자유에 관한 설명으로는 다음 책을 볼 것. Frederick Neuhouser, *Foundations of Hegel's Social Theory: Actualizing Freedom* (Cambridge, MA: Harvard University Press, 2003); 사회적 자유의 제도적 공간을 부각시키는 논의로는 다음 책을 볼 것. Honneth, *Freedom's Right*.
24) Max Horkheimer and Theodor W. Adorno, *Dialectic of Enlightenment*, trans. John Cumming (New York: Continuum, 1999 [1944]) [국역: 막스 호르크하이머·테오도르 W. 아도르노, 『계몽의 변증법: 철학적 단상』, 김유동 옮김, 문학과지성사, 2001].
25) Horkheimer and Adorno, *Dialectic of Enlightenment*.
26) Herbert Marcuse, *Eros and Civilization: A Philosophical Inquiry into Freud* (Boston: Beacon Press, 1966) [국역: 헤르베르트 마르쿠제, 『에로스와 문명: 프로이트 이론의 철학적 연구』, 김문환 옮김, 나남출판, 2004].
27) Hannah Arendt, *The Human Condition*, 2nd Edition (University of Chicago Press, 1998, [1958]), pp. 191-4, 230-47 [국역: 한나 아렌트, 『인간의 조건』, 이진우 옮김, 한길사, 2019].
28) Jaeggi, *Critique of Forms of Life*, 5장과 6장.
29) Hegel, *Elements of the Philosophy of Right*, pp. 264-7 (∬ 240-4) [헤겔, 『법철학』].
30) 영어판 편집자 주: 엘리자베스 1세 때 제정된 구빈법을 1795년에 개정하면서 등장한 "스피넘랜드 시스템"은 농촌 빈민이 생계 수준 아래로 추락하지 않도록 임금을 보조해주는 제도였다. 이 제도는 1834년에 폐지되었다. 스피넘랜드 시스템은 날품팔이 노동자의 근로 동기를 약화시키고 고용주의 생활임금 제공 동기도 약화시킨 탓에 궁핍화와 근로 의욕 저하라는 의도하지 않은 결과를 낳았다. 이에 대한 반발로 스피넘랜드 시스템이 폐지되고, 자유로운 노동시장이 수립되기에 이른다. Polanyi, *The Great Transformation*, pp. 81-107 [폴라니, 『거

대한 전환』, 7장 "1795년, 스피넘랜드", 8장 "스피넘랜드 법 이전의 것들, 스피넘랜드 법의 결과들"].

31) Bell, *The Cultural Contradictions of Capitalism*[벨, 『자본주의의 문화적 모순』].

32) Habermas, *Legitimation Crisis; The Theory of Communicative Action*, 2 vols.[하버마스, 『의사소통행위이론』].

33) James O'Connor, "The Second Contradiction of Capitalism, with an Addendum on the Two Contradictions of Capitalism", in O'Connor, *Natural Causes: Essays in Ecological Marxism* (New York: Guilford Press, 1998), pp. 158-77; "Capitalism, Nature, Socialism"; Lise Vogel, *Marxism and the Oppression of Women*.

34) Fraser, "Marketization, Social Protection, Emancipation".

35) Fraser, "Can Society Be Commodities All the Way Down?".

36) Nancy Fraser, "A Triple Movement? Parsing the Politics of Crisis after Polanyi", *New Left Review* 81 (May-June 2013): 119-32.

37) Rahel Jaeggi, "'Resistance to the Perpetual Danger of Relapse': Moral Progress and Social Change", in *From Alienation to Forms of Life: The Critical Theory of Rahel Jaeggi*, ed. Amy Allen and Eduardo Mendieta (University Park: Penn State University Press, 2018).

38) 학습 과정에 관한 충분한 설명으로는 다음 책을 볼 것. Jaeggi, *Critique of Forms of Life*.

39) Alasdair MacIntyre, "Epistemological Crises, Dramatic Narrative, and the Philosophy of Science", *The Monist* 60, no. 4 (1977): 453-72[국역: 알래스데어 매킨타이어, 『철학의 과업』, 박병기, 김민재 옮김, 인간사랑, 2010. "인식론의 위기들과 극적 이야기, 그리고 과학의 철학"].

40) Anthony Giddens, *Central Problems in Social Theory: Action, Structure, and Contradiction in Social Analysis* (London: Macmillan Education, 1979), pp. 131-64[국역: 앤서니 기든스, 『사회이론의 주요 쟁점』, 윤병철, 박병래 옮김, 문예출판사, 1991].

41) Milstein, "Thinking Politically about Crisis".

42) Nancy Fraser, "Abnormal Justice", *Critical Inquiry* 34, no. 3 (2008): 393-422.

4장 자본주의에 맞서 겨룬다

1) Herbert Marcuse, *An Essay on Liberation* (Boston: Beacon Press, 2000 [1969])[국역: 헤르베르트 마르쿠제, 『해방론』, 김택 옮김, 울력, 2004].

2) Karl Marx, "On the Jewish Question" [1843] [국역: 카를 마르크스, 『유대인 문제에 관하여』, 김현 옮김, 책세상, 2021].

3) Diane Elson, "Market Socialism or Socialization of the Market?" *New Left Review* 172

(1988): 3-44.

4) Nancy Fraser, "From Redistribution to Recognition? Dilemmas of Justice in a 'Post-socialist' Age", *New Left Review* 212 (July/August 1995); *Scales of Justice: Reimagining Political Space in a Golbalizing World* (New York: Columbia University Press, 2009)[국역: 낸시 프레이저, 『지구화 시대의 정의: 정치적 공간에 대한 새로운 상상』, 김원식 옮김, 그린비, 2010].

5) André Gorz, *Strategy for Labor: A Radical Proposal*, trans. Martin A. Nicolaus and Victoria Ortiz (Boston: Beacon Press, 1967). 프레이저가 고르의 발상을 적용한 다음 글도 참고할 것. Nancy Fraser, "Social Justice in the Age of Identity Politics: Redistribution, Recognition, and Participation", Fraser and Honneth, *Redistribution or Recognition?*[프레이저·호네트, 『분배냐, 인정이냐?』, "1부. 정체성 정치 시대의 사회 정의: 분배, 인정, 참여"].

6) Sonia E, Alvarez, "Advocating Feminism: The Latin American Feminist NGO 'Boom'", *International Feminist Journal of Politics* 1, no. 2 (1999): 181-95.

7) Uma Narayan, *Disclosing Cultures: Identities, Traditions, and Third World Feminism* (New York: Routledge, 2013), p. 150.

8) Hartmut Rosa, "Cultural Relativism and Social Criticism from a Taylorian Perspective", *Constellations* 3, no. 1 (1996): 39-60.

9) Walter Rodney, *How Europe Underdeveloped Africa* (London; Bogle-L'Ouverture Publications, 1973). 마찬가지로 설득력 있는 재정식화를 제시하는 다음 책도 볼 것. Manning Marable, *How Capitalism Underdeveloped Black Africa* (Cambridge, MA: South End Press, 1983).

10) Dipesh Chakrabarty, *Provincializing Europe: Postcolonial Thought and Historical Difference* (Princeton University Press, 2000)[국역: 디페시 차크라바르티, 『유럽을 지방화하기: 포스트식민 사상과 역사적 차이』, 김택현, 안준범 옮김, 그린비, 2000]; Paul Gilroy, *The Black Atlantic: Modernity and Double Consciousness* (Cambridge, MA: Harvard University Press, 1993).

11) Nancy Fraser, "Why Two Karls Are Better than One: Integrating Polanyi and Marx in a Critical Theory of the Current Crisis", working paper for the DGF-Kollegforscher-innergruppe Postwachstumsgesellschaften, no. 1/2017, Jena (2017).

12) Nancy Fraser, "Legitimation Crisis? On the Political Contradictions of Financialized Capitalism", *Critical Historical Studies* 2, no. 2 (2015): 157-89.

13) Antonio Gramsci, *Selections from the Prison Notebooks*, ed. and trans. Quintin Hoare and Geoffrey Nowell Smith (New York: International Publishers, 1971), p. 276[국역: 안토니오 그람시, 『그람시의 옥중수고』(전2권), 이상훈 옮김, 거름, 1999].

14) Nancy Fraser, "From Progressive Neoliberalism to Trump—and Beyond," *American Affairs* 1, no. 4 (2017): 46-64.

15) Boltanski and Chiapello, *The New Spirit of Capitalism*, pp. 446-7.
16) Nancy Fraser, "Progressive Neoliberalism versus Reactionary Populism: A Hobson's Choice," in *The Great Regression*, ed. Heinrich Geiselberger (Cambridge: Polity, 2017). 축약본은 "The End of Progressive Neoliberalism," *Dissent* (2017).
17) Hester Eisenstein, "A Dangerous Liaison? Feminism and Corporate Globalization", *Science & Society* 69, no. 3 (2005): 487-518; Nancy Fraser, "Feminism, Capitalism, and the Cunning of History", *New Left Review* 56 (2009): 97-117 [국역: 프레이저, 『전진하는 페미니즘』, "9. 페미니즘과 자본주의, 역사의 간계"].
18) Nina Power, *One-Dimensional Woman* (Winchester: Zero Books, 2009), p. 21 [국역: 니나 파워, 『도둑맞은 페미니즘』, 김성준 옮김, 에디투스, 2018].
19) 반젠더주의 그리고 이것이 최근 우익 포퓰리즘과 권위주의의 쇄도와 맺는 관계에 관한 분석으로는 다음 책을 볼 것. Sabine Hark and Paula Irene Villa(eds.), *Anti-Genderismus* (Bielefeld: transcript Verlag, 2015). 풍부한 시사점을 제시하는 분석으로는 다음 글을 볼 것. Eva von Redecker, "'Anti-Genderismus' and Right-Wing Hegemony", *Radical Philosophy* 198 (July/August, 2016): 2-7.
20) Didier Eribon, *Returning to Reims*, trans. Michael Lucey (Kos Angeles: Semiotext(e), 2013) [국역: 디디에 에리봉, 『랭스로 되돌아가다』, 이상길 옮김, 문학과지성사, 2021].
21) Boltanski and Chiapello, *The New Spirit of Capitalism*, pp. 38-40.
22) Oliver Nachtwey, *Die Abstiegsgesellschaft: Über das Aufbegehren in der regressiven Moderne* (Berlin: Suhrkamp, 2016).
23) Pierre Bourdieu, *Distinction: Social Critique of the Judgement of Taste*, trans. Richard Nice (New York: Routledge, 1986) [국역: 피에르 부르디외, 『구별짓기: 문화와 취향의 사회학』(전2권), 최종철 옮김, 새물결, 2005].
24) 영어판 편집자 주: 여기에서 프레이저는, 미국에서 연방정부, 주정부, 지방정부가 노후화된 인프라의 유지·보수에 체계적으로 투자하지 않은 탓에 소수자-흑인 공동체가 막대한 피해를 입은 유명한 사례 둘을 언급하고 있다. 2014년에 미시건 주 플린트(한때 자동차산업의 자랑스러운 중심지였으나 이제는 탈산업화와 도시 쇠퇴의 상징인)의 주민 10만 명은 이런 공공 투자 결핍의 결과로, 상수도의 납 오염에 노출되었다. 로워 나인스 워드는 2005년 8월에 허리케인 카트리나가 미국을 강타했을 때 최대 피해를 입은 뉴올리언스의 한 구역이며, 주민 다수가 흑인이다. 허리케인 카트리나 대응은 준비가 전무했던 데다 중앙 통제가 형편없었으며 대처가 느리고 충분하지 않기도 했지만, 정부가 폭풍 빈도 증가로부터 주민을 보호하는 데 필요한 제방을 오랫동안 신설 또는 유지하지 않았다는 점에서도 악명을 떨쳤다.
25) Erika Runge, *Frauen* (Frankfurt am Mein: Suhrkamp, 1969).
26) Arlie Hochschild, *Strangers in Their Own Land: Anger and Mourning on the American Right* (New York: The New Press, 2016) [국역: 앨리 러셀 혹실드, 『자기 땅의 이방인들: 미국 우파는 무엇에 분노하고 어째서 혐오하는가』, 유강은 옮김, 이매진, 2017].

27) Redecker, "'*Anti-Genderismus*' and Right-Wing Hegemony".
28) Karl Marx, *Contribution to the Critique of Hegel's Philosophy of Law*[국역: 칼 마르크스, 『헤겔 법철학 비판』, 강유원 옮김, 이론과실천, 2011. "헤겔 법철학 비판 서문", 8-9쪽].
29) Max Scheler, *Ressentiment*, trans. Louis Coser (Milwaukee: Marquette University Press, 1994 [1915]).
30) Matthew C. MacWilliams, *The Rise of Trump: America's Authoritarian Spring* (Amherst: The Amherst College Press, 2016); 다음 글도 참고할 것. Peter E. Gordon, "The Authoritarian Personality Revisited: Reading Adorno in the Age of Trump", *boundary 2* 44, no. 2 (2017): 31-56.
31) Linda Martin Alcoff, Cinzia Arruzza, Tithi Bhattacharya, et al., "Women of America: We're Going on Strike. Join Us SoTrump Will See Our Power," *The Guardian*, February 6, 2017, https://www.theguardian.com/commen-tisfree/2017/feb/06/women-strike-trump-resistance-power; Linda Martin Alcoff, Cinzia Arruzza, Tithi Bhattacharya, et al., "We Need a Feminism for the 99%: That's Why Women Will Strike This Year," *The Guardian*, January 27, 2018, https://www.theguardian.com/commentisfree/2018/jan/27/we-need-a-feminism-for-the-99-thats-why-women-will-strike-this-year[참고: 낸시 프레이저, 친지아 아루짜, 티티 바타차리야, 『99% 페미니즘 선언』, 박지니 옮김, 움직씨, 2020].

찾아보기

『1844년의 초고』(마르크스) 239
『가족 정치』(긴스버그) 163
『거대한 전환』(폴라니) 271, 276
『검은 대서양』(길로이) 341
『계몽의 변증법』(아도르노, 호르크하이머) 249
「고타 강령 비판」(마르크스) 231, 233
『독일 이데올로기』(마르크스) 132, 172
『법철학』(헤겔) 58, 223
『북과 남』(개스켈) 50
『사실성과 타당성』(하버마스) 243
『삶의 형태 비판』(예기) 35
『성과 권력 사이』(테르보른) 133
『시간 벌기』(슈트렉) 153
『어떻게 유럽이 아프리카를 저발전시켰는가』(로드니) 339
「유대인 문제에 관하여」(마르크스) 313
『유럽을 지방화하기』(차크라바르티) 341
『의사소통 행위 이론』(하버마스) 26~27, 281
『자기 땅의 이방인들』(혹실드) 379
『자본』(마르크스) 37, 52, 65, 68~71, 239, 241, 247
『자연의 메트로폴리스』(크로넌) 177
『정글』(싱클레어) 267
『정당성 위기』(하버마스) 264
『정치경제학 비판 요강』(마르크스) 239, 246

ㄱ

가사노동 23, 55, 72
가족 이데올로기 167
가족임금 161~166
가치법칙 126~127, 179~180, 291
값싼 자연들 178~180
개스켈, 엘리자베스 C. 50
개인주의 116, 163, 361, 400
격분 138, 224, 391
경계투쟁 136~138, 267, 287, 304~309, 314~318, 342~344
경제주의 30~31, 67
고르, 앙드레 316
고향 상실 392

골드워터, 배리 364
공공선택이론 153
공동체주의 77, 239, 272
공적 권력 83, 129, 144~147, 156, 188, 196
공정함에 대한 열망 209
공짜 95, 172~173, 178, 281
과학혁명 175, 183
전문직-관리직 277, 307, 397
국경 85, 90~91, 148, 384
국제통화기금IMF 147
권위주의 209, 390~391, 393
궐위기 352, 383, 400
규범성 28~29, 103~104, 116~117, 133, 221, 270, 276
그람시, 안토니오 341, 352, 360, 381
근대성 22, 322, 336
금융자본 44, 147, 152, 393
금지주의 318
급진주의 210, 347
기든스, 앤서니 293~294
기후변화 181, 186
긴스버그, 폴 163
길, 스티븐 86, 150
길로이, 폴 341

노동력 46, 54, 60, 89, 95, 208, 303
노동시장 46~47, 62~63, 194, 231, 256, 260
노동조합 146, 164, 199, 329, 361
녹색 자본주의 189
뉴딜 156, 186, 268, 366
능력주의 348, 361, 367, 394, 400

ㄷ

다문화주의 361~362, 366~368
달라 코스타, 마리아로사 72
대규모 사회 이론 27, 34~35
대처, 마거릿 153, 364
데이비스, 앤절라 72, 94
도덕주의 374~377
독점자본주의 43
돌봄 71~72, 115, 128, 165~166, 170, 208, 260, 266, 308~309, 318, 325, 343
동성애자-민족주의 363
두보이스, W. E. B. 94
듀이, 존 293
들뢰즈, 질 22

ㄴ

나라얀, 우마 337
나흐트바이, 올리버 372
난민 91, 188, 200, 353
노동계급 98, 161, 168~169, 189, 196, 307, 311, 348, 355, 369~371, 374, 378~380, 388~389, 394~395, 397
노동귀족 190

ㄹ

러스트 벨트 366, 370, 372~373
레닌주의 328
레이건, 로널드 153, 156, 364
로드니, 월터 94, 339
로만, 게오르크 232
로빈슨, 세드릭 94
로자, 하르트무트 237, 338
로티, 리처드 130, 298

롤스, 존 29
　　좌익 롤스주의자 25
　　칸트-롤스주의 118
루게, 아르놀트 36
루스벨트, 프랭클린 268
루카치, 죄르지 25~26, 101, 104, 276
룩셈부르크, 로자 79, 91~93, 399
룬게, 에리카 379
르펜, 마린 355, 384

ㅁ

마르쿠제, 허버트 250, 305
마르크스 36, 38, 47, 50, 52, 60, 62~65, 68~70, 77~78, 82, 84, 86~87, 89, 92~94, 97, 102, 119, 130~132, 136~138, 172~174, 191~192, 202~203, 218, 225~226, 231~248, 256~258, 282, 283, 386, 290, 296, 313, 317, 336
　　마르크스주의 페미니즘 71~74
　　생태마르크스주의 79, 173, 264
　　신마르크스주의 341
　　헤겔-마르크스주의 28
　　흑인 마르크스주의 93
마르티네스알리에르, 호안 80
맞벌이 165~167, 307
매카시, 토머스 230
매클린, 낸시 86, 153
매킨타이어, 알래스데어 287, 295, 298
맥닐, J. R. 182
맥잡 98, 164, 307
메익신스 우드, 엘렌 84
멜랑숑, 장 뤽 355, 394, 397
명령경제 313
몰규범적 26, 67, 105, 109, 113, 271

무관심 62, 237~238
무력함 61, 248, 391
무어, 제이슨 W. 80, 95, 175, 178~180, 182
무역 143, 145, 197, 351, 357, 366, 384
무역 관련 지적재산권 협정TRIPs 147
무임승차 79, 174, 178
문화다원주의 338
문화적 우월감 369, 374
미시공격 375
미즈, 마리아 72~73, 168
미첼, 줄리엣 72
민족사회주의 386
민주주의 23, 154, 242~245, 323, 327, 333, 339
민중 36, 45, 162, 224, 226, 235, 258, 260~262, 396
밀스틴, 브라이언 135
밀실 85, 152

ㅂ

박탈 → 수탈
반신자유주의 339, 353, 356, 365, 381
버지니아 학파 153
베르첼로네, 카를로 30
베버, 막스 49, 134, 237
베스트팔렌 84~85, 91
베케르트, 옌스 113
벤야민, 발터 172
벤홀트톰젠, 베로니카 73
벨, 대니얼 218, 263~264
보걸, 리스 73, 264
보드리야르, 장 22
보이지 않는 손 112

보호주의 344, 353, 368, 385~387
복지국가 155~156, 161~163, 258, 353
본원 축적 → 시초 축적
볼탕스키, 뤽 163, 360, 370
봉건제 77, 97, 107, 260
봉쇄 248, 254, 287~291, 324
부르디외, 피에르 74, 374
부르주아 사회 52, 168, 224, 260~261, 283, 313, 315
부엔 비비르 → 수막 카우사이
부채 144, 147, 154, 199~200
북미자유무역협정NAFTA 356
분리된 장소 160, 168
분배
    분배 기능 54, 59
    분배 정의 25, 225~227, 231~234
    재분배와 인정 30~33, 357, 362~363, 365~366, 378~383
분할/의존/책임 회피 142, 280
불공정 224, 227, 231, 233
뷰캐넌, 제임스 153, 364
브라운, 웬디 86
브레턴우즈 체제 146~147, 149, 151, 332, 385
브릭스BRICS 199
블레어, 토니 364, 366
비경제
    비경제 영역 117, 268, 276, 281
    비경제적 규범 64, 271
    비경제적 배경 68, 100, 133, 264, 275~276, 290, 324
비지배 273, 322~323
비판 이론 19~21, 25~30, 36, 105, 114, 117~118, 182, 222, 226, 228~230, 235, 238, 254, 264, 296, 305~306, 312, 320, 322

ㅅ

사법화 155
사유재산 45~46, 91, 234
사이보그 82
사회 구성체 → 사회 편성
사회 변혁 137~139, 229, 295, 303, 328, 381
사회 보호 164, 268~269, 271~272, 343~344, 347~348, 357, 373, 383~385
사회 편성 24, 41, 43, 45, 60, 145, 152, 203, 219, 253, 256, 263, 278~280, 282
사회민주주의 155~157, 164, 168, 332, 347, 354
사회성 159, 175
산업사회 284, 333~335
삶의 형태 35~36, 50, 65, 67, 105~106, 108~109, 132, 237, 241, 253~254, 287~288, 336~340, 372
삼중운동 272~273, 343, 350, 353, 360, 364, 373, 383
상징 노동자 366, 374
상품화 54~58, 77, 81~82, 102, 128, 158, 166, 185, 188, 271~272, 308, 318
상호부조 54~55, 325
상호주관성 73, 135
샌더스, 버니 351, 370~371, 382, 389, 394, 397
생산관계 130, 132, 184, 256~257
생산수단 45, 47, 53, 68, 89, 91~92, 95, 317
생산주의 251
생태사회주의 79
생태주의 37

생활세계의 식민화 25, 155, 271, 281, 314, 322
선물 141, 281
세계무역기구WTO 147
세계사회포럼WSF 330
세계시민주의 361, 363, 368, 374
섹슈얼리티 30, 378
셸러, 막스 391
소극적 자유 239, 243, 273
소득 22, 54, 363
소비에트 318
소비주의 54, 156, 163
소외 20, 61, 239~240, 246, 248~251, 392
수막 카우사이 339~340
수요와 공급 64~65, 144
수출자유지대 199
수탈 69, 79, 87~98, 110, 147, 190~200, 205~210, 244, 378
슈뢰더, 게르하르트 364, 366
슈트렉, 볼프강 86, 153~154, 163
슘페터, 조지프 218
스라파, 피에로 60
시간 빈곤 166
시민 88, 91, 147, 162, 192~194, 197~200, 231
시바, 반다나 73
시아펠로, 에브 163, 360, 370
시장
  시장 교환 52, 70, 83
  시장 실패 146
  시장사회 53
  시장사회주의 59, 313
  시장의 힘 23, 60~61, 146, 155, 164, 242, 312
  시장화 56, 60, 82, 164, 238, 271, 343~345, 348, 353, 360

시초 축적 56, 69, 72, 78, 86~87, 91~93, 191
신용 59~60, 83
신용평가기관 147, 149
신자유주의 44, 55, 77, 81, 85, 149, 152, 164, 209, 258, 277, 330, 339~340, 348, 351, 353~358, 362~368, 371~372, 376~378, 381~383, 388, 391~400
신좌파 32, 146, 155, 157, 164, 364, 370
신헌정주의 150
신헤겔주의 74
심층 자기 275
싱클레어, 업턴 267

ㅇ

아나키즘 326~328, 330~331
아도르노, 테어도어 25, 48, 250, 386~387
아렌트, 한나 86, 251, 296, 342
아리기, 조반니 85, 179, 342
아비투스 71, 74, 374, 379
안/바깥 115~116
알바레스, 소냐 330
에리봉, 디디에 369
에이젠스틴, 헤스터 362
에코페미니즘 73
N잡 23
엘슨, 다이앤 314
LGBTQ 권리 348, 361~362, 367~368, 371~373
엥겔스, 프리드리히 72, 159, 332
여성 혐오 388
역사유물론 172, 230, 285

역사적 자연들 175, 178, 185, 303
연결 없는 연결 283
연결에서 벗어나기 275
연대 73, 103, 156, 169~171, 264, 266, 268~270, 325
영국혁명 152
영토국가 23, 83~84, 107, 151
오바마, 버락 357, 362, 376, 382
오코너, 제임스 80, 177~178, 264
오큐파이 월스트리트 326~327, 349, 357, 382
완전고용 146, 258
외곽 경계선 178~180
외화 151
우발성 138~139
우익 포퓰리즘 209, 350, 353~354, 356, 358, 360, 367, 369, 384, 388, 393, 395, 397
원한 209, 353, 374, 378, 390~393
원형적 가치 232
월러스틴, 이매뉴얼 55, 151, 179, 342
위상배열 127, 129, 180
위안의 상패 386~387
윌리엄스, 에릭 94
유럽위원회 150
유럽중앙은행 150
유리 천장 201, 361, 367
이민 91, 151, 156, 188, 226, 352~353, 355, 357
인디그나도스 329
인류세 80
인류 71, 74, 231~233, 245
인적 자본 201, 277
인종주의 86, 186, 189, 198, 202, 207, 209~210, 353~355, 374, 377, 386, 395
인지자본주의 31, 348, 362, 369, 373

인클로저 81~82, 183, 191
인플레이션 154
일을 통한 출세 277
1차적/2차적 모순 201~203
임금노동 70, 72, 75~76, 145, 168, 178, 192~193, 207~208, 233, 302~303

ㅈ

자기 조정적 시장 65, 264
자기 확장 충동 49, 61, 63, 68
자립적 규범주의 27
자본주의의 다양성 42~44
자본주의의 불안정성 37, 57, 78, 82, 85, 100, 130, 142, 264, 266, 281~282, 289, 291
자유로운 개인 47~48, 89, 145, 190, 192, 194~196
자율성 243~244, 311, 314
재생산 비용 79, 89, 95, 98, 146, 178, 194~196, 199, 208, 291
전문직 277, 307, 374, 389, 397
정동 331, 390
정상/비정상 130, 298
정체성 374, 378
정치경제학 30~31
정치의 NGO화 330
정치적 올바름 353, 368, 370, 391
제2차 세계대전 19, 145, 154, 156, 197, 258, 344
제국주의 86, 91, 145, 162, 185, 190, 206, 306, 336~337, 339, 341~343
제도배열 55, 90, 140, 148, 161~162, 165, 206, 278, 315~316
제도화된 사회질서 20, 88, 107~109,

117, 123~124, 126, 129~133, 147, 203, 215, 258, 264, 301~302, 320, 377
제임스, C. L. R. 94
제임스, 셀마 72
제임슨, 프레더릭 30
제조업 31, 146, 153, 159, 164, 185, 187, 193, 303, 348, 356, 361~362, 366, 376
젠더 75, 77~78, 86, 107, 160~164, 167~170, 201, 204~209, 309, 361, 368, 377~378
조절학파 142
좌파-헤겔주의 29, 118
좀바르트, 베르너 49~50, 237
주부화 73, 168~169
주체화 71, 73~74, 90, 191~192, 200, 206, 277, 372
중간계급 159, 163, 167~169, 309, 356~357, 362
직접행동 115, 157
진보적 포퓰리즘 171, 382~383, 387~389, 395, 398
짐멜, 게오르크 237
집산주의 331

ㅊ

차크라바르티, 디페시 341
철폐주의 318~319
청년 156
체계/생활세계 이론 50, 104~106, 109, 264, 320~321
초국가적 85, 90, 107
초착취 196

ㅋ

커머닝 115
커먼즈 46, 81, 91
케인스주의 154
코빈, 제러미 352, 355, 394, 397
코크 형제 153, 364
코헨, 제럴드 25
콜론타이, 알렉산드라 72
쿤, 토머스 130
크라우치, 콜린 86, 153
크로넌, 윌리엄 177
크롬웰, 올리버 94
클린턴, 빌 362, 364, 366, 376
클린턴, 힐러리 351, 367, 382~383

ㅌ

탄소 민주주의 186
탄소 배출 181, 186~188
탈물질주의 187
탈민주화 150
탈정치화 83
테르보른, 예란 133
토대/상부구조 46, 133, 304, 377
통치성 이론 277
투자자 147, 199
트럼프, 도널드 147, 350~351, 353~357, 366~367, 370, 374, 379~384, 389~392, 396

ㅍ

파시즘 259, 321, 344, 346, 349, 358, 393~394

파워, 니나 364
판 파레이스, 필리프 216
패권국 85, 151, 186, 328
패라지, 나이절 384
팽크허스트, 실비아 72
페미니즘 72~74, 165, 168, 170, 172, 201, 264, 363, 367, 394
포데모스 329, 394, 397
포드주의 44, 55, 161, 186
포스터, 존 벨러미 80, 173
포스트구조주의 28~30, 249
포스트성장 115, 334, 336
포스트식민 197~199, 336, 340~341
폭력 83, 138, 159, 196, 376
폰 리비히, 유스투스 173
폴라니, 칼 53, 56, 58, 60, 63~64, 77, 82, 95, 124, 134, 261, 264, 271~273, 304, 343~348
푸코, 미셸 74, 138~139, 274~275, 277
풀뿌리운동 327
프랑스혁명 152
프랑크푸르트학파 31, 62, 360
프래그머티즘 285, 293, 397
프레카리아트 378
프로메테우스적 자만 251
프롤레타리아 55, 89, 98, 145, 159~160, 173, 192, 194, 230, 305
프리드먼, 밀턴 364
프티부르주아 331
핑크-워싱 363

ㅎ

하버마스, 위르겐 25, 27, 86, 104, 106, 112, 114, 134, 155, 243~244, 264, 274, 281~282, 314, 320~322

하비, 데이비드 69, 79, 91~93, 151, 195, 342
하이데거, 마르틴 176, 249
하이에크, 프리드리히 364
할당 59~64
합리성 103, 139, 170, 232~233, 288, 325
합병 79, 82, 91
해러웨이, 도나 81
허위의식 302
혁명 136~138, 144~146, 298, 303, 394
현실 사회주의 313
혈통민족주의 355~356, 366, 381, 394~395, 400
호네트, 악셀 27~28
호르크하이머, 막스 25, 31, 105, 230, 250, 386
호혜 54~55
혹실드, 앨리 러셀 379
홀, 스튜어트 94
홉스봄, 에릭 406
화석연료 80, 82, 184
화폐 54, 60~61, 76, 83, 179, 188, 237
확장된 자본주의관 74, 118~119, 201, 301, 303~304, 341, 346, 399
환경 정의 185
효율성 104
후기 자본주의 32

포식하는 자본주의

1판 1쇄 펴냄 2025년 9월 15일
1판 2쇄 펴냄 2025년 10월 10일

지은이　　낸시 프레이저, 라엘 예기
옮긴이　　장석준
편 집　　안민재
교정교열　한홍
디자인　　룩앳미
인쇄·제책　아트인
종 이　　월드페이퍼

펴낸곳　　프시케의숲
펴낸이　　성기승
출판등록　2017년 4월 5일 제406-2017-000043호
주 소　　(우)10885, 경기도 파주시 책향기로 371, 상가 204호
전 화　　070-7574-3736
팩 스　　0303-3444-3736
이메일　　pfbooks@pfbooks.co.kr
SNS　　@PsycheForest

ISBN　　979-11-89336-87-5　03300

책값은 뒤표지에 표시되어 있습니다.

이 책의 내용을 이용하려면 반드시 저작권자와
도서출판 프시케의숲에 동의를 받아야 합니다.
저작권자의 허락 없이 AI 트레이닝에 사용할 수 없습니다.